내년 총선에서 빼앗긴 공정과 정의를
되찾고자 하는 독자분들께!

우리시대의 정의는
우리 손으로 결정되어야 합니다

박 시 영

2023. 11

선거는 과학입니다

2024
대한민국 정치 트렌드

일러두기

1. CATI는 컴퓨터를 이용한 전화조사이자 면접원이 직접 통화를 하는 시스템입니다.
   ARS는 자동응답시스템으로 사람이 아닌 기계가 저장된 음성을 들려주는 방식입니다.

2. 여론조사에 대한 자세한 내용은 중앙여론조사심의위원회 데이터를 확인해주세요.

2024
대한민국
정치 트렌드

정치 컨설턴트 **박시영**

우리 시대의 정의는 우리 손으로 결정한다

W

시대의 당위성, 박시영의 당위성

2022년 3월 10일 새벽 5시경. 피 말리는 접전이 계속되던 20대 대통령 선거 개표가 드디어 끝났다. 1번 이재명 후보 47.83%(16,147,738명), 2번 윤석열 후보 48.56%(16,394,815명). 0.73%p, 24만 7,077명 차이로 이재명 후보의 낙선이 확정되었다. 이재명 후보는 모든 패배의 책임을 오롯이 자신에게로 돌렸다.

> "모든 것은 다 저의 부족함 때문이다. 여러분의 패배도, 민주당의 패배도 아니다. 모든 책임은 오롯이 저에게 있다."

지난 몇 달 동안의 일들이 주마등처럼 머릿속을 스쳐 지나갔다. 그리고 한 가지 질문이 계속 머릿속을 맴돌았다. '이제 무엇을 해야 할까? 내가할 수 있는 일이 무엇일까?' 고민이 깊었다.

그때 김어준 총수가 '여론조사 전문기관' 설립을 제안했다. 대선이 끝난 지 한 달여가 지난 2023년 4월 말이었다. 신뢰할 수 없는 여론조사 결과가 20대 대선에 큰 영향을 끼쳤다고 본 김어준 총수가 투명하고 정확한 여론조사기관의 설립을 제안한 것이다. 나는 믿을 만한 여론조사 전문가들을 김 총수와 연결시켜 주었고, 인력 세팅과 시스템 구축 등을 도왔다. 이렇게 〈여론조사꽃〉이 탄생했고, 나는 자문위원으로서 지금까지 함께하고 있다.

하지만 '나의 일'에 대해서는 여전히 고민이 깊었다. 여론조사도 중요하지만 '정치컨설팅' 역시 미래를 위해 꼭 해야 할 일이라고 생각했다. 자화자찬 같아서 부끄럽지만 컨설팅 전문가로서 역량은 어느 정도 검증이 되었다고 생각했다. 2016년 총선, 2017년 19대 대선, 2018년 지방선거에서 여론조사와 컨설팅 등을 담당하면서 문재인 대통령과 이재명 경기도지사 당선에 힘을 보탰다. 아울러 2016년 제20대 총선에서는 정봉주의 '전국구'를 통해 그리고 2020년 제21대 총선에서는 〈김어준의 뉴스공장〉과 〈김용민TV〉 '박시영의 눈'을 통해 선거결과를 거의 정확하게 예측했다. 이런 능력을 살려서 '미래'를 준비할 수는 없을까?

그런 방안의 하나로 2020년 5월에 〈박시영TV〉를 설립해 유튜브 방송을 진행하고 있다. 확증편향에 물들지 않은 정확한 정보를 바탕으로 민심의 기저를 살피고, 이를 토대로 유능하고 개혁적인 정치인의 발굴과 육성을 위한 정치컨설팅을 진행하고 있다.

윤 정부 취임 1년 후인 2023년 7월. 일본 정부의 후쿠시마 오염수 방류와 윤석열 대통령의 굴욕적인 한일외교가 큰 이슈가 되었다. 아울러 '킬러문항 삭제'와 이동관 방통위원장 후보자 아들의 '학폭' 문제 등으로 연일 시끄러웠다. 하지만 막상 여론조사를 진행해보면 윤석열 대통령에 대한 지지도는 35% 내외. 그럼에도 민주당의 지지도는 윤석열 비판층을 온전히 흡수하지 못한 채 국힘에 비해 상대우위 수준에 머물러 있었다. 야당으로서의 강력한 존재감을 보여주지 못해 지지층의 실망이 여전한데다 사법리스크 프레임 때문에 이재명 대표에 대한 비호감도 역시 한결같았다.

안타까웠다. 〈박시영TV〉에 수많은 사람을 초대해 현안 이야기를 나누고, 〈여론조사꽃〉을 통해 매주 이런저런 자료들을 만들어냈지만, 확장성이 부족했다. 특히 유튜브 방송의 특성상 한눈에 볼 수 있도록 정리된 자료로서의 가치는 부족했다. 윤 대통령의 실정과 폭정, 학정 그리고 대통령의 하수인으로 전락한 여당, 국민의힘의 실체를 어떤 형태로든 정리해서 알려주고 싶었다.

고민 끝에 펜을 들었다. '책을 쓰자!'

『2024 대한민국 정치 트렌드』는 이처럼 오랜 고민의 결과물이다.

책의 내용과 형식에 대해서도 고민이 많았다. 일단 독자들이 한눈에 보기 쉽도록 '키워드'를 중심으로 정리했다. 윤석열 정부의 특징인 '친일본색'을 상징하는 '시일야방성대곡'을 중심 키워드로 삼아 2023년을 정리, 분석했다. 그리고 〈여론조사꽃〉을 비롯한 국내 여러 여론조사기관들의 데이터를 바탕으로 2024년을 전망했다. 2024년의 중심 키워드는 대전 대흥동 성당 시국미사에서 제시되었던 '윤석열 퇴진은 시대의 당위성'에서 따온 '시대당위성'으로 잡았다.

이제 원고는 내 손을 떠났고, 평가와 판단은 독자의 몫으로 남겨둔다.

짧은 시간에 많은 내용을 담다 보니 다소 부족한 면도 있을 것이다. 특히 미래 예측은 '돌발변수'와 함께 어긋날 가능성도 없지 않다. 그럼에도 『2024 대한민국 정치 트렌드』를 독자들 앞에 내보이게 된 것은 2022년 대선 패배 이후 계속해서 고민해왔던 '내가 해야만 할 일'을 마무리하기 위해서다. 말하자면 이 책이 나에게는 '박시영의 당위성'인 셈이다.

짧은 기간에 책을 준비하기 위해 많은 분의 도움을 받았다. 특히 〈여론조사꽃〉의 방대하고 정확한 여론조사 자료 덕분에 이 책의 큰 줄기를 잡을 수 있었다. 〈여론조사꽃〉의 대표이자 오랜 동지인 김어준 총수와 직원들에게 큰 감사를 드린다. 이 책이 세상에 나올 수 있도록 힘써준 'W'의 강창용 대표와 신선숙 편집장, 강동균 팀장, 이헌건 실장에게도 고마움을 전한다.

목차

제1부

시일야방성대곡

2023
정치 트렌드
분석

2023 정치 트렌드 분석

시일야방성대곡

1905년(을사년) 11월 17일. 일본은 강제로 '을사늑약' 이른바 한일협상 조약을 맺고 대한제국의 외교권을 비롯한 모든 국권을 빼앗았다. 사흘 뒤 〈황성신문〉 주필 장지연은 '시일야방성대곡'이라는 논설문을 게재했다. '시일야방성대곡'은 '이날을 목 놓아 통곡하노라'라는 뜻이다.

장지연의 논설은 온 조선 백성의 환영 속에 내한했던 이토 히로부미가 결국 간교한 책략으로 대한제국을 삼켰음을 한탄하면서 "우리 2천만 동포여, 노예된 동포여! 살았는가, 죽었는가? 단군과 기자 이래 4천 년 국민 정신이 하룻밤 사이에 홀연 망하고 말 것인가. 원통하고 원통하다. 동포여! 동포여!" 하는 절규로 끝을 맺는다.

그로부터 118년이 지난 2023년 오늘, 한일 관계는 어떻게 변했을까? 안타깝게도 많은 국민이 1905년 '을사늑약'의 그날이 다시 오는 것 같은 기시감으로 불안에 떨고 있다.

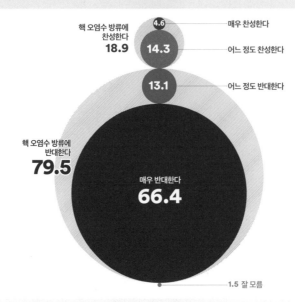

일본의 핵 오염수 방류

Q. 일본이 지난 24일 후쿠시마 핵 오염수 방류를 시작했습니다.
   핵 오염수 방류에 대해 어떻게 생각하십니까?

핵 오염수 방류에
찬성한다
18.9

4.6 — 매우 찬성한다

14.3 — 어느 정도 찬성한다

13.1 — 어느 정도 반대한다

핵 오염수 방류에
반대한다
79.5

매우 반대한다
66.4

1.5 잘 모름

표 1. 여론조사꽃, 자체조사, 23.8.25~26

2022년 윤석열 대통령 취임 이후 대통령실 용산 이전을 시작으로 하루가 멀다 하고 사건 사고가 터지는 중이다. '바람 잘 날 없다.' 2022년과 2023년을 설명하기에 이보다 더 적절한 표현을 찾기도 어렵다. 수많은 '바람' 가운데 무엇보다 국민을 분노케 한 것은 굴욕적한일 관계다. 특히 후쿠시마 핵 오염수 방류는 그 정점이라 하겠다.

2023년 8월 24일 일본은 '예정대로' 후쿠시마 핵 오염수 방류를 시작했다. 〈여론조사꽃〉의 정례조사에 따르면 '후쿠시마 핵 오염수 방류'에 대한 국민들의 인식은 '매우 반대한다'가 66.4%, '어느 정도 반

16

대한다'가 13.1%였다.(표1참조) 79.5%의 국민이 반대한다는 뜻이다. 윤 대통령의 든든한 버팀목인 70대 이상에서도 '반대한다'가 56.8%였고, 대구·경북 지역의 반대 여론도 67.1%를 넘었다. 하지만 윤석열 정부는 이러한 여론에도 아랑곳하지 않고 '친일본색'을 여과 없이 드러내고 있다.

온갖 달콤한 말로 치장하고 있지만, 한일 관계는 118년 전 이토 히로부미가 온 국민의 환영 속에 대한제국을 찾았던 그때와 아주 흡사하게 진행되고 있다. 2023년 삼일절에 일장기를 게양한 어떤 목사는 여론의 질타에도 불구하고 "한국과 일본이 과거의 반목에서 벗어나 협력의 미래로 나아가야 한다는 취지에서 일장기를 걸었다."라고 당당하게 밝혔다. 홍범도 흉상 이전과 같은 일들이 계속 이어지는 걸 보면 이제 '친일'의 분위기가 일상화되고 있는 게 아닌가 싶다.

경제는 끝을 모르게 추락하고 있고, 윤석열 정부는 친미 일변도의 정책으로 외교적 고립을 자처하고 있다. 국민은 하루하루 버티기도 힘든데, 권력을 잡은 사람들의 안하무인 행보는 거침이 없다. '시일야방성대곡'의 곡소리가 여기저기서 들리는 것만 같다.

도대체 어디서부터 잘못된 것일까? 바로 몇 년 전만 해도 전 세계로부터 '추앙' 받던 대한민국은 어디로 간 것일까? 이를 바로 잡을 방법은 없을까? 원인을 알아야 해결책도 찾을 수 있는 법. 우선 2023년에 대한민국에 몰아닥친 각종 정치적 사건 사고를 하나씩 키워드로 묶어 분석해보자. 그 속에서 숨겨진 해답을 찾을 수 있을 것이다. 2023년 대한민국을 관통한 정치 키워드로 '시일야방성대곡'을 제안한다.

때마침 기본소득당 용혜인 대표가 2023년 8월 24일 일본의 핵 오염수 방류에 분노하며 내놓은 성명서 역시 '시일야방성대곡'이었다.

시일야방성대곡;
시작부터 꼬인 스텝

첫 단추를 잘 꿰어야 한다. 이는 동서고금을 막론하고 불변의 진리다. 시작이 좋다고 모든 끝이 다 좋은 것은 아니지만, 시작이 꼬이면 절대 끝이 좋을 수 없다. 해결 방법은 하나. 첫 단추가 잘못 꿰어졌음을 알게 된 순간, 처음부터 다시 시작하는 것이다. 이른바 'Reboot'다. 완벽한 사람은 없다. 완벽한 정권도 없다. 실수했을 때 그것을 인정하고 처음부터 다시 시작하면 조금씩 나아진다. 하지만 실수를 인정하지 않으면 잘못을 고칠 기회는 멀어지고 파국은 가까워진다.

그런 점에서 윤석열 정권의 행보는 안타깝다. 첫 시작부터 단단히 꼬였기 때문이다. 단 한 번도 실수를 인정하거나 되돌리려 한 적이 없다. 속된 말로 '목에 깁스를 한 듯' 뻣뻣하다. 오만한 그 태도가 취임 초부터 30% 대의 지지율을 오르락내리락하게 만드는 가장 큰 이유다. 오죽하면 '취임덕'이라는 신조어가 생겨났겠는가. 돌이켜보면 30% 대의 지지율을 유지하는 것도 놀라운 일이 아닌가 싶다.

달마는 서쪽으로, 천공은 용산으로

2022년 5월 10일 여의도 국회의사당. 전임 문재인 대통령과 박근혜 대통령 등 주요 인사들을 비롯한 4만여 명의 하객이 몰린 가운데 제 20대 대통령 취임식이 성대하게 열렸다. 이날 취임식은 '역대 취임식 최초'의 기록을 세 가지나 세웠다. '국민과 소통'을 강조하는 의미로 돌출무대에서 취임 선서와 취임사를 한 것이 첫 번째고, 이임 대통령이 아닌 전전직 박근혜 대통령까지 환송을 진행한 것이 두 번째다. 마지막으로 취임식이 끝난 뒤 '청와대'가 아닌 '용산 집무실'로 향한 것이 세 번째 '최초의 기록'이었다. 세 번째 '최초의 기록'은 또 다른 최초의 기록으로 이어졌다. 역대 최초의 '레임덕 대통령'이 된 것이다.

진보와 보수를 막론하고 새로운 대통령이 취임하면 야당이나 언론과 1년, 짧아도 6개월 이상의 '허니문 시기'를 가지는 게 일반적이다. 득표율과 상관없이 50% 이상의 높은 지지율은 덤이다. 모두 새 대통령에게 힘을 실어주기 위한 자연스러운 현상이다. 그런데 윤석열 대통령은 단 2개월 만에 야당은 물론 국민과의 허니문도 끝을 내고 말았다.

윤 대통령 당선 직후에 진행된 〈한국갤럽〉(자체조사, 22.3.22~24)의 조사에 따르면 "윤 대통령이 향후 5년간 직무를 잘할 것"이라는 기대를 보인 응답자는 55%였다. 〈한국갤럽〉의 다른 조사에서 문재인은 87%를 기록했다. 이마저도 취임 2개월이 지난 7월 7일 '지지율' 조사에서는 40% 선이 붕괴되어 37%로 나타났다. 80일경에는 30% 선마저 붕

대통령 지지율

문재인	윤석열
29%	**28%**
임기 4년차	임기 80일
2021년 4월 다섯째 주	2022년 7월 넷째 주

표 2. 한국갤럽, 자체조사, 21.4.27~29, 22.7.26~28

괴되어 28%를 기록했다.(표 2 참조) 역대 최초의 '취임덕'이었다.

'취임덕'을 가져온 원인은 여러 가지겠지만 가장 직접적인 영향은 아무래도 '용산 집무실 이전'이라 할 수 있다.

엄밀히 말해 청와대를 벗어나 '광화문 시대'를 열겠다는 공약을 먼저 내건 쪽은 문재인 전 대통령이었다. 하지만 현실적인 문제로 결국 공약을 파기시킬 수밖에 없었고 국민들에게 사과함으로써 '이전' 문제는 일단락되었다. 윤석열 대통령 역시 광화문 시대를 공약으로 내걸었지만 실제 국민들은 '대통령실 이전'에 큰 관심을 두지 않았다.

국민들은 대통령 공약 가운데 핵심적인 몇 가지, 특히 자신과 관련이 깊은 공약만 기억한다. 핵심 공약 때문에 표를 주는 게 아닌 경우도 많다. 문재인 후보든 윤석열 후보든 '대통령실 광화문 이전' 공약을 보고 표를 준 국민이 얼마나 되겠는가. 문재인 대통령이나 이재명 대표가 싫어서 윤석열 후보에게 표를 준 사람은 많아도 '광화문 시대'를 보고 표를 준 사람은, 과장 좀 보태서, 아마 열 손가락 안에 꼽을 정도일 것이다. 즉, 대통령실 이전은 국민과의 약속인 공약을 반드시 지켜내기 위한 선택이었다기보다는 본인이 옮기고 싶어서였다고 봐야 한다. 국민들은 지지 여부를 떠나 새 대통령에 관대하다. 대통령실 이전 문제도 크게 관심을 두지 않았다. 그런데 윤석열 당선인이 준비 단계도 거치지 않은 채 급작스레, 그것도 광화문이 아닌 용산으로 정하면서 문제가 커졌다.

당시 용산 집무실 이전을 둘러싸고 참으로 많은 논란이 벌어졌다. 가장 먼저 문제가 된 것은 천문학적 이전 비용이었다. 줄이고 줄여 내놓은 예산이 496억 원이었는데, 야당이 검수한 결과 실제로는 그 몇 배가 필요하다는 사실이 밝혀졌다. 공사를 진행할 업체도 문제였다. 시공 자격을 제대로 갖춘 유수의 대기업이 아닌 군소 건설업체에 '수의계약' 형태로 공사를 맡긴 사실이 밝혀졌다. 게다가 조세 포탈 혐의로 수사를 받고 있는 업체였다. 김건희 여사가 운영하던 코바나 컨텐츠 후원 경력도 문제였다. 대통령실 이전으로 국방부와 합참 등이 줄줄이 이사를 간 일도 이슈로 떠올랐다. 비용도 비용이지만 경비와 보안 문제 역시 심각한 상황이었고 북한 무인기 사건이 일어나 나라가 발칵 뒤집히기도 했다(도청 문제는 별도의 꼭지에서 따로 다루기로 한다). 교통 상황 역시 문제였다.

처음에는 거센 비판에도 불구하고 실제 국민 정서는 '대통령실, 옮길 수도 있지' 하는 정도에서 크게 벗어나지 않았다. 새 대통령이 굳이 옮기겠다고 하니 봐줘야 되지 않겠냐는 심정이었다. 하지만 '단 하루도 청와대에서 자지 않겠다'고 배수진을 치는 대통령의 태도를 보고 국민여론도 돌아서기 시작했다.

아니 왜?

아무리 급하게 공사를 진행한다 해도 몇 달은 걸릴 테니 청와대에서 잠시 지내다가 이사를 해도 되는 일이 아닌가. 만약 청와대를 관저로 사용하지 않겠다면 외국 손님들을 위한 영빈관이나 기타 시설만이라도 충분히 이용할 수 있지 않겠는가. 하지만 그마저도 '절대 불가'를 선언하는 데 이르러서야 이유를 도무지 알 수가 없었다. 그때부터 '무속'에 대한 소문이 퍼지기 시작했다.

대통령 당선과 관련해 대통령과 김건희 여사가 '건진'과 '천공' 등 무속인들의 영향을 많이 받고 있다는 이야기가 세간에 널리 퍼진 상태였다. '윤석열 후보' 손바닥에 새겨진 '王'자 이미지도 그대로 남아 있었다. 한동안 잦아들었던 의심이 대통령의 비상식적인 선언들로 다시 불거지기 시작했다. '단 하루도 청와대에서 자지 않겠다'는 대통령의 선언은 결국 '무속정권' 이미지를 국민 머릿속에 깊이 새긴 트리거가 된 셈이다.

실제로 일요신문이 여론조사기관 〈조원씨앤아이〉에 의뢰해 대통령이 집무실을 이렇게까지 옮긴다고 하는 데 대한 국민들의 의견을 물었다. 여론조사를 실시한 결과 "윤석열 당선인이 집무실을 용산으로 옮기겠다고 밝힌 데 대해 얼마나 공감하느냐"는 질문에 응답자의 53.8%가 "공감하지 못한다"고 답했고 "공감한다"는 답변은 44.1%였다.(표 3 참조) KBS의 여론조사(한국리서치, 22.3.24~25) 결과도 찬성 40.6% 반대 53.8%로 크게 다르지 않았다.

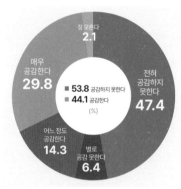

대통령 집무실 용산 이전 공감도

잘 모른다 2.1
매우 공감한다 29.8
■ 53.8 공감하지 못한다
■ 44.1 공감한다
(%)
전혀 공감하지 못한다 47.4
어느 정도 공감한다 14.3
별로 공감 못한다 6.4

표 3. 조원씨앤아이, 일요신문 의뢰, 22.4.3.5

'무속정권'에 대한 의심은 3년 전인 2019년 속칭 천공법사가 유튜브를 통해 방송한 내용이 대중들에게 알려지면서 더욱 확산되었다. 당시 천공이 '용산 이전'과 관련해 주장한 내용은 다음과 같다.

- 용산이 힘을 쓰려면 용이 여의주를 들고 와야 한다.
- 용은 최고의 사람(대통령)이고 여의주는 법이다.
- 최고의 사람이 법과 같이 와서 문화메카공원을 만들어야 한다.
- 그 문화 공원에는 명분을 만들어서 어떤 것도 들어오지 못하게 해야 한다.
- 지하를 잘 활용해서 영화를 만들어야 한다.
- 영화를 통해 교육을 하고, 세계로 뻗어나가게 해야 한다.

당선 이후 새 정권에 대한 기대감이 커지고 있는 시점에서 집무실 이전이라는 이슈가 터지면서 모든 관심을 블랙홀처럼 빨아들이고 말았다. 야심 차게 새로운 정책을 입안하고 추진해 나가야 할 취임 초의 강력한 동력을 '용산'이 모두 앗아가 버린 셈이다. 김건희 여사와 관련된 각종 논란과 장제원·권성동 등 윤핵관 vs 이준석의 갈등까지, 잠재돼 있던 모든 논란이 '용산 이전'을 계기로 윤 당선인에게 무거운 짐이 되어 떠안겨졌다.

결국 출범도 하지 않은 윤석열 정부에 '무속 정권', '아무것도 준비되지 않은 아마추어 정권', '무조건 자신의 뜻대로 밀고 나가는 불통 정권', '그 나물에 그 밥 정권' 등등 혹독한 평가가 이어졌다. 첫 스텝부터 꼬인 윤석열 정권의 비극이었다.

도어스테핑에 발목 잡힌 윤 대통령

———

'대통령실 용산 이전'과 함께 웃지 못할 진귀한 풍경이 연출됐다. 일국의 대통령이 관저가 아닌 자신의 사저에서 집무실로 출퇴근을 하는 모습이었다. 대통령의 출퇴근 동선을 따라 반복되는 교통 정체도 문제였고 국가적 재난 상황이 닥쳤을 때 과연 사저에서 이를 컨트롤할 수 있는가에 대한 의문도 끊이지 않았다. 실제로 2022년 8월 전국적으로 내린 폭우로 대참사가 벌어졌을 때 이 문제는 정국을 뒤흔드는 커다란 이슈였다. 당시 강승규 대통령실 시민사회수석은 "대통령이 있는 곳이 곧 상황실"이라는 말로 오히려 논란을 키웠다.

'대통령실 용산 이전' 문제는 끊임없이 논란의 중심에 섰다. 이때 민심의 반전을 위해 윤석열 정부가 야심 차게 내놓은 것이 출근길 약식 회견, 이른바 '도어스테핑'이었다. 당시 대통령실은 "출근하는 대통령을 국민이 매일 목격하고, 출근길 국민의 궁금증에 수시로 답하는 최초의 대통령" 그리고 "대통령 취임 한 달, 새로운 10가지 변화"라며 도어스테핑을 윤석열 정부의 초반 치적 중 하나로 꼽았다. 실제로 보수층을 중심으로 도어스테핑에 대한 지지 여론이 적지 않았다.

하지만 도어스테핑은 그해 연말이 되기 전에 '코로나 확산'을 핑계로 잠정 중단되었고, 잠시 재개했다가 이윽고 완전히 폐기되고 말았다. '코로나 확산'은 핑계일 뿐 사실은 〈MBC〉 기자의 '무례한 질문 태도' 때문이라는 게 정설이다. 알고 보면 〈MBC〉 기자의 질문 태도마저 일종의 핑계일 뿐, 여의도에서는 윤석열 정부가 이미 오래전에 도어스테핑을 중단할 핑계를 찾던 중이라는 소문이 돌았다. 대통령의 한 마디 말이 화근이 되어 국정 부담과 지지율 하락을 불러오는 일이 잦았기 때문이다.

사실 엄청난 홍보와 함께 자신 있게 시작했지만, 몇 달도 지나지 않아 도어스테핑은 오히려 윤석열 대통령의 이미지를 깎아내리고 지지율을 바닥으로 끌고 내려가는 가장 큰 요인이 되고 말았다. 도어스테핑이 '대통령실 용산 이전'과 함께 막 출범한 윤석열 정부의 발목을 잡은 셈이다. 당시 도어스테핑과 관련한 몇 가지 논란을 간단하게 정리하면 다음과 같다.

- '도어스테핑'을 공식화했던 기자회견은 대통령이 직접 지하 비밀벙커의 위치를 전 세계에 노출시킴으로써 논란이 되었다.

- 2022년 6월 8일 검찰 출신 인사가 너무 많지 않냐는 기자의 질문에 "과거에는 민변 출신들이 아주 도배를 하지 않았습니까?"라고 반문. 하지만 이는 결국 사실이 아닌 것으로 밝혀졌다.

- '검찰 출신' 중용에 대한 여론이 좋지 않은 상황에서 권성동 당시 원내대표는 "대통령이 당분간 검찰 출신을 기용하지 않겠다고 했다."라고 전했지만 바로 다음 날 도어스테핑에서 윤석열 대통령은 "필요하면 검찰 출신을 더 기용하겠다."라며 원내대표의 발언을 정면으로 부정했다.

- 6월 23일 고용노동부에서 노동시장 개혁 방향을 발표했는데, 윤 대통령은 다음 날 도어스테핑에서 "아직 정부의 공식 입장이 아닙니다."라고 이를 부정했다.

- 7월 4일 아침, 윤 대통령은 당시 지명되었던 김승희 보건복지부 장관 후보자에 대해 "빈틈없이 검증하고 발탁했다."고 강조했는데, 김 후보자는 대통령 발언 3시간 만에 사퇴하고 말았다.

걸러지지 않은 대통령의 입은 정권 전체적으로 큰 부담이 되고 있었다. 결과적으로 도어스테핑 전격 중단에 대한 비난 여론이 적지 않았지만 윤 대통령과 여당이 도어스테핑을 계속하면서 끊임없이 구설에 오르는 것보다는 비난을 감수하는 편이 더 나은 선택이었다고 할 수 있다. 당시 국민 여론은 국민의힘 유승민 의원의 한 마디로 정리할 수 있다.

"누가 하라고 시킨 것도 아니고…."

그렇다. 누가 시킨 것도 아니고, 평소 자신의 말주변을 생각하면 기자들을 자주 만나는 게 별로 도움이 되지 않을 일인데 윤석열 대통령은 왜, 어떤 이유로 도어스테핑을 하겠다고 선언한 것일까?

이유는 크게 두 가지로 꼽을 수 있다.

첫째, 용산 대통령실 이전으로 '준비되지 않은 대통령' 이미지가 강화되는 것을 막아야 할 절박한 상황이었다. 청와대 시절과 같은 브리핑이나 기자회견이 아닌, 뭔가 획기적이고 신선한 방안이 필요했다. 이때 '미국 스타일'의 자연스럽고 자유스러운 도어스테핑 방식이 새로운 대안으로 떠오른 것이다.

명확하게 확인된 사실은 아니지만, 취임 초기 윤 대통령은 전임 문재인 대통령을 상당히 '의식'했던 것으로 보인다. 특히 '0.73%'의 차이로 가까스로 집권한 대통령으로서 퇴임 때까지 50%를 넘나들 정도로 높은 국민적 지지를 받았던 문재인 대통령에 대해 일종의 '경쟁심리'가 있었던 듯하다. 하지만 문재인 대통령과 일부 참모들이 테이크아웃 커피잔을 하나씩 들고 담소를 나누며 청와대 경내를 거니는 세련되고 멋진 모습은 어떻게 해도 따라하기 어려웠을 것이다. 특히 군부대였던 용산에서는 비슷한 연출을 하고 싶어도 그럴 만한 공간 자체가 없었을 것이다. 그렇게 자유롭고 세련된 모습의 하나로 연출된 것이 바로 도어스테핑이 아니었을까?

두 번째는 '언론 장악'에 대한 자신감이었다. 대선 기간 내내 대부분의 언론은 윤석열 후보에게 매우 우호적이었다. 사실이건 아니건 이재명 대표의 '대장동 사건'은 최대로 부풀려졌고, '본부장 비리' 등 윤석열 후보의 취약한 고리는 감춰지거나 최소화되었다. 이처럼 선거운동 기간 내내 자신에게 유리하게 전개되었던 언론 지형에 대한 자신감이 매일 기자들과 만나 각본 없이 대화를 주고받는 '리얼 라이브 생방송'에 나설 수 있었던 배경인 셈이었다.

자신의 계산이 틀렸다는 걸 확인하는 데는 그리 긴 시간이 필요하지 않았다. 대통령의 입장을 누군가 잘 정리해서 언론에 전달했을 때는 큰 문제가 없었지만 도어스테핑을 시작하면서 여과되지 않은 날 것 그대로 쏟아내는 대통령의 입이 논란의 중심에 서는 일이 잦아졌다. 여러 가지 논란으로 지지율이 급전직하하고 있는 마당에 도어스테핑이 여기에 부채질을 하고 있다는 이야기가 정부 여당에서도 흘러나오기 시작했다.

그럼에도 윤석열 대통령은 2022년 8월 17일 열린 '취임 100일 기념 기자회견' 당시까지 취임 100일 동안 가장 잘한 일 가운데 하나로 도어스테핑을 꼽았을 정도로 자신감에 차 있었다. 도어스테핑으로 지지율이 떨어진다는 일부의 지적에 대해서도 오히려 "결론부터 말하면, 계속하겠다. 여러분들이 하지 말라고 하면 할 수 없겠지만"이라는 말과 함께 "있는 그대로의 모습을 보여드리고 비판을 받는 새로운 대통령 문화를 만들어 내는 과정"이라는 의지를 보이기도 했다.

대통령의 이런 의지에도 불구하고 도어스테핑은 그해를 넘기지 못하고 '폐지' 수순에 접어들었다. 가장 큰 문제는 대통령의 '입'이었다.

후보자 시절 TV 토론에서 이미 확인된 대로 윤석열 대통령의 즉흥적인 발언은 수시로 논란을 불러일으켰고, 정부와 여당은 이를 수습하기 위해 진땀을 흘렸다. 그야말로 사후약방문, 어떤 언론도 속칭 '쉴드'를 칠 수가 없었다. 그럼에도 모든 언론과 국민은 매일 그 입만 바라볼 수밖에 없었다. 대통령 입에서 나오는 이야기가 실시간으로 국민에게 전달되었다. 편집할 시간도, 대통령의 입장을 '받아쓰기' 할 여유도 없었다. 모든 이슈에 대해 대통령이 매일 얘기를 하니까 여당은 앞서가지 못하고 대통령의 입만 쳐다보게 됐고, 관료들도 마찬가지였다. 총리도 장관도 복지부동하고 소극적이 될 수밖에 없었다.

현실 정치의 세계를 한 번도 경험해보지 못했으면서도 정치를 혐오했던 윤석열 대통령, 그러면서도 '나는 틀린 적이 없다'는 자신의 무오류에 대한 확고한 인식을 가진 그에게 '날것 그대로의 모습을 실시간으로 전달해주는' 도어스테핑은 애초에 몸에 맞지 않는 옷이었다.

결국 도어스테핑은 '용산 대통령실 이전'과 함께 '준비 안 된 대통령', '아마추어 정부'라는 인식을 널리 확산시키면서 윤석열 정부의 발목을 잡는 자충수가 되고 말았다.

0.73%의 비극

=====

〈The Winner Takes It All〉 스웨덴 출신의 그룹 아바가 1980년에 발표한 곡으로, 청소년 시절 즐겨 들었던 노래 가운데 하나다. 세월이 많이 흘러 이제는 '클래식'에 가까운 곡이 되었지만, 지난 1년여 동안 윤석열 정권을 겪으면서 자주 떠올리는 곡이다. 제목 때문이다. 번역하자면 한 마디로 '승자독식'이다.

우리가 겪었던 일들을 얘기하고 싶지 않아.
아픈 기억이지만 이제는 과거일 뿐이니까.
승자가 모든 걸 차지하고
패자는 스러진다.

지금 윤석열 정권의 모습은 그야말로 '폭주기관차'다. 야당은 물론 국민도 안중에 없다. 어떤 반대가 있어도, 어떤 무리를 해서라도 모든 걸 원하는 대로 손에 넣고 있다. 집권한 지 1년이 넘었지만 '영수회담'은 단 한 차례도 갖지 않았다. 집권 초기부터 시작된 야당 대표 이재명 죽이기는 해를 넘겨 계속되고 있고, 야당은 정치적 파트너가 아니라 마치 '적'이 된 것 같다. 실제로 윤석열 대통령은 2023년 8월 28일 인천에서 열린 국민의힘 연찬회에서 후쿠시마 핵오염수 방류에 반대하는 야당을 향해 "1 더하기 1을 100이라고 하는 사람들과 싸울 수밖에 없다."라며 적대감을 드러내기도 했다.

지난해 10월 열렸던 제23회 부천국제만화축제 학생공모전에서 금상을 수상한 한 고교생의 풍자화 〈윤석열차〉는 어쩌면 지금 윤 정권의 모습을 일찌감치 예견했던 것인지도 모르겠다.

처음부터 윤석열 정부가 이런 모습을 보일 거라고 예상한 사람은 거의 없다. 오히려 '협치'에 대한 기대가 그 어느 때보다 컸다. 야당이 다수당인 데다 대선에서도 근소한 차이로 집권한 정부이기에 야당의 눈치를 많이 보리란 전망 때문이었다.

지난 2022년 3월 9일 치러진 제20대 대통령 선거는 한치 앞을 내다보기 힘든 선거였다. 선거 기간 내내 매주 10여건씩 여론조사 결과가 발표되었지만 누구도 확실하게 1위를 굳히지 못하고 엎치락뒤치락 혼전을 거듭했다. 결국 이재명 더불어민주당 후보는 0.73% 차이로 석패惜敗했다. 윤석열 후보와의 표 차이는 24만 표. 초박빙의 근소한 차이였다. 국민의힘 지지층은 환호했고, 더불어민주당 지지자들은 안타까움의 눈물을 흘렸다. 20대 대선은 역대 어느 선거에서도 볼 수 없었던 극심한 대결과 마타도어, 불법·탈법 선거, 이에 따른 각종 고소·고발이 이뤄졌다. 일부 지지층의 주장대로 이 후보가 재검표를 요구한다 해도 하나도 이상할 게 없는 상황이었다. 하지만 이재명 후보는 개표가 모두 끝난 새벽 시간, 민주당사를 찾아 윤석열 당선인에게 축하 인사를 건네면서 패배의 모든 책임을 스스로에게 돌렸다.

"모든 건 다 저의 부족함 때문입니다. 여러분의 패배도, 민주당의 패배도 아닙니다. 모든 책임은 오롯이 저에게 있습니다. 윤석열 후보님께 축하의 인사를 드립니다. 당선인께서 분열과 갈등을 넘어 통합과 화합의 시대를 열어줄 것을 간곡히 부탁드립니다."

대선 전까지 이재명 후보를 난도질했던 여러 언론에서는 즉각 환영 논평과 관련 기사를 쏟아 냈다. 대선이 끝난 이틀 뒤인 3월 11일 〈매일경제〉 김인수 논설위원의 논평 제목은 "트럼프와 달랐던 이재명의 아름다운 승복, 민주주의 원칙 지켰다."였다. 그리고 "이번 대선에서 드러난 민심은 심판이나 청산이 아니다. 이쪽 편과 저쪽 편이 얻은 표가 거의 비슷한데, 어떻게 한쪽이 다른 한쪽을 심판하고 청산

할 수 있겠는가. … 서로를 존중하고 협치하라는 게 민심이다. 다시 말하지만 패자의 승복은 그 출발이고, 이 후보는 자기 역할을 했다." 라고 글을 맺었다.

2022년 3월 10일 새벽 4시 25분, 윤석열 당선인이 국회에서 발표한 당선 소감 역시 '협치'를 강조했다는 점에서 〈매일경제〉의 논평과 크게 다르지 않았다.

"마지막까지 함께 멋지게 뛰어준 우리 민주당의 이재명 후보, 정의당의 심상정 후보, 이 두 분께도 감사드리고 결과는 이루지 못했지만 대한민국 정치발전에 우리 모두 함께 기여했다는 점에서 그 가치를 높이 평가하고 싶고, 두 분께도 심심한 위로의 말씀을 드리고 싶습니다.
정말 선거 운동을 하면서 많은 걸 배웠습니다. …경쟁은 일단 끝났고 힘을 합쳐서 국민과 대한민국을 위해서 하나가 되어야 한다고 생각합니다.
이제 당선인 신분에서 새정부를 준비하고 대통령직을 정식으로 맡게 되면 헌법 정신을 존중하고 의회를 존중하고 야당과 협치하면서 국민을 잘 모시도록 하겠습니다."

이때만 해도 윤석열 당선인의 '협치' 의지를 의심한 사람은 없었다. 그것이 모두 헛된 기대였음을 알아채는 데는 단 두 달도 걸리지 않았다. 분수령이 된 것은 2022년 6월 1일에 치러진 제8회 전국동시지방선거였다. 5월 10일 윤석열 대통령이 공식 취임한 지 한 달도 되지 않아 치러진 지방선거는 여당인 국민의힘이 기초의회의원을 제외한 모든 선거에서 압승을 거두었다. 윤석열 정권의 실체를 미처 알아채기 전에 치러진 선거였으니 어쩌면 당연한 결과였을지도 모르겠다. 지방선거 직전 조사된 윤석열 대통령의 지지율은 〈리얼미터〉(자체조사, 22.5.23~27)와 〈NBS〉(자체조사, 22.5.30~6.1)에서는 54%, 〈KSOI〉(TBS 의뢰, 22.5.20~21)에선 56%로 고공행진을 하고 있었다.

지방선거 이후 윤석열 정권은 그나마 표면적으로 내세우던 '협치'마저 내팽개치고 본격적인 '승자독식'의 길로 접어들었다. 지방선거 압승도 영향을 주었겠지만 이후 전개된 여러 상황을 보면 애초부터 협치 생각이 전혀 없었다고 보는 게 맞을 것 같다.

협치마저 팽개치고 폭주하기 시작한 윤석열 대통령의 지지율은 취임 80여 일이 지난 2022년 7월 29일 30% 선이 붕괴되었고(한국갤럽 자체조사, 22.7.26~28, 직무수행을 '잘하고 있다' 28%, '잘못하고 있다' 62%), 8월 5일에는 24%까지 내려갔다. 이에 따라 여권 전체에 비상이 걸렸지만 정작 본인은 크게 개의치 않는 모습이었다.

2023년 4월, 윤석열 대통령은 국회를 통과한 양곡관리법 개정안에 대해 거부권을 행사하면서 "의석수로 밀어붙인 법안은 모두 거부한다."는 폭탄선언을 쏟아냈다. 실제로 한 달여가 지난 뒤에는 간호법 개정안에도 거부권을 행사했다. 여권의 한 관계자에 따르면 윤석열 대통령은 이와 관련 "지지율이 1%가 나오더라도 할 일은 해야 한다."고 말한 것으로 알려졌다. 지지율이 어떻게 되건 '마이 웨이'라는 것이 아닌가. 야당과 그 지지자들이 0.73% 박빙의 승부에서 기대했던 '협치'는 애초에 그의 머릿속에 없었던 셈이다.

윤석열 대통령에게는 몇 퍼센트로 이겼느냐가 전혀 중요하지 않다. 그에게 중요한 것은 단지 '승패'일 뿐이다. 일단 이기기만 하면 모든 것을 가질 수 있다는 게 그의 사고방식이다. 〈심리연구소 함께〉

의 김태형 소장에 의하면 윤 대통령은 '힘을 숭상하는 사람'이다. 이 때문에 무자비한 권력을 휘두르는 게 어쩌면 당연하다고 여길 것이다.

'눈 떠보니 후진국'이라는 한탄이 나올 정도로 국격은 추락

그림 1. 제14회 국무회의 윤석열 대통령 발언, 23.4.4

했고, 경제는 하루가 다르게 벼랑 끝으로 내몰리고 있다. 위기가 아니라 절망의 시간이 멀지 않은 것 같다. 하지만 윤 대통령은 대한민국의 미래에 대해서는 관심이 없어 보인다. 지지율은 역대 대통령 임기 초반 최저 수준인 30% 내외에 머물러 있지만, 아랑곳하지 않는다. 현재 정권을 쥐고 있는 게 자신이기 때문이다. 오늘도 그의 '대통령 놀이'는 계속되고 있다.

윤석열 대통령이 이처럼 철저한 '승자독식'에 빠진 이유는 무엇일까? 한 가지 짐작해볼 만한 가설이 있다. 바로 평생 '검사'로 살아온 그의 이력이다.

검사들에게 세상은 선 아니면 악이다. 단순한 이분법도 문제지만 선과 악을 나누는 기준이 바로 자신들이라는 인식이 더 큰 문제다. "망치를 든 사람에게는 모든 게 못으로 보인다."는 말이 있다. 일단 그들이 '범죄자'로 낙인을 찍으면 그 대상은 무조건 범죄자가 되어야 한다. 반면에 그들이 아니라고 하면 그 누구도 범죄자가 되어서는 안 된다. 별장 성접대 사건으로 큰 물의를 일으켰던 김학의 전 법무부 차관이 좋은 예다. 이런 점에서 볼 때 혹시 윤 대통령은 자신을 세상의 구원자로 정의하고 있는 건 아닌지 모르겠다.

"우리가 지난 대선 때 힘을 합쳐서 국정운영권을 가져오지 않았다면 이 나라가 어떻게 됐겠나 하는, 정말 아찔한 생각이 많이 든다."(국민의힘 연찬회, 23.8.28) 그의 이런 발언을 들으면 정말 아찔하다.

윤석열 정부의 폭주에 단지 그의 검사 이력만이 작동하는 것은 아닐 것이다. '천공'을 비롯한 무속인들과 김건희 여사를 비롯한 처가의 입김, 윤석열 정부를 장악하고 있는 MB시대의 올드보이 등 수많은 세력들이 그의 폭주에 힘을 보태고 있는 것으로 보인다. 하지만 현재 상황에서 총선을 치른다면 대패할 것임을 모르지는 않을 것이다. 그럼에도 폭주를 계속할 수밖에 없는 어떤 관성이 작용하고 있는 것 같다. 윤석열 대통령과 여당의 반전 카드는 무엇일까? 그것은 바로 지속적인 이재명 악마화와 야당의 갈라치기다.

이와 관련해서 2023년 8월 24일 〈박시영TV〉에 출연했던 김태형 심리연구소 소장의 이야기가 상당히 설득력이 있는 것 같아 소개한다. 김태형 소장은 2024년 총선을 앞둔 국민의힘의 시나리오를 아래와 같이 정리했다.

1. 민주당을 식물정당 혹은 수박정당으로 만들려고 한다. 이재명 대표를 계속 흔들어 지도력을 약화시키고, 이른바 '수박' 세력 공천을 최대화한다. 총선 후 이들을 지렛대 삼아 정계 개편을 시도하려고 한다. 이와 관련 민주당 내 정치 신인의 강력한 도전이 예상되는 지역의 민주당 의원들이 국민의힘 쪽과 긴밀한 연락을 취하고 있다는 이야기가 적지 않다.

2. 공안통치를 부활하고 전쟁 위기감을 고조시킨다. 현재 윤석열 대통령이나 국민의힘 지지율을 보면 과반의석을 건지기는 힘들다고 봐야 한다. 야당에 과반을 내줄 경우 윤석열 대통령의 조기 레임덕과 여당 내 분열은 불을 보듯 뻔하

다. 따라서 윤석열 정부는 북한과의 갈등을 내세워 전쟁 위기론을 일으키고, 케케묵은 색깔론과 함께 공안통치를 부활시킬 것이다. 그렇게 보수를 총결집시키고 중도는 최대한 선거에 나오지 않도록 유도해야만 승산이 있다.

만에 하나 국지전이 발발한다면 진짜 문제는 그때부터다. 북한의 상황이나 중국과 러시아의 입장을 고려해볼 때 국지전이 국지전으로 끝나지 않을 가능성이 매우 높기 때문이다. DMZ에서 우리 병사를 향해 총을 쏴달라고 북에 요청했던 현 여당의 예전 이력이나 윤석열 대통령의 폭주 성향을 보면, 아찔하지만 가능성이 전혀 없지는 않은 시나리오다.

'눈 떠보니 후진국'이 아니라 '눈 떠보니 전쟁 중'이 되지 않을까, 심히 우려되는 바이다.

2찍의 침묵

2023년 5월, 〈여론조사꽃〉에서는 '윤석열 정부 출범 1주년 특집 여론조사'를 실시했다. 여러 가지 의미 있는 내용들이 많았지만 특별히 소개하고 싶은 것은 키워드를 통해 지난 1년을 한눈에 볼 수 있게 정리한 한 장의 이미지였다.(표4참조)

가장 굵은 글씨로 박힌 '이태원 참사'와 '바이든 날리면'을 비롯해 노조, 검사정치, 외교참사, 후쿠시마 오염수 방류, 대통령실 용산 이전 등의 키워드가 눈에 들어온다. 대부분 붉은색, 즉 부정적인 단어들이다. 키워드 분포를 보면 이태원 참사로 시작해 바이든 날리면,

Q. 윤석열 정부 1년 동안 가장 기억에 남는 사건은 무엇입니까?

화물연대 파업 정상화

MBC기자
전용기 탑승거부

강경대응
개혁

노조

노조탄압
민주노총 탄압

노동시간 연장

화재/산불

강남지역 침수/수해

이태원
참사

518민주항쟁 기념식 참석

거짓말/말실수

청와대 개방

대통령실 용산 이전

원전 재개   도청사건

간호사법 거부권

가스비/전기요금 등 공공요금 인상

표 4. 여론조사꽃, 자체조사, 1차 조사: 23.5.22~23, 2차 조사: 23.5.29~3023.5.29~30

일본
굴종
외교

위안부협상

강제징용판결,
제3자변제

원폭 피해자 방문
원폭 피해자 기념비 참배

한일외교

한미일 외교/공조   **외교성과**

'이란은 적' 발언

한미외교

G7참석

바이든
날리면

외교참사

대통령 부인 국외뉴스

후쿠시마
오염수 방류

러시아 중국 관계 악화
탈중국

검사정치
검찰공화국

김건희 주가조작/도이치모터스
야당탄압/야당대표 탄압

대통령실 용산 이전, 검사정치 · 검찰공화국 등의 문제로 부정적인 이미지가 점차 강화되었음을 알 수 있다. 간혹 한미일 외교/공조, 외교성과, 화물연대 파업 정상화 강경대응 등 긍정적인 반응을 뜻하는 파란색 글씨도 있지만 갯수도 적고 크기도 작다(크기가 클수록 상대적으로 큰 관심을 보였다는 뜻). 한마디로 윤석열 정부의 지난 1년에 대한 평가는 보수 진보를 가리지 않고 대부분 부정적이라는 이야기다.

구체적인 숫자로 보면 "윤 대통령의 지난 1년간 국정 운영에 대해 100점 만점 중 몇 점을 주시겠습니까?"라는 질문에 '0점'을 주겠다고 답한 응답자가 22.2%였다. 조사 방식이 '전화면접'이었으니 설문조사를 하는 사람에게 말로 직접 '0'점을 주겠다고 응답한 사람이 22%가 넘었다는 이야기다. 이를 포함해 '0점~50점'은 63.2%, '51점~100점'은 35.3%이었다. '100점'을 주겠다고 응답한 사람은 7%였다.

처음부터 윤석열 대통령의 지지율이 이처럼 바닥권은 아니었다. 이전 대통령에 비해 높지는 않았지만 그래도 2022년 6월 지방선거 직전에는 보수층의 결집으로 55%선을 넘나들기도 했다. 하지만 딱 그때뿐, 선거가 끝난 이후부터 대통령 지지율은 급전직하, 30% 중반을 오르내렸고 한때는 20% 이하로 떨어지기도 했다.

여론조사기관에 따라 실제 수치에는 편차가 있지만 '흐름'은 NBS 조사 결과와 크게 다르지 않다.(표 5 참조) 그리고 다시 4개월여가 지난 2023년 8월 30일, 〈여론조사꽃〉(자체조사, 23.8.25~26)은 대통령 지지율이 2022년 10월 이태원 참사 이후 10개월 만에 다시 20% 대로 떨어졌다고 발표했다. 2022년 대선 당시 윤석열 후보의 지지율은 48.56%. 그렇다면 대선 당시 윤석열 후보를 찍었던 유권자 가운데 15~20%가 지지를 철회했다는 뜻이 된다. 0.73%의 지지율 차이로 집권한 윤석열 정권으로서는 엄청난 민심 이반이 아닐 수 없다(물론 앞 장에서 지적한 바와 같이 윤 대통령은 '지지율이 1%가 나오더라도 할 일은 하겠다'고 선언했지만 말이다.).

일찍이 박완서 선생은 '그 많던 싱아는 누가 다 먹었을까' 하며 어린 시절 즐겨 먹었던 싱아가 사라졌음을 안타까워했지만 국민의힘 역시 '그 많던 지지자는 다 어디로 갔을까' 궁금해하고 있을지 모르겠다. 하지만 답은 이미 나와 있다. 그들 역시 답을 알고 있다. 다만 2024년 총선 '공천' 때문에 '벌거벗은 임금님'의 실체에 대해 입도 병긋하지 못하고 있을 뿐이다. 심지어 그들은 온 국민의 조롱거리가 될 줄 알면서도 "IAEA의 발표대로 오염수는 안전하다. 하지만 정부는 오염수 방류에 찬성 또는 지지하는 것은 아니다."라는 '뜨거운 아이스 아메리카노' 같은 이야기를 거리낌 없이 쏟아 내고 있다. 공천 앞에서는 염치도 부끄러움도 없는 것 같다. 이런 상황이니 어찌 지지율

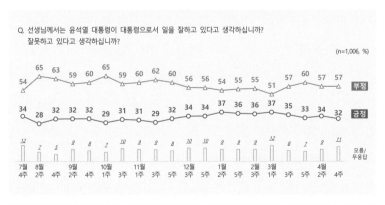

NBS(전국지표조사)의 여론조사로 본 윤석열 정부 1년

표 5. NBS, 자체조사, 23.4.24~26

이 오를 수 있겠는가.

　윤석열을 지지했다는 이유만으로 이른바 '2찍'이라는 멸칭을 듣고 있는 지지자들이 마음을 바꾼 것은 어제오늘 벌어진 한두 가지 사건 때문이 아니다. 앞서 소개한 2022~2023 상반기의 각종 사건 사고만이 아니라 그 이후 벌어진 오송지하차도 참사, 국제 잼버리 대회 망신 등은 여느 정권이라면 그중 몇 가지만으로도 국정 운영에 지장을 줄 만큼 심각한 사안들이었다. 모든 것을 검찰·경찰의 힘과 언론 장악을 통해 겨우 틀어막았지만 민심의 동요까지 막을 수는 없었던 것이다.

　선거철이 되면 어김없이 나오는 용어 중 하나가 '샤이'다. 주로 자신이 지지하는 세력이 인기가 없을 때 지지 여부를 잘 드러내지 않는 상황을 뜻하는 말이다. 때에 따라서는 샤이 진보가 많고, 어떨 때는 샤이 보수가 많다. 이제는 여기에 새로운 용어가 하나 더 추가될 참이다. 바로 '샤이 2찍'이다. 선거는 아직 한참 남았지만, 지난 대선에서 2번 윤석열 후보에 표를 줬던 사실을 애써 감추고 싶어하는 사람들이 그만큼 많기 때문이다.

　그 많던 2찍들은 다 어디로 간 것일까? 윤석열 당선에 환호했던 그들은 어쩌다 '샤이'가 되었는가. '무능, 무책임, 무대책'의 3무 탓이다, 경제, 안보, 부동산, 문화… 어떤 분야에서도 탁월한 무능력을 보여주는 정권, 사건이 일어나면 무조건 전 정권 아니면 아랫사람에게 책임을 떠넘기는 무책임 정권, 소 잃고 외양간 고칠 대책도 세우지 못하는 무대책 정권. 여기에 '무속'까지 덧붙여 '4무 정권'이라 불러도 무방할 것이다. 그들의 감정을 한마디로 정리해보면 아마도 '속았다!'가 아닐까 싶다.

Q. 윤 대통령의 능력치가 후보 시절에 언론을 통해 정확히 전달됐다고 생각하십니까?

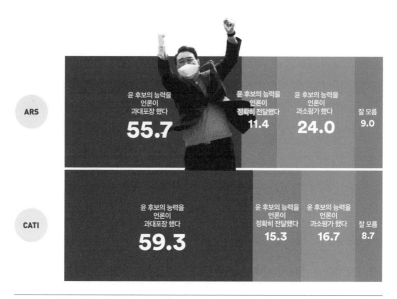

ARS	윤 후보의 능력을 언론이 과대포장 했다	윤 후보의 능력을 언론이 정확히 전달했다	윤 후보의 능력을 언론이 과소평가 했다	잘 모름
	55.7	11.4	24.0	9.0
CATI	윤 후보의 능력을 언론이 과대포장 했다	윤 후보의 능력을 언론이 정확히 전달했다	윤 후보의 능력을 언론이 과소평가 했다	잘 모름
	59.3	15.3	16.7	8.7

표 6. 여론조사꽃, 자체조사, 23.5.5~6

〈여론조사꽃〉의 정례조사 결과를 보면 2찍을 포함한 국민 대다수의 감정이 어떤지 잘 나타나 있다. "윤 대통령의 능력치가 후보 시절 언론을 통해 정확히 전달됐다고 생각하십니까?"라는 질문에 "윤 후보의 능력을 언론이 과대 포장했다"고 답한 응답자가 무려 55.7%(CATI), 59.3%(ARS)로 나타난 것이다.(표 6 참조) '속았다'는 표현이 과장이 아님을 알 수 있는 대목이다.

같은 조사에서 "윤 대통령에게 앞으로 얼마나 기대하십니까?"라는 질문에는 "앞으로도 잘할 일은 없을 것이라 생각한다"고 답한 응답자

윤 대통령에게 거는 기대

Q. 윤 대통령에게 앞으로 얼마나 기대하십니까?

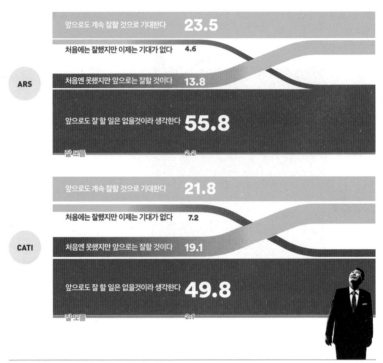

ARS

- 앞으로도 계속 잘할 것으로 기대한다 **23.5**
- 처음에는 잘했지만 이제는 기대가 없다 **4.6**
- 처음엔 못했지만 앞으로는 잘할 것이다 **13.8**
- 앞으로도 잘 할 일은 없을것이라 생각한다 **55.8**
- 잘모름 **2.2**

CATI

- 앞으로도 계속 잘할 것으로 기대한다 **21.8**
- 처음에는 잘했지만 이제는 기대가 없다 **7.2**
- 처음엔 못했지만 앞으로는 잘할 것이다 **19.1**
- 앞으로도 잘 할 일은 없을것이라 생각한다 **49.8**
- 잘모름 **2.1**

표 7. 여론조사꽃, 자체조사, 23.5.5~6

가 55.8(CATI), 49.8(ARS)로 나타났다.(표 7 참조) 여기에 "처음에는 잘했
지만 이제는 기대가 없다"고 답한 4.6%(CATI), 7.2%(ARS)를 더한다면
"기대감이 없다"는 응답자가 60% 내외에 이른다. 이는 곧 여당의 지
지율과 이어진다.

윤 대통령과 여당에 대한 실망은 단지 '능력' 때문은 아니다. 앞서
설명했듯 원인은 크게 네 가지로 나눠 볼 수 있다.

첫째, 윤석열 정권의 무능력無能力・무지無知・무통無通・무치無恥의 4무 행태에 대한 실망이다. 능력도 없고, 아는 것도 없으면서 야당이나 전문가들의 이야기에 귀를 닫고 있는 정권. 잘못을 저질러놓고도 모르쇠로 일관하는 후안무치한 모습이 결국 지지자들을 떠나게 만든다.

둘째, 아침에 한 말과 저녁에 한 말이 다른 데 대한 실망이다. 윤석열 대통령은 대선 후보 시절 본인과 부인 김건희 여사, 장모 최은순 씨와 관련해 수많은 '거짓말'을 했다. 특히 이미 그 실체가 드러난 김건희 여사의 주가 조작, 최은순 씨의 땅 투기 및 잔고증명서 위조 등에 대한 거짓말은 당선 무효를 다툴 만큼 중대한 사안이다. 이외에도 윤석열 대통령의 거짓말은 헤아리기 어려울 정도다. 지지자들의 믿음이 떠나가는 것은 당연한 결과다.

셋째, 사과를 할 줄 모르는 오만함에 대한 실망이다. 윤석열 정권의 특징 중 하나가 수십 수백 명의 국민이 목숨을 잃는 대참사가 발생해도, 대통령은 물론 그 누구도 사과하지 않는 것이다. 오히려 '내가 뭘 잘못했다는 것인가'라며 고개를 뻣뻣이 드는 적반하장이 일상이다.

넷째, 모든 책임은 전 정권 혹은 아랫사람에게 떠넘기는 무책임에 대한 실망이다. 오죽하면 '이럴 거면 정권은 왜 잡았는가'라는 이야기가 나올 정도로 윤석열 정부의 전 정권 탓은 도를 넘은 지 오래다. 사건이 발생할 때마다 책임자, 윗사람은 쏙 빠지고 죄 없는 실무자들만 책임을 지게 만드니 이런 정권에 무엇을 기대할 수 있을까 싶은 것이다.

대한민국은 자타가 공인하는 IT강국이다. 인터넷 보급률이 세계

최상위권에 들고 실시간으로 정보가 공유되고 확산된다. 어떤 언설로 변명하고 감추고 속이려 해봐도 오래지 않아 실체가 드러난다. 그런데 윤석열 정부는 국민을 바보로 아는 것 같다. 아니면 손바닥으로 하늘을 가릴 수 있다고 믿는 그들이 바보일 것이다.

본래 대한민국의 주류는 '보수'였다. 정치적·경제적 안정과 튼튼한 안보 등이 보수가 지향하는 가치였다. 애초에 윤석열 후보를 지지했던 이들은 따지고 보면 전통적 의미의 보수다. 하지만 박근혜·이명박 정부를 겪으면서 보수의 가치는 '아스팔트'로 치환되었고, 오늘날 보수는 '극우' 혹은 '태극기 부대'와 구분하기 힘들어졌다. 윤석열 정부는 진보와 보수를 극렬하게 갈라놓은 것은 물론 보수 진영조차 둘로 쪼개놓고 '아스팔트 보수'를 향해 질주하고 있다. 2번을 찍었던 중도층은 물론 보수층도 도저히 윤 정부와 함께할 수 없는 가장 큰 이유다.

'윤비어천가'와 대통령의 무오류설

"시커먼 먹구름 위에는 언제나 빛나는 태양이 있다는 것을 우리는 알고 있다. 먹구름을 걷어내고 혼란 속에서 나라를 지켜낸 구국의 지도자."

21세기가 시작되고도 23년이 지난 오늘날, 한 나라의 지도자를 이처럼 극찬하는 경우는 매우 드물다. 혹 북쪽의 어느 지도자에 대한 찬양이라면 모를까. 그런데 백주대낮에 공개적으로 이런 찬사를 늘어놓은 곳이 있었으니 다름 아닌 바로 대한민국이다. 2023년 8월 29

일, 청와대 영빈관에서 열린 '제21기 민주평통 간부위원과의 통일대화'에서 김관용 민주평화통일자문회의 수석부의장이 대통령의 격려사에 이은 답사에서 윤석열 대통령을 '태양'에 비유한 것이다.

아무리 위대한 업적을 남긴 위인이라 해도 살아 있는 사람을 대상으로 '신격화'에 가까운 찬양을 늘어놓는 일은 폭압에 찌든 전체주의 국가에서가 아니면 상상하기 어렵다. 더구나 취임 두 달도 채 안 된 시점에 '취임덕'을 겪었고, 1년이 조금 넘은 시점에 다시 30%를 넘나드는 지지율을 기록하고 있는 대통령을 '태양'에 견주다니 심해도 너무 심했다. 더 큰 문제는 대통령도 그 누구도 이를 말리기는커녕 문제 삼지도 않는다는 점이다. 언론 역시 마찬가지다.

87년 민주항쟁 이후 어떤 권위주의 정권에서도 이같은 노골적 아부와 찬양은 보기 어려웠다. 그들만의 리그에서는 어땠는지 몰라도 그것이 '궁' 바깥으로 새어 나오는 일은 극히 드물었고, 이런 찬사가 공개될 경우 당사자는 매우 부끄러운 처지에 빠지곤 했다. 그런데 오늘날 이런 찬사가 버젓이 공개될 수 있는 이유는 뭘까? 어쩌면 대통령과 대통령실의 의도는 아닐까?

윤석열 대통령은 절대 사과하는 법이 없다. 처음에는 잘못을 저지르면 이를 애써 부정하거나 변명을 했는데, 이제는 아예 잘못 자체를 인정하지 않는다. 대통령실과 여당까지 나서서 '대통령에게는 절대 잘못이 없다'고 강변한다. 이들은 "언론도 지금 뭐 전부, 야당이, 야당 지지 세력들이 잡고 있기" 때문이고(윤석열 대통령, 국회 연찬회, 23.8.28), 전세 사기가 늘어난 원인은 "문재인 정권의 이념적 부동산 정책 실패"(국민의힘 강민국 수석부대변인, 23.4.18) 때문으로 돌린다. 더구나 윤석열 정부로서는 뜨거운 감자일 수밖에 없는 '일본 핵오염수 해양 투기' 문제마저 "국제 기준에 맞고 국제법적으로 문제가 없을 때 일본이 방류한다고 그러면 우리가 막을 방법이 없기 때문에… (문재인 정부의) 정의용 장관도 국회에 나와서 문제가 없으면 찬성할 수밖에 없다고 얘기를 했다."(국민의힘 성일종 의원, 〈미디어오늘〉, 23.6.2)라고 문재인 정부를 슬쩍 끌어들였다. 대통령의 무오류설, 그 시작은 '바이든 vs 날리면' 논란이었다.

대통령의 무오류설을 가장 철저히 믿는(?) 사람은 윤 대통령 본인이다. 후보 시절부터 줄곧 '주 120시간 노동'을 주장했지만 막상 취임한 뒤 여론이 좋지 않자 "저는 주당 60시간 이상의 근무는 건강 보호 차원에서 무리라고 하는 생각은 변함이 없다."(윤석열 대통령, 23.3.21)며 근로시간 상한 필요성을 제기했다. 박근혜 전 대통령을 능가하는 '유체이탈 화법'이다. 또 대통령의 느닷없는 한마디에서 비롯된 '킬러문항 배제'와 '수능 난이도 조절'과 관련해서는 교육과정평가원장이 사퇴하는 등 교육계의 혼란이 이어지자 "수능과 관련된 잘못된 내용 전달로 고3 수험생·학부모들 사이에 혼란이 빚어질 것을 우려해 이 부총리를 엄중 경고"하기도 했다.(윤석열 대통령, 〈국민일보〉, 23.6.18)

절대 오류가 있을 수 없는 대통령에 대한 낯 뜨거운 '윤비어천가'는 이미 취임 초부터 조짐을 보였다.

"정말 외람되오나…."

2022년 3월 13일, 윤석열 당선인 기자회견 중 모 언론사 기자가 질문을 시작하기 전에 던진 말이다. '외람되다'란 '하는 짓이 분수에 지나치다'라는 뜻이다. '한낱' 기자가 '감히' 당선인에게 질문을 한 것이 분에 넘친다는 뜻이었을까? 이후 해당 기자는 '외람이'라는 반갑지 않은 별명을 얻게 되었지만, 어쩐 일인지 이와 관련된 기사나 논란은 조용히 무대 뒤로 사라졌다.

2022년 5월 11일 〈머니투데이〉 박종진 기자는 윤 대통령의 첫 출근 모습을 스케치하면서 "하늘에 있던 대통령이 땅에 내려왔다? 尹 대통령의 첫 출근"이라는 제목을 달았다. 비록 물음표를 달긴 했지만, 대통령에 대한 경외감이 짙게 묻어나는 타이틀이 아닐 수 없다.

이 정도는 약과다. 2022년 8월 22일 〈중앙일보〉 이하경 주필은 신림동 반지하 참사 현장을 찾은 윤 대통령에 대해 "대통령이 저 먹먹한 슬픔의 공간으로 몸을 밀어 넣은 것은 국민의 아픔이 나의 아픔이라는 무한책임과 연대의 증거다. 스스로 대통령다움을 입증한 것이다. 이로써 가진 자의 편에 선 오만한 선민選民이라는 부당한 편견에서 벗어났다."라고 썼다. '대통령' 대신 '수령님'이라고 바꿔 놓고 읽어도 전혀 어색하지 않다.

우리가 익히 알고 있는 '수령님'은 어떤 판단을 하건 결코 틀린 적이 없는 분이다. 만일 그분의 판단으로 인해 어떤 문제가 발생한다 해도, 그건 그분에게 문제가 있는 것이 아니라 아랫사람 누군가 그 뜻을 잘못 알아들었거나 실행 단계에서 오류를 저지른 것이다. 따라서 수령님이 하실 일은 책임을 지는 것이 아니라 그 일에 대해 '엄한 질책'을 하고, 문제를 일으킨 사람을 찾아 처벌하는 일이다.

지난 1년 반 동안 익히 봐 왔던 모습이 아닌가?

사실 '무오류설'은 본래 수령님이나 윤 대통령이 아닌 가톨릭의 수장 교황 성하의 것이다. 정확한 명칭은 교황무류성이다.

교황무류성敎皇無謬性은 교황이 전 기독교의 우두머리로서 신앙이나 도덕에 관하여 교황좌에서 장엄하게 결정을 내릴 경우(ex: cathedra), 그 결정은 성령의 특은으로 보증되기 때문에 결단코 오류가 있을 수 없다고 하는 교리이다.

위키백과 참조

하지만 교황의 무류성은 '무조건'이 아니다. 무류성이 성립되기 위해서는 일정한 조건이 따른다.

교황무류성이라고 해서 결코 교황의 모든 발언이 그릇됨이 없다는 것은 아니다. 교황이 신앙과 윤리와 관련된 문제에 한해서 오랜 세월에 걸쳐 물려받은 전승을 충실히 고수하여 교황좌에서 엄숙하게 확정적 행위로 선언할 때에만 무류성이 성립한다. 또한, 교황좌에서의 선언일지라도 교회의 전통적인 가르침(성경이나 성전)과는 모순되지 말아야 한다.

위키백과 참조

이렇게 비교해보면, 2023년의 우리는 교황 성하보다 더 완벽한 무류성을 지닌 대통령을 모시고 있는 게 아닐까 싶다.

문재인 정권 7년 차

장학사 선생님이 한 초등학교에 장학지도를 나갔다. 담임 선생 책상 위에 놓인 지구본을 보면서 한 학생에게 물었다. "이 지구본이 왜 기울어져 있지?"
학생의 대답은? "내가 안 그랬는데요."였다.

당황한 장학사가 담임에게 물었다. "아니, 어떻게 학생이 저렇게 대답하는 거죠?"

담임은 정중하게 손을 비비면서 죄인처럼 조용히 답했다. "사실은 그게 아까부터 삐딱하게 되어 있었습니다."

이제 당황을 넘어 황당해진 장학사가 곁에서 수행하던 교감을 쳐다보았다. 어쩔 줄 모르게 된 교감이 역시 모기만 한 목소리로 장학사에게 말을 건넸다. "장학사님 사실 그 지구본은 사올 때부터 기울어져 있었습니다."

화가 난 장학사가 교장에게 따졌더니 교장 왈. "장학사님, 요즘 국산품이 다 그렇습니다."

헛웃음이 나는 옛날이야기를 먼저 꺼낸 이유는, 이 상황이 마치 요즘 윤석열 정부의 모습을 그대로 보여주는 것 같아서다. 무슨 문제가 생기면 대통령부터 실무자까지 '나는 몰라요' 하며 일단 책임을 회피하고 보는 게 딱 이 초등학교의 모습이다. 그리고 '최고 책임자'인 교장이 '국산' 탓을 하듯 '문재인 정부' 탓을 한다. 집권 1년 반이 지난 2023년 10월 현재에 이르기까지 국가적인 재난과 위기, 대형 악재는 모두 문재인 정권 탓이다.

2023년 9월 1일, 국회 법제사법위원회 전체회의에 출석해 한동훈 법무부 장관은 2022년 미국 출장 때 사용한 경비 내역을 공개하겠다고 밝혔다.

한동훈 법무부장관은 2022년 6월 29일부터 7월 7일까지 미국 출장을 다녀왔는데, 이 가운데 사흘이 연휴였다. 게다가 조태용 주미대사와의 만찬과 오찬을 제외하면 출장 목적으로 내세웠던 '미국 연방

법무부'나 '뉴욕 유엔본부' 등의 방문은 없었다. 이 때문에 하승수 '세금도둑잡아라' 공동대표 등은 출장비 상세내역에 대한 정보공개를 청구했고, 이를 법원에서 받아들인 것이다. '국가 안보에 위해가 된다'는 핑계로 내역 공개를 거부하던 (한동훈) 법무부가 결국 출장비를 공개하지 않을 수 없게 된 것이다. 하지만 이때에도 한동훈 장관은 '단서'를 달았다. (문재인 정권) 법무부의 출장경비 내역도 함께 공개할 수 있도록 정보 공개를 청구해 달라는 것이었다.

'발목잡기'도 이 정도면 습관성이다.

2022년 10월 29일 이태원 참사가 일어났을 때는 "112시스템 왜 안 고쳤냐. 왜 정비 안 했냐. 이런 사고가 났다는 건 일단 문재인 정권 책임이 있는 거다. 약속 어기지 않았냐. 우리는 믿고 있었다. 이제는 큰 사고에 대비하는 국가적 시스템이 완비돼 있다는 걸."(정미경 국민의힘 최고위원) 하면서 '문재인 정부를 믿었는데 배신을 당했다'는 식으로 책임을 돌렸다.

2023년 8월 24일 일본이 후쿠시마 핵오염수 무단 폐기를 시작하고 국민적인 분노가 들끓기 시작하자 "일본이 후쿠시마 핵오염수 방류를 결정한 시기는 2021년 4월 당시 문재인 정부 시절인데, 그 뒤 2년이 넘는 시간 동안 민주당은 무엇을 하고 있었나? … 윤석열 정부 들어서 일본 핵오염수 처리 문제에 대해서 우리 정부의 목소리가 반영되기 시작했다"며 오히려 윤석열 정부가 문재인 정부의 잘못을 바로잡고 있다는 식으로 호도했다.

잼버리 대회가 파행을 거듭하고 끝난 이후에는 '문재인 정권 때 대회를 유치했다' '진행을 맡은 전라북도 지사는 민주당 사람이다' 등으로 여가부와 행안부 책임에 대한 물타기에 여념이 없었다. 현 정부가

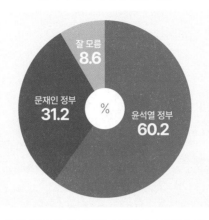

잼버리 파행 사태에 대한 책임

잘 모름
8.6

문재인 정부
31.2

%

윤석열 정부
60.2

표 8. 미디어토마토, 뉴스토마토 의뢰, 23.8.7~10

문재인 정부인지 윤석열 정부인지 헷갈릴 정도다.

하지만 국민들은 바보가 아니다. 윤석열 정부는 끊임없이 문재인 정부를 호출해서 책임을 뒤집어씌우려고 하지만, 곧이곧대로 믿는 국민은 별로 없다. '느낌'이나 '희망'의 문제가 아니라 여론조사 결과로 보여지는 팩트다.

〈뉴스토마토〉가 실시한 여론조사를 보자. "잼버리 파행의 책임이 어느 정부에 있는지" 물은 결과 "잼버리 파행 사태의 책임이 윤석열 정부에 있다"고 응답한 비율이 60.2%로 "문재인 정부에 있다"고 응답한 31.2%에 비해 높았다. (표 8 참조)

〈여론조사꽃〉이 "출범 1년을 맞이한 현 정부의 어려움이 전임 정부 책임이라는 윤 대통령 주장에 대해 어떻게 생각하십니까?"를 물은 결과 20대 남성과 60~70대를 제외한 대부분의 응답자가 "자기 잘못을 남 탓으로 돌리는 변명"이라고 답했다(ARS 59.4%, CATI 61.8%). 반

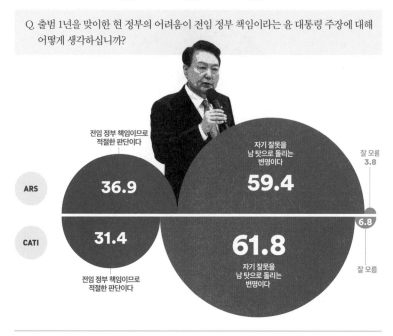

현정부의 어려움은 누구의 책임일까

Q. 출범 1년을 맞이한 현 정부의 어려움이 전임 정부 책임이라는 윤 대통령 주장에 대해 어떻게 생각하십니까?

전임 정부 책임이므로
적절한 판단이다

ARS   **36.9**

자기 잘못을
남 탓으로 돌리는
변명이다

59.4

잘 모름
3.8

6.8

CATI   **31.4**

자기 잘못을
남 탓으로 돌리는
변명이다

61.8

전임 정부 책임이므로
적절한 판단이다

잘 모름

표 9. 여론조사꽃, 자체조사, 23.5.12~13

면 "전임 정부의 책임"이라고 답한 응답자는 3분의 1 정도였다(ARS 36.9%, CATI 31.4%). 이념 성향으로도 '보수'를 제외한 진보와 중도 모두 압도적으로 윤석열 정부의 변명이라고 답했다.(표 9 참조)

2023년 9월 윤석열 정부의 지지율은 바닥권이었다. 〈여론조사꽃〉의 정례여론조사 결과에 따르면 국민의힘과 민주당 지지율은 53.3% vs 34.7%(ARS)로 18.6%p 차이였다.(표 10 참조) 이전 조사(여론조사꽃, 자체조사, 23.8.18~19)에 비하면 민주당은 3.6%p 상승하고 국민의힘은 3.4%p 하락한 결과였다. 연령대에서는 70세 이상, 이념성향으로는 보수 이외에는 뚜렷한 지지세를 보여주지 못했다. 윤석열 당선의 1등 공신

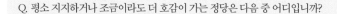

Q. 평소 지지하거나 조금이라도 더 호감이 가는 정당은 다음 중 어디입니까?

표 10. 여론조사꽃, 자체조사, 23.8.25~26

이라 불리는 18~29세 지지율도 31.9% vs 15.6%로 열세를 면치 못했다. 비록 전화면접조사(CATI)에서 43.1% vs 28.0%로 그 차이가 다소 줄어들기는 하지만 민주당 지지율이 50%가 넘었다는 점, 격차가 15%p 이상 벌어졌다는 점에서 국민의힘에게는 매우 충격적인 결과였다. 특히 ARS 조사의 경우 '지지정당 없음'이나 '잘 모른다'는 응답이 4.5%에 불과했다는 걸 감안하면 사실상 국민의힘이 전 국민에게 외면받고 있는 셈이다.

국민의힘으로서는 안타깝지만, 문재인 정부를 때리면 때릴수록 지지율은 '70대 이상, 보수 성향'의 박스권에서 벗어나기 어려울 것이다.

그 이유는 무엇일까? 굳이 이것저것 따져볼 필요는 없을 것 같다. 집권 여당임에도 불구하고 끊임없이 전 정권을 소환하며 변명으로 일관하는 국민의힘의 모습에서는 '책임감'을 1도 찾아보기 어렵다. 60대 이하, 진보와 중도층까지 많은 국민들이 국민의힘을 외면하는 이유다.

지금이 윤석열 정권 2년 차인지 문재인 정권 7년 차인지 모르겠다는 푸념이 여기저기서 들려온다. 이럴 거면 무엇 때문에 정권을 잡았는지 정말 묻고 싶은 국민이 참 많다.

MB맨의 전성시대

====

"머리는 빌려도 건강은 빌릴 수 없다."

정치에 큰 관심이 없는 사람도 한 번쯤은 들어봤을 고 김영삼 대통령(YS)의 유명한 어록이다. 배드민턴을 즐겨 치고 정상회담을 위해 외국에 나가는 경우에도 조깅을 거르지 않았던 YS는 실제로 누구보다 건강한 신체를 자랑했다.

하지만 대통령으로서는 별로 건강하지 못한 기록을 많이 남겼다. 특히 방만한 경제 운영으로 IMF구제금융의 빌미를 만든 것은 가장 큰 오점으로 남았다. 이 때문에 YS의 어록은 '지도자는 남의 머리를 빌려서는 안 된다'는 반면교사의 한 예로 꼽히곤 한다.

한동안 잊혔던 YS의 어록은 2021년에 다시 세상의 조명을 받기 시작했다. 검찰총장에서 대선후보로 직행한 윤석열 후보자 덕분이었다. 당시 윤 후보는 각종 토론회와 기자 간담회, 초청 강연 등을 하면서 한국경제를 책임질 안목과 실력이 부족하다는 지적을 많이 받았다. 그때 윤 후보가 내놓은 대안이 바로 '경제는 전문가에게 맡기면 된다'였다. 그리고 지난 2022년과 2023년의 한국경제 현실은 'IMF'의 악몽과 'YS의 어록'을 동시에 떠올리게 하고 있다. '경제 분야'만이 아니라 윤석열 후보는 '안목과 능력'에 대한 저평가가 나올 때마다 '전문가'를 언급하곤 했다. 그리고 집권 1년도 지나지 않아 '지도자는 남의 머리를 빌려서는 안 된다'는 걸 제대로 보여주고 있다.

이병태 카이스트 교수는 2023년 5월 23일 〈최보식의 언론〉에 문재인 정권의 탈원전 정책과 소득주도성장 정책을 비판하면서 YS의 유명한 어록을 인용했다.

우리나라에서는 YS 때문에 잘못 알려진 미신이 있다. 대통령이 되면 '머리는 빌려 쓸 수 있다'는 말이다. 그 빌린 머리로 외환위기를 초래했다. 박근혜 대통령도 최고의 인재를 쓰겠다고 했지만 실패했다.

…

머리를 빌리려면 머리를 알아보는 머리가 있어야 한다. 미국 대통령 중에서 가장 '바보'라고 평가되었던 아들 부시의 IQ가 125~138로 평가된다. 우리는 국가수반에게 필요한 인지능력을 과소평가하고 함부로 뽑아서 나라에 얼마나 큰 손실을 입히는지 모른다.

이 글의 제목은 〈'머리'를 빌리려면 머리를 알아보는 '머리' 있어야〉였다. 분명 문재인 정권을 비판(비난)하기 위해 쓴 글이지만, 몇 가지 문장만 바꾸면 (의도한 것은 아니겠지만) '경제는 전문가에게 맡기면 된다'라고 했던 윤석열 대통령에 대한 저격이라 해도 이상할 게 없다.

윤석열 대통령이 발탁한 '경제 전문가'는 추경호 경제부총리다. 그가 이끄는 대한민국 경제는 지금 하루가 다를 정도로 나락으로 떨어지고 있다. '빌린 머리로 외환위기를 초래했다'는 평가가 또 다시 나오지 않을까, 많은 사람이 우려하고 있다.

그런데 윤석열 정권의 면면을 살펴보면 한 가지 특징이 있다. 이른바 올드보이의 귀환, 그중에서도 특히 'MB맨'들의 전면 등장이 눈에 띈다.

금융위원장을 역임한 추경호 부총리를 비롯하여 한덕수(전 주미대사), 이주호 교육부 장관(전 교육과학기술부 장관), 김영호 통일부 장관(전 청와대 통일비서관), 이동관 방통위원장(전 청와대 홍보수석) 등이 대표적이다. 윤석열 정부의 대외정책을 총괄하다시피 하는 김태효 국가안보실 1차장 역시 MB 시절 청와대 대외전략비서관 · 기획관을 역임했다. 이외에도 김은혜 홍보수석, 강승규 시민사회수석, 최상목 경제수석, 한오섭 국정상황실장 등 MB 정부 출신들이 즐비하다. 이외에도 눈에 띄는 인물들이 많다. 유인촌 대통령문화체육특보(전 문화체육관광부 장관), 김관진 국방혁신특별자문위원(전 국방부 장관), 이재오 민주화운동기념사업회 이사장(전 특임장관) 등이다. 물론 이 가운데 가장 압권은 MB맨의 중심, MB본인의 사면 복권이었다.

김태효 국가안보실 1차장과 김영호 통일부 장관, 이동관 방통위원장은 임명 이전부터 상당한 사회적 논란과 함께 각종 비리와 문제점이 발견되었지만 윤 대통령은 임명을 강행했다. 때로는 임명 이후 정권의 발목을 잡을 만큼 큰 문제를 일으킨 경우에도 끝까지 감싸 안고

가는 모습을 보여주고 있다. MB맨의 전성시대 혹은 MB 시대의 부활이라는 세평이 전혀 어색하지 않다.

이처럼 지나칠 정도로 MB맨을 중용하는 이유는 무엇일까?

가장 먼저 '인재 풀의 한계'를 들 수 있다. '정치 혐오증'에 가까울 정도로 정치인의 중용을 꺼리는 윤석열 대통령이 동원할 수 있는 인재는 결국 MB와 박근혜 정부의 인사들이다. 그런데 직접 박근혜 대통령을 수사하고 구속해서 탄핵에까지 이르게 했던 윤 대통령으로서는 박근혜 정부 인사들을 중용하기가 쉽지 않다. 결국 남는 것은 검사 출신과 MB맨들밖에 없다는 이야기다.

그 다음 꼽을 수 있는 것은 인재들의 등용 기피 현상이다. 집권하자마자 '취임덕'을 겪을 정도로 지지율이 바닥을 치고 있는 윤석열 정부에서 '한 자리'를 한다는 건 자랑스러운 이력이 아니라 자칫 '오점'으로 남을 수도 있다는 걸 알고 있기 때문이다.

2023년 9월 3일자 〈중앙일보〉에 ""이걸요? 제가요? 왜요?" 공무원 확산 … '공무원 출신' 尹 칼 뺐다"라는 기사가 실렸다. 업무를 지시했을 때 "이걸요? 제가요? 왜요?"와 같은 반응부터 나오는 공무원이 부쩍 늘었다는 내용이었다. 이 기사에 따르면 중앙부처의 한 국장급 간부는 "'3요'가 MZ 세대만의 문제로 여겨졌지만, 요즘은 그렇지도 않다. 공직사회 전반의 사기가 떨어져 적극적으로 나서려는 이들이 많지 않다."고 말했다고 한다.

공무원 사회의 사기가 이처럼 떨어진 이유는 '영광은 대통령에게, 책임은 실무자에게' 돌아가는 윤석열 정권의 일상과 큰 관련이 있다. 철밥통이라 불리는 '늘공'마저 이런 인식을 가지고 있는 상황에서 굳이 '모난 돌'이 되기 위해 윤석열 정부의 '어공'으로 몸을 맡길 '인재'는 드물 수밖에 없다.

하지만 이런 현실적인 한계와 상관없이 윤 정권은 MB맨을 통해 이루고 싶은 분명한 목표가 있는 것으로 보인다. 부자 감세와 언론 지형 재편과 길들이기, 문화계 정리, 교육 개악, 역사 후퇴 등이다.

우선 가장 먼저 꼽을 수 있는 것은 집권하자마자 단행한 부자 감세다. 이때 총대를 멘 것은 한덕수 총리와 추경호 부총리였다. 노동계 탄압과 역대 두 번째로 낮은 최저임금 인상(2.5%) 역시 재계의 큰 환영을 받았다. '언론 조작의 달인'이라고 불리는 이동관 방통위원장의 복귀는 모든 방송사의 종편화를 통한 2024년 총선 대비라 할 수 있다. 이는 또한 정계와 재계 일부의 숙원이었던 MBC와 YTN의 민영화와도 이어진다.

여기서 한 가지 놓치지 말아야 할 것은 윤석열 대통령과 MB맨의 귀환 뒤에 어른거리는 '뉴라이트'의 그림자다. (사실 나는 뉴라이트라는 표현 자체를 쓰지 않았으면 하는 사람이다. '뉴'라는 말이 붙으면서 뭔가 새롭다는 느낌을 주기 때문이다. 실제로 이들의 주장은 '뉴'가 아니라 '올드' 아니다. 그런 점에서 '올드 라이트'라 불러야 옳은 게 아닌가 싶다.) 2023년 여름의 가장 뜨거운 이슈 중 하나였던 '홍범도 흉상 이전'을 밀어붙인 사람은 대표적인 뉴라이트 인사 중 하나로 꼽히는 나종남 육사 교수로 밝혀졌다. 그는 박근혜 정부 당시 이른바 '국정교과서 현대사' 집필진 중 한 명으로 대한민국 현대사 왜곡에 앞장섰던 인물이다. 이와 관련된 자세한 이야기는 제2장 '일본제국주의의 귀환'에서 좀 더 자세히 다루겠지만, 윤석열 정부가 '이념 전쟁'을 부르짖는 배경이 무엇인지 선명하게 드러나는 대목이 아닐 수 없다. 독립군과 광복군을 밀어낸 자리에 백선엽의 흉상을 세우겠다는 것은 한마디로 대한민국의 뿌리를 항일이 아닌 친일로 채우겠다는 의지다.

　흔히 '막장 드라마'라는 표현을 많이 쓴다. 막장 드라마의 특징은 첫째, '복선'이 없다. 그냥 상황에 따라 되는 대로, 작가 멋대로 상황이 흘러간다. 둘째, '반전'이 없다. 아니, 너무 자주 반전이 일어나서 반전의 의미가 없다. 셋째, 정해진 캐릭터가 없다. 작가의 입맛에 따라 주인공의 성격이 널뛰기하듯 바뀐다. 조용하고 얌전하던 인물이 느닷없이 투사처럼 돌변하기도 하고, 악의 화신 같았던 사람이 갑자기 '키다리 아저씨'가 되기도 한다. 중구난방, 아무도, 무엇도 예측할 수 없다. 넷째, 죽었던 사람도 다시 살아난다. 어떻게 살아났는지, 이유도 논리도 필요없다. 작가가 필요하면 폭탄 속에서도 살아난다.

　한동훈 법무부 장관과 검찰의 주도하에 '캐비닛'으로 정치권을 옥죄고, 이상민 행안부장관과 김순호(초대) 경찰국장을 내세워 경찰을 장악해서 검찰 공화국을 만들고자 하는 윤석열 정권의 모습이 딱 막장 드라마다. '피의자'와는 대화를 할 수 없다며 이재명 민주당 대표와의 영수회담을 끝까지 거부했던 윤석열 대통령이 고발사주 의혹의 당사자이자 '피고인'인 손준성 검사를 검찰의 별이라 불리는 검사장으로 승진 발령한 것 역시 맥락도 논리도 없이 죽었다가 살아나는 막장 드라마의 전형이다.

　언제나 송구한 모습으로 이리저리 말을 꼬아대던 한덕수 총리가 느닷없이 '공산전체주의와 대결'을 선포하고, 한때 보수 속 개혁을 외쳤던 '제주도가 낳은 천재' 원희룡 장관이 서울양평고속도로에 대하여 앞뒤도 맞지 않는 말을 마구 쏟아내기도 한다. 작가의 펜끝이 움직이는 대로 어떤 운명이 주어질지 알 수 없는 막장 드라마 속 주인

공들의 모습이다.

그리고 막장 드라마의 마지막 특징은 '욕하면서 본다'이다. 끝이 궁금하기 때문이다. 그러고 보니 윤석열 정부의 드라마는 흔히 생각하는 막장 드라마와 조금 다른 면이 있기는 한 것 같다. 끝이 궁금한 게 아니라 '뻔히 보인다'는 점이다.

시일야방성대곡;
일본제국주의의 부활

윤석열 정부의 친일 행각이 도를 넘고 있다. 2023년 3.1절 경축사에 이어 8.15 경축사에서도 초점은 우리 민족이 아니라 '일본'이었다. 일본의 후쿠시마 핵오염수 무단 방류를 모른 척 넘어가는 정도를 넘어 우리 국민의 세금으로 일본의 입장을 대변해주는 홍보활동을 대대적으로 벌이고 있다. 그리고 '1+1을 100이라고 하는 사람들과는 싸울 수밖에 없다'고 선언했다. 후쿠시마 핵오염수 방류를 반대하는 국민은 80%가 넘는다.

한미일 공조가 자칫 군사동맹까지 이어지는 것이 아니냐는 우려가 커지는 가운데 미군은 '동해를 일본해로 표기하는 것이 공식 입장'이라고 밝혔고, 합동훈련에 참가한 우리 군함은 '욱일기'를 향해 경례를 하기도 했다. 한 발 더 나아가 한미일 공조가 계속 이어진다면 한반도에 자위대 육상 부대의 상륙도 머지않은 것 같다. 이뿐만 아니라 육사 교정에 서 있던 홍범도 · 지청천 · 이회영 · 이범석 · 김좌진 등 독립운동가들의 흉상을 치우고 일본군 장교 출신의 백선엽 동상을 세우겠다고 나서서 2023년 여름을 발칵 뒤집기도 했다. 그 배경에는 '1948년 건국절'을 주장하는 뉴라이트가 자리 잡고 있다. 일본제국주의의 검은 그림자가 한반도 상공에 드리워지고 있다.

부산항에 휘날리는 욱일기

부산은 대한민국 제2의 도시이자 제1의 항구도시다. 삼국시대 때부터 일본과의 주요 교역항의 역할을 해왔고, 임진왜란이나 정유재란 등 전쟁 때는 한반도 진출의 교두보로 꼽혔다. 일본에서 가장 먼저 한반도로 진입하는 곳, 한반도에서 가장 빠른 시간 내에 일본으로 갈 수 있는 곳. 그곳이 바로 부산이다. 해방과 함께 수많은 일본인이 눈물을 흘리며 '부관연락선'(부산–시모노세키선)을 탔고, 일본군에 끌려갔던 종군'위안부'와 강제징용공 등이 배를 타고 내린 곳도 부산이다. 지금도 수많은 일본어의 잔재들이 마치 사투리처럼 자연스럽게 쓰이는 곳도 부산이다.

그런데 이 부산항에 해방 이후 처음으로 일본의 '군함'이 당당하게 일본제국주의의 상징인 '욱일기'를 매달고 입항했다. 2023년 5월 31일이었다. 명목은 대한민국이 주관하는 '해양차단훈련' 참가였다. 더 큰 문제는 해상 사열 때 바로 이 욱일기에 우리의 군함들이 경례를 했다는 사실이다. 식민제국주의 일본의 상징에 경례를 함으로써 민족적 자존심에 엄청난 상처를 남겼지만 정부도 국방부도 마치 '아무 일도 아닌 것처럼' 슬쩍 넘어갔다.

"자위대함기를 달고 들어올지 안 들어올지는 제가 지금 뭐 말씀드릴 순 없을 것 같고요, 아마 통상적으로 그게 국제적인 관례가 아닌가 그렇게 생각합니다."(전하규 국방부 대변인, 23.5.25)

'욱일기를 달고 온다'는 걸 전 세계가 알고 있는데, 대한민국 국방부만 '아직 모른다'는 이야기다. 게다가 국제 관례라니…. 제국주의의 상징인 욱일기를 달고 한때의 식민지 국가에 당당하게 입성하는 게 관례라고? 독일 군함이 나치의 상징인 하켄크로이츠를 달고 이스라엘의 어느 항구에 입항하는 모습을 상상해보라. 바로 포격을 받아도 할 말이 없을 것이다.

여론이 점점 악화되기 시작하자 국방부 대변인은 희한한 변명을 늘어놓았다. '욱일기와 자위대함기는 같은 것 같지만 다르다'는 주장이었다. '맥주는 마셨지만 소주는 마시지 않았기 때문에 음주운전은 아니다'라는 얘기인가?

국방부의 주장대로 '자세히' 살펴보면 어딘가 다르기는 하다. 하지만 이걸 다르다고 보는 게 더 이상한 일이 아닌가. 심지어 당시 일본 자위대 측에서도 자위대함기는 1954년 자위대법 시행령에 따라 옛

욱일기   자위함기

그림 2. 욱일기와 자위함기

일본 제국 해군의 욱일기를 그대로 본떴다는 사실을 공식적으로 인정했다. 일본도 모르는 차이를 찾아낸 대한민국 국방부, 정말 대단했다.

당시 한 블로거는 자신의 블로그(한비시의 세상 보기)에 "바이든 날리면으로 시작한 국민 듣기 평가는 욱일기(욱일승천기)와 자위대기(연대기)로 이어져 국민 시력 평가를 하고 있다."라는 글을 올려 윤석열 정부와 국방부를 꼬집었다.

윤석열 정부의 이상한 행보는 여기서 그치지 않았다. 2023년 8월, 한미일 합동군사훈련을 앞두고 미국 국방부에서 '동해를 일본해로 표기하는 것이 미국 정부의 공식 입장'이라고 밝혔는데, 정부와 국방부는 어떠한 입장도 내놓지 않은 것이다. 심지어 이번 훈련만이 아니라 앞으로도 미국 정부는 모든 공식 문서에 동해 대신 일본해로 표기하겠다는 입장을 분명히 밝혔다. 미국의 입장이 전 세계적으로 퍼져 나갈 경우, 세계지도에서 '동해'라는 표기는 찾아보기 어렵게 될 것이다. 하지만 정부는 지금껏 입을 꾹 닫고 있다.

안타깝지만 일본 자위대함의 욱일기 게양과 부산항 입항, 대한민국 군함의 경례 등을 비중 있게, 지속적으로 다룬 언론은 많지 않았다. 동해의 일본해 표기도 마찬가지. 어쩌면 윤석열 정부는 이런 언론의 모습에 크게 안도하고 있을지도 모르겠다. 하지만 그것은 큰 오산이다. 적어도 일본과 관계된 문제는 언론이 다루건 다루지 않건 우리 국민들의 가슴이 먼저 반응하기 때문이다. 실제로 상당수의 국민들이 '이러다 독도까지 내줄 텐가' 하는 우려를 하고 있다.

이처럼 국민 정서상 매우 민감한 문제임을 알고 있을 윤석열 정부가 쉽사리 입을 열지 못하는 이유는 이른바 '한미일 군사협력'과 이를 주도하는 미국의 눈치를 봐야 하기 때문이다. 지지율이야 어찌 됐든

한일 군사동맹 필요성

Q. 한반도 유사시 자동 개입하는 한미동맹과는 다르게, 현재 한일 관계는 제한적인 영역에서의 군사협력 관계입니다. 한반도 유사시 일본 자위대의 한반도 상륙이 가능해지는 한일 군사동맹까지 필요하다고 보십니까?

필요하다	필요하지 않다	잘 모르겠다
27.2	65.0	7.9

표 11. 여론조사꽃, 자체조사, 22.10.21~22

미국의 입장을 거스를 수 없는 것이 바로 윤석열 정부의 속성이다. 하지만 윤석열 정부가 이처럼 공을 들이고 있는 한미일 공조-한미일 군사협력에 대한 국민들의 반응은 매우 좋지 않다. 상호 대등한 입장에서의 협력이 아니라 미국에 대한 무조건적인 복종, 일본에 대한 굴종으로 비치기 때문이다.

윤석열 정부의 친일본 행각에 대한 국민들의 반감은 이미 2022년부터 나타나기 시작했다. 특히 일본과의 군사협력에 대해서는 3분의 2에 가까운 국민이 반대 의사를 나타냈다.

〈여론조사꽃〉이 2022년 10월 조사에서 일본과의 군사동맹 필요성에 대한 의견을 물어본 결과 65.0%가 "필요하지 않다"고 답했고, "필요하다"고 답한 응답자는 27.2%였다.(표 11 참조)

'전쟁이 가능한 자위대'는 일본 극우파들의 오랜 꿈이었다. 특히 전임 아베 총리는 이른바 평화헌법을 재해석하는 한편 2015년 '신안보법' 제정을 통해 존립 위기 사태로 판단될 경우 한국의 동의가 없어도 집단적 자위권을 발동할 수 있도록 만들었다. 게다가 한반도에 상륙

한일 군사협력

Q. 지난 2월 독도 인근에서 일본해로 표기된 해도로 한미일 해상훈련이 진행되었습니다.
한일 간 군사협력에 대해 어떻게 생각하십니까?

한·일간 군사 협력에 대한
우려가 크다
66.1

한·일간 군사 협력에 대한
기대가 크다
26.9

잘 모름
7.0

표 12. 여론조사꽃, 자체조사, 23.3.3~4

한 일본 자위대가 어떤 형태로든 공격을 받게 되면 곧바로 전투에 돌입할 수 있다. 윤석열 정권이 일로 매진하고 있는 한미일 군사협력은 이처럼 '전쟁이 가능한 자위대', '자위대의 한반도 상륙과 전투행위'를 가능하도록 열어주는 고속도로가 될 수도 있다.

윤석열 정부가 어떤 식으로 포장을 해도 국민들은 이미 이와 같은 일본의 전략을 꿰뚫어보고 있다. 〈여론조사꽃〉 정례조사 결과에 이런 여론이 잘 나타나 있다. "한일 군사협력에 대해 어떻게 생각하십니까"라는 질문에 무려 66.1%의 응답자가 "우려가 크다"고 답한 것이다.(표 12 참조)

〈연합뉴스〉가 의뢰한 여론조사에서 '한일관계 방향에 대한 견해'를 물어본 결과도 "관계 개선을 위해서는 과거사에 대한 일본의 진정성 있는 사과가 우선"이라고 답한 응답자가 55.4%였다. 과반수가 넘는 국민이 일본과의 관계에 앞서 사과가 중요하다고 생각하고 있다.(표 13 참조)

한일관계 방향에 대한 견해

Q. 최근 현 정부가 일본과 안보 및 경제협력 관계 개선에 나서고 있습니다.
귀하께서는 한일관계 방향에 대해서 어떤 견해를 가지고 계십니까?

(단위 : 명, %)

구 분	[사례수(명)]		지속적인 과거사 문제해결 노력과 별개로 미래지향적인 한일관계로 나아가야 한다	관계개선을 위해서는 과거사에 대한 일본의 진정성 있는 사과가 우선이다	모름/ 무응답
	조사 완료	가중값 적용 기준			
전 체	1,000	1,000	43.2	55.4	1.4

표 13. 메트리스, 연합뉴스 의뢰, 23.5.6~7

국제 정세, 특히 한반도를 둘러싼 동아시아의 정세는 하루가 다르게 변하고 있다. 2023년 8월 20일 열린 캠프데이비드 한미일 정상회의는 한미일 3각동맹이 '불가역적인' 수준으로 달려가고 있음을 보여주었다. 이 상황을 조금 비극적으로 표현하자면, 한마디로 지옥문이 열린 것이다. 미국과 중국–러시아 혹은 일본과 중국–러시아의 상황 전개에 따라 우리 대한민국의 의사와는 전혀 상관없이 자칫 전쟁의 소용돌이에 자동으로 끌려 들어갈 수도 있게 되었기 때문이다.

미국과 일본의 가려운 곳을 긁어주는 대통령

인간과 가장 닮았다고 하는 원숭이들이 특별한 일이 없을 때 늘 하는 게 있다. 서로 상대방의 털을 골라주면서 뭔가를 쏙쏙 빼먹는다. 엉킨 털을 풀어주면서 털 속에 숨어 있던 기생충이나 벌레 등을 잡아먹는 거다. 무리의 위생을 위해서도 중요하지만 사회적 유대감 형성에도 매우 중요한 행위다. 그런데 털 골라주기가 양방향이 아닌 일방적으로만 이뤄지는 경우도 있다. 어미와 새끼 그리고 우두머리와 아랫것들이다. 털을 골라주는 모습만 봐도 어떤 놈이 우두머리인지 금방 알 수 있다. 거만한 모습으로 한껏 고개를 치켜든 채 햇볕을 즐기는 놈이다. 그 옆에서는 언제나 아랫것들 한두 놈이 붙어 앉아 정성껏 털을 고르고 벌레를 잡아준다.

조금 미안한 이야기지만 윤석열 대통령이 취임 이후 지금까지 공을 들이고 있는 '한미일 삼각공조'라는 게 어쩐지 원숭이의 털 골라주기처럼 우두머리에 대한 무한 애정 공세가 아닌가 하는 생각이 들곤 한다. 일일이 지시하지 않아도 알아서 가려운 곳은 긁어주고, 엉킨 곳은 풀어주고, 불편한 것은 쏙쏙 빼준다.

> "물컵에 비유하면 물컵에 물이 절반 이상은 찼다고 생각을 합니다. 그리고 앞으로 이어질 일본의 성의 있는 호응에 따라서 그 물컵은 더 채워질 것으로 기대합니다."

2023년 3월 6일, 윤석열 정부의 소위 '제3자 변제방안'에 대한 반대여론이 거세게 불고 있을 때 박진 외교부 장관이 한 이야기다. 일본 정부에서 가장 껄끄럽게 여기는 문제를 우리가 먼저 통 크게 양보했으니 일본에서도 그에 상응하는 보답이 있을 거라는 설명이 뒤따랐다. 덕분에 일본은 한국 대법원에서 이미 배상 판결이 확정된 강제징용공 문제와 더불어 일본군 '위안부' 할머니들 문제까지 은근슬쩍 해결하고 말았다. '진심어린 사과'는커녕 보상 문제 협의조차 나설 이유가 없어진 것이다.

뭔가 이상한 셈법이었지만, 한때 일부 언론을 중심으로 경제계의 기대 섞인 전망이 나오기도 했다. 문재인 정부 때 시작된 무역분쟁 해결에 대한 기대였다. 하지만 혹시는 역시로 끝나고 말았다.

"명분도 실리도 다 잃었다 … '제3자 변제안'에 전문가들 "한국 굴욕""" 등의 기사가 쏟아졌다. 국민 여론도 당연히 좋지 않았다. 당시 〈여론조사꽃〉에서 제3자 변제안에 대한 국민들의 의견을 물은 결과 60% 이상이 부정적이라고 답했다. 그나마 권역별로는 보수의 텃밭

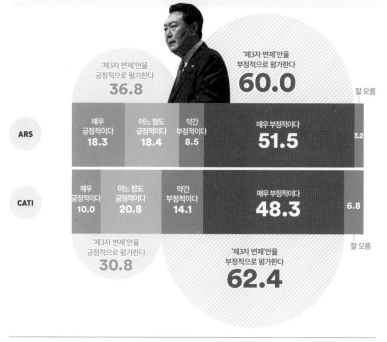

제3자 변제안 평가

Q. 윤 정부는 일제강점기 강제징용 피해자에게 '가해자인 일본 전범 기업이 아니라 한국 기업의 기부금으로 지급하는 제3자 변제' 방안을 발표했습니다. 이에 대해 어떻게 평가하십니까?

'제3자 변제'안을 긍정적으로 평가한다 **36.8**

'제3자 변제'안을 부정적으로 평가한다 **60.0**

잘 모름

ARS

| 매우 긍정이다 18.3 | 어느 정도 긍정적이다 18.4 | 약간 부정적이다 8.5 | 매우 부정적이다 **51.5** | 3.2 |

CATI

| 매우 긍정적이다 10.0 | 어느정도 긍정적이다 20.8 | 약간 부정적이다 14.1 | 매우 부정적이다 **48.3** | 6.8 |

'제3자 변제'안을 긍정적으로 평가한다 **30.8**

'제3자 변제'안을 부정적으로 평가한다 **62.4**

잘 모름

표 14. 여론조사꽃, 자체조사, 23.3.10~11

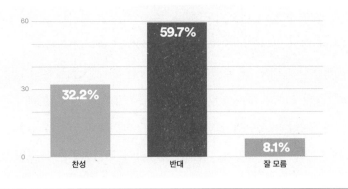

'제3자 변제안' 찬·반 여부

- 찬성: 32.2%
- 반대: 59.7%
- 잘 모름: 8.1%

표 15. 알앤써치, 뉴스핌 의뢰, 23.3.12~13

대구·경북 지역은 긍정과 부정이 반반 정도였고, 연령별로는 70대 이상에서만 긍정이 부정보다 높았다.(표 14 참조)

〈뉴스핌〉이 발표한 여론조사 결과도 크게 다르지 않았다. '제3자 변제안'에 대해 물은 결과 '반대한다'가 59.7%로 '찬성한다' 32.2%를 크게 앞질렀다.(표 15 참조)

윤석열 대통령은 2023년 3월 16일, 들끓는 국민여론을 잠재우기 위해 '물컵의 반'(박진 외교부장관, 23.3.6)을 채워오겠다며 굳이 일본까지 찾아가 정상회담을 가졌다. 하지만 일본은 윤 대통령에게 오히려 더 큰 짐만 잔뜩 안겨주었다. 심지어 일부 '일본 언론'에서는 비공식적인 자리에서 독도와 관련한 요청도 있었다는 보도까지 내놓았다. 그나마 반 담긴 물컵까지 깨버렸다는 박한 평가가 줄을 이었다.

하지만 어쩐 일인지 윤석열 정부는 지금까지 제3자 변제안을 고집하고 있다. 강제징용 배상의 책임을 지고 있는 일본의 전범기업도 아니고, 일본 정부도 아닌 우리 정부가 우리 국민의 세금(혹은 기업의 돈)

을 써서 군이 일본의 범죄행위에 면죄부를 주려고 하는 이유는 뭘까? 단순히 일본과의 관계 개선을 위한 노력으로 보기에는 지나쳐도 한참 지나친 모습이다.

윤석열 정부의 '일본 바라기'는 이미 취임 초부터 조짐이 보였지만 본격적으로 정체를 드러내기 시작한 것은 2023년 3.1절 기념사부터라 할 수 있다.

"3.1운동 이후 한 세기가 지난 지금 일본은 과거 군국주의 침략자에서 우리와 보편적 가치를 공유하고 안보와 경제, 그리고 글로벌 어젠다에서 협력하는 파트너가 되었다."

이승만까지 포함해도, 일본 침략을 비판하지 않은 거의 유일한 '대통령 3.1절 기념사'였다. 오히려 윤 대통령은 일제의 침탈이 '세계사의 변화에 제대로 준비하지 못했던 우리의 잘못으로 빚어진 일로 둔갑시켰다. 3.1절이 아니라 '친일절' 기념사라는 비아냥이 나올 정도였다.

당시 일본과 얽힌 현안은 크게 세 가지. 제대로 풀려본 적이 없는 과거사 반성 문제와 강제징용공 및 일본군 '위안부' 할머니 등에 대한 배상문제, 그리고 후쿠시마 핵오염수 방류 문제였다. 하지만 윤 대통령은 이 가운데 어느 하나도 언급하지 않고 '일본과의 파트너십'을 강조했다.

윤 대통령의 '일본 바라기'는 이날 이후 어떤 브레이크도 없이 질주하기 시작했다. 앞서 살펴본 대로 '욱일기'를 단 자위대함의 부산입항과 사열을 통해 '전쟁 가능한 자위대'라는 일본 극우 세력의 오랜 꿈을 일정 부분 충족시켜 주었고, 한미일 안보협력이라는 이름하에 '유사시' 자위대의 한반도 진출까지 가능하도록 길을 열어주었다.

그리고 8월 24일, 일본은 드디어 공언한 대로 후쿠시마 핵오염수 방류를 시작했다. 이웃나라인 대한민국에서 반대하지 않는데 망설일 이유가 없었던 것이다. 심지어 일부 일본 언론에 따르면 '방류를 서둘러달라'는 한국 정부의 요청(아사히신문, 23.8.16)이 있었다고 한다. 하루라도 빨리 방류해야 그나마 2024년 총선에 대한 영향을 최소화할 수 있기 때문이다.

2022년에 이어서 2023년까지, 대한민국의 하루하루는 참으로 드라마틱하다. 정국이 뒤집어질 만한 대형 사건들이 하루가 멀다고 터져 나온다. 이슈가 이슈를 덮는 수준을 넘어 사건이 사건을 덮는다. 베테랑 정치평론가도, 정치10단도 어느 하나에 온전히 집중해서 분석하기가 쉽지 않다. 그런데 윤석열 정부와 관련된 대형 사고는 몇 가지 일관된 흐름이 있다. 하나는 2024년 총선을 겨냥하고 있다는 것과 이른바 한미일 공조의 강화를 목적으로 하고 있다는 것이다.

바이든은 윤석열 대통령이 취임했을 때부터 빠른 시간 내에 한국이 일본과 관계를 개선하고 '안보 파트너'로 격상되기를 강력히 요구했다. 한미일 공조로 중국을 고립시키는 것이 바이든의 세계 전략이자 대선 전략이기 때문이다. 윤석열 대통령이 국내 여론의 악화와 지지율 하락에도 불구하고 일본을 향해 '통 큰' 선제적 양보를 단행한 데는 미국의 입김이 적지 않게 작용한 것으로 보아야 한다. '동해를 일본해로 표기하는 것이 미국의 원칙'이라는 미군의 공식적인 답변에 입도 뻥긋하지 않고 있는 이유도 '큰형님'의 심기를 건드리지 않겠다는 의지가 심각한 국민적 반발까지 감수하도록 만든 셈이다.

원숭이의 세계가 그러하듯 인간 세계에서도 '힘'으로 모든 것을 해결하려고 하는 사람들의 특징은 강약약강. 약한 자 앞에서는 한껏 권력을 누리지만 강한 자 앞에서는 알아서 긴다. 구체적으로 어떤 지시를 하지 않아도 알아서 가려운 곳을 긁어준다. 우두머리 원숭이는 그저 눈빛으로 어디가 가려운지를 슬쩍 보여주기만 하면 된다.

문제는 그것이 '한미일 공조'라는 것이고, 그 결과가 바로 대한민국의 추락으로 나타나고 있다는 점이다. '한미일 공조'는 필연적으로 중국·러시아를 비롯한 '반미' 혹은 '제3지대' 국가들과의 대립과 갈등을 불러오고, 그 영향은 이미 우리 경제에 심각한 마이너스로 나타나고 있다. 이제 국민들도 알고 있다. 대한민국의 경제가 추락하는 이유 중 적지 않은 부분은 '일본 바라기, 미국 바라기'에서 비롯된다는 걸. 지금처럼 국민들의 시선에는 아랑곳없이 미국과 일본의 가려운 곳만 긁어주고자 한다면, 한국의 정치적 고립과 경제적 추락은 더욱 가팔라질 수밖에 없다. 문제는 중국만이 아니기 때문이다.

그러잖아도 이미 '검찰독재'에 대한 반발과 피로감이 커지면서 촛불을 드는 국민의 숫자도 점차 늘고 있고, 그들이 외치는 구호도 '윤석열 퇴진'에서 '윤석열 탄핵'으로 수위가 높아졌다. 윤석열 대통령이 조금이라도 대한민국을 아끼는 마음이 있다면 지금이라도 한미일 관계의 균형을 되찾아야 한다.

후쿠시마 핵오염수 방류와 홍범도 장군

2023년 9월의 어느 하루, KTX와 SRT 좌석에 꽂힌 '후쿠시마 오염수

10가지 괴담'이라는 책자의 사진이 SNS를 도배했다. 배포된 책자는 총 7만 5,000부. 요즘 서점가에서는 1만 부만 넘어도 베스트셀러라는데, 이 정도면 초 베스트셀러급이다. 대통령실 예산으로 후쿠시마 핵오염수가 안전하다는 홍보영상을 만들어 빈축을 사더니 이번에는 국민 세금으로 홍보 책자를 만들어 대대적으로 뿌린 것이다.

하지만 윤석열 정부가 하는 일이 늘 그렇듯 이번에도 헛발질을 제대로 했다. 홍보 효과는커녕 역효과만 제대로 났다.

'책자 내용이 오히려 괴담'이라는 반응부터 '왜 우리 돈으로 일본 홍보를 하느냐'는 격앙된 목소리까지 윤 정부에 대한 질타가 쏟아졌다. 'KTX가 신칸센이냐. 몽땅 회수해서 신칸센에 가져다 뿌려라' 하는 이야기도 있었다. 게다가 이런 종류의 책자를 KTX나 SRT 객실 내에 비치·홍보하는 그 자체가 이미 코레일의 내규를 어긴 '불법·탈법'이다.

그림 3. 대한민국 정책브리핑(국무조정실), 23.7.10, 후쿠시마 오염수 대응 정책정보 후쿠시마 오염수 10가지 괴담

KTX 소동을 보면서 문득 예전부터 가졌던 의문이 또 다시 떠올랐다. '도대체 윤석열 정부는 왜 사서 욕 먹을 짓을 계속하는 것일까?'

2023년 3.1절 기념사를 시작으로 윤석열 대통령의 일본을 향한 일방적인 구애는 이미 임계점을 넘은 상태다. 강제징용공 제3자 변제방안, 욱일기를 단 일본자위대함의 부산항 입항과 우리 군함의 경례, 후쿠시마 핵오염수 무단 방류…. 모두 우리 민족의 자존심을 짓밟는 커다란 사건들이었지만 윤석열 정부는 오히려 일본의 입장을 대변하고, 때로는 우리 국민을 무시하거나 윽박지르기까지 했다.

혹시 윤석열 정부 내 곳곳에 'X맨'이 숨어 있어서 내년 총선을 망치고 윤석열 대통령을 끌어내리려고 작정을 한 것일까? 아니면 윤 대통령과 측근들이 바보여서 국민 여론을 전혀 모르는 것일까? 그러지 않고서야 이처럼 민족적 역린을 아무렇지도 않게 계속 건드리는 이유를 도무지 알 수가 없다.

그런데 윤석열 정부의 후쿠시마 핵오염수 방류 적극 홍보에 이어 또 하나 이해할 수 없는 일이 일어났다. 육사 교정에 있는 독립운동가 5인(홍범도 · 김좌진 · 지청천 · 이범석 독립군 장군과 신흥무관학교 설립자 이회영 선생)의 흉상을 철거하고 그 자리에 소위 '6.25의 영웅' 백선엽의 흉상을 세우겠다고 나선 것이다. 육사의 정신과 맞지 않는다는 이유였다. 각계의 거센 반발로 5인 중 4인의 흉상은 육사 내 다른 곳으로 이전하기로 했지만, 홍범도 장군은 '공산주의 이력'을 이유로 이전이 확정되었다.

윤석열 정부의 행태를 두고 집권 내내 칭찬보다는 질타가 쏟아졌고, 역대 어느 정권보다 낮은 지지율을 유지해왔다. 하지만 후쿠시마 핵오염수 방류나 홍범도 장군 흉상 이전처럼 앞뒤 가리지 않고 무작정 밀어붙인 경우는 그리 많지 않다. 심지어 처가의 집단 이익이 걸려있는 '양평고속도로' 건설마저 여론을 지켜보면서 숨 고르기 시간을 가지고 있는 중이다.

2023년 9월 후쿠시마 핵오염수 안전성 홍보와 관련해 정부에서 편성한 예산은 7,380억 원이다. 올해(5,281억 원)보다 39.7% 증액된 액수다. 연구개발(R&D) 비용과 관련 간접비를 더하면 후쿠시마 핵오염수 관련 예산이 1조 원에 육박할 것이라는 추산도 나온다. 일본 정부에서 어민들의 피해 보상 등을 위해 준비한 예산 약 8,000억 원과 비슷하거나 더 많은 액수다. 게다가 일본에서는 어민들이 집단적으로 정부를 상대로 후쿠시마 핵오염수 방류 중단 소송에 나선 상황. 일본 어민들도 반대하는 걸 굳이 국민 세금까지 써가면서 감싸고 도는 이유는 뭘까?

더욱 이해하기 어려운 일은 '홍범도 장군 흉상 철거' 논란이다. 대한민국에서 '독립군'은 사실상 '언터처블'의 영역이라 할 수 있다. 비록 정재계, 법조계, 군, 경찰까지 친일파의 흔적이 대단히 많이 남아 있고 독립군의 후예들은 권력과는 먼 자리에 있지만 심정적으로 혹은 정서적으로는 온 국민의 마음속에 자리잡고 있다. 그런데 '홍범도' 논란으로 윤석열 정부는 말 그대로 '긁어 부스럼'을 만들고 말았다. 극우 쪽에서 영웅으로 떠받들고 있는 백선엽의 친일 행적과 6.25 당시의 초라한 전과가 만천하에 드러났고, 역시 만주군 장교로서 남로당 고위직까지 올랐던 박정희 전 대통령의 과거사도 새삼 회자되고 있다. 게다가 논란의 당사자인 '육군사관학교'의 역대 교장 중 1대 ~11대까지가 일본군과 만주군 등 친일 세력 일색이라는 것도 온 국민이 알게 되었다. 심지어 여당은 물론 이른바 보수세력 안에서도 비판의 목소리가 적지 않다. '항일 독립전쟁의 영웅까지 공산주의의 망령을 뒤집어 씌워 퇴출시키는 건 너무 심했다'는 얘기다.

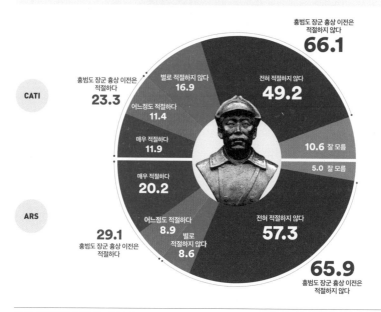

홍범도 장군 흉상 이전

Q. 국방부가 육군사관학교에 설치되어 있는 독립운동가 홍범도 장군의 흉상을 이전하려 하고 있습니다. 이에 대해 어떻게 생각하십니까?

홍범도 장군 흉상 이전은 적절하지 않다
66.1

CATI

홍범도 장군 흉상 이전은 적절하다
23.3

별로 적절하지 않다
16.9

어느정도 적절하다
11.4

매우 적절하다
11.9

전혀 적절하지 않다
49.2

10.6 잘 모름

5.0 잘 모름

매우 적절하다
20.2

어느정도 적절하다
8.9

별로 적절하지 않다
8.6

전혀 적절하지 않다
57.3

ARS

29.1
홍범도 장군 흉상 이전은 적절하다

65.9
홍범도 장군 흉상 이전은 적절하지 않다

표 16. 여론조사꽃, 자체조사, 23.9.1~2

〈여론조사꽃〉의 정례조사 결과에 따르면 국민의 66%가 홍범도 장군의 흉상 이전에 반대하는 것으로 나타났다.(표 16 참조)

〈뉴스토마토〉가 실시한 여론조사에서도 전체 응답자의 65.9%가 육사 내 항일 독립영웅들의 흉상 철거 추진에 '반대한다'고 답했다. (표 17 참조)

이처럼 홍범도 논란은 오히려 반일 정서를 더욱 크게 일으키면서 21세기 독립운동과도 같은 분위기로 이어졌다. 그럼에도 윤석열 정부는 물러설 생각이 전혀 없는 것 같다. 도대체 왜?

김좌진, 이범석, 이회영, 지청천, 홍범도 등 육사 내 항일 독립영웅들의 흉상 철거

표 17. 미디어토마토, 뉴스토마토 의뢰, 23.8.28~30

몇 가지 일련의 사건들을 차근차근 정리하다 보면 한 가지 의혹이 떠오른다. '혹시 일본의 한반도 진출을 준비하는 건가?' 믿고 싶지는 않지만, 이런 이유 말고는 도저히 합리적인 설명이 불가능하다. 실제로 이전까지 개별적인 사건처럼 보이던 일본과 관련한 여러 사건의 배후에 어떤 힘이 도사리고 있다는 것이 이제 서서히 밝혀지고 있다. 이른바 '뉴라이트'다. 박근혜 정부에서 '국정 교과서 집필'을 맡았던 나종남 교수를 비롯해 윤석열 정권에서 부활한 MB맨의 상당수가 뉴라이트 계열이다. 2023년 8월 31일 유인태 전 국회 사무총장은 CBS 라디오 〈김현정의 뉴스쇼〉에 출연해 "(윤 대통령이) 뒤늦게 뉴라이트 의식의 세례를 받은 거 아닌가 하는 생각이 들더라."라는 진단을 내놓기도 했다. 하지만 윤석열 대통령은 이미 당선인 시절부터 뉴라이트와 함께했다.

〈프레시안〉의 박세열 기자는 윤석열 대통령 취임식을 사흘 앞둔 2022년 5월 7일, "'윤석열 대통령실' 핵심에 뉴라이트 출신들…"국민과 소통"은 '뉴라이트'와?"라는 기사를 올렸다.

박세열 기자에 따르면 '윤석열 당선인'과 함께하는 뉴라이트 계열 인사들은 장제원 당선인 비서실장(뉴라이트 부산연합 공동대표), 김태효 국가안보실 1차장(뉴라이트 지식인 100인 선언), 한오섭 국정상황실장(뉴라이트 전국연합 기획실장), 임헌조 시민소통비서관(뉴라이트전국연합 사무처장), 김성회 종교다문화비서관(뉴라이트 전국연대 집행위원장) 등이었다. 핵심 보좌진이 거의 모두 뉴라이트 인사였던 셈이다.

잘 알려져 있는 대로 뉴라이트는 일제강점기를 거치면서 비로소 우리나라 발전의 토대가 만들어졌다고 주장한다. 그들에게 일본은 침략자가 아니라 '은인'이다. 은인에게 사과와 배상을 요구하다니, 어불성설이다. 은인의 한반도 진출은 침략이 아니라 귀환이다. 지금 윤석열 정부가 하고 있는 일은 일본의 한반도 귀환에 필요한 사전 정지 작업인 셈이다. 뉴라이트의 또 다른 특징은 철저한 '반공' 이데올로기다. 윤석열 대통령이 어느날 뜬금없이 '공산전체주의'라는 신조어를 내세우며 '이념전쟁'을 선포한 것 역시 뉴라이트의 손길이 아니면 설명이 어렵다.

윤석열 대통령의 운명을 가름할 총선이 얼마 남지 않았다. 짧은 시간 안에 그동안 까먹은 것을 회복할 가능성은 거의 없다. 지푸라기라도 잡고 싶은 윤석열 대통령에게 뉴라이트가 제공하는 반공 이데올로기는 어쩌면 하늘에서 내려온 동아줄 같은 것일지도 모른다. 하지만 큰 오산이다. 수십 년 전 이미 사망선고를 받은 '반공이데올로기'는 오히려 정치적 생명을 단축시키는 악수 중의 악수가 되고 있기 때문이다.

참고로 〈여론조사꽃〉의 2023년 9월 1일 정례 여론조사 결과에 따르면 국민의 61.7%가 '이념이 가장 중요하다'는 대통령의 발언에 동

가장 중요한 것은 이념

Q. 윤석열 대통령은 국민의힘 연찬회에서 가장 중요한 것은 이념이라고 발언했습니다. 이 발언에 대해 어떻게 생각하십니까?

매우 공감한다
15.0

이념이 가장 중요하다는
발언에 공감한다
32.5

어느정도 공감한다
17.5

별로
공감하지 않는다
22.2

이념이 가장 중요하다는
발언에 공감하지 않는다
61.7

전혀
공감하지 않는다
39.5

5.8——잘 모름

표 18. 여론조사꽃, 자체조사, 23.9.1~2

의하지 않는 것으로 나타났다. 대통령의 발언에 동의하는 응답자는 연령별로 70세 이상(51.8%)이 유일했다. 권역별 분석에서도 대구·경북만 47.0% vs 46.3%으로 팽팽했을 뿐 나머지 전 지역에서 압도적으로 동의하지 않는다는 응답이 많았다.(표 18 참조)

윤석열 대통령에게는 시간이 많이 남지 않은 것 같다. 최선과 차선의 시간은 이미 지나갔다. 하루라도 빨리 뉴라이트와 손절하는 것이 그나마 차악 정도의 선택이 아닐까 싶다.

한일정상회담, 망국의 결단

2023년 3월 16일, 윤석열 대통령은 결의에 찬 표정으로 일본행 비행기에 올랐다. 강제징용에 대한 해법으로 '제3자 변제방안'을 발표하면서 여론은 악화일로였다. 일본이 원하는 걸 우리가 선제적으로 해결해주면 일본도 알아서 호응할 것이라는 '물컵론'과 수십 년 묵었던 은원관계를 이참에 모두 해결하고 21세기의 동반자로 함께 나아가고자 한다는 '굳은 의지'가 윤 대통령의 양어깨에 달려 있었다. 국내외 시선이 모두 윤석열 대통령의 일거수일투족에 쏠렸다. 한일 관계 개선은 양국뿐 아니라 미국과 중국, 러시아, 북한 등 주변국 모두에게 초미의 관심사였다.

3월 16일과 17일, 이틀에 걸친 한일 정상회담은 시종 화기애애한 분위기 속에서 진행되었다. 오랜만에 시끄러운(?) 국내를 벗어난 때문인지 윤석열 대통령의 모습은 그 어느 때보다 밝고 활기차 보였다. 하지만 딱 거기까지였다. 기시다 총리는 우리의 요구에 대해 모르쇠 혹은 애매한 답변으로 피해 갔다. 윤 대통령이 공언했던 '물컵의 반'을 채운 것은 이번에도 우리 쪽이었다. 제3자 변제방안과 관련, 향후 일본 정부에 구상권을 행사하지 않겠다는 점을 명확히 밝힌 것이다.

한국 기자들이 "그렇다면 이번 회담으로 우리가 얻게 되는 국익이 무엇인가?" 하고 묻자 윤석열 대통령은 "한일 양국의 국익이 서로 배치되는 게 아니라 서로 윈윈할 수 있다고 생각한다."고 답했다. 결국 일본의 국익이 곧 우리의 국익이라는 답이었다. 윤 대통령은 윈윈의 한 사례로 지소미아(한일 군사정보보호협정) 완전 정상화 선언을 예로 들면서 한일 양국의 안보 위기대응에 큰 도움이 될 것이라고 주장했다.

하지만 지소미아는 우리가 일본에 주도권을 쥐고 있는 몇 가지 중 하나로, 지소미아 정상화는 일본의 숙원을 풀어주는 것이었다. 윈윈이 아니라 일방적인 '헌납'이라고 해야 할 판이었다.

이외에도 일본은 정계와 재계가 모두 나서서 윤석열 대통령에게 그동안 해결하지 못했던 후쿠시마 지역 수산물 수입 재개 등 여러 문제를 풀어주기를 요청했다. 공식적으로 발표되지는 않았지만 독도 관련 사안도 여러 사람의 입을 통해 전달된 것으로 알려졌다.

이처럼 정상회담이 일본의 일방적인 주도로 이뤄지면서 심층 보도나 분석 기사를 내기 어려웠던 국내 언론사들은 앞다퉈서 '먹방'이나 현장 스케치, 윤석열 대통령의 추억 등으로 지면을 메우기 시작했다. 이틀 동안 언론을 통해 발표된 기사는 몇몇 사실관계 전달을 제외하면 마치 '여행 먹방' 프로그램을 생중계하는 것 같았다.

가장 먼저 '먹방'을 선보인 곳은 〈조선비즈〉였다. 일본 〈요미우리〉의 윤 대통령 단독 인터뷰를 전달하는 형식으로 게재된 〈조선비즈〉의 기사 제목은 〈尹대통령, 좋아하는 일본 음식은 모리소바·우동·장어덮밥〉이었다.

3월 16일 정상회담 이후의 동정 역시 한일간의 현안보다는 '먹방'에 더 무게중심이 쏠렸다. 정보 소스는 대통령실과 일본 언론이었다. 〈연합뉴스〉는 3월 16일 한 기사에서 양국 정상이 저녁식사를 어디서 했는지 1인당 식사 비용은 얼마였는지 자세히 소개하며 오므라이스를 좋아하는 윤 대통령의 취향과 2차 만찬 장소까지 기사로 내보냈다.

우리나라 최초의 일본 문부성 국비 장학생이었던 부친, 그리고 그 영향 아래 어린 시절부터 일본의 '선진 문화'에 감명을 받았다고 고백한 윤석열 대통령…. 한일정상회담은 한국을 출발하기 이전부터 이미 결론이 정해져 있었던 셈이다. 윤 대통령 자신은 출국 전에도, 귀국 후에도 "구국의 결단으로 일본의 마음을 열고 한일 관계에 새 지평을 열었다."고 자화자찬했지만, 정상회담 전후를 눈 밝게 살펴본 사람들의 평가는 구국의 결단이 아닌 망국의 행보였다고 혹평을 쏟아냈다. 심지어 "우동 한 그릇에 민족의 자존심을 팔아먹었다."는 이야기가 나올 정도였다.

구국의 결단인가 망국의 행보인가. 결론을 내려준 것은 바로 일본 정부였다. 정상회담이 끝나고 보름도 지나지 않은 2023년 3월 28일, 문부성이 발표한 일본 초등학교 검정 교과서가 한일정상회담에 대한 일본 정부의 답이었다.

'독도는 다케시마'라는 기존 주장을 되풀이하는 것은 물론 일제강점기의 조선인 징용 문제에 대해 기존에 기술돼 있던 '강제 징용'에서 '강제'라는 내용을 전부 삭제함으로써 윤석열 대통령의 방일과 한일정상회담이 결국 일본의 묵은 숙제를 몽땅 풀어준 것밖에 안 된다는 걸 명확하게 보여주었던 것이다.

그 결과 잠시 오르는 듯했던 윤석열 대통령의 지지율은 일본 교과서 왜곡 문제와 함께 다시 곤두박질치기 시작했다. 〈한국갤럽〉이 지난 2023년 4월 11~13일 전국 만 18세 이상 성인남녀 1,002명을 대상으로 윤 대통령의 직무수행에 대해 물어본 결과, 긍정평가는 그전 주보다 4%p 하락한 27%, 부정평가는 4%p 상승한 65%였다. 〈한국갤럽〉(자체조사, 23.4.11~13)을 기준으로 윤 대통령의 지지율이 27%까지 떨어진 것은 2022년 10월 3주차 이후 6개월여 만이다.

일본 역사교과서 왜곡에 대한 윤 정부의 대응방향

Q. 한·일 정상회담 이후 일본은 독도를 자신의 고유영토라고 표기한 초등학교 교과서의 검정을 통과시켰습니다. 윤 정부가 이 문제를 어떻게 대처해야 한다고 생각하십니까?

일본과의 관계 악화를 감수하고 강력하게 항의해야 한다
90.3

3.8 잘 모름

일본과의 관계 개선을 위해 5.9 항의하지 않고 넘어가야 한다

표 19. 여론조사꽃, 자체조사, 23.3.31~4.1

한편 2023년 〈여론조사꽃〉의 4월 정례여론조사 결과, "일본과의 관계 악화를 감수하고 교과서 왜곡에 대해 강력하게 항의해야 한다"는 응답자가 무려 90.3%에 달하는 것으로 나타났다. 비교적 보수적인 〈한국갤럽〉 조사에서도 30%를 밑돌 정도로 국민들은 이미 윤석열 대통령의 시선이 우리가 아닌 일본을 향해 있다는 것을 눈치채고 있었던 것이다. (표 19 참조)

미국의 꼭두각시가 된 대한민국

======

요즘 우리 사회가 학폭 문제에 특히 예민하게 된 데는 2023년 초 인기리에 방영되었던 〈더 글로리〉라는 드라마의 영향도 적지 않다. (반대로 사회적 분위기 때문에 드라마가 더 큰 인기를 끌 수 있었다고 보는 사람도 많다.) 〈더 글로리〉는 방영 횟수도 길고 스토리 라인도 복잡하지만 중심 주제는 아주 선명하다. 학창 시절의 가해자들에 대한 복수다. 극의 주인공은 가난한 미혼모의 딸로 태어나 견디기 힘든 학폭을 당한 문동은(송혜교). 가해자는 재벌가의 자손인 전재준(박성훈)과 박연진(임지연), 대형 교회 목사의 딸인 이사라(김히어라) 그리고 손명오(김건우), 최혜정(차주영) 등 다섯 명.

그런데 드라마를 보면 다섯 명의 가해자들 사이에도 '등급'이 존재한다. 본래 가진 게 없었던 손명오나 최혜정은 사실상 전재준과 박연진, 이사라의 궂은일을 해주는 '따까리'에 불과하다. 오라면 오고, 가라면 가야 한다. 겉으로는 '친구'지만 '명령'을 어기면 그들 곁에 머물 수 없다. 피해자들 앞에서는 누구보다 센 척 폼을 잡지만, 진짜 센 놈들 앞에서는 비굴하기 짝이 없다.

느닷없이 오래전 종영된 드라마 이야기를 꺼내는 이유는 윤석열 대통령의 외교 정책을 보면서 '진짜 있는 놈'의 곁에 머물기 위해 양심도 자존심도 모두 내다 버려야 했던 손명오나 최혜정이 문득 떠올랐기 때문이다. '진짜 있는 놈'은 당연히 미국과 일본이다.

윤석열 정부가 2023년 8월 29일 국무회의에서 의결한 '2024년도 예산안'을 기준으로 보면 2023년 우리나라 총수입은 2.2%가 감소했다. 법인세를 27조나 깎아준 탓이다. '재벌 감세' 덕분에 나라 살림이 쪼그라들면서 2024년 예산도 2.8% 증가한 656.9조 원에 그쳤다. 2.8% 증가는 물가인상 등을 고려할 때 역대 어느 정권에서도 보기 어려운 사실상 마이너스 예산이다. 그러다 보니 꼭 써야 할 돈도 줄일 수밖에 없는 상황. 심지어 미래 먹거리를 책임지고 있는 각종 연구예산까지 대폭 삭감했다. '노인복지예산' 등 내년 총선에서 도움이 될 만한 일부분을 제외하고는 대폭 감소다. 심지어 '잼버리 사태'로 밉보였던 전북의 새만금 관련 예산은 70% 정도가 삭감되었다. 윤석열 정부의 예산안을 보면 '정치와 경제는 한 몸'이라는 말이 저절로 다가온다.

이런 상황에서 눈에 띄는 게 하나 있다. 우크라이나 관련 예산이다. 올해 629억 원에서 5,200억 원으로 8배 이상 늘어났다. 이 가운데는 1천300억 원의 '우크라이나 재건 예산'이 포함돼 있다. 경제적, 정치적으로 우리와 직접적인 이해관계가 없고, 언제 전쟁이 끝날지도 모르는 상황인데, '긴축 재정'에도 불구하고 오히려 관련 예산을 대폭 늘린다고? '미국'을 빼고는 설명할 수 없는 상황이다.

미국, 아니 바이든 대통령은 지금 우크라이나전과 관련해 사면초가의 상태다. 무기와 현금 등이 밑 빠진 독처럼 흘러 들어간다. 그럼에도 전황은 밝지 않다. 공화당은 연일 우크라이나와 손절을 요구하고 있고, 민주당도 슬슬 발을 빼자는 분위기다. 그렇다고 나 몰라라 할 수도 없는 상황. 유럽의 우방국들 분위기도 심상치 않다. 돌파구를 찾아야 한다. 때마침 나타난 것이 바로 '한국'이었다.

한국이 우크라이나와 관련하여 세계 언론의 주목을 받기 시작한 것은 2023년 5월, '한국 정부에서 155mm 포탄 10만 발을 미국에 대여했다'는 사실이 알려지면서였다. 당시 미국의 155mm 포탄 재고는 필수 비축분조차 채우기 힘든 상황이었다. 대여 시기는 2022년 말로 알려졌다. 그리고 2023년 5월, 우리는 미국 측에 다시 50만 발의 포탄을 더 대여해주기로 했다. 지난번의 5배에 해당하는 대규모 물량이었다.

그런데 이 '거래'에는 문제가 있었다. 직접적이건 간접적이건 우리가 우크라이나에 살상무기를 지원할 경우 러시아의 반발과 함께 북한이 러시아에 무기를 공급할 때 반대할 명분이 없어지기 때문이다.

우리나라는 1988년 노태우 전 대통령이 '북방외교 대원칙'을 선언하면서 소련을 비롯한 헝가리, 유고슬라비아 등 동구권과 수교를 맺기 시작했다. 그 이후 서방 중심의 일방적 외교에서 벗어난 '균형외교'가 우리 외교의 중심이 되었다. 하지만 윤석열 정부의 '우크라이나 살상무기 지원'과 함께 외교 균형은 무너졌다.

그렇다면 미국의 요청에 따라 기본 원칙까지 어기고 분쟁 국가에 살상무기를 지원하면서 우리가 얻은 대가는 무엇일까? 무기 대금을 어떻게 받을 것인지에 대해서도 지금까지 명확하게 알려진 바가 없지만, 문제는 그것만이 아닌 것 같다. 소위 '뒤통수'를 아주 세게, 제대로 맞은 것이다. 미국은 2023년 3월에 한국으로부터 포탄을 대여받기로 협의를 끝냈지만, 한 달도 지나지 않아 4월에 이른바 IRA(인플레이션 감축법)을 발표했다. 이는 한국 전기차의 대미 수출에 대한 사실상의 사형선고나 마찬가지였다.

윤석열 대통령은 '포탄 대여'와 함께 일본의 과거사를 불문에 부치기로 했고, 후쿠시마 핵오염수 문제에 대해서도 이미 통 큰 양보를 결단한 상황에서 방미를 단행했다. 국내 언론은 IRA의 완화 등 실질적인 양보를 받아낼 수 있을 거라는 기대 속에 윤 대통령의 방미를 주시했다. 하지만 윤 대통령은 '화려한 의전' 이외에 어떤 실질적인 성과도 거두지 못했다. IRA의 양보는 물론 자신있게 공언했던 '전술핵 공유'에 대해서도 오히려 '절대 불가'라는 미국의 방침을 통보받는 데 그쳤다. 게다가 미국을 중심으로 하는 신냉전 체제에 앞장서는 모습을 보이면서 러시아와 중국을 공동의 적으로 돌리고 말았다. 반면에 바이든은 미국 언론으로부터 외교적·경제적으로 상당한 성과를 거두었다는 호평을 이끌어냈다.

윤석열 대통령의 방미를 앞둔 4월 초, 〈여론조사꽃〉(자체조사, 23.3.31~4.1)에서 '방미 의제'에 대한 의견을 물은 결과 '우리 기업에 불리한 반도체, 전기차 협상 등 경제 현안'을 꼽은 응답자가 60%를 훌쩍 넘었다(ARS 63.5%, CATI 61.6%).

그리고 방미가 끝난 뒤인 2023년 5월 첫째 주에 방미 성과에 대한 의견을 물어본 결과 60%에 가까운 응답자가 '반도체 전기차 등 경제 현안 해결책이 없고 한반도 평화정책도 없는 속 빈 강정'이라고 답했다(ARS 57.5%, CATI 59.7%). (표 20 참조)

〈KBS〉도 윤 대통령의 방미 성과에 대한 여론조사를 발표했다. "성과가 있었다"는 응답(44.1%)보다 "성과가 없었다"는 부정적 응답(49.7%)이 높았다. (표 21 참조)

오늘날 세계는 미국을 중심으로 한 일극 체제를 벗어나 다극 체제로 가고 있다. 중국과 러시아, 브라질, 인도 등을 중심으로 하는 브릭스가 급부상하고 있고, 아프리카와 중동의 움직임도 심상치 않다. 기축 통화로서 달러의 힘도 예전 같지 않다. 심지어 유럽에서도 '탈 미국' 움직임이 구체적으로 나타나고 있다. 이런 흐름을 조금만 주의 깊

한·미 정상회담 평가

Q. 이번 한.미 정상회담의 성과를 종합적으로 어떻게 평가하십니까?

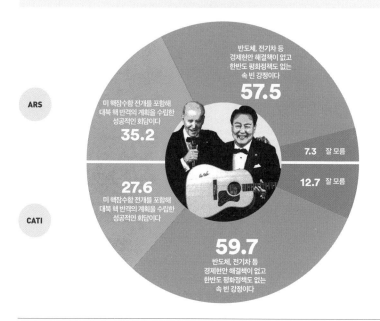

ARS

반도체, 전기차 등
경제현안 해결책이 없고
한반도 평화정책도 없는
속 빈 강정이다
57.5

미 핵잠수함 전개를 포함해
대북 핵 반격의 계획을 수립한
성공적인 회담이다
35.2

7.3 잘 모름

12.7 잘 모름

27.6
미 핵잠수함 전개를 포함해
대북 핵 반격의 계획을 수립한
성공적인 회담이다

CATI

59.7
반도체, 전기차 등
경제현안 해결책이 없고
한반도 평화정책도 없는
속 빈 강정이다

표 20. 여론조사꽃, 자체조사, 23.4.28~29

한·미정상 회담 평가

Q. 윤석열 대통령은 한미정상회담에서 양국 간의 핵협의그룹 신설 등을 내용으로 하는
워싱턴선언을 발표하였습니다. 선생님께서는 이번 방미 성과에 대해 어떻게
생각하십니까?

(단위 : 명. %)

전체	조사완료 사례수 (명)	기중값 적용 사례수 (명)	① 매우 성과가 있었다	② 대체로 성과가 있었다	T2 (①+②)	③ 별로 성과가 없었다	④ 전혀 성과가 없었다	B2 (③+④)	모름/ 무응답	계
전체	(1,000)	(1,000)	16.6	27.5	44.1	26.3	23.4	49.7	6.2	100.0

표 21. 한국리서치, KBS 의뢰. 23.5.6~8

게 살펴도 'only USA'는 없을 텐데 우리나라를 위해서 참으로 안타까운 일이다.

뒤통수를 맞든 말든, 전 세계적인 조롱거리가 되든 말든 '미국'이라면 앞뒤 가리지 않고 따르는 윤석열 대통령의 모습은 〈더 글로리〉의 손명오의 모습과 크게 다르지 않다. 재준과 연준을 위해 온갖 궂은 일을 다 했지만, 결국 배신당하고 비참한 최후를 맞이한 손명오. 우리를 위해서라도 윤석열 대통령이 더 이상 뒤통수를 맞지 않았으면 하는 마음이다.

중국의 덫에 빠진 윤석열 대통령

2023년 9월 8일, 주요 언론은 동시다발적으로 "2021년 '요소수 대란' 재발 가능성 우려" 기사를 쏟아냈다. 블룸버그 통신 등 외신에 따르면 중국 내 요소 가격이 급등함에 따라 수출 중단을 명령했다고 한다. 자라 보고 놀란 가슴 솥뚜껑 보고 놀란다더니, 아직 수출 중단이 현실화된 것도 아니고 2021년과 달리 비축 물량도 어느 정도 있지만 화물차 기사 등을 중심으로 사재기 현상이 벌써 일어나고 있다고 한다.

중국은 우리나라 최대 교역국이다. "중국산 없으면 밥상도 못 차린다."는 말이 엄살이 아니다. 교역량만 많은 것이 아니다. 수출로 먹고 사는 우리나라를 지탱해준 가장 든든한 버팀목이 되어주었던 중국이었다. 하지만 2022년 이후 중국은 더 이상 예전의 중국이 아니다. 알뜰한 흑자 국가에서 대규모 적자를 떠안기는 '적자 국가'로 뒤바뀐 것이다. 원인은 여러 가지가 있겠지만, 우선 손에 꼽을 수 있는 건 바로

'윤석열 리스크'라 할 수 있다. 미국의 대중국 포위전략의 첨병으로서 중국을 적대국처럼 만들어버린 결과다.

미국이(엄밀히 말하면 바이든이) 강력하게 밀고 있는 한미일 안보 체제는 사실상의 군사협력까지 내포하고 있다. 중국이나 러시아 입장에서는 결코 달가울 리가 없다. 미국의 입장을 지지하되 가능한 한 조용히, 은밀하게 진행해야 할 일이다. 하지만 '입꾹닫' 하고 실리를 차근차근 챙기는 일본과 달리 윤석열 대통령은 미국보다 먼저 나서서 연일 중국을 때리고 있다. 특히 중국의 입장에서 가장 예민하게 여기는 남중국해와 대만 문제를 거침없이 비판한다.

윤석열 대통령이 집권 기간 내내 미국과 일본 바라기로 중국·러시아를 적으로 돌려놓은 사이 무역적자는 나날이 쌓였고, 결국 중국은 우리나에게 있어 최대 흑자국에서 최대 적자국이 되었다. 2010년 이후 2021년까지 11년 동안 대중 교역은 연평균 455억 9,000만 달러의 흑자를 기록해 전체 무역수지 흑자(연평균 540억 7,000만 달러)의 84.3%를 차지했다. 하지만 2023년 5월 현재, 중국과의 무역수지는 −118억 3,000만 달러로 무역 적자국 1위다.

윤석열 대통령은 이처럼 심각한 상황을 알고 있을까? 언론을 통해 전해지는 윤 대통령의 언사를 보면 '결과'는 아는데 '원인'은 도무지 모르는 것 같다. 윤 대통령은 대통령 주재 제18차 비상경제민생회의에서 "대외의존도가 세계 최고 수준인 우리 경제의 근간이자 일자리의 원천인 수출 확대를 경제정책의 최우선 과제로 삼고 모든 역량을 쏟아부어야 한다."라고 말한 것으로 전해진다.

기가 막힌 유체이탈 화법이다. 수출확대를 위해 가장 먼저 챙겨야 할 나라가 바로 중국인데, 정작 본인은 각종 정상회의 때마다 중국을 면전에서 비난하며 모욕하고 있다. '수출 확대를 경제정책의 최우선 과제'로 삼아야 한다고 했던 윤 대통령은 채 두 달도 지나지 않은 2023년 9월 6일, 아세안정상회의에서 또다시 "필리핀 등 아세안 국가들과 중국의 남중국해 영유권 갈등과 관련해 힘에 의한 일방적인 현상 변경 시도는 어떤 경우에도 용납할 수 없다는 것이 국제법 원칙이며 남중국해 행동 준칙이 각국의 정당한 권리를 보장하도록 수립될 것을 기대한다"는 주장을 펼쳤다.

자신의 주장이 몰고 올 파장과 현재 한국의 경제상황이 도무지 머릿속에서 매칭이 되지 않는 모양새다.

아세안정상회의에 이어 열린 동아시아정상회의에서는 특히 윤석열 대통령과는 여러모로 다르게 보였던 기시다 총리의 행보가 눈에 띄었다. 일본 〈요미우리〉에 따르면, 기시다 총리는 중국의 리창李强 총리가 대기실에 들어갔다는 소식을 듣자 먹던 도시락도 남기고 서둘러 찾아가 '수산물 수입금지 조치'를 해제해 달라고 요청했다고 한다. 긴 시간 이야기가 이어지지는 않았지만, 이 접촉의 영향인지 이번 정상회의에서는 일본의 핵오염수 문제가 공식적으로 거론되지 않았다. 후쿠시마 핵오염수 방류로 중국과 계속 껄끄러운 관계를 유지하고 있지만 본국의 시급한 문제를 해결하기 위해 먹던 도시락마저 팽개치고 달려간 기시다 총리, 핵오염수 문제에는 입도 뻥긋하지 못하면서 국제무대에서 중국을 공개 저격한 윤석열 대통령….

비록 중국이 단기간에 수산물 수입 금지 조치를 해제할 가능성은 높지 않지만, 어떤 식으로든 일본과 대화를 계속하면서 문제를 해결해 나갈 것으로 보이는 대목이다. 하지만 한국 정부와의 대화에 대한 전망은 물음표다.

중국을 대하는 기시다 총리와 윤석열 대통령의 태도는 '용어'에서도 큰 차이가 난다. 전통적으로 우리는 중국과 일본을 함께 부를 때 '한중일'이라고 써 왔다. 중국이 더 좋아서라기보다는 일본과의 특수한 과거가 투영된 까닭이다. 하지만 윤석열 대통령은 어느 순간부터 '한일중'이라는 듣기에도 어색한 용어를 쓰고 있다. 21세기 동반자적 협력관계로 격상된 일본이 먼저라는 의지가 담겨 있다. 아울러 적의 적은 나의 적. 미국의 잠재적 적인 중국을 일본보다 먼저 불러줄 수 없다는 뜻도 함께 담겨 있을 것이다.

하지만 윤석열 대통령이 21세기의 동반자로 치켜세우는 일본 정부와 기시다 총리는 '여전히' 일중한이라고 부른다.

윤석열 대통령은 지금 미국이 쳐놓은 중국의 덫에 빠져있다. 정작 미국은 여러 분야의 고위 당국자를 계속 중국으로 보내면서 화해를 모색하고 경제적 이익을 찾기 위해 노력하고 있다. 그러면서도 한국에는 대중국 포위 전략을 유지하라는 신호를 끊임없이 보내고 있다. 이 덫에서 빠져나오지 못한다면 윤석열 정부는, 아니 대한민국은 당분간 '경제회복'의 길로 다시 들어서기 어려울 것이다.

2023년 4월 〈여론조사꽃〉의 정례조사를 보면, 윤석열 대통령은 모르는 그 사실을 우리 국민들은 이미 다 알고 있는 것 같다.

'대중국 무역 적자의 원인'에 대해 응답자의 50.7%(ARS)가 윤석열 정부의 '반중노선'을 원인으로 꼽았고, 25.5%(ARS)는 중국 경제의 구조적 변화를 꼽았다. 전화면접 조사(CATI)에서는 각각 40.9%와 27.7%가 '반중노선'과 '중국 경제의 구조적 변화'를 꼽았다.(표 22 참조)

하지만 경제적인 문제를 떠나 외교 정책 그 자체에 대해서는 미국 일변도의 노선에 대한 우려가 매우 높은 것으로 나타났다. "우리 정

대중국 무역적자의 원인

Q. 윤 정부 출범 이후 중국이 우리나라의 최대 무역 적자국이 되었습니다.
대중국 무역적자 원인이 어디 있다고 생각하십니까?

| ARS | 윤 정부의 탈중국 선언 등 반중 노선 **50.7** | 중국 경제의 구조적 변화 **25.5** | 그 외 다른 이유 **14.6** | 잘 모름 **9.2** |

| CATI | 윤 정부의 탈중국 선언 등 반중 노선 **40.9** | 중국 경제의 구조적 변화 **27.7** | 그 외 다른 이유 **13.1** | 잘 모름 **18.3** |

표 22. 여론조사꽃, 자체조사, 23.3.31~4.1

가장 중요한 것은 이념

Q. 최근 독일 총리, 스페인 총리, 프랑스 대통령이 연속으로 중국을 방문해 중국과의
교역을 강조하고 있습니다. 우리 정부의 대중국 노선이 어때야 한다고 생각하십니까?

동맹인 미국의 탈중국 노선과 함께 해야한다 **12.1**

중국과 경제, 미국과 안보를 동시 추구해야 한다 **79.6**

8.3 잘 모름

표 23. 여론조사꽃, 자체조사, 23.4.14~15

윤석열 정부의 대중국 노선 방향

잘 모름
8.2

군사·안보적
관점에서 접근
17.9

%

경제적 실익
관점에서 접근
73.9

표 24. 미디어토마토, 뉴스토마토 의뢰, 23.6.19~21

부의 대중국 노선이 어때야 한다고 생각하십니까"라는 질문에 응답
자의 79.6%는 "중국과 경제, 미국과 안보를 동시에 추구해야 한다"
는 현실적이고 타당한 답을 내놓았다. 반면에 "동맹인 미국과 탈중
국 노선을 함께해야 한다"고 답한 응답자는 12.1%에 불과했다.(표 23
참조)

〈뉴스토마토〉가 실시한 여론조사 결과에서는 윤석열 정부의 대중
국 노선이 다른 그 무엇보다 "경제적 실익 관점에서 접근해야 한다"
는 응답이 73.9%로 압도적이었다.(표 24 참조)

윤석열 정부가 하루라도 빨리 현명한 국민들의 의견에 귀를 기울
였으면 한다.

역대 대통령 최초의 '순방 리스크' 기록

윤석열 대통령은 취임 이전부터 여느 대통령과 다른, 하지만 별로 바람직하지 못한 기록들을 많이 가지고 있다. 한 번도 정계에 발을 디뎌보지 않았던 최초의 대선후보였고, 후보 시절부터 손바닥에 왕王자를 새기고 나오는 등 '무속' 관련 소문이 끊이지 않았다. 이른바 '본부장' 비리로 후보 시절부터 논란이 컸고, 결국 재임 중 장모가 구속되었다. 부인 역시 주가조작과 논문표절 등의 수많은 범법·편법 행위로 수사 중이고, 처남도 기소 상태다. 끊임없는 막말 논란과 잡아떼기, 우기기….

그중에서도 특히 남다른 기록은 바로 '취임덕'이다. 집권 2개월여 만에 역대 대통령 말기에나 나타나는 20% 지지율을 기록한 것이다. 그리고 또 하나. 해외순방만 나가면 떨어지는 지지율이다. 이를 일컬어 '순방 리스크'라고 콕 짚어 얘기하는 사람도 있다.

'바이든–날리면'을 시작으로 해외 순방 때마다 불거지는 본인의 설화舌禍와 정상회의 지각은 해외 언론의 단골 가십이 되었다. 고故 엘리자베스 2세 여왕 조문을 위해 방문한 영국에서는 '교통혼잡'을 이유로 아예 조문을 취소했고, 미리 예고됐던 한일정상회담은 약식회담으로 축소됐다. 여기에다 단 48초간 이뤄진 한미정상회담은 '구걸 외교'라는 혹평을 남겼다. 2023년 1월 아랍에미리트(UAE) 순방 중에는 "UAE의 적은 이란"이라는 발언으로 큰 파문을 일으켰다.

부인 김건희 여사는 한술 더 떴다. 재클린 여사의 옷차림을 그대로 카피한 패션으로 입길에 오르내리기도 하고, 대통령 순방과 상관없는 개인적 '쇼핑'으로 파문을 일으키기도 했다. 대통령실의 해외순방 사진 대부분이 김건희 여사라는 사실이 알려지면서 '누가 진짜 대통령이냐' 하는 논란이 일어나기도 했다. 하나하나 열거하기도 어려울 정도다. 오죽하면 '친윤석열'을 널리 표방하는 일부 언론들마저 커버해주기 어려울 정도의 논란으로 '제발 우리 나라는 오지 않았으면 좋겠다'며 해외동포들이 하소연을 하기도 했다. 한마디로 '국격'의 추락이다.

대부분 대통령이 해외 순방을 다녀오면 지지율이 오른다. 늘 그런 것은 아니지만 대체로 그런 경향이 있다. 정상회담이나 경제계 현안 등을 미리 조율해놓고 현지에서 그 성과를 발표하기 때문에 대통령이 해외에 나가서 뭔가 대단한 일을 하고 온 것처럼 자연스럽게 포장이 되기 때문이다. 그런데 윤석열 대통령은 특이하게도 해외 순방을 다녀오면, 거의 매번 지지율이 떨어졌다. '바이든-날리면' 같은 논란이 없는 경우에도 마찬가지였다. 대통령이 나라와 국민을 걱정해야 하는데, 해외 순방만 떠나면 국민이 대통령을 걱정한다.

진짜 '순방 리스크'라는 게 있는 걸까? 있다면 어느 정도일까? 혹시 심정적으로 윤석열 대통령을 별로 좋아하지 않기 때문에 그렇게 느끼는 게 아닐까? 아니면 반 윤석열 진영에서 의도적으로 그런 프레임을 만드는 게 아닐까? 의심을 해볼 수도 있을 것 같다. 하지만 윤석열 대통령의 '순방 리스크'는 이미 통계적으로 밝혀져 있다. 어느 정도인지 역대 대통령의 해외순방 이후 지지율 변화와 비교해보자.

이와 관련해서 〈오마이뉴스〉의 2023년 5월 2일 기사가 좋은 참고자료가 될 것 같다. 〈오마이뉴스〉는 윤석열 대통령의 미국 '순방 리스크'를 살피기 위해 여론조사전문가이자 정치평론가인 이은영 휴먼앤데이터 소장과 인터뷰를 진행했다.

윤석열 대통령의 '국정수행' 부정평가가 높은 원인은?

"이번 순방(2023년 5월 미국 국빈 방문) 기간 중 지지율 조사가 진행된 곳이 4군데였는데, 1곳(국민·에이스리서치)만 0.8%p 상승하고 나머지 3곳 〈한국갤럽〉(1%p↓), 〈엠브레인퍼블릭〉·〈케이스탯리서치〉·〈코리아리서치〉·〈한국리서치〉(2%p↓), 〈미디어토마토〉(2.1%p↓)는 하락한 결과(4월 26~28일 발표 기준)가 나왔다. 특히, 최근 〈한국갤럽〉 조사에 따르면 부정 평가 이유로 외교(38%)가 가장 높게 나왔는데 ⋯ 러시아와 중국의 부정적 논평들이 직접적 영향을 미쳤기 때문으로 분석된다."

(윤석열 대통령의) 외교정책에 대한 부정평가가 높은 이유는?

"이제는 외교가 경제와 안보와 연결되는 '경제안보'의 시대고 또 미국 바이든 정부의 외교정책 변화에 대해 우리 정부 역시 새롭고 주도적 대응이 필요해졌다는 상황 변화를 국민들께서도 인식하고 있다는 점을 보여주는 결과다. ⋯ 특히 현 정부가 지나치게 '일본 다 걸기', '미국 다 걸기'로 가고 있다는 것을 국민들께서 위험하게 보기 때문에 부정평가가 높게 나온 것 같다."

사소한 실수가 있었다 해도 해외 순방에서 일정한 성과를 거두고 돌아오면 대체로 너그럽게 평가해주는 것이 일반적이다. 하지만 윤석열 대통령이 해외에서 보여준 행태는 결코 사소한 것이 아니었고, 성과 또한 미미하거나 오히려 역효과를 내기까지 했다. 외교적 성과가 미미한 바탕에는 일본 바라기, 미국 바라기가 자리 잡고 있고, 이것이 바로 '순방 리스크'로 나타났다는 분석이다. 윤석열 대통령의 남은 임기는 약 3년 반. 얼마나 더 해외에 나가게 될지는 알 수 없지만, 앞으로도 일본이나 미국을 향한 '외눈박이 사랑'을 멈추지 않는다면 결코 좋은 평가를 얻기는 어려울 것이다.

참고로 역대 대통령 해외 순방 시, 지지율 추이는 아래와 같다.

	중국 (2008. 5.27~30)			중국 (2008. 8.8~9)			러시아 (2008. 9.28~10.1)		
이명박 (리얼미터)	방문 전	방문 후	추이도	방문 전	방문 후	추이도	방문 전	방문 후	추이도
	29.6%	24.3%	-5.3%p	23.1%	30.0%	6.9%p	25.6%	32.8%	7.2%p
	미국 (2013. 5.5~10)			중국 (2013. 6.27~30)			유럽 (2013. 11.2~9)		
박근혜 (갤럽)	방문 전	방문 후	추이도	방문 전	방문 후	추이도	방문 전	방문 후	추이도
	50%	56%	6.0%p	54%	63%	9.0%p	53%	58%	5.0%p
	러시아 (2017. 9.6~7)			미국 (2017. 9.18~22)			중국 (2017. 12.13~16)		
문재인 (갤럽)	방문 전	방문 후	추이도	방문 전	방문 후	추이도	방문 전	방문 후	추이도
	72%	69%	-3.0%p	69%	65%	-4.0%p	70%	72%	2.0%p
	스페인 (2022. 6.27~7.1)			영국·캐나다 (2022. 9.18~24)			미국 (2023. 4.24~4.30)		
윤석열 (갤럽)	방문 전	방문 후	추이도	방문 전	방문 후	추이도	방문 전	방문 후	추이도
	43%	37%	-6.0%p	33%	24%	-9.0%p	31%	30%	-1.0%p

자료: 리얼미터·한국갤럽 / 디자인: 서창식 기자

그림 4. 오마이뉴스, 23.5.2, 역대 대통령 해외 순방 전후 지지율 추이

시일야방성대곡;
야성 없는 야당, 존재감 없는 여당

우리 속에 갇힌 사자나 호랑이는 맹수가 아니다. 조련사나 사육사가 던져주는 한 점 살코기에 야생의 본능을 팔아버렸기 때문이다. 힘들게 사냥할 필요도 없고, 무리를 지키기 위해 피 터지는 싸움을 할 필요도 없다. 그저 우리 속을 벗어나지만 않으면 일용할 양식이 주어진다. 야생의 본능이 깨어나는 때는 딱 하나. 자신의 밥그릇에 슬쩍 숟가락을 얹는 놈을 발견할 때다.

2023년 대한민국 국회를 보면 마치 잘 만들어진 동물원 같다. 300이 넘는 맹수들이 틈틈이 발톱을 가다듬고 때로는 여의도가 시끌시끌하도록 포효도 하지만 밥그릇 이외에는 큰 관심이 없다. 야당은 야성이 사라진 지 오래고, 윤석열 대통령의 집권과 동시에 스스로 반려동물이 되어버린 여당은 그 존재감마저 희미해지고 있다. 야성 없는 야당, 존재감 없는 여당이 만들어내는 2023년 여의도의 풍경 속으로 들어가 보자.

사즉생, 이재명의 단식과 구속

================

"정치는 생물이다."

김대중 전 대통령이 즐겨 쓰면서 널리 알려진 정계 격언이다. 정치적 역학관계에 따라 상황이 어떻게든 바뀔 수 있다는 말이다. 2024 총선은 6개월 이상 남았고, 대선은 3년 반이 남았다. 정치판에서 이 정도 기간이면 상상도 못 했던 일들이 벌어질 수도 있는 충분한 시간이다.

2023년 추석을 앞두고 정국이 요동치고 있다. 이재명 더불어민주당 대표의 단식과 검찰의 구속영장 청구, 체포동의안 국회 표결과 가결, 구속영장실질심사 그리고 기각…. 후쿠시마 오염수도, 김정은─푸틴 정상회담과 북러 밀착, 윤 대통령의 유엔총회 참석까지 모두 삼켜버린 초대형 이슈였다. 2023년 추석 밥상은 시작도 끝도 '이재명'이었다.

9월에 발표된 〈여론조사꽃〉의 정례여론조사 결과는 이를 잘 보여준다. "이번 추석에 가족 친지 지인들과 대화에서 주로 어떤 이슈가 가장 많이 언급될 것이라 생각하십니까?"라는 질문에 21.1%가 "이재명 대표에 대한 평가"를 꼽았고 최근 가장 큰 국민적 관심사인 "후쿠시마 오염수"라고 답한 사람은 18.7%였다. 그 뒤를 이어 "대중교통, 전기요금 인상 등 물가상승"을 꼽은 사람은 15.9%였다. 이재명 대표 이슈가 얼마나 초미의 관심사인지 잘 알 수 있는 대목이다. 반면에 "윤석열 대통령에 대한 평가"를 꼽은 사람은 13.1%에 불과했다.(표 25참조) 집권 2년도 되지 않았건만, 벌써 대중의 관심에서 멀어져 버린 것이다.

  검찰의 노림수와 민주당 내 일부 비명·반명 의원들의 물리적·화학적 결합에 따라 이재명 대표는 손발이 묶인 채 백척간두, 낭떠러지 위에 섰다. 자칫 한 발만 잘못 내딛으면 정치생명은 물론 개인 이재명의 삶도 나락으로 떨어지고 말 상황. 하지만 법원의 구속영장 기각으로 이재명 대표는 기사회생했고, 당내 입지도 오히려 탄탄해졌다. 여기에다 당내 계파 싸움을 정리할 수 있는 명분까지 얻게 되었다.

  일부 민주당 내 소식통에 의하면 이재명 대표의 체포동의안 표결을 앞두고 이재명 대표의 병상을 찾은 박광온 원내 대표와 일부 의원들은 한 가지 협상안을 제시했다고 알려져 있다. 주 내용은 "대표직을 사퇴한다면 표결에서 모든 의원들이 부결표를 던지도록 하겠다. 하지만 거부한다면 단체로 가결표를 던지겠다."는 것이었다. 체포동의안이 가결되는 경우는 물론 부결이 되더라도 당내 반란표가 대량으로 나오면 이재명 대표의 지도력에 심대한 타격이 갈 것을 예상하고 던진 협상안이었다. 만일 이 대표가 이를 받아들여 대표직에서 물러난다면 비명계 중심의 비상대책위원회를 구성하고 내년 총선을 비대위 체제로 치르겠다는 계획을 세웠던 것으로 보인다. 이 내용을 전해들은 사람들이 입을 모아 했던 이야기는 '사람으로서 해서는 안 될 짓을 저질렀다'는 것이었다.

이재명 대표는 '내가 구속되더라도 그런 압력에는 굴복할 수 없다'고 협상안을 거부했다. 30~40명의 대규모 이탈표는 이런 과정을 통해 나온 것으로 보인다. 그리고 예상보다 이탈표가 더 많아지면서 결과는 아슬아슬한 부결이 아닌 가결로 나타났다. 여당은 애써 기쁜 표정을 감추느라 애를 썼고, 민주당은 급격한 혼란에 빠져들었다. 중지를 모으기 위해 소집된 긴급 의총은 고함 속에서 파행됐다.

당 대표를 구속의 위기에 몰아넣은 '가결파' 의원들은 설훈 · 김종민 의원 등을 제외하고는 전원이 입을 꾹 닫았다. 비겁했다. 한 사람 한 사람이 입법기관인 국회의원이 소신껏 행동했다면 그 사실과 이유를 명확히 밝히는 것이 옳다. 하지만 스스로도 옳지 못한 선택이었다는 걸 인정하기라도 하듯 그들은 가결표 투척 사실을 감추기에 바빴고, 일부 중진들은 "부결 당론이 정해진 것이 아니었기 때문에 가결표는 해당행위가 아니다."라는 이야기만 반복했다. 심지어 일부 언론 인터뷰에서는 "가결표를 던진 것은 이재명 대표의 체포에 동의한 것이지 구속에 동의한 것은 아니다. 우리는 이 대표의 구속영장이 기각될 것으로 믿기 때문에 가결표를 던졌다."라는 '따뜻한 아이스아메리카노' 같은 이상한 주장을 내놓기도 했다.

그런데 상황은 검찰이나 비명계의 기대처럼 흘러가지 않았다.

2023년 9월 27일 새벽 2시가 조금 넘은 시각, 각종 SNS와 언론사

포털 등에 '이재명 대표 구속영장 기각' 속보가 뜨기 시작했다. 밤이 새도록 지지자들의 환호가 SNS를 뒤덮었다.

결과적으로 의정 사상 초유의 야당 대표 체포동의안 가결은 이재 명 대표에게 전화위복의 기회가 되었다. '사법리스크'라는 프레임 속 에서 비명·친명의 끊임없는 공격에 시달렸던 이재명 대표가 본연의 지도력을 회복할 수 있게 되었기 때문이다. 끊임없이 함께하기를 권 했던 이 대표의 손길을 스스로 뿌리친 일부 비명·반명 의원들의 적 나라한 모습이 제대로 드러났고, 이쪽저쪽 눈치를 살피던 일부 의원 들도 확실하게 입장을 정하는 계기가 되었다. 한마디로 당내의 불안 요소가 무엇 때문이었는지 밝혀지면서 민주당이 앞으로 가야 할 길 도 명확하게 밝혀진 셈이다.

이재명 대표 지지자들의 움직임도 고무적이다. 일부 비명·반명 의원들은 이 대표의 구속과 함께 당원들의 탈당 러시가 일어나고 당 시 사분오열되면서 '비상대책위원회' 체제로 전환되기를 기대했겠지 만 실제 상황은 정반대로 흘러갔다. '홧김에' 탈당했던 일부 당원의 숫자보다 신규 입당이나 복당을 신청한 숫자가 훨씬 많고, 가족 친 지 친구들까지 입당시켰다는 후일담이 봇물처럼 쏟아져 나왔다. 결 국 체포동의안 가결에 책임을 지고 박광온 원내대표가 부결표를 던 진 의원들과 당원들의 압력에 못 이겨 사퇴했고, 비명계로 꼽히던 송 갑석 최고위원도 스스로 사의를 표했다. 새로운 원내 대표에는 친명 계로 꼽히는 3선의 홍익표 의원이 선출되었다. 이 대표의 구속영장 기각과 함께 당은 자연스럽게 이재명 친정체제를 갖춰 가고 있다.

당연한 결과다. 이재명은 70%가 넘는 지지율로 당 대표가 된 인 물이다. 〈여론조사꽃〉에서 이틀간 ARS를 통해 "이재명 대표에 대한

검찰의 이재명 대표 구속 영장 청구

Q. 검찰은 이재명 대표에 구속 영장 청구를 고려하고 있다고 하는데요, 이재명 대표에 대한 검찰의 구속 영장 청구에 대해 어떻게 생각하십니까?

Base=전체 (단위: %)		조사 완료	매우 부당하다 ⓐ	어느 정도 부당하다 ⓑ	별로 부당하지 않다 ⓒ	전혀 부당하지 않다 ⓓ	부당하다 ⓐ+ⓑ	부당하지 않다 ⓒ+ⓓ	잘 모름	가중값 적용 사례수
	전체	(1004)	51.2	9.0	6.2	29.5	60.2	35.7	4.0	(1004)
정당 지지도	더불어민주당	(543)	82.0	11.5	2.6	2.4	93.5	5.0	1.5	(536)
	국민의힘	(351)	11.0	5.3	9.9	70.1	16.3	80.0	3.6	(351)
	정의당	(33)	49.4	13.6	16.8	14.4	63.0	31.2	5.8	(35)
	기타	(33)	28.7	8.3	8.1	42.7	37.1	50.8	12.2	(35)
	없음	(36)	15.1	5.1	9.4	37.2	20.2	46.6	33.2	(39)
	잘 모름	(8)	33.9	0.0	13.1	41.9	33.9	54.9	11.1	(8)

표 26. 여론조사꽃, 자체조사, 23.9.15~16

검찰의 구속영장 청구에 대해 어떻게 생각하십니까?"를 물어본 결과 민주당 지지자는 93.5%가 '부당하다'는 입장을 밝혔다(매우 부당하다 82.0%, 어느 정도 부당하다 11.5%). 심지어 국회 표결에서 '이재명 체포동의안 가결'을 당론으로 정한 정의당 지지자들도 63.0%가 구속영장 청구가 부당하다고 답변했다(매우 부당하다 49.4%, 어느 정도 부당하다 13.6%).(표 26 참조) 이런 상황에서 23일간 생명을 건 단식을 이어온 자당의 대표를 검찰의 손아귀에 던져버린 비명·반명 의원들이 설 자리는 어디에도 없을 것이다. 이런 의원들을 정리하는 건 '숫자'로는 손해겠지만 오히려 당의 정체성을 확보하고 체질을 단단하게 한다는 점에서 좋은 일이라 할 수 있다.

우희종 전 더불어시민당 대표는 민주당의 내분이 한창일 때 자신의 SNS에 "각자의 소신을 존중해 주자. 내보내는 것은 출당이지 분당이 아니다."라는 글을 올렸다.

2023년 9월에 벌어진 이재명 대표 체포영장 가결과 구속영장 기각 사건은 2002년, 노무현 대선 후보 시절을 떠올리게 한다. 주연은 이

16대 대통령 선거 여론조사로 다시 보기

조사시기 및 조사기관	다자대결 구도시				노무현 단일화시			정몽준 단일화시		
	이회창	노무현	정몽준	태도유보	이회창	노무현	아-노 GAP	이회창	정몽준	아-정 GAP
8/10(동아일보)	30.8	20.8	27.4	21	40.4	31.7	8.7	33.5	39.7	-6.2
8/31(MBC)	29.2	18.3	22.2	22.2	34.5	31.3	3.2	31.6	41	-9.4
9/7(동아일보)	30.2	17.6	29.5	21	37.7	32.2	5.5	33.5	41	-7.5
9/18(MBC)	31.7	18.5	27.5	21.4	38	32.1	5.9	33	40.7	-7.7
9/24(동아일보)	32	14.4	28.5	23.7	41.2	31	10.2	34.7	41.7	-7
9/28(MBC)	30	16.8	26.1	24.9	39	31.8	7.2	32.3	42.8	-10.5
10/19(MBC)	31.5	17.3	25.7	21.2	39	31.6	7.4	34.1	40.5	-6.4

표 27. 코리아리서치센터 자체조사, 2003, 『16대 대통령 선거 여론조사로 다시 보기』 코리아리서치센터. 62쪽

재명과 노무현, 빌런은 비명·반명계 의원과 '후단협'. 당시 합법적으로 선출된 당 대선 후보를 끊임없이 흔들어댔던 '후단협 일당'에 맞서 노무현을 지켜낸 것은 자발적 시민 조직인 '노사모'였다.

2002년 노무현과 2023년 이재명은 여러모로 닮았다. 고졸 출신으로 당내 계파가 거의 없었던 노무현은 50%가 넘는 지지율로 당 대선 후보가 되었지만 후단협의 끊임없는 비토와 비협조, 잇따른 선거 패배 등으로 '후보 재경선'이라는 초유의 요구까지 받았다. 결국 '국민통합21'을 창당한 정몽준과 '여론조사에 의한 후보단일화'까지 받아들일 수밖에 없었다. 당내외의 여론도 좋지 않았다.

하지만 노무현은 마치 오뚝이처럼 각종 난관을 하나씩 뚫고 나가 극적으로 후보단일화에 성공했고, 대선에서도 48.9% vs 46.6%로 한나라당 이회창 후보에게 2.3%의 근소한 차이로 승리를 거두었다. 짧지 않은 고통과 인내의 시간, 그를 지켜준 것은 당내 의원들이 아닌 열혈 당원과 노사모 등 지지자들이었다.

현재 이재명 대표의 상황도 '후단협' 대신 '비명계'라는 이름을 넣고 보면 참 많은 점에서 닮았다. 압도적인 지지로 뽑힌 대선후보를 끊임없이 흔들고, 후보 교체까지 공공연하게 거론한다는 점, 당내 지지율

보다 〈조선일보〉를 비롯한 '외부'의 평가와 지지에 연연하는 점, 당이나 국민이 망가지는 것보다 자신들의 세력이 더 중요하다는 점, 당내 의원들보다 열성 지지자와 당원들의 힘이 더 든든하다는 점 등등.

긴 시간을 놓고 보면 역사는 분명히 한 발씩, 앞으로 나아가지만 단기간으로 보면 때로는 후퇴하기도 하고 반복되기도 한다. 2023년에 바라보는 정치계는 어쩐지 2002년의 그 시간들이 반복되는 것 같아 안타깝다. 하지만 또 한편으로는 분명히 그때와 같은 승리로 이어지리라는 믿음도 함께 가질 수 있어 반갑기도 하다.

야성을 잃은 생계형 정치인들

2023년 9월 23일, 유엔총회에 참석하고 공군 1호기 편으로 귀국한 윤 대통령의 모습을 담은 사진 한 장이 장안의 화제가 되었다. 함께 비행기에서 내린 부인 김건희 여사의 손을 잡고 악수를 하는 듯한 모습이었다. 나란히 비행기에서 내렸는데도 '마치 남남처럼', '혼자 순방을 다녀온 대통령이 기다리던 부인의 손을 잡은 것 같은' 이 사진은 온통 뉴스 헤드라인이 '이재명'으로 도배가 되다시피 한 상황에서도 '실검 1위'를 차지할 정도로 높은 관심을 끌었다.

어떤 식으로 해석해도 참으로 어색하고 황당한 모습이다. 추미애 전 법무부 장관이 지적

그림 5. 연합뉴스, 23.9.23, 윤석열 대통령, 귀국 후 김건희 여사와 악수

한 대로 "대통령부터 당 대표까지 멀쩡한 사람이 안 보인다."

문제는 이처럼 비상식적이고 황당한 모습이 이런 '사소한'⒳ 일에 그치지 않는다는 것이다. 정치, 경제, 사회, 문화, 안보… 어떤 분야에서도 낙제점 이상을 주기 힘들다. 이대로 두었다가는 대한민국이 회복 불능의 상태로 추락하는 게 아닌가 하는 걱정이 점점 현실화되어가는 듯하다.

그런데 이런 정권을 상대하는 야당의 모습 역시 문제다. 집권 여당과 정부가 엉뚱한 길로 가지 않도록 견제해야 할 야당이 제 역할을 하지 못하면서 역대급 무능 정권이 여전히 '마이웨이'를 외치고 있다. 오히려 일부 야당 의원들은 당파 싸움에 골몰하면서 윤 정권의 행보에 힘을 실어주고 있는 꼴이다.

역대급 정부의 행태에 실망한 국민들의 인식은 지지율 바닥으로 나타나는데 윤석열 정부는 꿈쩍도 하지 않고 있다. 어떤 사고가 발생해도, 친일본색을 노골적으로 드러내도, 말 그대로 나라 경제를 통째로 말아먹고 있어도 야당은 그저 말만 무성할 뿐 여당에게 실질적인 타격감은 '1'도 없다. 심지어 168석의 제1야당 대표에 대한 무자비한 탄압이 몇 년 동안 이어지고 있지만 역공은커녕 수비도 제대로 못 하고 있다. 당원과 국민들의 질타는 당연하다.

본래 야당의 임무는 국민을 대신해 정부 여당에 맞서 싸우는 것이다. 때로는 대화도 필요하고, 타협도 필요하지만 대화도 타협도 거부하는 여당과는 치열한 싸움 말고는 답이 없다. 그런데 2023년의 민주당의 모습은 여전히 '좋은 게 좋은 거'라고 여당을 다독이는 착한 이웃 같다.

'잽'도 제대로 날리지 못하는 상대방에 겁을 먹을 이유는 하나도 없다. 무기력한 야당의 모습에 윤석열 정부의 '막무가내' 행보는 오히려 더욱 거침이 없다.

이해찬 전 총리는 현 민주당의 전투력 실종 현상에 대해 "지금 상당수의 야당 의원들은 민주당이 여당이었을 때 당선된 사람들이다. 치열하게 싸워본 경험이 전혀 없다. 지금 모습을 보면 여당인지 야당인지 정체성을 못 찾고 있는 것 같다."는 진단을 내렸다. 정계에서 떠나 있는 입장에서도 민주당의 모습이 꽤나 걱정스러운 모양이다.

단숨에 야당 체질을 갖추는 게 쉬운 일은 아니겠지만 야당이 된 지도 1년 반이 지났다. 많이 늦기는 했지만 이제라도 야당다운 전투력을 회복해야 한다. 촛불을 들고 거리에 선 국민들은 '윤석열 퇴진'이 아니라 '윤석열 탄핵'을 외치고 있다. 이 시국에 야당은 뭘 하고 있는가.

'야당체질'만 문제는 아니다. 사람은 많은데 뜻이 하나로 모이지 않는다. 조금 거칠게 표현하자면 거의 오합지졸 수준이다. 이유는 무엇일까?

필자 나름의 분석을 해보자면 상당수의 야당 의원들이 '생계형 정치인'이기 때문이 아닐까 싶다. 정치를 하는 목적이 '생명 유지'에 있다는 뜻이다.

윤석열 시대, 야당 의원과 당원 사이의 인식의 차이가 무척 크다. 당원들은 야당 의원들이 폭주하는 윤석열 정권에 맞서 치열하게 싸워주기를 바라지만 상당수 의원들은 대정권 · 대여 투쟁보다는 다음 총선을 위한 지역 챙기기에 바쁘다. 이재명 대표가 목숨을 건 단식을 이어가는 와중에도 지역 행사에 빠지지 않고 참석했으니, 더 설명할 필요가 없을 것이다.

야성이 사라진 또 다른 원인으로는 3년 가까이 이어졌던 '코로나

19'를 꼽을 수 있다. 즉, 의원들 간의 소통 부족으로 전체가 하나가 되지 못하고 마치 따로국밥처럼 지낸 시간이 너무 길었던 것이다. 너와 나를 떠난 '우리'를 만드는 것은 단순한 이념의 공유만이 아니라 시간과 공간 등 물리적 접촉의 양이 절대적으로 필요하다. 밥을 먹건 차를 마시건 혹은 술을 마시건 간에 함께 어울리는 시간이 어느 정도 쌓여야 '우리'가 될 수 있다. 하지만 사회적 거리두기가 일상화되면서 접촉이 매우 제한적이었고, 결국 '우리'를 만드는 데 큰 악재로 작용했다. 〈박시영TV〉 등을 통해 여러 번 밝힌 대로, 민주당은 이 때문에 168석의 거대 야당임에도 불구하고 하나로 뭉친 힘을 제대로 보여주지 못했다고 볼 수 있다.

다행히 지난 4월 '대장동 50억 클럽 특검법'과 '김건희 여사 특검법' 즉 '쌍특검'을 관철시키기 위해 철야농성을 진행하면서 이와 같은 소통 부족과 접촉 부족은 어느 정도 해소된 것으로 보인다.

국어사전에서 '정당'을 찾아보면 "정치적인 주의나 주장이 같은 사람들이 정권을 잡고 정치적 이상을 실현하기 위하여 조직한 단체"라고 설명이 되어 있다. 따라서 민주당 소속의 국회의원은 민주당의 집권을 위해, 민주당의 정치적 이상을 실현하기 위해 최선의 노력을 해야 한다. 그런데 지금 민주당 의원들의 모습을 보면 이런 '정의'와는 큰 거리가 있는 것 같다.

같은 정당이라 해도 '정치적 이상'에 대해 서로 다른 의견을 가질 수도 있고, 그것이 오히려 자연스럽기도 하다. 만일 당의 정치적 이상이 나와 다른 경우에는 언제든 이견을 제시하고, 내 뜻을 관철시키기 위해 우군을 만들거나 세력을 형성할 수도 있다. 하지만 일단 여러 당원의 중지를 모아 결정한 당의 정치적 이상이나 정책이라면 일단 따라야 한다. 특히 외부에서 당에 대한 공격이 가해질 때는 개인 의견은 일단 묻어두고 총력을 기울여 방어해야 한다. 이런 점에서 지난 9월 23일 이재명 당 대표에 대한 검찰의 구속영장 청구는 계파나 개인 의견과 상관없이 총력 대응했어야 하는 일이다. 그것이 하나의 '정당'을 구성하고 있는 정치인들이 갖춰야 될 기본 자질이다.

하지만 30~40명의 민주당 의원들은 이와 정반대의 선택을 했다. 당의 정체성이 훼손되고 당 대표가 구속될지도 모를 절체절명의 상황에서 '체포동의안 가결'에 표를 던진 것은 어떤 식으로 변명하건 '해당행위'임에 틀림이 없다. 그들이 내세우는 명분은 주로 '이재명 대표의 사법 리스크'지만, 그 프레임을 민주당과 이 대표에게 덮어씌운 것이 한동훈 검찰과 조중동이라는 걸 의도적으로 무시 혹은 망각하는 것 같다.

참고로, 지난 2월 27일 이재명 대표에 대한 첫 번째 국회 체포동의안 표결 당시 〈여론조사꽃〉에서 "이재명 대표 체포동의안 표결과정에서 더불어민주당 의원 30여 명이 이탈한 것으로 추정됩니다. 이탈의 이유가 뭐라고 생각하십니까?"라는 설문으로 조사한 결과 "총선 공천에서 자신들에게 유리한 입지를 확보하기 위해"라고 답한 사람이 ARS는 43.6%, 전화면접(CATI)에서는 40.9%로 나타났다. 반면에 그들이 늘 주장했던 대로 "이재명 대표 간판으로는 총선에서 어렵다고 판단해서"라고 답한 응답자는 ARS 22.1%, CATI 27.6%에 불과했다. 9월의 2차 체포동의안 투표를 바라보는 시선도 크게 다르지 않을 것이다.

이 수치를 '민주당 지지층'으로 좁혀보면 상황은 더욱 확실해진다. 민주당 지지자라고 밝힌 사람들의 경우 "총선 공천에서 자신들에게

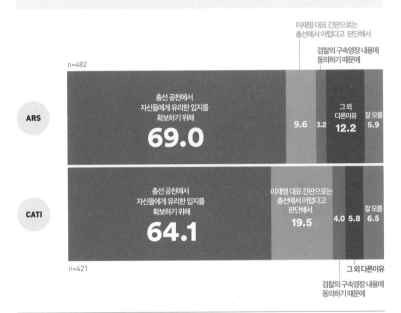

더불어민주당 지지층 대상: 더불어민주당의 이탈표

Q. 이재명 대표 체포동의안 표결과정에서 더불어민주당 의원 30여 명이 이탈한
   것으로 추정됩니다. 이탈의 이유가 뭐라 생각하십니까?

이재명 대표 간판으로는
총선에서 어렵다고 판단해서

검찰의 구속영장 내용에
동의하기 때문에

n=482

ARS

총선 공천에서
자신들에게 유리한 입지를
확보하기 위해
69.0

9.6 3.2 그외
다른이유
12.2 잘모름
5.9

CATI

총선 공천에서
자신들에게 유리한 입지를
확보하기 위해
64.1

이재명 대표 간판으로는
총선에서 어렵다고
판단해서
19.5

4.0 5.8 잘모름
6.5

n=421

그외 다른이유

검찰의 구속영장 내용에
동의하기 때문에

표 28. 여론조사꽃, 자체조사, 23.3.3~4

유리한 입지를 확보하기 위해"라고 답한 사람이 무려 69.0%(ARS 기준,
CATI 기준은 64.1%)에 달했다. 반면에 "이재명 대표 간판으로는 총선에
서 어렵다고 판단해서"라고 답한 응답자는 9.6%(ARS기준, CATI 기준은
19.5%)였다. **(표 28 참조)**

이렇게 보면 결국 그들의 목적은 하나다. '당권 탈취'를 통한 2024
년 총선 공천권 확보.

이미 당원들 사이에서 평가가 끝난 '올드보이'들로서는 이재명 체
제에서 공천을 받을 확률이 그다지 높지 않다. 설사 공천을 받는다

해도 민주당 깃발만 꽂으면 당선이 보장되는 일부 지역이 아니면 큰 의미가 없다. 그만한 경쟁력이 없기 때문이다. 이들의 공천권 탈취 시도는 당이야 어찌 되건 일단 살아남아야 한다는 생존본능, 그 이상도 이하도 아니다. 이들의 시선은 365일 24시간 내내 2024년 4월, '총선'에 맞춰져 있다. 여당과의 싸움에서는 늘 '엄중' 모드를 유지하는 그들이 자신의 생존 문제 앞에서는 체면도 명분도 다 버리고 치열하게 싸운다. '생계형 정치인'이란 바로 이처럼 밥그릇 앞에서만 치열해지는 사람들을 일컫는 필자의 규정이다.

586의 몰락, 존재감 없는 97세대

게를 비롯한 갑각류는 대부분 '탈피'를 통해 성장한다. 종에 따라 다르지만 일 년에 몇 번씩 하는 경우도 있다. 단단한 껍질을 벗어던지지 않고는 '지금'보다 더 큰 몸을 가질 수 없다. 묵은 껍질을 벗어던지고 새 껍질을 장착하는 일은 쉽지 않다. 더구나 껍질은 나이가 들수록 단단해지고 무거워진다. 당연히 탈피도 더 힘들어진다. 탈피 과정에서 큰 상처를 입거나 죽기도 한다. 갑각류의 성장통이다.

갑각류와는 다르지만 인간도 다양한 성장통을 겪는다. 사춘기도 실연의 아픔도, 대입이나 취업 실패도 모두 성장통이다. 아픔 없이 성장하는 사람은 없다. 사람이 모인 '정당'도 마찬가지다. 아니, 갑각류나 사람과 비교할 수 없이 많은 성장통을 겪으며 성장한다. 성장통을 이겨내지 못한 정당은 소멸해간다. 새로운 껍질을 얻지 못하고 사라져간 정당의 이름을 기억하는 이는 많지 않다.

2023년, 민주당은 커다란 성장통을 치르고 있다. 특히 당 대표의 구속은 적지 않은 상처를 피할 수 없다. 하지만 민주당이 각오해야 할 진짜 아픔은 이처럼 눈에 보이는 것이 아니다. 지금 민주당이 벗어던져야 할 껍질은 너무 오랫동안 몸을 둘러싸고 있어서 그만큼 아픔과 상처도 클 것이다. 바로 '586'의 잔재다.

갑각류의 껍질은 적의 공격에서 나를 지켜주는 훌륭한 방어막이지만, 또한 나의 성장을 가로막는 걸림돌이기도 하다. 586 역시 마찬가지다. '직선제 쟁취'의 중심이었던 586은 민주당을 지켜온 든든한 자산이자 자양분이었다. 586이 있어 낡은 민주당은 세대교체를 이루었고 21세기에 맞는 새로운 정당으로 다시 태어날 수 있었다.

586이 우리 정치계에 전면적으로 등장하기 시작한 것은 지난 2000년 김대중 대통령의 '젊은 피 수혈론'에 따라 새천년민주당에 영입된 우상호와 이인영부터다. 이후 2003년 노무현 대통령의 참여정부 당시 586이 본격적으로 정계에 입문하기 시작했다. 586의 등장으로 정가에는 새바람이 불기 시작했고, 오래지 않아 586은 대한민국 정치계는 물론 경제와 사회, 문화 등 모든 분야에서 '주류'로 떠올랐다. 정치계는 물론 대한민국 전체가 586에 빚진 바가 적지 않다. 하지만 그들의 역할이 마냥 긍정적인 것만은 아니었다.

김민석, 김현미, 송갑석, 송영길, 우상호, 유은혜, 윤호중, 이광재, 이인영, 임수경, 임종석, 조국, 진성준···. 대부분 노무현·문재인 정권 때 중책을 맡았던 인물들이다. 하지만 두 개의 정권을 지나는 동안 이들이 이룬 성과는 생각보다 크지 않다. '180석이나 줬는데, 뭘 했어?' 하는 따가운 눈총을 받도록 만든 사람들이 바로 이들이다.

안타깝게도 이제는 586 그 자신이 '구체제'가 되었다. 한때 그들이 밀어냈던 '올드보이'의 자리에 바로 그들이 들어서 있다. 한 정치평론가는 이런 상황을 '586의 장기집권'이라고 정리했다. 2023년 이재명 대표 비토의 중심에 적지 않은 586 정치인이 자리 잡고 있는 것은 결코 우연이 아니다. 일부이긴 하지만, 기득권을 몰아내며 혁신의 바람을 일으켰던 그들이 자신의 기득권을 지키기 위해 해서는 안 될 일을 서슴없이 저지르고 있다.

'도덕성'은 586의 가장 강력한 무기이자 자랑이었다. 하지만 이미 기득권이 된 그들이 도덕성을 얘기하는 건 상당한 무리가 있다. 그럼에도 그들의 의식 속에는 여전히 도덕적 우월감이 자리하고 있는 것 같다. 안타깝게도 이제 그들의 의식 속에만 남은 도덕성은 자신과 당을 해치는 무기가 되고 있다. 미국 외교가의 전설적인 인물, 헨리 키신저의 통찰을 그들에게 들려주고 싶다.

> **자신의 '도덕적 우월성'을 확신하는 사람들보다 더 위험한 존재는 없다.**
>
> **- 헨리 키신저**

586이 정계의 중심으로 떠오른 지 20여 년의 세월이 흘렀다. 민주당은 어떤 식으로든 이들과의 관계를 정리하고 새로운 껍질을 만들어내야 한다. 그것이 당도 살고 그들도 사는 길이다.

다행히도 그들의 뒤를 이어 새로운 민주당의 껍질로 기대를 모으고 있는 사람들이 있다. 이른바 97세대. 97세대란 '90년대에 대학을 다닌 70년대생'이다. 586세대가 주로 80년대의 학생운동과 87년 6월항쟁 등을 겪은 세대라면 97세대는 1988년 서울올림픽과 전교조(전국교직원노동조합), IMF 구제금융, 2002 한일 월드컵, 노무현 대통령 당선 등 다양하고 역동적인 경험을 가진 세대다. 민주당 내 대표적인 97세대로는 강병원, 박용진, 강훈식, 박주민, 전재수, 김한규, 이탄희, 이재정, 김해영 등이 있다.

97세대가 당원과 국민 시선의 중심에 들어오기 시작한 것은 지난 2022년, '어대명'(어차피 대표는 이재명)으로 굳어져 가던 당 대표 선거에 출사표를 던진 '양박양강'(양강은 · 양훈식 · 박용진 · 박주민)부터였다. 친명이나 친문이 아닌 40대 젊은 의원들이 나선 것만으로도 '신선하다'는 당내외 반응이 컸다. 덕분에 97세대는 단숨에 민주당 내 계파 갈등을 해결할 적임자, 세대교체의 중심으로 떠올랐다.

97세대의 대표 주자 중 한 명으로 이재명 후보와 끝까지 경쟁했던 박용진 후보는 22.23%의 성적표를 받았다. '그럴 줄 알았다'부터 '졌잘싸'(졌지만 잘 싸웠다)까지 다양한 반응이 이어졌지만 전반적으로는 '찻잔 속의 태풍'이라는 박한 평가를 받았다. 슬로건은 '세대교체'였지만 실제 내용은 '반이재명' 구호 이외에 보여준 것이 없었다는 얘기다.

안타깝게도 8.28 당 대표 선거 이후 97세대는 제자리걸음을 하고 있는 느낌이다. 박용진은 반이재명에 올인하면서 신선함을 상실했고, 다른 97세대 의원들도 어느새 'one of them'으로 대중의 시선에서 멀어져 가고 있다. 일부에서는 이미 97세대에 대한 기대를 접고 MZ세대를 키워야 한다는 이야기까지 나오고 있다.

97세대 의원들을 한 사람, 한 사람 뜯어보면 상당히 뛰어난 역량을 가지고 있고, 이제 40대 중반~50대 초반에 접어든 나이도 경쟁력이 있다. 그런데 돌풍처럼 등장했던 97세대 의원들이 어째서 세대교체의 주인공이 되지 못하고 있는 것일까?

무엇보다 공감대를 형성하지 못한 것을 첫 번째 원인으로 꼽을 수 있다. 86세대가 20여 년 동안 민주당뿐 아니라 국민의힘 계열에서도 나름의 지분을 가지고 큰 힘을 발휘할 수 있었던 것은 선배·후배 세대까지 공감할 수 있는 '민주화운동'의 자산을 가지고 있기 때문이다. 하지만 97세대는 개인의 역량을 제외하면 모두가 공감할 수 있는 공통의 자산, 공감대가 거의 없다. 그런 공감대를 만들어내려는 노력 자체가 아예 없었다고도 할 수 있다. 8.28 당 대표 선거에서 잘 나타났듯이 97세대는 '반이재명' 이외에 자신들만의 가치와 비전을 보여주는 데 실패했다.

또 하나는 일종의 '세력화'를 하지 못한 것을 꼽을 수 있다. MZ세대와는 다르지만 97세대 역시 선배 세대에 비해 개인주의적인 성향이 강하고, 집단보다는 개별 행동에 더 익숙하다. 계파 정치는 분명 타파해야 할 악습이지만 가치와 비전을 공유하는 사람들이 하나로 힘을 모으는 것은 당연하고도 필요한 일이다. 97세대는 바로 이 지점에서 실패했다고 할 수 있다.

여기에는 97세대 자체가 아닌 외부적인 요인도 크게 작용했다. '야성을 잃은 생계형 정치인들' 꼭지에서 밝힌 것처럼 너와 나를 떠난 '우리'를 만드는 것은 단순한 이념의 공유만이 아니라 시간과 공간 등 물리적 접촉의 양이 절대적으로 필요하다. 그런 점에서 97세대는 기왕에 이런저런 접점을 상당 부분 가지고 있던 선배 ⑸86세대에 비해 공감대 형성과 세력화에 불리할 수밖에 없었다.

정밀한 분석도 필요없이, 지금의 민주당은 대대적인 개혁이 필요하다. 민주당이 미래로 나아가는 길을 막고 있는 단단한 '구체제'의 껍질을 깨어내야 한다. 다행히 2024 총선은 '역대급 빌런' 대통령의 존재 덕분에 민주당에 제법 유리할 것으로 보인다. 지금이 기회다.

새로운 인물들을 대거 영입하고, 20년 장기집권을 누린 인물들은 후배들을 위해 길을 터주어야 한다.

'꼰대정당'의 대표격인 국민의힘에서도 이미 오래전부터 이준석 키즈라 불리는 '천하용인'(천하람·허은아·김용태·이기인)이 새로운 움직임의 하나로 자리를 잡아가고 있고, 90년생인 용혜인 기본소득당 대표의 눈부신 활약에 국민은 환호한다. 국민이 원하는 것이 무엇인지는 명확하다.

⑸86도, 97도, MZ세대 의원도 이제 해야 할 일을 할 때다.

노사모의 추억과 개딸의 기억

오래된 추억 속의 한 장면이다.

2002년 12월 18일, 제16대 대통령 선거 전날이었다. 어렵게 단일화에 성공한 노무현 후보와 '국민통합21' 정몽준 대표가 종로 지역에서 마지막 유세를 펼치고 있었다. 분위기는 좋았다. 내부적인 지지율 조사에서도 최소한 5%p 정도 이회창 후보를 앞서고 있다는 결과가 나왔다. 2002월드컵 4강 신화 덕분에 크게 높아진 정몽준 대표의 인기가 적지 않은 힘이 되었다.

그런데 저녁 무렵, 생각지도 못한 대형 악재가 터져 나왔다. 정몽준 국민통합21 대표가 '노무현 후보 지지 철회'를 전격 선언한 것이다. 훗날 이런저런 이야기들을 종합해보면 주요 원인은 유세 과정에서의 몇 사람의 말실수와 의전 미스 등 사소한 문제였는데, 그로 인한 결과는 심각했다.

정몽준 대표의 지지 철회 소식은 실시간으로 전국에 생중계되었다. 노무현 후보가 밤늦게 직접 정몽준 대표의 자택을 찾아 대화를 청했지만 문전박대를 당했다. 이 모습도 고스란히 전파를 탔다. 최저 5%p, 최대 10%p 차이의 넉넉한 승리를 예상했지만 이제 승리를 전혀 낙관할 수 없는 상황이었다.

　당시 필자는 노사모 사무총장으로 노무현 후보와 함께 대선 직전까지 숱한 난관을 넘어왔지만, 마지막 고비 앞에서는 심각한 위기감을 느끼지 않을 수 없었다. 하지만 좌절하기에는 이른 시간이었다. 이순신 장군이 최후 결전을 앞두고 "신에게는 아직 12척의 배가 남아 있습니다."라는 장계를 올렸듯이 우리에게는 투표 종료까지 12시간 이상의 시간이 남아 있었다. 노사모 전체 조직이 총 출동, 전화와 문자로 비상사태를 알리고 가족, 친지, 친구, 직장동료… 누구든 단 한 명이라도 더 투표장에 가도록 독려했다.

　결과는 노무현 후보의 2.3%p 근소한 승리. 오전까지 이회창 후보가 우세했지만 인터넷과 휴대폰 문자 투표 독려에 따라 젊은 층이 오후에 대거 투표장으로 몰려오면서 판세가 뒤집어졌다는 것이 당시의 대체적인 평가였다. 이 점에 주목한 영국 〈가디언〉지는 노무현 당선 소식을 전하면서 타이틀을 'World's first internet president logs on'(세계 최초의 인터넷 대통령이 로그인했다)으로 뽑았다.

　노사모의 한 사람으로서 자랑스럽고 기쁜 추억의 한 장면이다.

　그리고 2022년, 20년 만에 그때와 비슷한 장면이 또 한 번 연출되었다. 이번 장면의 주인공은 이재명과 개딸들. 결과는 2002년과 달리 비극으로 끝났지만, 개딸은 노사모 못지않은 열정과 사랑으로 이재명 후보를 지켰고, 지금도 지키고 있다.

2022년 선거 패배의 원인은 여러 가지로 꼽을 수 있겠지만 이준석과 함께 등장한 '페미 논쟁'을 빼놓을 수 없다. 여성 중심 정책 때문에 남성들이 오히려 역차별을 당하고 있다는 이준석의 주장은 이른바 '이대남'의 정서를 파고들었고, 일부 30대 남성들까지 이에 동조하면서 2030 남성의 표는 급격하게 윤석열 쪽으로 기울었다.

〈여론조사꽃〉에서 '사회 속의 갈등'을 조사한 결과를 보면 매우 흥미로운 대목이 보인다. 대선이 끝나고 약 8개월이 지난 시점의 조사 결과지만 대선 당시 '이대남'과 '개딸'의 인식 차이를 엿볼 수 있을 것 같다.

"조직 안에서의 '성차별 문제는 개선되고 있다'고 생각한다."는 설문에 대해 20대 남성의 60.6%가 '그렇다'고 답한 반면 20대 여성은 36.2%만이 '그렇다'고 답했다. 또 "우리사회는 '남성 중심 사회'라고 생각한다."는 설문에 대해 20대 남성은 43.4%만이 '그렇다'고 답했지만 20대 여성은 76.2%가 '그렇다'고 답해 큰 차이를 보였다. '결혼'에 대한 생각도 이대남과 이대녀의 의견은 크게 갈라졌다. 20대 남성의 36.8%가 "결혼은 여성에게 불평등한 제도"라고 답한 반면 20대 여성은 72.5%가 "불평등하다"고 답했다.

한 가지 더 주목할 만한 조사 결과가 있다. '여성의 군복무제' 관련이다. 20대 남성의 70.5%는 '여성의 군복무제'를 고려해봐야 할 문제라고 답한 반면 20대 여성은 41.5%만이 '그렇다'고 답했다. 이준석이 파고든 것은 바로 이런 이대남의 심리였다. 사회적으로 남녀 평등이 어느 정도 이루어져 가고 있는데도 불구하고 남성들은 '군복무' 등으로 역차별을 당하고 있다는 논리였다. (표 29 참조)

이때 등장한 것이 '개딸'들이다. 개딸들은 투표에 소극적이었던

표 29. 여론조사꽃, 자체조사, 22.10.7~8

20~30대 여성들에게 '윤석열의 당선은 조선시대 양반사회의 회귀'를 뜻한다는 걸 알리고 적극적으로 투표할 것을 독려했다. 대선 결과는 비록 패배로 끝났지만 0.73%p의 근소한 차이를 만들어내는 데 있어 개딸의 역할이 컸다는 사실은 누구도 부정하지 못할 것이다. 이들은 대선이 끝난 후에도 여전히 이재명을 지키는 강력한 여성 지지자 그룹으로 남아 있다.

제20대 대통령 선거가 이재명의 0.73%p차 석패로 끝난 뒤, 상실감에 빠진 민주당이 갈피를 못 잡고 있을 때 개딸들은 민주당사 앞에서 당의 쇄신을 요구하며 시위를 벌이기도 했다. 이 시위에서 개딸들은 민중가요 대신 대중가요를 부르고, 인형탈을 입고 코스프레를 하며 '민주당은 할 수 있다'라는 구호를 외치는 등 축제 분위기를 연출하기도 했다. 이때까지는 그 누구도 개딸을 무시하지 않았다.

본래 '개딸'은 〈응답하라 1997〉이라는 드라마에서 처음 사용되었던 신조어다. 드라마 속에서 '아빠' 성동일은 어느 순간 공부는 뒷전인 채 HOT에 올인하는 딸 정은지를 성질머리가 대단하다는 뜻에서 '개딸'이라고 불렀다. 물론 이때의 '개딸'은 아주 친근한 '애칭'이었다. 이것을 이재명 대표의 여성 지지자들이 차용해서 쓰고 있는 것이다. 다만 그 의미는 '개혁적인 딸'로 살짝 바뀌었다. 하지만 오늘날 개딸은 대깨문, 대깨윤과 같이 성별 구분 없이 이재명 지지자들을 비하하는 멸칭으로 사용되고 있다.

이 장면도 필자에게는 일종의 데자뷔처럼 느껴진다. 노무현 대통령의 인기가 바닥까지 떨어졌을 때, 비노·반노 세력들은 노사모를 비롯한 노무현 열성 지지자들을 '노빠'라고 부르며 무시하고 멸시하곤 했다. 안타까운 일이다. 노사모나 개딸은 '나라를 팔아먹어도 지지하겠다'는 일부 극우 '빠'들과는 달리 세상을 정확하게 보고 스스로 옳은 길을 선택할 수 있는 눈을 가진 사람들이다. 노무현이나 이재명을 '주군'처럼 떠받드는 것이 아니라 그가 바른 길에 서서 옳은 일을 할 수 있도록 힘을 실어주는 것이다. 이 때문에 그가 잘못된 선택을 하는 경우에는 언제든 직언을 하고 회초리도 들 준비가 되어 있다.

하지만 노사모와 개딸은 이처럼 비슷한 면을 많이 가지고 있지만 속성에 있어서는 전혀 다른 조직이기도 하다. 노사모는 20여 년의 역사를 거치는 동안 전국적 조직을 갖추게 되었고, 노무현 대통령 사후에는 〈사람사는세상 노무현재단〉을 설립해서 노무현 전 대통령의 삶과 철학을 보존하고 전파하기 위해 힘쓰고 있다. 오늘날 노무현 재단을 단순한 '빠' 집단으로 매도하는 사람은 없다.

반면에 현재의 '개딸'은 당내 일부 세력뿐 아니라 일반 국민에게까지 별로 좋지 못한 이미지로 비춰지고 있는 게 사실이다. 아마도 박지현 전 비상대책위원장 신상털이, '수박 7적' 포스터 제작, 수박 깨기 행사 등 일련의 '강경한' 행위들 때문일 것이다. 특히 지난 2월 27일 이재명 대표에 대한 제1차 체포동의안이 국회 표결에 붙여져 찬성 139표, 반대 138표의 근소한 차이로 부결되자 개딸들은 찬성표를 던졌을 것으로 보이는 의원들의 '살생부'를 만들고 문자 폭탄을 날리기도 했다.

이런 모습들은 특히 민주당 내 비명·반명 의원들의 큰 반발을 불러일으켰고, 당내에서도 이재명의 지지층 확대에 별로 도움이 되지 않는다는 평가가 나오기도 했다. 하지만 과연 그럴까? 2023년 9월, 이재명 당 대표 체포동의안 투표를 전후한 일부 의원들의 모습을 보면 개딸들의 퍼포먼스가 과한 것만은 아니었다는 생각이 든다.

하지만 이재명 대표를 향한 무한한 애정과 신뢰, 뛰어난 퍼포먼스, 행동력 등을 감안하면 개딸은 분명 민주당의 소중한 자산임에 틀림이 없다. 이들의 힘을 어떤 방향으로 어떻게 끌고 갈 것인가가 민주당이 안고 있는 숙제 중 하나다.

중도층의 진보화

필자는 2004년 청와대 대통령비서실에서 여론조사비서관실 국장을 시작으로 〈월드리서치〉, 〈윈지코리아〉, 〈여론조사꽃〉에 이르기까지 20년 가까이 여론조사 관련 일을 해왔다. 덕분에 여론의 흐름이나 바닥 민심의 동향 등에 대해 누구보다 잘 안다고 자부할 수 있다. 그런데 최근 여론조사의 흐름을 보면 지난 20년 동안 거의 보지 못했던 흐름이 나타나고 있다. 조금 과장해서 말하자면 '중도층의 진보화' 현상이다.

크고 작은 이슈에 대한 여론의 흐름은 당연히 '찬성'과 '반대'로 나뉘고 일부는 '잘 모름'이라고 답변한다. 특히 총선이나 대선을 앞두고 있을 때는 '잘 모름' 현상이 두드러지게 나타나는 편이다. 내심 지지하는 정당이나 인물이 있지만 '몇 가지 이유' 때문에 드러내기를 꺼리는 '샤이' 현상이다. 여론조사는 기본적으로 어떤 이슈에 대한 찬성과 반대, 잘 모름의 비율을 찾아내는 작업이다. 하지만 전체적인 숫자만 보다 보면 낭패를 당할 수도 있다. 정치적 성향, 성별, 지역별 등 세분화된 분류를 적용해서 보지 않으면 정작 중요한 여론의 흐름을 놓치기 십상이다. 간단한 예를 들자면 야당의 전체 지지율이 아무리 높아도 대구나 경북 등 특정 지역에서의 지지율이 매우 낮다면, 그쪽 지역에서의 선거는 '유리하다'가 아니라 '불리하다'라고 분석해야 하는 것이다.

이렇게 세분화된 기준 가운데 가장 중요하게 보는 것이 '주관적 이념 성향'이다. 이는 〈여론조사꽃〉을 비롯해 〈한국갤럽〉이나 〈리얼미터〉 등 여론조사기관들의 공통된 틀이다. 이념 성향은 크게 '진보, 보수, 중도'의 세 갈래다. 여기에다 자신의 성향을 '잘 모름'이라고 규정하는 분들까지 합해서 전부 네 갈래로 볼 수 있다. 그리고 대부분의 조사기관이 공통적으로 중요하게 보는 요소가 바로 '중도층'이다. 특히 요즘 대한민국 사회처럼 극과 극의 대립이 점차 심화되어 가고 있을 때는 중도층이 어떤 의견을 가지고 있는가가 매우 중요하다. 중도층이 민심의 바로미터이자 선거판의 '스윙보터'이기 때문이다.

중도층의 민심은 갈대와 같다. 가벼운 바람에도 이리저리 흔들린다. 수십 년 경력의 베테랑도 실제 조사를 해보기 전까지 예측이 쉽지 않다. "선거는 바람이다." 참 많이 들어본 정치판 격언이다. 이 바람이 어느 쪽으로 부느냐에 따라 중도층의 여론이 바뀌고 선거 결과도 결정된다.

그런데 최근 여론조사 결과를 보면 정치적 성향을 '중도층'이라고 밝힌 사람들의 의견이 '진보층'과 거의 흡사한 흐름을 보이고 있다. 실제 수치를 분석해 봐도 각 이슈마다 진보와 보수는 큰 차이를 보이지만 중도층은 대부분 진보와 의견을 같이한다. '중도층의 진보화'라는 진단이 크게 어긋나지 않는다.

〈여론조사꽃〉의 정례여론조사 결과를 보자. "윤석열 대통령의 국정 운영에 대해 어떻게 평가하십니까?"라는 설문에 잘못하고 있다고 답한 사람은 전화면접조사(CATI)에서는 62.3%(매우 잘못하고 있다 44.6%, 잘못하는 편이다 17.7%), ARS조사에서는 63.3%(매우 잘못하고 있다 56.8%, 잘못하는 편이다 6.5%)로 나타났다. 이 비율은 2023년 7월 28~29일 조사 때와 큰 차이가 없다.(표 30 참조)

이를 다시 이념 성향으로 분석해보자. 전화면접조사의 경우 진보층은 92.2%가 대통령이 잘못하고 있다고 답한 반면 보수층은 25.1%만이 잘못하고 있다고 답했다. 거의 70%p가 차이가 날 정도로 의견이 갈린다. 그렇다면 같은 질문에서 중도층은 어떻게 답했을까? 72.2%가 대통령이 잘못하고 있다고 답했다. 다소 차이가 있긴 하지

국정운영 평가

Q. 윤석열 대통령의 국정 운영에 대해 어떻게 평가하십니까?

표 30. 여론조사꽃, 자체조사, 23.9.22~23

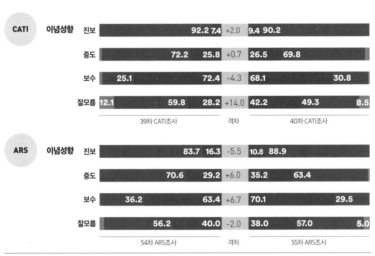

표31. 여론조사꽃, 자체조사, 23.9.22~23

만 거의 진보층과 같은 의견을 나타내고 있다. ARS의 경우에도 비슷하다. 진보 81.7% vs 중도층 70.6% vs 보수층 36.2%. 역시 진보와 보수가 한 길을 가고 보수는 동떨어진 길로 가고 있음을 알 수 있다.(표 31 참조)

앞에서도 얘기했지만 중도층의 여론은 평소는 물론 선거 때는 판세를 가를 만큼 중요한 변수다. 중도층이 진보층과 매우 비슷한 의견을 계속 유지하고 있다는 건 민주당과 진보계열 정당에게는 매우 고무적인 현상이다. 속단할 수는 없겠지만, '중도층의 진보층화'가 계속 이어진다면 2024년 총선에서 민주당이 꽤 큰 차이로 이길 거라는 예상도 해볼 수 있을 것이다.

하지만 착각해서는 안 된다. 중도층이 진보층과 비슷한 의견을 보이는 이유는 진보 세력이 잘하고 있어서가 아니라 윤 대통령이 '너무너무너무' 못하고 있기 때문이다. 당연히 윤 대통령이나 집권 여당에 대한 평가는 중도층이나 진보층이나 다를 수 없다. 하지만 민주당에 대한 평가 역시 높지 않다는 걸 항상 기억해야 한다. 중도층 여론은 갈대와 같다. 중도층의 변화에 따라 지지율은 언제든지 뒤바뀔 수 있다. 총선까지 남은 시간은 길다. 윤 대통령이나 국민의힘이 어떤 이슈를 들고 중도층을 흔들지 모를 일이다.

중도층의 진보층화는 분명 민주당에게 희망적인 신호지만, '상수'가 아닌 변수라는 걸 잊지 말아야 한다.

국회의장이라는 자리에 대하여

=====

2023년 9월 21일 오후 국회 본회의장. 295명의 국회의원이 자리를 가득 메운 가운데 민주당 박주민 의원이 단상에 올랐다. 박 의원은 "지난 1년 반 동안 이재명 대표를 먼지털이하듯 수사했고 압수수색을 300여 차례나 진행했지만 드러난 게 하나도 없다. 이 대표에 대한 체포영장은 당연히 기각되어야 한다."라고 강조했다. 박 의원의 뒤를 이어 한동훈 법무부 장관이 단상에 올라 이재명 대표의 혐의를 조목조목 설명하며 체포동의안이 가결되어야 한다고 주장했다. 한 장관의 주장은 야당 의원들의 반발 속에서 30여 분 가까이 이어졌고 이는 방송 화면을 통해 전국에 생중계되었다. 이재명 대표는 병상에 누운 채 전 국민 앞에서 조리돌림을 당한 셈이다.

이날 진행된 이재명 대표 체포동의안은 모두가 아는 대로 총 투표수 295표 중 '가 149표', '부 136표', '기권 6표', '무효 4표'로 가결이 되었다. 이날 이후 이어진 일련의 사태들은 모두가 아는 대로다. 그 과정에서 크게 주목받지 못했지만 꼭 되새겨보아야 할 주요 장면이 하나 있다. 김진표 국회의장의 역할이다.

이날 30분 가까이 이어진 한동훈 법무부 장관의 '주장'은 '피의사실 공표'에 해당하는 범죄행위였다. 야당 의원들이 고성을 지르며 반발한 것은 단순히 이재명 대표를 범죄인 취급했기 때문만이 아니라 현행법에서 엄격이 금지하고 있는 범죄행위를 국회 본회의실에서 버젓이 저질렀기 때문이다. 문제는 한 장관만이 아니라 이를 거의 제지하지 않았던 김진표 국회의장에게도 있다.

먼저 짚어보아야 할 것은 한동훈 장관의 국회 출석이 꼭 필요한 일이었는가 하는 점이다. 국회의원에 대한 체포동의안 표결 시 법무부 장관이나 담당 검사 등이 나와서 관련 설명을 하는 것은 단순한 '관행'일 뿐 국회법에 명기된 필수불가결한 요소가 아니라는 뜻이다. 특히 이번처럼 당사자가 오랜 단식으로 인한 건강악화로 국회에 직접 출석할 수 없는 경우라면 반대편에 서 있는 법무부 장관의 출석도 하지 않도록 했어야 옳았을 것이다. 하지만 김진표 의장은 애초에 그런 시도조차 하지 않았다.

두 번째로는 일단 관행에 따라 한 장관을 출석시켰다면, 역시 관행에 따라 간단한 설명 정도에 그치도록 했어야 한다는 점이다. 여러 차례 야당의 지적과 반발이 있었음에도 국회의장은 몇 차례 단순한 주의를 주는 데 그치면서 결과적으로 한동훈 장관의 장광설이 전국에 생중계되도록 방기 혹은 방조했다. 수십 년 동안 입법부와 행정부의 요직을 두루 거친 베테랑 정치인이 설마 '피의사실공표'를 모를 리는 없었을 터. 이를 문제 삼아 고발을 검토하지는 못할망정 제지시키지도 않았던 이유를 도무지 알 수가 없다. 일부 이재명 대표 지지자들 사이에서 돌고 있는 말 그대로 '수박 추가 인증'이 아닌지 우려된다.

불행 중 다행으로 이재명 대표에 대한 구속영장은 기각되었지만, 윤석열 정권 하에서 이와 비슷한 일은 얼마든지 또 벌어질 수 있다. 그럴 때 국회의장이 지금과 같은 모습이라면…. 누가 '단두대'에 올라서게 될지는 아무도 모르지만, 특유의 언변과 깐족거림으로 무장한 법무부 장관의 혀끝에서 농락당하는 누군가의 모습을 상상하는 것만으로도 벌써 무서워진다.

하지만 이와 같은 '사회자'로서의 역할 이외에도 국회의장에게는 일반 국민들이 잘 모르는 막강한 권한이 하나 있다. '직권상정'의 권한이다.

대한민국 헌법 1조 1항은 "대한민국은 민주공화국이다."로 되어 있다. 불행히도 이런 기본적인 헌법 상식도 갖추지 못한 인물이 '총리'라는 중책을 맡고 있지만, 그럼에도 불구하고 대한민국이 민주공화국이라는 사실에는 변함이 없다.

민주공화국의 기본 원리는 입법·사법·행정권의 분립, 즉 삼권분립이다. 국가를 통솔하는 책임과 권한은 대통령에게 주어져 있지만 입법부인 국회를 이끄는 국회의장과 사법부를 이끄는 대법원장은 대한민국 정부 의전 서열 2위와 3위에 자리한다. 비록 현실 속에서는 존재감이 약해서 '국회의 사회자' 정도로 보일 때도 많지만 국회의장은 의전 서열 2위답게 그 나름의 분명한 권한과 책임을 가지고 있다. 그것이 바로 상임위원회와 법제사법위원회를 거치지 않고 본회의에 법안을 직접 상정시킬 수 있는 '직권상정'의 권한이다. 국회법은 의장의 권한을 다음과 같이 정리하고 있다.

제85조(심사기간) ① 의장은 다음 각 호의 어느 하나에 해당하는 경우에는 위원회에 회부하는 안건 또는 회부된 안건에 대하여 심사기간을 지정할 수 있다. 이 경우 제1호 또는 제2호에 해당할 때에는 의장이 각 교섭단체 대표의원과 협의하여 해당 호와 관련된 안건에 대해서만 심사기간을 지정할 수 있다.

1. 천재지변의 경우

2. 전시·사변 또는 이에 준하는 국가비상사태의 경우

3. 의장이 각 교섭단체 대표의원과 합의하는 경우

제86조(체계·자구의 심사) ② 의장은 제1항의 심사에 대하여 제85조제1항 각 호

의 어느 하나에 해당하는 경우에는 심사기간을 지정할 수 있으며, 법제사법위원회가 이유 없이 그 기간 내에 심사를 마치지 아니한 때에는 바로 본회의에 부의할 수 있다. 이 경우 제1호 또는 제2호에 해당하는 경우에는 의장이 각 교섭단체 대표의원과 협의하여 해당 호와 관련된 안건에 대하여만 심사기간을 지정할 수 있다.

복잡한 듯하지만 정리해보면 간단하다. 한마디로 여야의 대치 상황 속에서 어떤 법안이 표류할 때 이를 본회의에 직접 상정할 수 있는 권한을 가졌다는 뜻이다.

오늘날 여의도가 '식물국회'로 전락한 요인 가운데 하나가 '국회선진화법'이라는 데 이견을 다는 사람은 별로 없다. 국회선진화법안은 극단적인 여야 대립으로 '동물국회'라는 비난 여론이 비등해지자 이를 막기 위해 2012년 5월 제정된 국회법 개정안이다. 2012년 총선 당시 새누리당(현 국민의힘)의 공약이기도 했던 국회선진화법의 주요 내용은 국회의장 직권상정 제한, 안건조정위원회 설치, 안건 자동상정 등이다.

국회선진화법에 따라 동물국회 대신 등장한 것이 이른바 '식물국회'다. 하지만 식물국회는 사실상 총선 민의를 심각하게 왜곡시킨다. 원내 제1당이 할 수 있는 역할을 어마어마하게 제약하고 있기 때문이다. 의석이 아무리 많아도 여야가 합의하지 않으면 아무것도 할 수 없게 되어 있다. 국회선진화법은 과반이 넘는 167석을 가지고 있는 민주당이 할 일을 제대로 하지 못하는 원인 중 하나이기도 하다. 이 때문에 일각에서는 국회선진화법을 개정해야 한다는 목소리도 심심찮게 들려오고 있다. 하지만 지금은 물론 2024년에도 여소야대가 예상되는 상황에서 국민의힘이 개정 작업에 나서줄 것 같지는 않다.

식물국회에서는 특히 '법사위원장'을 누가 맡고 있느냐가 가장 큰 관건이다. 국회에 올라온 모든 법안을 심사해서 상정 여부를 결정짓는 사실상의 상원 역할을 하기 때문이다. 이처럼 중요한 법사위원회 위원장 자리를 여당에 넘겨준 민주당의 입장에서는 주요 법안을 직권상정할 수 있는 의장의 권한이 매우 중요할 수밖에 없다. 이런 의미에서 차기 국회의장 선출에 대해 다시 한번 생각해봤으면 한다. 우리에게 더 유리한 어떤 인물을 선택해야 한다는 일차원적인 문제가 아니라 국회의장 선출 방식 자체에 대해 다시 고민해보자는 뜻이다.

지금까지 국회의장 선출방식은 그 무게감에 비해 비교적 가볍고 단순했다. 대개 5선 이상의 다선 의원 중 계파색이 옅고, 온건파로 분류되는 의원이 선출되는 경우가 많았다. 출신 당의 당론에서 비교적 자유롭기 때문에 원내 정당 사이의 교섭을 진행하기가 비교적 용이하기 때문이다. 임기가 끝난 뒤 정계 은퇴를 하는 것도 일종의 관례처럼 되어 있다. 비교적 나이가 많은 의원들에게 기회가 주어지는 것도 바로 이 때문이다.

국회법 15조에 따르면, 국회의장은 국회에서 재적의원 과반 득표를 받은 의원이 선출되고 투표 방식은 무기명이다. 다만 지금까지의 관례상 원내 1당에서 내부 경선을 거쳐 올라온 국회의장 후보를 대상으로 투표를 진행한다. 중립을 지키기 위해 당적 보유 및 상임위 활동은 금지된다.

이런 관행적인 방식으로는 국회 자체를 개혁할 수 있는 개혁의장의 등장은 사실상 어렵다. 방법은 하나. 국회의장 선출 방식을 바꾸는 것이다. 정계 은퇴를 전제로 하는 다선·고령의 국회의원 '나리'가 아니라 실질적으로 국회를 이끌고 나갈 수 있는 힘과 능력을 갖춘 인물이 의장 후보로 나서야 한다. 다수당 후보는 의장, 소수당 후보는 부의장으로 무조건 정리하는 방식도 바꿔야 한다. 당을 가리지 않고 후보로 등록하고, 능력과 자질에 따라 선출되는 방식이면 어떨까? 아마도 지금처럼 '관행'에 따라 자동으로 올라간 사람보다는 훨씬 더 역동적이고 적극적으로 일하지 않을까?

지난 9월 21일 김진표 국회의장이 보여준 모습과 대비되는 새로운 국회의장의 모습을 생각하다 보니 문득 떠오르는 적임자가 한 명 있다. 누구보다 개혁적이면서 리더십도 갖추고 있고, 국회의원들이 금과옥조처럼 떠받드는 '선수'도 충분히 갖춘 사람. 이름만 들으면 누구나 무릎을 탁 칠 만한 그 사람. 하지만 그 이름은 그가 원내로 다시 돌아올 때까지 일단 봉인해두자. 이재명 대표가 다시 일상의 자리로 돌아왔으니, 민주당으로서는 먼저 해야 할 일들이 많을 것이다.

시일야방성대곡;
방송 미디어,
환골탈태만이 살 길이다

유튜브 전성시대다. 진보건 보수건 기존 방송·미디어에 대한 신뢰는 극히 낮다. 그 자리에 들어선 것이 유튜브다. 정치 현안에 대해 목소리를 높이는 사람들의 논리적 근거 혹은 출처는 대부분 자신이 믿고 보는 유튜브 방송이다. 이젠 '신문에서 봤어'라고 얘기하는 사람은 없다.

지지층이 극과 극으로 갈린 세상, 유튜브 방송은 과연 믿을 만한 것일까? 기존 공중파와 신문 등 미디어의 운명은 어떻게 될까? 유튜브의 전성시대는 과연 2024년에도 그다음 해에도 지속될 수 있을까?

눈 깜짝할 사이에 바뀌어버린 방송 미디어 환경. 이제 단순한 눈요기로 시청자를 끌어들이는 시대는 지났다. 시청자와 독자가 떠나버린 방송 미디어가 살아남는 길은 환골탈태밖에 없다. 전성시대를 넘어 무한경쟁 시대로 접어든 유튜브 방송도 예외는 아니다.

현수막 전성시대

===

"더도 말고 덜도 말고 한가위만 같아라!"

예로부터 한가위, 추석 명절은 풍요의 상징이었다. 안타깝게도 나라 경제가 폭망하면서 풍요로운 한가위는 물 건너간 지 오래지만 여전히 거리를 풍성하게 뒤덮는 풍경이 있다. '현수막'이다. 고향 잘 다녀오라는 의례적인 인사부터 최근의 핫이슈를 몇 마디 글로 정리한 정치 현수막에 이르기까지 온 거리가 현수막으로 차고 넘친다. 지자체에서 마련해놓은 현수막 게시대가 따로 있지만, 각 정당 현수막은 눈에 띄는 곳이면 어디든 걸려 있다. 가히 현수막 전성시대다.

주로 선거철을 중심으로 현란하게 거리를 뒤덮곤 했던 현수막이 일상생활 속으로 들어오기 시작한 것은 2022년 6월 10일 '옥외광고물법' 개정에 따라 2022년 12월 10일부터 '정당 현수막'을 최대 15일간 신고 없이 지정 게시대가 아닌 장소에도 설치할 수 있게 되면서부

그림 6. 경향신문, 2023.2.28, "정당 현수막 난립 막아야" … 서울시 3월 중 설치 기준 만든다

터다.

　이런 외부적인 요인 이외에 또 다른 내부적인 요인도 작용했다. 권리당원의 급격한 증가로 '당비'가 상당한 수준까지 늘어났다는 점이다. 민주당의 경우 정기적으로 당비를 내는 권리당원이 20만~30만 수준에서 140만 명으로 늘었고, 국민의 힘도 80만 명을 넘은 것으로 알려져 있다. 이렇게 들어온 당비의 절반은 지역위원회에 내려보내게 된다. 예전에는 중앙에서 내려주는 당비의 비율도 낮았고 절대 액수도 적었기 때문에 현수막을 많이 걸지 못했지만 법 개정과 함께 당비가 풍부해지면서 각 지역위원회가 그 돈을 현수막 게시에 넉넉하게 쓸 수 있게 된 것이다.

　법 개정에 따라 '예외' 규정을 적용받게 된 여러 정당의 현수막이 거리를 뒤덮으면서 불편을 호소하는 시민들이 많이 늘었다. 교통에 방해가 되기도 하고, 상점의 간판을 가리기도 한다. 이 때문에 옥외 광고물법의 재개정을 요구하는 목소리도 높아지고 있고 일부 지자체는 자체 시행령을 통해 제한을 두기도 한다.

　국민들이 불편을 겪고 있는 부분에 대해서는 대책을 세워야 하지만 현수막 게시의 순기능도 결코 무시할 수 없다. 기존 미디어에서 외면한 소수 정당의 목소리를 제대로 들을 수 있는 거의 유일한 기회가 바로 거리의 현수막이다. 실제로 또 기성 정당 역시 발 빠르게 주요 이슈에 대한 당의 입장을 낼 수 있고, 이를 통해 전국 지역위원회가 하나의 통일된 입장을 표명하도록 조절을 할 수도 있게 되었다. 애초 법 개정의 취지대로 '정당 활동의 활성화'가 제대로 이뤄지고 있는 셈이다.

　실제로 원내 의석이 1석도 없는 진보당이 '현수막 시대'의 대표적

그림 7. 오마이뉴스, 23.3.17, "대한민국 1호 영업사원, 월급은 일본에서 받아라"

인 수혜자다. 진보당은 국민의힘이 내거는 각종 현수막 아래나 위쪽에 찰떡같은 반박 현수막을 걸어 국민들의 시선을 끄는 데 성공했다.

> "외교, 우리의 원칙은 오직 국익입니다."_국민의힘 강기윤
>
> "국익? 일본 국익 말입니까?"_진보당 이영곤

이처럼 부작용보다는 순기능이 훨씬 더 크지만, 지금의 현수막 게시 방법에 대해 두 가지 지적하고 싶은 게 있다. 하나는 '법령' 자체의 문제이고, 하나는 민주당의 '현수막 콘셉트'에 관한 것이다.

우선, 현행 옥외광고물법은 소수정당에는 매우 유리하지만 기성 정당의 정치 신인에게는 크게 불리하다. 각 정당의 '당협·지역위원회 위원장'만 자신의 이름으로 현수막을 게시할 수 있기 때문이다. 원내든 원외든 지역위원장이 아닌 정치 신인은 명함조차 내밀 수가 없다. 만일 법을 개정한다면 국민 불편 해소와 함께 정치신인들에 대한 배려도 꼭 필요할 것으로 보인다.

다음으로 민주당 현수막의 '콘셉트' 문제다.

거리에 내걸린 국민의힘 현수막을 보면 '참 영리하다' 하는 생각이 절로 들 때가 많다. 민주당에 비해 대체로 디자인도 세련되고 카피도 잘 뽑는다. 전문가의 손길이 느껴진다. 반면에 민주당 현수막은 카피도 투박하고 식상하다. 디자인도 대체로 촌스럽다. 게다가 '이름'에 대한 욕심들이 많아서 정작 중요한 메시지보다는 자신의 얼굴이나 이름을 더 강조하는 경우도 적지 않다. 이는 민주당 지지자들이 공통으로 느끼는 부분이다. 이 때문에 손혜원 전 의원과 카피라이터 정철의 손길을 떠올리는 사람도 많다. 아울러 당원 중에는 카피나 디자인 능력이 뛰어난 탁월한 전문가들이 적지 않을 것이다. 이러한 '집단지성'을 활용하는 영리함을 보여주지 못하고 있는 데 대한 아쉬움도 크다.

하지만 국민의힘 현수막을 보면서 '영리하다'고 느끼는 건 비단 디자인이나 카피 문제만은 아니다. 색상 문제가 크다. 국민의힘 현수막을 보면 민주당에 악재가 될 만한 문제는 민주당의 당색인 파란색, 자신들에게 유리한 이슈는 국민의힘의 당색인 붉은색을 쓴다. 예를 들어 '돈 봉투 살포사건'이 이슈로 떠올랐을 때 국민의힘 현수막은 파란색의 큰 글씨로 "더불어돈봉투당"을 강조한다. 언뜻보면 민주당이 스스로 내건 현수막 같은 착각이 들 정도다. 전문가인 필자의 눈에 이렇게 비친다면, 일반 국민들이 그 현수막을 보면서 어떤 느낌을 받을지, 속된 말로 '안 봐도 비디오'다.

옥외광고물법 개정안이 이미 국회에 제출되어 있지만 언제 처리될지는 아무도 알 수 없다. 지자체에서도 나름 국민 불만 해소 차원에서 여러 가지 제한을 두려고 하고 있다. 기왕 개정을 할 거라면 '소수정당'과 '정치신인'이 좀 더 힘을 얻을 수 있는 방향이 되도록 민주당과 국민의힘 모두 힘을 기울였으면 한다. 아울러 민주당은 디자인과 콘셉트에서도 국민의힘에 밀리지 않을 정도로 '세련됨'을 유지했으면 좋겠다. 당원들의 원성이 높다.

외신이 전해주는 진실들

거리를 걷다 보면 심심찮게 만나는 분들이 있다.

"도를 믿습니까?"

세월이 흐르면서 접근 멘트는 조금씩 바뀌어 왔지만 우리 기억 속에 가장 선명하게 남은 건 역시 '도를 믿습니까'일 것이다. 당연한 일이지만, 이런 사람을 만나면 대부분 손사래를 치면서 자리를 피하기에 급급하다. '도'를 믿는 사람도 많지 않지만 그를 믿는 사람과 이야기하는 그 자체도 왠지 꺼려지기 때문이다.

자, 이제 질문을 좀 바꿔보자.

"언론을 믿습니까?"

과연 우리나라 사람 가운데 언론보도를 믿는 사람이 얼마나 될까? '도를 믿는 사람'보다는 물론 많겠지만 그리 많을 것 같지는 않다.

영국 〈로이터저널리즘연구소〉(자체조사, 2022.1~12)가 지난 7월 14일 공개한 '2023디지털 뉴스 보고서'에 따르면 한국 국민의 뉴스에 대한 신뢰 수준은 28%로 조사대상 46개국 중 41위에 그친 것으로 나타났다. 우리보다 낮은 언론 신뢰도를 보이는 국가는 슬로바키아(27%), 헝가리(25%), 그리스(19%)뿐이었다.

후쿠시마 오염수를 무단 방류한 일본이나 중국 공산당의 영향 아래 들어가버린 홍콩보다도 한참 아래다. 부끄러운 일이다.

그래서 그런지 요즘 뉴스를 제대로 챙기는 사람은 국내 언론에 어떤 기사가 실리면 외신을 찾아 비교해보는 경향이 있다. 외신을 통해 일종의 팩트 체크를 하는 셈이다. 실제로 우리나라 언론에 실린 기사와 외신에 실린 기사의 톤이 다른 경우는 제법 많다. 심지어 국내 언론에는 실리지 않는(못하는) 기사가 외신에 실리기도 한다. 1980년의 '5.18광주민주화운동' 시절 이야기가 아니라 2023년 윤석열 대통령 정권에서 벌어지고 있는 일이다.

가장 가까운 예로 2023년 5월 24일 '러시아와 전쟁 중인 우크라이나에 한국 정부가 포탄 수십 만발을 이미 제공하고 있다'는 미국 〈WSJ〉(월스트리트저널)의 기사를 들 수 있다. 하루 뒤인 5월 25일 우리나라 통신사가 이 기사를 받아 보도했고 5월 26일에는 〈동아일보〉가 이를 대대적으로 보도하기 시작했다. 이 때문에 국내는 물론 전 세계가 떠들썩했지만, 〈월스트리트저널〉의 보도 이전까지 우리나라에서 우크라이나에 살상무기를 지원하고 있다는 걸 보도한 언론 매체는 단 한 군데도 없었다. 이것이 '비보도' 요청 때문인지 아예 몰랐던 것인지는 지금 확인할 수 없지만, 외신과 국내 언론의 차이를 잘 보여준 하나의 사례로 기억되고 있다.

이외에도 외신 vs 국내 언론의 신뢰도를 확인할 수 있는 비교 자료는 (한동훈 법무장관식 깐족 어법을 조금 빌리자면) '차고 넘친다'.

지난 2022년 3월13일 〈TV조선〉은 "김건희, 대만서 실검 1위… 尹 당선인의 '대중 원칙론'에 뜨거운 관심 반영"이라는 뉴스를 내보냈다. 주 내용은 '김건희 씨의 미모에 대만인들의 관심이 집중됐다'는 것이었다. 상당수의 언론들이 이를 받아서 비슷한 내용의 기사를 내보냈다.

하지만 '외신'이 전한 진실은 전혀 달랐다.

대만 현지매체인 〈자유시보〉는 "한국 퍼스트레이디의 성형수술"이라는 타이틀을 달고 김건희 여사의 과거 사진을 게재했다. 한국의 인터넷 매체에 주로 실렸던 김건희 여사의 '성형 before vs after'를 그대로 실은 것이다. 한마디로 〈TV조선〉의 보도와 달리 실제로는 김건희 여사의 외모가 사실은 성형수술 덕분이라는 비아냥과 조롱이 담긴 기사였던 셈이다.

또, 국내 언론에서는 거의 보도하지 않았던 내용도 여러 가지 실렸다. 그중 대만의 〈삼립신문〉은 윤석열 당선인이 과거 대선 토론회 현장에 '왕'자를 손바닥에 쓰고 나왔던 사실과 김건희 여사의 논문 표절과 업무 사기, 경력 위조 등을 보도했다.

윤석열 후보 시절, 국내 언론 가운데도 이런 논란과 의혹을 다룬 곳이 없지 않았지만 문제는 외신에서 다룬 내용을 전혀 다른 논조로 '마사지해서' 국내에 소개한 곳이 '자칭 1등 신문사'와 산하 종편이었다는 사실이다. 그리고 상당수의 언론사가 이를 확인 없이 받아 썼다는 것도 큰 문제다.

이런 일이 한두 번이 아니다 보니 국내외적으로 큰 파장을 일으킬 만한 보도가 나올 때마다 외신을 찾는 사람이 점점 많아지고 있는 게 당연한 일인 것 같다.

이외에도 외신과 한국 언론의 보도 태도가 극명하게 갈린 사건은 많다.

2022년 9월 21일, 미국 뉴욕을 무대로 벌어졌던 '바이든 vs 날리면'

논란과 프랑스 〈르몽드〉지가 전한 김건희 여사의 '○○ 경력 의혹'도 그중 하나다. 〈르몽드〉는 이와 함께 뇌물수수와 주가조작 등과 관련한 수사에 대해서도 언급했다. 진실은 국내 언론이 아니라 외신이 전한다는 걸 잘 보여주는 사례다.

윤 대통령이 미국 뉴욕으로 향하기 전인 2022년 9월 19일, 엘리자베스 2세 영국 여왕 장례식에 지각 참석한 논란도 국내와 외신이 전하는 게 사뭇 달랐다. 국내 언론도 '의혹'은 보도했지만 대부분 대통령실의 해명을 받아쓰는 수준이었다. 이에 반해 외신은 당시 정황을 (감정이나 평가 없이) 상세히 전달함으로써 독자들이 '알아서' 판단할 수 있도록 했다.

한국 언론사들도 이미 알고 있는 사실일 테니 외신과 한국 언론을 비교하는 건 이쯤에서 마치도록 하자. 다만 한 가지 덧붙이고 싶은 건 지난 2010년 9월, G20 서울정상회의 폐막식에서 벌어졌던 것 같은 부끄러운 일은 더 없었으면 한다는 당부다.

지금도 심심치 않게 돌아다니는 '밈'이 되어버린 그날의 현장. 기자회견을 하던 오바마 대통령이 직접 "한국 기자들에게 질문권을 하나 드리고 싶군요. 정말 훌륭한 개최국 역할을 해주셨으니까요. 누구 없나요?" 하고 기회를 줬지만 쭈뼛쭈뼛 서로 눈치를 보다가 그 누구도 손을 들지 않았던 그날의 부끄러움을 다시는 반복하지 않았으면 한다.

10.29 이태원 참사 이후 있었던 한덕수 총리의 내외신 기자회견도 마찬가지. '정부의 책임'을 제대로 따져 물은 '국내 기자'는 한 명도 없었다.

미안해, 네 과거를 다 봐 버렸어

해외에 살다가 한국에 온 교포들이 종종 하는 말이 있다.

"빨라, 정말 빨라. 한국은 모든 게 빨라."

냉장고나 싱크대가 고장나면 최소한 며칠씩 기다려야 하는 미국이나 유럽과 달리 우리나라는 대부분 하루나 이틀 안에 AS기사가 '짠'하고 나타난다. 아파트에 사는 사람이라면 웬만한 고장은 그날 안에 고칠 수 있다. 음식 배달은 말할 것도 없다. 1시간만 넘어도 늦다고 짜증을 낼 정도니 말해 무엇 하겠는가. 그리고 빼놓을 수 없는 또 한 가지가 인터넷이다. 웬만한 산골까지 인터넷망이 다 보급돼 있고, 버스나 기차, 전철에서도 무료 와이파이를 쓸 수 있다. 속도도 빠르다. 가히 인터넷 천국이다.

인터넷의 발달과 더불어 나타난 부작용 중 하나가 '신상털기'다. 은둔형 외톨이처럼 혼자만의 세상을 사는 사람도, 인터넷을 이용했다면 과거의 행적을 숨기기 어렵다. 일단 인터넷을 통해 어딘가에 기록된 것은 이미 내 것이 아닌 공용의 것이 되어버리기 때문이다. IT나 네트워크 전문가가 아니어도 몇 시간만 '손품'을 팔면 SNS 등을 통해 특정한 사람의 과거 행적을 찾아내는 건 그리 어렵지 않다. 어느 중고차 전문회사의 광고카피처럼 '미안해. 네 과거를 다 봐버렸어.'가 되는 것이다.

하지만 신상털기가 부작용만 있는 것은 아니다. 심심치 않게 터져 나오는 인기인들의 '학폭 의혹'도, 모 여사님의 과거 성형사실과 각종 의혹이 외신에까지 보도되는 건 모두 신상털기 '때문' 혹은 '덕분'이다.

과거의 행적을 숨기고 싶어도 숨길 수 없는 시대. 정보의 바다 인터넷은 윤석열 정부가 감추고 싶어 하는 각종 비리와 의혹을 만천하에 드러내는 온 국민의 무기다. 또한 오늘 한 말과 어제 한 말이 늘 다른 습관성 거짓말을 하나하나 비교하고 밝혀내는 '진실의 방'이기도 하다.

육군사관학교는 2023년 8월 31일 뜬금없이 "육사 내 충무관 앞에 서 있던 홍범도 장군의 흉상을 '적절한' 곳으로 이전하겠다."고 발표했다. 이유는 홍범도 장군이 '공산당' 이력이 있을 뿐만 아니라 독립군의 대량 학살이 벌어졌던 '자유시 참변'에도 책임이 있다는 것이었다. 독립운동가 이회영 선생의 손자인 이종찬 광복회장이 이종섭 국방장관을 향해 "민족적 양심을 저버린 귀하는 어느 나라 국방장관이냐. 스스로 판단할 능력이 없으면 자리에서 퇴진하는 것이 조국 대한민국을 위한 길"이라고 강력하게 항의한 것을 시작으로 거의 온 국민의 반발이 이어졌다.

당시 국민들의 반응을 보자. 〈여론조사꽃〉의 조사에 따르면 육사 내 홍범도 장군의 흉상 이전에 대해 응답자의 66.1%(CATI)가 '적절하지 않다'(전혀 적절하지 않다 49.2%, 별로 적절하지 않다 16.9%)고 답했다. ARS 조사도 적절하지 않다고 본다는 응답이 65.9%로 큰 차이가 없었다. 적절하다고 보는 응답자는 23.3%(CATI), 29.1%(ARS)에 불과했다.(표 32 참조)

그럼에도 육사는 '공산당' 이력과 '자유시 참변' 책임을 내세우며 끝내 흉상 이전을 강행했다.

육사의 주장은 여러 사료에서 거짓임이 이미 밝혀졌지만, 황당한

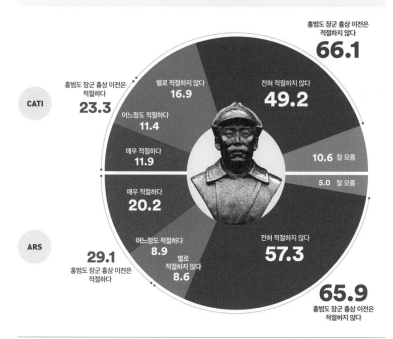

홍범도 장군 흉상 이전

Q. 국방부가 육군사관학교에 설치되어 있는 독립운동가 홍범도 장군의 흉상을 이전하려 하고 있습니다. 이에 대해 어떻게 생각하십니까?

CATI

홍범도 장군 흉상 이전은 적절하지 않다
66.1

홍범도 장군 흉상 이전은 적절하다
23.3

별로 적절하지 않다
16.9

어느정도 적절하다
11.4

매우 적절하다
11.9

전혀 적절하지 않다
49.2

10.6 잘 모름

ARS

5.0 잘 모름

매우 적절하다
20.2

어느정도 적절하다
8.9

별로 적절하지 않다
8.6

전혀 적절하지 않다
57.3

홍범도 장군 흉상 이전은 적절하다
29.1

홍범도 장군 흉상 이전은 적절하지 않다
65.9

표 32. 여론조사꽃, 자체조사, 23.9.1~2

것은 육사와 국방부도 자신의 주장이 거짓임을 이미 알고 있었다는 사실이다.

국방부 산하 국방홍보원의 유튜브 채널에 오래전부터 '홍범도 장군은 공산주의자가 아니다'라는 영상이 올라와 있었다. 자유시 참변과 관련해서도 홍범도 장군은 전혀 관련이 없다는 영상이 올라와 있었다. 하지만 흉상 이전 논란이 벌어진 바로 다음 날인 2023년 9월 1일, 국방부는 이 영상들을 모두 삭제했다.

손바닥으로 하늘을 가릴 수는 없는 법. 영민한 우리 네티즌들은 국방부의 홍범도 영상을 찾아내 '박제'를 완료했고 이를 여기저기에 알렸다.

국방부와 육사에는 "미안해, 네 과거를 다 봐 버렸어." 이외에는 더 해줄 말이 없을 것 같다. 다만 이처럼 믿을 수 없는 조직이 우리의 국방과 안보를 책임지고 있다는 사실이 안타까울 뿐이다.

예전에는 정치인이나 정부 당국자가 '말 바꾸기'를 할 때는 비록 변명일지언정 타당한 이유와 상황의 변화 등을 내세웠다. 하지만 윤석열 정부가 들어선 뒤로는 말 바꾸기가 일상화되고 있는 느낌이다. 10.29이태원 참사 때도, 잼버리 사태 때도 '최종 책임자'는 수시로 바뀌었고, 오송 지하차도 참사 때는 책임자들의 행적이 수시로 바뀌었다. 그때마다 네티즌들은 과거 그들이 했던 말, 그들의 동선을 찾아내 인터넷에 올렸다. 뿐인가. 어쩌면 그렇게 쓰레기 같은 인간들만 모으는지 알 수 없는 청문회 대상자들의 과거 행적들도 네티즌들의 눈길과 손길을 피해갈 수 없었다.

안타깝게도 윤석열 정부에서는 그것만으로 그들을 단죄하거나 법정에 세울 수 없다. 하지만 후안무치한 이들의 민낯을 그대로 드러냈다는 점에서 나름의 가치가 있다고 생각한다. 또한 이 모든 자료들이 차곡차곡 쌓이면 조만간 들어설 올바른 정권에서 하나씩 이들을 단죄할 근거가 될 수도 있을 것이다.

그런데 정치인이나 정부 당국자들의 말 바꾸기보다 더 심각한 문제가 있다. 언론의 말 바꾸기다. '진실 보도'를 생명처럼 여겨야 할 언론의 말 바꾸기는 이미 언론이기를 포기했다는 선언이라 할 수 있을 것이다. 언론사 말 바꾸기의 대표주자는 자칭 1등신문 〈조선일보〉와

산하 종편 〈TV조선〉이다.

〈조선일보〉와 〈TV조선〉의 말 바꾸기 사례는 한두 가지가 아니지만 가장 최근의 것으로, 국민들의 생명과 안전에 깊은 연관이 있는 '일본의 후쿠시마 핵오염수 무단방류'와 관련한 보도를 꼽을 수 있다. 〈조선일보〉와 〈TV조선〉은 윤석열 정부의 '친일행보'에 발맞추듯 하루가 멀다고 후쿠시마 핵오염수의 안전성을 홍보하고 있다. 안전하지 않은 것을 안전하다고 보도하는 것은 그 자체로도 언론사의 자격에 크나큰 흠결이지만, 바로 얼마 전까지 일본의 후쿠시마 핵오염수 방류를 목청 높여 반대했던 사실과 정반대의 주장을 펴고 있어 더욱 문제가 심각하다.

자료 화면을 보면 후쿠시마 핵오염수와 관련한 〈TV조선〉의 교묘한 말 바꾸기가 잘 드러난다. 불과 2년 전인 2021년 8월에는 후쿠시마 오염수가 우리 바다에 도달하는 시기를 '7개월'로 잡고 "즉시 중단하라"는 주장을 펼쳤지만 2023년 2월에는 도달 시기를 '4~5년'으로 아주 넉넉하게 잡았다. 이처럼 주장이 바뀐 이유는 물론 설명하지 않았다.

말 바꾸기는 막무가내 정권의 주요 특징 중 하나다. 손바닥 뒤집 듯 말을 뒤집어놓고도 모르쇠로 일관한다. 하지만 세계 최고 수준을 자랑하는 대한민국의 인터넷망과 네티즌은 이를 결코 용납하지 않는다. 시간이 갈수록 말 바꾸기는 늘어나고 있고, 이는 결국 언젠가 받게 될 처벌의 무게만 더 크게 늘리는 결과가 될 것이다. 미안하지만, 우리 모두가 '그'의 과거를 다 들여다보고 있기 때문이다.

벌거벗은 임금님과 이동관 그리고 대나무숲

《벌거벗은 임금님》. 어린 시절 읽었던 이 동화를 요즘 가끔 떠올린다. 자신이 벌거벗고 있다는 사실을 정작 당사자만 모르는 어리석은 임금의 모습을 자주 보기 때문이다. '벌거벗은 임금' 곁에 있는 사람들은 그 누구도 진실을 말하지 못한다. 진실을 말하는 순간 자신의 자리는 물론 자칫하면 목숨마저 위태로워진다는 걸 잘 알고 있기 때문이다. '벌거벗은 임금'의 신하들이 진실을 숨기기 위해 할 수 있는 일은 한 가지다. 누구도 진실을 말하지 못하게 하는 것. 때로는 당근으로, 때로는 채찍으로 백성들을 속이고 협박하고 회유해서.

21세기의 문턱을 넘은 지도 23년이 지났다. 인터넷의 발달로 세계 각지에서 일어나는 일을 거의 실시간으로 손바닥 들여다보듯 알 수 있는 시대다. 이런 시대에 숨길 수 있는 것은 많지 않다. 특히 대중 노출이 많은 사람일수록 그의 모든 것이 언제든 낱낱이 공개될 수 있다. 인기 스타와 정치인, 고위 관련…. 그런데 이런 시대 상황을 역행하려는 헛된 시도를 하는 사람이 있다. 윤석열 대통령이다. 그리고 이미 벌거벗겨진 대통령과 그 일가의 악행을 애써 감추기 위해 특별 발탁된 인물이 자칭 타칭 '언론기술자' 이동관 방통위원장이다.

이동관은 윤석열 정권이 발탁한 '문제적 인물' 가운데 맨 앞자리를 주어도 아깝지 않을 정도로 온갖 문제로 둘러싸인 인물이다. 청문회에 꼭 필요한 자료를 거의 제출하지 않았음에도 불구하고 이미 밝혀진 문제들만으로 고소·고발이 무더기로 나올 정도였다. 하지만 윤 대통령은 야당의 반발과 청문보고서 미채택에도 불구하고 임명을 강행했다. 그가 그만큼 필요했다는 이야기다.

Q. 이동관 방송통신위원장 후보 지명에 대해 어떻게 생각하십니까?

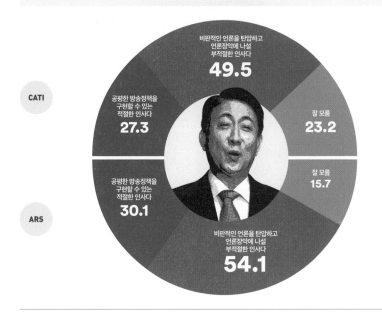

CATI

ARS

비판적인 언론을 탄압하고
언론장악에 나설
부적절한 인사다
49.5

공평한 방송정책을
구현할 수 있는
적절한 인사다
27.3

잘 모름
23.2

잘 모름
15.7

공평한 방송정책을
구현할 수 있는
적절한 인사다
30.1

비판적인 언론을 탄압하고
언론장악에 나설
부적절한 인사다
54.1

표 33. 여론조사꽃, 자체조사, 23.8.4~5

　2023년 8월 진행된 〈여론조사꽃〉의 정례여론조사를 보면 이동관 방통위원장 지명에 대해 국민의 절반이 반대하고 있음을 알 수 있다 (CATI 49.5%, ARS 54.1%). 반대의 이유는 '비판적인 언론을 탄압하고 언론장악에 나설 부적절한 인사'로 보기 때문이었다.(표 33 참조) 특히 눈여겨봐야 할 대목은 ARS 응답의 경우 대구·경북지역에서도 48.0%의 응답자가 반대 의견을 나타냈다는 점이다.

　〈뉴스토마토〉가 실시한 여론조사를 보자. 이동관 방송통신위원장 후보자 적합도를 물었을때 "공영방송 정상화 적임자"라고 답한 사람

이동관 방송통신위원장 후보자 적합도

공영방송
정상화 적임자
33.0

총선 겨냥한
방송장악용 인사
54.8

잘 모름
12.2

%

표 34. 미디어토마토, 뉴스토마토 의뢰, 23.7.31~8.2

이 33%인 데 반해, "총선 겨냥한 방송장악용 인사"라고 답한 사람이 54.8%로 과반이 넘었다.(표 34 참조)

윤석열 정부는 이동관 방통위원장의 청문회가 열리기도 전에 권태선 방문진 이사장과 KBS 남영진 이사장을 해임하고 'KBS 수신료 분리징수' 등으로 공영방송의 힘을 빼놓은 상태에서 윤 대통령의 눈엣가시였던 MBC의 김기중 이사를 '선해임, 후조사'라는 전례 없는 편법으로 날리는 등 '무혈입성'을 위해 판을 깔아주었다. 언론계의 좌장격인 정연주 방송통신심의위원장도 알 수 없는 사유로 해촉했다.

한상혁 전 방송통신위원회 위원장, 정연주 전 방송통신심의위원회 위원장, 남영진 전 KBS 이사장 등은 2023년 9월 11일 오후 이동관 방통위원장의 임명 강행과 관련해 긴급 기자회견을 열었다. 이들은 "이명박 정권 당시 언론장악을 주도했다는 이유 등으로 현역 언론인 80% 이상과 야 4당이 모두 반대한 이동관 씨를 기어이 방통위원장에 임명했다."고 윤석열 대통령을 비판했다. 이와 함께 "윤석열 정부의 진정한 목표는 … 비판보도 언론은 검찰 수사 등을 동원해 겁박하고 마음에 들지 않는 언론사는 '원 스트라이크 아웃' 시켜버리고, 가짜뉴스 근절 명분으로 언론의 보도내용에 개입함으로써 상시검열하고, 나아가 그것을 보도지침화하는 언론환경 조성"인 것 같다고 지적했다.

이들이 지적한 대로 이동관 방통위원장은 임명권자의 기대에 걸맞게 발 빠르게 움직이기 시작했다. 가장 먼저 KBS와 MBC 사장 해임을 시도하고 있고, 우려했던 대로 YTN과 iMBC의 매각도 본격화했다. KBS의 분리 매각도 현실화되는 것 아니냐는 우려가 나오고 있다. 말 그대로 대한민국에서 '공영방송'이 사라질 위기다. 이 와중에 그는 또 방통위 내에 '가짜뉴스 심의센터'라는 것을 만들었다. 방통위법에도 없는 기상천외한 기관이다. 설치 목적은 뻔하다. '가짜뉴스'라는 이름으로 정론 · 직필을 몽땅 얽어매겠다는 것이다.

그 와중에 분당 서현역 흉기난동 사건의 범인인 최원종 관련 리포트를 하면서 배경화면에 이동관 방통위원장의 사진을 잘못 띄운 YTN에 대해 3억 원의 손해배상 소송을 거는 한편 고의로 자신의 명예를 훼손했다는 혐의로 형사고소를 제기했다. 참 치졸한 행위다. 특히 YTN이 그동안 계속 자신을 '비방'해왔던 걸 감안하면 이번 사건도 '고의'였을 거라는 그의 주장에 이르러서는 실소가 절로 나온다. 더욱 황당하고 어이가 없는 것은 경찰이 사건 수사를 위해 YTN에 대한 압수수색영장을 청구했다는 사실이다. 이제는 검찰뿐 아니라 경찰까지 벌거벗은 임금님의 충직한 신하를 지키는 충견이 되어가고 있는 것 같아 안쓰럽고 슬프다.

박정희 정권의 혹독한 탄압에 23일간의 단식으로 맞섰던 김영삼 전 대통령은 "닭의 모가지를 비틀어도 새벽은 온다."는 유명한 말을 남겼다. 아무리 국민의 입을 틀어막아도 윤석열 정권의 민낯은 숨길 수 없다. 오히려 시간이 갈수록 비천한 속성들이 더욱 많이, 더 적나라하게 드러날 뿐이다.

지금은 21세기, 여기는 대한민국이다. 인터넷 공간은 거대한 대나무숲이다. 마음만 먹으면 하루에도 몇 번씩 들러서 '임금님 귀는 당나귀 귀'를 외칠 수 있는 대나무숲이 널려 있다. 이제는 히틀러의 악명 높은 여론조작 전문가 괴벨스가 온다고 해도 우리 국민의 눈과 입과 귀를 막을 수 없다. 하물며 이동관 정도로 언론을 틀어막을 수 있다고 믿는다면 큰 오산이다.

유튜브 전성시대의 명과 암

2023년 5월 17일. 그날 〈박시영TV〉는 '방송 500회 및 3주년' 기념 특집방송을 진행했다. (〈박시영TV〉 개국은 2020년 5월 18일이다) 그날은 최강욱 의원, 강득구 의원, 고현준 정치평론가, 유튜버 거의없다와 기추자, 푸나, 오창석 평론가, 민동기 기자, 남영희 민주연구원 부원장, 김성회 정치연구소 와이 소장, 개그맨 강성범 등 여러 명의 패널들을 초청해 3주년 결산, 민주당에 바란다, 진보 유튜브의 미래 등에 대해 이야기를 나눴다. 김어준 총수까지 전화 연결로 참가하면서 방송은 거의 5시간 가까이 진행되었다. 특히 제5부 '진보 유튜브의 미래'는 진보 유튜브 진행자와 관계자들에게 아주 뜻깊은 방송이었다. 진보 유튜브의 현재와 미래에 대해 본격적으로 이야기를 나눠본, 거의 첫 시도였기 때문이다.

필자는 그날 방송에 앞서 SNS에 다음과 같은 글을 남겼다.

윤석열 정권의 폭정 때문에 참 힘드시죠?
하루하루가 지옥입니다.
진보 유튜브 업계도 어려운 시기를 보내고 있습니다.

어렵다고 주저앉을 수는 없습니다.
이럴수록 힘을 내야겠죠.
진보 유튜브까지 다 넘어지면 누가 좋아하겠습니까?

2023년 7월 22일, 〈머니투데이〉의 정치뉴스 전문채널 〈the300〉은 대한민국 정치 유튜버 중 구독자 수 기준 상위 20위까지를 정리해서 공개했다.

보수 성향과 진보 성향이 각각 10개씩 고루 포진해 있는데, 그중 가장 높은 자리는 우파 성향의 〈진성호방송〉(181만)이 자리하고 있다. 우리에게도 익숙한 〈오마이TV〉(155만, 2위)와 〈김어준의 뉴스공장〉(132만, 5위), 〈매불쇼〉(116만, 9위) 등도 상위권에 자리하고 있다. 〈the300〉에 따르면 "구독자 수 상위 100위권 채널은 22만 4,000명 이상의 구독자를 보유한 경우로, 모두 보수·진보 등 특정 정치 성향을 띠고 있었고 중립적 성향은 0개였다."고 한다.

2023년 9월 현재 〈박시영TV〉의 구독자 수는 45만 6,000명. 적은 수는 아니다. 〈the300〉의 분석에 따른다면 〈박시영TV〉는 상위 100위권 안에는 넉넉히 들어갈 것 같다. 하지만 지난 3월 필자는 '어렵다'는

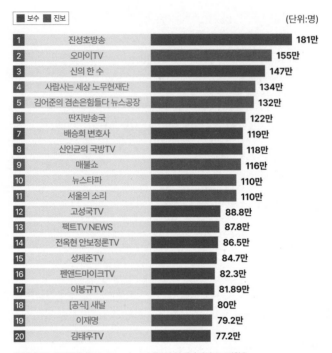

정치 유튜브 구독자 상위 20명

■ 보수 ■ 진보 　　　　　　　　　　　　　　　　(단위:명)

순위	채널	구독자
1	진성호방송	181만
2	오마이TV	155만
3	신의 한 수	147만
4	사람사는 세상 노무현재단	134만
5	김어준의 겸손은힘들다 뉴스공장	132만
6	딴지방송국	122만
7	배승희 변호사	119만
8	신인균의 국방TV	118만
9	매불쇼	116만
10	뉴스타파	110만
11	서울의 소리	110만
12	고성국TV	88.8만
13	팩트TV NEWS	87.8만
14	전옥현 안보정론TV	86.5만
15	성제준TV	84.7만
16	펜앤드마이크TV	82.3만
17	이봉규TV	81.89만
18	[공식] 새날	80만
19	이재명	79.2만
20	김태우TV	77.2만

*플레이보드, 유튜브랭킹(youtube-rank.com) 등 복수의 랭킹 사이트 교차활용.
지상파·종편 방송사/라디오/신문사 공식유튜브나 프로그램 공식유튜브는 제외, 활동 중단된 유튜브 제외
그래픽: 이지혜 디자인기자

그림 8. the300, 23.7.22, 돈 끌어모으는 '슈퍼챗' 상위권에 정치 유튜버 수두룩… 1등은 누구?

표현을 서슴없이 썼다. 〈박시영TV〉뿐만 아니라 진보진영의 유튜브 전체가 그렇다는 말이다.

　사실 구독자 수는 유튜브의 수익을 결정하는 절대적 요인이 아니다. 이외에도 실시간 시청자의 슈퍼챗과 광고 게재, 홈페이지를 통한 상품 판매 수익 등을 더해야 한다. 물론 구독자 수가 많으면 나머지 부분에서의 수익을 올릴 확률이나 기회가 많은 게 사실이다.

한국의 정치 유튜브 숫자는 지난 2022년의 20대 대선을 기점으로 폭발적으로 증가했다. 이슈가 많은 만큼 수요도 많았다. 너도 나도 유튜브를 시작했다. 정계 거물부터 언론인 출신, 개그맨, 시사평론가 등 출신도 다양했다. 구독자 수도 그만큼 늘었다. 주요 정보를 신문이나 방송이 아닌 유튜브를 통해서 얻는 사람이 점차 늘기 시작했다. 전 세계에서 유례를 찾아보기 힘들 정도로 한국에서 유튜브의 영향력은 크다. 덩달아 구독자 수만 어느 수준 이상이 되면 수익도 제법 확보되었다.

그런데 (공교롭게도) 윤석열 정부 출범 이후 각 유튜브 채널의 수익이 악화되고 있다. '공교롭다'는 건, 시기가 맞아 떨어졌을 뿐 윤석열 정부가 유튜브 생태계 악화의 직접적 원인은 아니라는 뜻이다. 그보다는 유튜브 채널의 난립이 직접적인 원인이라 할 수 있다.

이슈 면에서 보면 윤석열 시대는 유튜브 운영자들이 즐거운 비명을 지를 만큼 풍부하다. 예전에는 방송 콘텐츠를 어떻게 만들어낼까 고민했지만, 이제는 날마다 새로운 이슈가 터져 나와서 무엇을 먼저 다뤄야 할지 고민해야 할 정도다. 문제는 그 많은 이슈들을 어떻게 제대로 잘 정리하고 심도 깊은 분석으로 알기 쉽게 전달하느냐 하는 것이다.

진보든 보수든 유튜브 채널에 잘 맞는 진행자와 패널이 있다. 똑같은 이슈도 찰떡같이 한번에 알아듣기 쉽게 전달하는 사람이다. 인기가 높으니 여기저기 불려다닌다. 때로는 채널 운영자가 타 채널의 패널로 출연하기도 한다. 서로 가진 '달란트'가 다르니 협업은 당연한 일. 그런데 바로 이런 현상이 서서히 문제가 되고 있다. 정치 소비자들은 '최애' 채널 이외에도 한두 군데 이상의 채널에 슬쩍 발을 걸치고 있다. '정기 구독'은 아니지만 틈틈이 채널 쇼핑을 한다. 그런데 같은 출연자가 여기도 나오고 저기도 나온다. 하는 이야기도 비슷하다. 점차 그 채널과 출연자에 식상해진다.

아직 본격적으로 시작된 것은 아니지만 서서히 이런 조짐이 보이고 있다. 이재명 대표를 향한 검찰의 전방위 수사 압력과 날마다 새로 발견되는(생산되는) 윤석열 정부의 기괴한 행태 등으로 인해 시청률 하락은 당분간 유보될 것으로 보인다. 하지만 아무리 이슈가 많이 터져나와도 채널과 인물에 식상한 시청자들을 붙잡는 데는 한계가 있다. 시청률이 하락하면 슈퍼챗 등을 통한 수익도 점차 악화될 수밖에 없다.

현재까지 상황으로 보면 진보보다는 보수 쪽 유튜브 채널들이 더 어려움을 겪고 있다. 자신들이 밀었던 대통령의 인기가 떨어지면서 방송 자체에 힘이 빠진 부분도 있고, 시청자들도 '정부의 변명' 이외에는 들을 만한 내용이 없으니까 점차 시청률이 시들해지는 것이다. 뭔가 신이 나야 댓글도 달고, 슈퍼챗도 쏘고, 물건도 사주고 할 텐데 영 신나는 일이 없으니 어쩔 수 없는 현상이라고 봐야 할 것 같다.

하지만 진보 유튜브 채널도 마냥 안심할 상황은 아니다. 늦든 빠르든 보수 유튜브의 상황이 진보 계열에도 불어닥칠 가능성이 높기 때문이다. 현재 상황으로 봐서는 '신나는 일'이 계속 이어질 가능성이 높지만 더욱 눈이 높아진 진보 시청자들의 눈높이를 맞추지 못하면 외면받을 수밖에 없다.

혹여나 2000년대 초반 대단한 인기를 누리던 비디오 대여점이 '너도나도 창업'의 열기에 휩싸여 우후죽순 난립하면서 심각한 구조조정의 아픔을 겪었던 상황이 유튜브 채널계에도 불어오지 않을까 짐짓 염려된다.

식상하지 않은 양질의 콘텐츠와 독자의 시선을 사로잡는 고품격 퍼포먼스, 수준 높은 분석과 깔끔한 전달, 선명한 정치철학…. 정치 유튜브 채널들이 고민해야 할 숙제들이다. 〈박시영TV〉가 늘 고민하는 문제들이기도 하다. 지난 5월 17일 500회 특집방송을 앞두고 SNS에 올렸던 글처럼, 어렵다고 주저앉을 수는 없는 일 아닌가. 모든 진보 유튜브 채널이 조금 더 힘을 내서 모두 함께 살아남기를 기원해본다.

슈퍼챗과 자해공갈

자동차 운전을 하는 사람이라면 누구나 '자해공갈'이라는 말을 들어봤을 것이다. 바로 뒤에는 으레 '보험사기'란 단어가 따라붙는다. 자해공갈이란 '상대방에게 고의로 시비를 걸어서 화를 돋운 뒤 그 화를 참지 못한 상대가 약간의 유형력을 발휘하면 과장되게 넘어지거나 부딪힌 다음 그것을 구실로 경찰에 고소하여 상대방을 전과자로 만들고 합의금 명목으로 돈을 뜯어내는 행위와 상대방 앞에 갑자기 나타나서 다친 척하며 상대방에게 피해를 입었다고 우기면서 뒤집어씌우는 행위'(〈나무위키〉 '자해공갈죄' 참조)를 말한다. 요즘은 주로 자동차 보험과 관련된 보험사기 사건이 많다.

앞의 꼭지에서 유튜브 채널에 대해 많은 이야기를 했는데, 일부 보수 유튜브 채널에서 바로 이 '자해공갈'과 아주 흡사한 모습을 발견하게 된다. 대부분이 시청자들의 '슈퍼챗'을 노린 행위다. 슈퍼챗은 아프리카TV의 별풍선과 같은 개념으로 방송 중 시청자가 쏘아주는 후원금이다.

실시간 방송을 하는 유튜버들의 경우 슈퍼챗이 수입의 주된 부분을 차지하는 경우가 많다. 특히 극우 유튜버들이 두드러진다. 몇 달 동안이나 문재인 대통령의 사저 앞에 진을 치고 시끄럽게 했던 극우 유튜버들을 기억할 것이다. 이들은 이재명 대표 단식장 같은 곳에도 어김없이 나타난다. 윤미향 의원에 대한 최종 선고가 내려지던 날에도 법원 앞에 모습을 드러냈다. 이들은 특히 극우 성향 시청자들을 자극하기 좋은 이슈를 찾아다닌다. 이슈가 클수록, 시끄러울수록, 상대방을 더 곤혹스럽게 할수록 더 많은 슈퍼챗이 쏟아지기 때문이다.

앞서 구독자 수 기준 상위 20개 정치 유튜브 채널을 소개했던 〈the300〉의 또 다른 표를 잠시 살펴보자.(그림 9 참조)

2021년부터 2023년까지 (2023년은 6월 한 달 기준) 슈퍼챗 수익을 기준으로 10위까지 정리한 표다. 〈가로세로연구소〉나 〈시사타파〉처럼 잘 알려진 곳도 있지만 〈김해꼬마tv〉처럼 진보 쪽 사람들은 거의 알지 못하는 채널들도 상당수다. 그런데 이들이 벌어들이는 슈퍼챗 수익은 어마어마하다. 〈가로세로연구소〉의 경우 2021년에는 6억 8,000만 원을 훌쩍 넘었고, 수익이 대폭 떨어진 2022년에도 2억 5,000만 원 이상의 슈퍼챗 수익을 올렸다. 그리고 유튜브 채널의 수익 창출 정지 조치 이후 이름을 〈SAY ENTER〉로 바꾼 2023년 6월에는 다시 월간 수익 5,510만 원으로 1위 자리를 되찾았다. 〈가로세로연구소〉에서 독립한 강용석은 〈KNL〉(강용석 나이트 라이브)이라는 개인 채널로 6월 한 달에만 2,257만 원의 슈퍼챗 수익을 올렸다.

〈열린공감TV〉(더탐사)나 〈시사타파〉 등의 진보 유튜브 이름도 올라가 있지만, 앞서 구독자 순위로 20위권에 이름을 올렸던 〈오마이TV〉

유튜브 슈퍼챗 국내 순위 (단위: 원)

	채널명	수익
2021년	① 김해꼬마tv	7억4546만5256
	② 가로세로연구소	6억8844만1275
	③ 유재일	5억232만7312
	④ 수와진TV	4억7580만3494
	⑤ 너알아TV	4억381만773
	⑥ 시사타파TV	3억1044만6174
	⑦ 팔천사와강아지세상	3억143만945
	⑧ Super K-슈퍼개미김정환	2억9213만1541
	⑨ 냉철tv	2억8353만4021
	⑩ 도리도리 비트코인 교육방송	2억6561만2382
2022년	① 수와진TV	4억7376만6806
	② 유재일	3억5674만3893
	③ 시사타파TV	3억4341만9099
	④ 동준사장TV	3억3495만9901
	⑤ 열린공감TV	3억1720만3865
	⑥ 너알아TV	2억9655만1435
	⑦ 시민언론 더탐사	2억7021만9512
	⑧ 이큐채널	2억6646만4553
	⑨ 가로세로연구소	2억5678만836
	⑩ 김해꼬마TV 시즌2	2억4955만5312
2023년 6월	① SAY ENTER 세이엔터(가로세로연구소 후신)	5510만1212
	② 김해꼬마TV 시즌2	5450만7047
	③ 떴대개총수(시사타파TV 김종원 PD)	4544만8004
	④ 이큐채널	3305만8284
	⑤ 박명원TV	2383만3622
	⑥ 수와진TV	2383만1002
	⑦ 윤루카스	2259만3596
	⑧ KNL 강용석 나이트 라이브	2257만4088
	⑨ 담양오리	2160만1419
	⑩ 스튜디오 더탐사	2158만0465

* ▨ 는 정치유튜버
*자료: 플레이보드
그래픽: 이지혜 디자인기자

그림 9. the300, 23.7.22, 돈 끌어모으는 '슈퍼챗' 상위권에 정치 유튜버 수두룩… 1등은 누구?

나 〈노무현재단〉, 〈김어준의 뉴스공장〉 등 대부분의 진보 유튜브는 아예 이름을 올리지 못하고 있다. 적어도 슈퍼챗에 있어서는 극우 계열의 유튜브가 완승을 거둔 셈이다.

이처럼 극우와 진보 계열의 슈퍼챗 수익에 차이가 나는 것은 시청자들의 성향 차이 때문으로 보인다. 극우 시청자들은 (전부는 아니겠지만) 상대방을 면전에서 대놓고 조롱하고 욕하는 모습을 보일 때마다 열렬한 반응을 보이면서 슈퍼챗을 날린다. 논리는 필요없다. 문재인이니까, 이재명이니까 욕을 먹어도 싸고 조롱을 당해도 싸다. 단식농성장에 난입해서 '폭식투쟁'을 해도 슈퍼챗이 쏟아진다. 상식의 눈으로 볼 때 '도저히 인간이 해서는 안 될 짓'을 버젓이 저지르는 이유도 바로 슈퍼챗 때문이다. 거짓말도 예사로 하고, 불법행위도 서슴없이 저지른다. 심지어 벌금형이나 인신 구속 등의 형사처벌을 받아도 잠시 자중하는 척하다가 다시 또 마이크를 잡는다.

그들에게 법의 심판은 '적에게 탄압받는 정의구현의 사도'들과 같은 이미지를 덧씌워주고 더 많은 슈퍼챗을 보장한다. 문재인 대통령의 사저를 경호하는 경찰은 '정의의 사도'인 유튜버들을 억압하는 문재인의 하수인들이다. 이재명 대표의 단식농성장을 지키는 시민과 경찰, 국회 경위들 역시 악의 화신을 보호하는 무리들일 뿐이다. 마치 자해공갈처럼 그들이 불법과 탈법의 경계를 넘나들며 처벌을 기꺼이 감수한다. 그들에게 슈퍼챗은 마약과 같다.

이는 〈가로세로연구소〉의 강용석도 마찬가지다. 그 역시 2012년 문재인 당시 대통령 후보와 신천지 이만희 총재의 관련설을 주장했다가 민주당의 고발로 경찰에 체포되기도 했다. 하지만 〈가로세로연구소〉와 강용석은 당시 체포마저 문재인 대통령의 '정치보복'으로 둔갑시키는 등 시청자들을 속였다. 하지만 이후에도 〈가로세로연구소〉와 강용석은 건재했을 뿐 아니라 오히려 (슈퍼챗 기준으로 보면) 승승장구하고 있다.

그런데 윤석열 정부는 이런 사람들을 대통령 취임식장에 버젓이 부르는가 하면, 대통령실과 내각에 중용하기까지 하고 있다. 한때 '젊은 보수'의 상징으로 추앙받았던 보수 유튜버 안정권의 누나는 동생의 후광으로 대통령실에 채용되었고, 통일이 아니라 남북 전쟁을 벌이겠다는 의지를 보이고 있는 통일부 장관 역시 극우 유튜버 출신이다. 안타깝지만 이것이 오늘날 대한민국 정치 유튜브계의 현실이다. 자해공갈이 횡행하고 있는데도 이를 제어할 마땅한 수단이 없다. 윤석열 정권이 하루빨리 자신이 가야 할 길로 가는 것, 그것밖에는 방법이 없다.

시일야방성대곡;
성은이 망극하여이다

대통령의 한마디면 모든 것이 결정된다. 조선시대 왕들도 누리지 못했던 권력이다. 조선시대에는 왕의 잘못을 바로잡기 위해 목숨을 걸고 상소를 올렸던 선비들이 있었고, 어전에서 '통촉하여 주시옵소서'를 외쳤던 신하들도 있었다. 하지만 2023년 대한민국에는 오직 "성은이 망극하여이다." 윤비어천가 소리만 드높이 울려 퍼진다. 이승만 시대의 경기도 지사 이익흥은 느닷없는 대통령의 방귀 소리에 "각하 시원하시겠습니다."로 아부를 했다고 해서 역사에 이름을 올렸다. 정부에도, 여의도에도, 언론사에도 1956년 이익흥의 뒤를 이어 청사에 길이 남을 이들이 차고 넘친다. 슬프고 아픈 2023년 대한민국의 풍경이다.

하명시대

용안龍顔. 조선시대 왕의 얼굴을 높여 이르던 말이다. 왕의 몸은 용체龍體, 손은 옥수玉手로 불렀다. 왕의 모든 것이 '용' 아니면 '옥'이었다. 이름조차 너무도 귀한 것이어서 일반에서는 전혀 쓰지 않는 특별한 한자를 썼다. 하늘이 내린 특별한 존재였기 때문이다. 심지어 똥도 특별한 대접을 받았다. 똥은 매화梅花, 변기는 매화틀이라 불렀다. 그래서 왕이 똥을 누면 이를 지켜보던 지밀나인이 '매화꽃을 피웠다'고 고했다. '똥 싸고 매화 타령 한다'는 우리 속담도 여기서 유래되었다. 그 시대, 왕은 말 한마디로 사람의 목숨마저 좌지우지하는 절대 권력자였다.

그런데 요즘 그 시절의 절대 권력자와 같은 모습을 다시 보고 있는 듯한 생각이 든다. 대통령이 명령만 내리면 법도 원칙도 무시한 채 너도나도 '명을 받들겠나이다!' 나서기 바쁘다.

2023년 8월, 해병대와 국방부, 나아가 대한민국 국군을 온통 뒤집어놓은 사건이 있다. '박정훈 대령 항명 사건'이다. 경북 예천 수해현장에 대민 지원을 나갔다가 순직한 채수근 상병 사망사건을 수사한 해병대 수사단장 박정훈 대령이 상부의 명령을 어기고 초동수사보고서를 무단으로 경찰에 이첩했다는 내용이다. 사건의 본질은 '성과'에만 관심을 둔 임성근 1사단장 등 고위 간부가 구명조끼마저 지급하지 않은 채 무리한 대민 작전을 지시함으로써 애꿎은 장병이 사망한 사건이다. 그런데 어느새 이 사건은 '박정훈 대령 항명 사건'으로 본질이 뒤집어지고 말았다. 철저한 수사를 통해 사망 경위를 알고 싶어 했던 고 채수근 상병의 유족을 두 번 울리는 일이다.

지난 사건을 여기서 모두 재구성할 필요는 없을 것 같다. '박정훈 대령 항명 사건'은 단 한 가지만 확인하면 된다. '국방부 장관의 최종 결재까지 난 사건보고서를 경찰에 이첩하지 못하도록 단 하루 만에 뒤집은 사람은 누구인가?' 하는 것이다. 사실 그 답은 이미 온 국민이 알고 있다. '이종섭 국방부 장관의 갑작스러운 사퇴'가 무엇 때문이겠는가. 다음은 박정훈 대령과 법률대리인 김정민 변호사의 통화 녹취록에 나온 내용의 일부다.

"그러다 이제 그 얘기를 하는 거야. 31일 날 오전 11시경에 VIP 주관으로 회의를 하는데 군사보좌관(국방비서관)이 이래저래 얘기하니까, 바로, 표현에 따르면 군 관련해서 '화를 이것보다 더 낸 적이 없다' '가장 격노했다'면서 바로 국방부 장관 연락해야 된다고 '쾅쾅쾅쾅' 했다고. 내가 정확하게 물어. '사령관님 VIP가 얘기한 거 맞느냐'고. 고개를 끄덕끄덕 하시더라고요."

박정훈 대령은 녹취록 공개를 비롯해 여러 가지 정황을 소개하며 이종섭 장관이 아닌 그 윗선 즉 'VIP'가 사건의 몸통임을 명확히 밝혔다. 목적은 '임성근 1사단장 구하기'. 임 사단장에 대한 윤 대통령의 특별한 애정은 2022년 8월, 기록적인 폭우가 내린 때로 거슬러 올라간다. 윤 대통령은 당시 출근도 하지 않은 채 '아크로비스타' 자택에 머물렀던 것으로 알려져 여론의 질타를 받았고, 신림동 반지하 침수 피해 현장에 검정 구두를 신고 나타나 사망사고 현장을 내려다보는 사진으로 또 한 번 물의를 일으켰다. 그리고 한 달여가 지난 9월, 11호 태풍 힌남노가 불어닥쳤을 때 임 사단장의 해병대 1사단이 한국형 상륙돌

격장갑차(KAAV) 등을 동원 대대적인 인명구조 작전으로 주민 27명을 구조했다. 덕분에 윤석열 정부의 실정과 망신은 한 달 만에 여론의 시선에서 벗어날 수 있었다. 이렇게 '이쁜' 임 사단장을 '과실치사' 혐의로 경찰에 넘긴다고 하니, 그분이 얼마나 격노했을지 상상이 간다.

국방부의 전방위적 압박수사에도 불구하고 박정훈 대령은 오히려 "VIP와 맞서는 싸움이다. 아무런 준비도 없이 시작했겠는가." 하며 굳은 의지를 보였다. 당시 여론을 보면 박종훈 대령에 대한 국민들의 인식이 어느 정도였는지 잘 알 수 있다.

2023년 8월 23일 공개된 〈여론조사꽃〉의 '총선특집여론조사'에 따르면 "수사를 지휘한 박정훈 전 해병대 수사단장은 수사 자료를 경찰에 인계했다가 항명 혐의로 입건되었습니다 .이와 관련된 다음 의견 중 어디에 더 공감하십니까?"라는 질문에 50%를 훌쩍 넘는 응답자가 "보류 지시를 수사 개입으로 판단한 박 대령의 정당한 행위이다"라고 답했다(CATI 52.4%, ARS 55.0%). 반면에 "상관 지시에 대한 항명은 군기강 훼손 행위"라고 답한 응답자는 20%를 조금 넘는 수준에 그쳤다 (CATI 24.5%, ARS 22.4%). **(표 35 참조)** '군' 문제에 대해서는 보수적인 경향이 강한 우리 사회의 분위기를 감안하면 대단히 높은 수치라 할 수 있다. 특히 박정훈 대령이 일관되게 'VIP'를 윗선으로 지목하고 있었다는 점에서 절반 이상의 국민이 이 사건의 본질을 어떻게 보고 있는지 명확하게 드러난다.

결국 이종섭 국방장관은 수시로 말 바꾸기를 하는 등 헌신적으로 그분을 방어하기 위해 애썼지만 '팽' 당하고 말았다. 민간 차원의 경찰 수사가 진행될수록 윗선의 그림자가 더욱 짙어지고 있었을 뿐 아니라 민주당에서 국방장관 탄핵을 추진하는 상황에서 '꼬리 자르기'

박정훈 전 해병대 수사단장 항명 혐의 입건

Q. 수사를 지휘한 박정훈 전 해병대 수사단장은 수사 자료를 경찰에 인계했다가 항명 혐의로 입건되었습니다. 이와 관련된 다음 의견 중 어디에 더 공감하십니까?

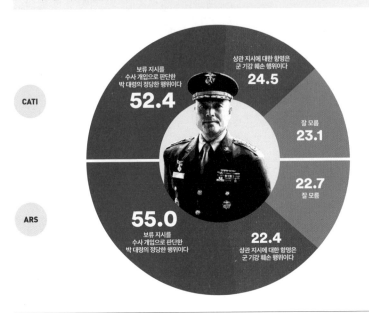

표 35. 여론조사꽃, 자체조사, 23.8.18~19

를 하지 않을 수 없었던 것이다.

한 나라의 국방을 책임지는 장관이 최종 결재를 내린 사건을 법과 절차, 형식, 상식 모든 걸 무시하고 '격노' 한 번으로 뒤집을 수 있는 절대권력. 국방 공백은 아랑곳없이 갑작스레 국방장관을 아웃시킬 수 있는 절대권력은 왕조시대를 제외하고는 이 땅에서 찾아보기 어렵다. 박정희와 전두환 시절에도 이 정도 사안이라면 그나마 형식적 절차를 갖추는 시늉이라도 했다. 하지만 윤석열 대통령은 애써 그런 노력조차 하지 않는다. '통촉하시옵소서' 고하는 신하가 한 명도 없는 구중궁

궐에 앉아 있으니, 그런 절차가 왜 필요한지도 모르고 있는가 싶다.

이종섭 국방장관만이 아니다. 2022년 3월 10일 이후, 이 땅에서 법과 상식과 절차와 상식이 깡그리 무시되고 망가지는 일은 비일비재하다. 2023년 광복절 특사로 사면복권된 '김태우 전 강서구청장'은 이종섭 국방장관 사건과 쌍벽을 이루는 하명시대의 상징이다.

김태우 전 강서구청장은 2023년 5월 18일 청와대 특별감찰반 시절 '공무상 비밀누설' 혐의로 "사안이 중대하고 범행 동기도 좋지 않다"는 법원의 판단이 확정됨에 따라 징역1년 집행유예 2년을 선고받고 구청장직을 상실했다. 그런데 아직 법원 판결문에 잉크도 마르기 전에 윤석열 대통령은 그를 사면복권했고, 그는 곧장 자신의 비위 행위로 공석이 된 강서구청장 보궐선거에 출마했으니 하늘도 웃고 땅도 웃을 일이 아닌가. 대법원까지 일관되게 인정한 범법자가 다시 선출직에 나섰으니 일반 상식으로는 도저히 이해할 수가 없다.

진짜 문제는 김태우 후보의 출마를 둘러싼 국민의힘의 반응이다. 내년 총선이 6개월여 앞으로 다가와 있다. 단 한 번 남은 보궐선거는 '정권심판론'이 강하게 작용할 수밖에 없다. 대통령의 인기는 바닥을 기고 있다. 이런 상황에서 김태우를 공천했다가 대패를 했으니 그야말로 자해행위가 아닌가. 정상적인 정당이라면 무슨 수를 써서라도 말렸어야 한다. 하지만 국민의힘은, 당 대표를 비롯한 그 누구도 '아니오'를 외치지 못했다. 이게 현 여당의 상황이다. 일단 그분의 '명'이 내려오면 묻지도 따지지도 않고 '존명!'이다.

참고로 김태우 후보의 공천과 낙선에 대한 강서 구민들의 반응을 한번 살펴보자. 〈여론조사꽃〉에서 강서구청장 보궐선거 패배에 대한 책임이 어디에 있다고 보는지 물어본 결과다.

강서구청장 보궐 선거 결과 책임론

Q. 서울 강서구청장 보궐 선거 패배와 관련해 가장 책임이 큰 사람은 누구라고 생각하십니까?

CATI

윤석열 대통령
43.5

김태우 후보 본인
18.9

김기현 대표
7.1

안철수 선대위 상임고문
2.5

정진석 선대위원장
0.7

정우택 선대위원장
0.5

그 외 다른인물
6.9

잘 모름
19.9

ARS

안철수 선대위 상임고문
1.7

정진석 선대위원장
1.5

정우택 선대위원장
1.5

그 외 다른인물
4.1

잘 모름
9.6

김기현 대표
9.2

김태우 후보 본인
19.1

윤석열 대통령
53.3

표 36. 여론조사꽃, 자체조사, 23.10.13~14

먼저 "이번 보궐 선거 패배와 관련해 가장 책임이 큰 사람은 누구라고 생각하십니까?"라는 질문에 대해 53.3%(ARS)의 강서구민이 '윤석열 대통령'이라고 답했다. '김태우 후보 본인'이라고 답한(ARS) 응답자는 19.1%에 불과했다. CATI 조사에서도 '윤석열 대통령' 책임이라고 답한 응답자는 43.5%, '김태우 후보 본인'을 꼽은 응답자는 18.9%로 비슷했다. 한편 국민의힘 김기현 대표의 책임을 꼽은 사람은 각각 9.2%(ARS)와 7.1%(CATI)에 불과했다.(표 36 참조) 윤 대통령이 보궐 선거 패배에도 불구하고 김기현 당 대표 체제를 바꿀 수 없었던 이유 중 하나다.

선거 프레임

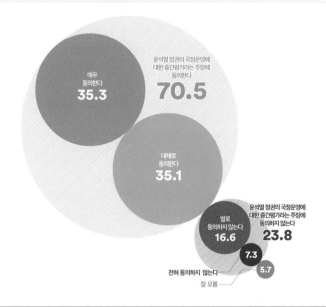

Q. 이번 보궐선거가 '지역 일꾼을 뽑는 선거를 넘어서 대통령에 대한 중간 평가 성격이 더 강한 선거'라는 주장에 대해 어떻게 생각하십니까?

윤석열 정권의 국정운영에 대한 중간평가라는 주장에 동의한다 **70.5**

매우 동의한다 35.3

대체로 동의한다 35.1

윤석열 정권의 국정운영에 대한 중간평가라는 주장에 동의하지 않는다 **23.8**

별로 동의하지 않는다 16.6

7.3

5.7

전혀 동의하지 않는다

잘 모름

표 37. 여론조사꽃, 자체조사, 23.9.20~21

그렇다면 강서구민들은 지난 강서구청장 보궐 선거의 성격을 어떻게 보고 있었을까? 선거 직전인 9월 20~21일 〈여론조사꽃〉이 "이번 보궐선거가 '지역 일꾼을 뽑는 선거를 넘어서 대통령에 대한 중간 평가 성격이 더 강한 선거'라는 주장에 대해 어떻게 생각하십니까?"라고 물은 결과 70.5%의 강서구민이 "윤석열 정권의 국정운영에 대한 중간평가라는 주장에 동의한다"고 답했다.(표 37 참조)

정리해보자면 강서구민들은 지난 강서구청장 보궐 선거를 '윤석열 대통령에 대한 중간평가'로 보았다는 이야기다. 평일에 치러지는 기초단체장 보궐 선거는 보통 20% 내외로 투표율이 낮고, 평일 투표의 특성상 대체로 노인층의 투표율이 높아 보수 계열 표 결집이 높은 편이다. 이번 선거 역시 20% 내외의 낮은 투표율이 예상되었고, 민주당 진교훈 후보가 10%p 내외의 승리를 거둘 것이라는 전망이 많았다. 하지만 막상 뚜껑을 열어본 결과 최종 투표율은 역대급인 48.7%(사전투표율 22.64% 포함)에 달했고, 진교훈 후보는 56.52%의 득표율로 39.37%를 획득한 국민의힘 김태우 후보를 17.15%p차로 압도했다. 국민의힘의 패배는 예견된 것이었지만, 윤석열 대통령에 대한 강서구민의 분노가 상상 이상이었음을 확인한 선거였다고 할 수 있다.

'부동시'로 군 면제를 받은 미필 대통령의 '격노'에 국방장관의 결재도장이 찍힌 문서가 휴짓조각이 되는 나라, 그렇게 몸 바쳐 충성을 바쳤건만 자신의 흠결이 드러날 상황이 닥치자 주저없이 바로 그 국방장관을 날려버리는 대통령, VIP의 한마디에 아얏, 소리도 못한 채 자해공천을 서슴없이 해내는 집권당…. '하명시대'가 만들어내는 웃픈 장면들이다.

누가 진짜 대통령인가

"닐 암스트롱은 달에 착륙한 적이 없다. 달 착륙 사진은 미국 NASA가 조작한 것이다."

조금 황당하게 들리는 이야기지만, 미국 사람 가운데 이 주장을 믿고 있는 사람은 생각보다 많다고 알려져 있다. 최근 인도의 달 탐사선이 인류 최초로 달의 남극(달의 뒤편)에 착륙했다는 소식이 전해졌으니, NASA 음모설은 이제 숨이 좀 죽을지도 모르겠다. 달보다 훨씬 먼 행성까지 탐사선이 다니는 판국에 이런 음모설을 믿는 사람이 있다는 게 더 이상한 일이긴 하지만, 어쩌겠는가. 세상이 자기가 믿는 대로 돌아간다고 생각하는 사람이 몇 명쯤은 있지 않겠는가.

일명 '음모론'으로 불리는 이런 주장은 매우 다양하다. 엘비스 프레슬리나 존 F. 케네디가 사실은 죽지 않고 어딘가에 살아 있다는 얘기부터 외계인이 모습을 감춘 채 지구 어딘가에 살고 있다는 얘기, 미국과 유럽의 정치 지도자들을 관리하고 통솔하는 은밀한 비밀 조직이 존재한다는 얘기. 심지어 미국 9.11테러가 일어날 거라는 사실을 미국 CIA가 미리 알고 있었으면서도 막지 않았을 거라는 주장도 있다. 이 가운데 일부는 영화나 소설로 만들어졌고, 〈다빈치코드〉처럼 세계적인 베스트셀러가 된 작품도 있다.

그런데 음모론 가운데 무작정 웃고 넘길 수만은 없는 것이 간혹 있다. 최근 미국 정부가 '외계인과 UFO'와 관련한 음모론자들의 주장 가운데 일부가 사실이라는 걸 인정한 것이 좋은 사례다. 대부분은 황당무계한 주장이지만, 때로는 상당한 진실을 내포하고 있을 수도 있는 게 음모론이다. 이 때문에 많은 사람들이 음모론의 매력에서 빠져나오기 어려운 것 같다.

한국 정치판의 경우 음모론은 어쩌면 필요충분조건일지도 모르겠다. 속칭 '찌라시'가 가장 성행하는 곳이 바로 여의도다. 얼마나 그럴듯한 '소설'들을 써내는지 알고도 속는 경우도 적지 않다.

당연한 얘기지만 '본부장 비리'를 비롯해 윤석열 대통령과 부인 김건희 여사 관련 음모론도 차고 넘쳤다. 특히 김건희 여사와 관련된 음모론이 압도적이었다. 온 국민에게 다 알려진 것만 해도 결혼 전

유부남과 동거설, 줄리 설, 무속 논란, 성형수술로 인한 페이스오프, 삼성전자와 아크로비스타 전세 계약 의혹…. 주가조작 등 '범죄 혐의'와 관련된 걸 빼고도 한참을 나열해야 할 정도다. 물론 본인은 대부분 이를 부정하고 있고, 윤석열 정부 1년 반이 지나는 시점에서 다시 거론하는 사람도 많지 않다. 하지만 이는 의혹이 해소되어서라기보다 윤석열 정부의 알뜰살뜰한 노력 덕분에 잠시 수면 아래로 가라앉아 있다고 보는 게 맞을 것 같다.

그런데 이런 모든 논란을 압도하는 또 하나의 음모론이 있다. 윤석열 정부를 실제로 움직이는 건 윤 대통령이 아니라 김건희 여사라는 설이다.

〈여론조사꽃〉에서 '대통령 배우자의 국정 관여'에 관해 여론조사를 진행해본 결과 김건희 여사가 국정에 관여하고 있다고 생각하는 국민이 69.0%에 달하는 것으로 나타났다(많이 관여하고 있다고 생각한다 54.6%, 어느 정도 관여하고 있다고 생각한다 14.4%). 반면에 관여하지 않는다고 보는 응답자는 28.8%에 불과했다. 조금 더 세분해서 살펴볼 경우에도 대구·경북을 제외한 모든 권역과 이념·성·연령 등의 변수에서 '관여하고 있다'는 응답이 우세했다.(표 38 참조)

이 정도면 '음모론'이 아니라 그냥 '사실'이라고 봐도 무방하지 않을까? 물론 당사자와 대통령실은 극구 부인한다. 대선 당시 약속한 대로 '조용한 내조'를 하고 있다고 말한다. 후보 시절 윤석열 대통령은 여러 차례 자신의 부인이 정치에는 별 관심이 없으며 다른 후보 가족들처럼 적극적으로 나서지 않는다고 말했다. 하지만 당시 윤 후보의 말을 곧이곧대로 믿는 사람은 별로 없었다. 적극적으로 나서지 '않는' 게 아니라 논란이 너무 많아서 나서지 '못하는' 것으로 보았던 것이다.

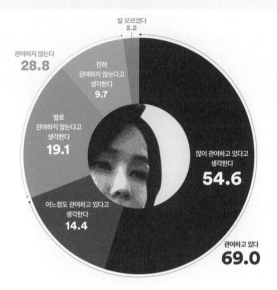

대통령 배우자의 국정 관여

Q. 대통령 배우자가 윤 대통령의 국정운영에 관여하고 있다고 생각하십니까?

잘 모르겠다
2.2

관여하지 않는다
28.8

전히
관여하지 않는다고
생각한다
9.7

별로
관여하지 않는다고
생각한다
19.1

어느정도 관여하고 있다고
생각한다
14.4

많이 관여하고 있다고
생각한다
54.6

관여하고 있다
69.0

표 38. 여론조사꽃, 자체조사, 22.10.7~8

김건희 여사의 국정 관여 혹은 실질적인 대통령설의 뿌리는 2021
년 7월 '서울의소리' 이명수 기자와 통화 녹취록이 공개되면서 본격적
으로 불이 붙었다고 할 수 있다. 그 이전까지 있었던 여러 논란이 '설'
에 그쳤다면 이명수 기자와의 녹취록은 이를 확인해주는 증거자료로
작용했다.

잠시 김 여사와 이명수 기자의 전화 통화 내용을 들어보자.

"우리 캠프가 엉망이에요. 지금 그래서 완전히 재정비를 다시 다 해요.
국민의힘이 뭐 좋은 당도 아니고 그러니까 이게 너무 아마추어인 거야."

"(캠프를)움직이는 사람들 있을 거 아니에요, 예를 들어서 우리 (친)오빠라 든가 몇 명 있어요. 여기서 지시하면 다 캠프를 조직하니까 헤드들한테 설명해줘야지. 시스템화, 조직화 이런 강의를 좀 해줘요."

"캠프로 (이명수 기자를) 데려왔으면 좋겠다."

"(캠프에서) 내가 시키는 거 해야지."

"옛날에 국정원처럼 몰래 해서 알아오고 그런 것(을 해달라)."

아무리 좋게 들어도 공식 캠프를 뒤에서 움직이는 비선 캠프의 수장이 바로 김 여사라는 의심을 지우기 어렵다. 통화 내용에서 짐작할 수 있는 내용은 또 있다.

"열린공감TV, 오마이뉴스, 아주경제 장용진 얘네들 내가 청와대 가면 전부 다 감옥에 쳐넣어버릴 거다."

"내가 정권 잡으면 거긴 완전히 무사하지 못할 거야. 아마 거기는 이제, 권력이라는 게 잡으면 우리가 안 시켜도 알아서 경찰들이 입건해요. 그게 무서운 거지."

"아 냅둬요. 다 고소하니까. 그리고 걔네들도 이제 죗값을 치러야지."

"걔네 이제 슬슬 어떻게 죽어가나 봐. 절대 가만 안 두지."

이미 여러 차례 언론에서 문제를 삼았던 거지만, 대통령실에서 올리는 공식 사진은 대부분 초점이 대통령이 아닌 김건희 여사에게 맞춰져 있다.

지난 2022년 6월 13일, 김건희 여사는 봉하마을을 방문하는 공식 일정에 함께한 사람들 가운데 3명이 '코바나컨텐츠'와 관련이 있는 사적 지인으로 밝혀져 큰 물의를 빚었다. 김 여사의 사적 지인들은 이후 대통령의 해외 순방에 동행하는가 하면, 심지어 대통령과 김 여사의 공식 일정을 직접 짜기도 했던 것으로 밝혀졌다. 의전은 둘째치고 대통령 경호에 있어 심각한 보안 사고다. 김 여사의 개인 팬클럽 회원들에게 대통령의 방문 지역과 시간 등을 미리 알려주었다가 언론의 뭇매를 맞기도 했고, 중앙경찰학교를 방문했을 때는 대통령과 함께 졸업생 대표에게 흉장을 수여하고, 독자적으로 여성 졸업생들과 간담회를 진행하기도 했다.

대통령을 무시하는 정도를 넘어 때로는 본인이 대통령인 듯한 착각을 불러일으킬 정도였다.

사상 최악의 인사 참사로 불리는 '김행 여가부 장관 지명자'도 김건희 여사의 작품이라는 '설'이 파다하다. 해외에 나가기만 하면 사고를 치고 돌아오는 바람에 해외 교포들이 "제발 우리나라는 오지 않았으면 좋겠다"고 하소연할 정도로 외교참사가 연이어 발생하는 원인도 대통령 의전을 몽땅 의전 경험이 거의 없는 '김건희 비선 라인'으로 채웠기 때문으로 보는 사람이 많다.

김건희 여사의 개인사 논란은 일단 논외로 하자. 숱한 범죄 혐의도 여기서는 잠시 접자. 언젠가 남편이 임기를 마치고 나면 본격적인 수사를 할 수 있으리라 믿는다. 하지만 적어도 남편이 대통령으로 있는 동안만이라도 좀 조용했으면 좋겠다. 지금에 와서 손가락을 잘라버리고 싶을 정도로 후회하는 사람이 많긴 하지만, 어쨌든 2022년 3월 9일 '2번'에 도장을 찍은 사람들이 대통령으로 밀어준 것은 남편 윤석열이지 부인 김건희가 아니다.

대통령과 개와 침팬지

자동차의 발전 속도는 놀랍다. 운전자가 손 하나 까딱하지 않아도 목적지까지 편안하게 데려다 줄 완전 자율주행 자동차를 볼 날도 머지않은 것 같다. 이처럼 즐거운 상상 이면에는 어두운 그늘도 있다. 그중 하나가 급발진 (의심) 사고의 급증이다. 자동차 주행의 대부분이 컴퓨터 시스템에 맡겨지면서 나타나는 부작용이다. 급발진 영상을 보면 분명히 브레이크 등에 불이 계속 들어와 있는데도 차량은 무서운 속도로 돌진한다. 급발진 사고는 현재까지의 기술로는 완전 예방이 어렵다는 게 더 큰 문제다.

자동차 급발진보다 더 무서운 급발진이 있다. 윤석열 대통령과 그부인 김건희 여사 이야기다. 일반인의 상식으로는 도저히 이해할 수 없는 일을 수시로 벌이는데, 이 때문에 큰 사고로 이어질 걸 뻔히 알지만 막을 길이 없다. 어떤 브레이크도 듣지 않는다. 2023년 9월 13일, 국방부 · 여가부 · 문화부의 새 장관 지명은 두 사람으로 인한 또하나의 역대급 급발진 사례로 기록될 것 같다.

신원식과 유인촌, 김행 세 명의 지명자에게 어떤 문제가 있는지는 며칠 동안 언론에 공개된 것만으로도 충분할 것 같다. 하지만 김행여가부 장관 지명자에 대해서는 다시 한번 짚고 넘어갈 필요가 있다.

신원식 국방부 장관 지명자도 '나라를 지킬 사람이 아니라 팔아먹을 사람'이라는 평가를 받지만 김행 지명자는 한술 더 떠서 '장관 임명장이 아니라 체포영장을 받아야 할 사람'이라는 말이 나올 정도로 비리와 편법, 불법이 끝도 없이 이어진다. 오죽하면 여당에서도 '쉴드'를 칠 엄두가 안 나서 웬만하면 청문회 자체를 열지 못하도록 온갖

지연책을 다 썼겠는가.

이 정도 되면 궁금해질 수밖에 없다. '도대체 뭘 믿고 나온 거지?'

아마도 어떤 비리가 밝혀져도 윤 대통령이 자신을 임명해줄 것이라 믿고 나왔을 것이다. 그런 점에서 더 궁금한 것은 인사 검증 책임자인 한동훈 법무부 장관을 통해 모든 보고를 받았을 윤석열 대통령이 그를 굳이 지명한 이유다. 역대급 중에서도 역대급인 그를 왜 굳이?

2023년 9월 현재 윤 대통령은 사면초가다. 후쿠시마 핵오염수 문제와 홍범도 장군 흉상 이전으로 '친일파'의 이미지가 굳어져 가고 있다. 채수근 상병 순직에서 촉발된 박정훈 대령 항명 사건으로 국방부 장관까지 옷을 벗으면서 군의 신뢰도 잃은 상태다. 회심의 일격을 기대했던 이재명 민주당 대표 구속도 물 건너가면서 '정치 탄압'이라는 여론이 점점 거세지고 있다. 믿을 건 오직 '콘크리트 지지층'밖에 없는데 김태우 전 강서구청장 사면·복권 및 공천 등으로 보수층마저 고개를 젓고 있다. 사방팔방 돌파구가 보이지 않는 상황에서 김행 같은 인물을 지명했다니, 도무지 알 수 없는 노릇이다.

여기서 한 가지 시나리오를 써보자. 김행 지명자가 김건희 여사와 오랜 친분이 있다는 점에 착안한 시나리오다. 지금까지 보도된 것만 정리해봐도 두 사람의 인연은 결코 가볍지 않다. 이런 점에 비춰 볼 때 '김행 지명은 윤 대통령의 의지가 아니라 김건희 여사의 의지'라는 시나리오다. 확실하게 밝혀진 것은 아무것도 없으니 일단 '의심 시나리오'라고 정리하자. 이렇게라도 해석하지 않으면 김행의 지명이 도무지 이해되지 않는다. 어쩌면 두 사람 모두 억울할 수 있을지 모르겠지만(실제로 김행 지명자는 김 여사와의 관련을 극구 부인했다. 물론 그것도 뻔한 거짓으로 밝혀졌다), 김행 후보자 지명에 대한 국민 여론이 거의 최악이라

해도 과언이 아니다.

〈여론조사꽃〉(자체조사, 23.9.22~23)의 정례 여론조사 결과 "김행 후보자의 지명에 대해 어떻게 생각하십니까?"라는 물음에 응답자의 3분의 2가 "지명을 철회해야 한다"고 답했다(CATI 65.6%, ARS 64.4%). 대구·경북 지역도 절반 이상이 지명 철회를 요구했다(CATI 51.4%, ARS 54.3%).

흔히 독특한 정신세계를 가진 사람을 '4차원'이라고 부른다. 뭔가 다르긴 한데 일반인보다 좀 떨어지는 경우에는 '2차원적인 사람'이라고 부르기도 한다. 3차원 세계에 사는 우리를 일반인으로 봤을 때의 분류다. 이런 기준으로 보면 윤 대통령 부부는 과연 2차원일까, 4차원일까. 정답을 확정할 순 없겠지만 일반인과 다른 것만은 확실하다.

이와 관련 유시민 작가는 〈김어준의 뉴스공장〉과 〈매불쇼〉 등에서 재미있는 주장을 펼쳤다. 윤석열 대통령이 '서열을 중시한다'는 점에서 침팬지와 비슷한 면이 있다는 것이다. 유시민 작가가 정리한 '침팬지론'은 아래와 같다.

윤 대통령은 기본적으로 뭘 이루려고 하는 게 없는 사람이에요. 그러니까 윤석열 대통령의 목표는 국가를 부강하게 만든다든가 국민을 안전하게 한다든가 이런 게 아니에요. 윤석열 대통령은 서열 정리를 하고 자기가 서열의 맨 꼭대기에 서는 거 자체가 목적인 사람이에요. (맨 꼭대기) 이미 섰죠. 이제 지금부터 지키는 거죠.

유시민 작가는 이와 함께 "맨 꼭대기에 올라설 때까지 했던 말들은, 목적을 달성하고 난 뒤에는 아무런 의미가 없다. 꼭대기를 지키는 데 필요한 것이 아니기 때문이다. 그래서 자신이 했던 말을 뒤집는 건 문제가 아니라 당연한 일이다."라고 분석했다. 목적에 맞지 않는 것은 무엇이건 별 의미가 없다는 이야기다.

유시민 작가의 말을 들어보면 윤 대통령의 급발진이나 앞뒤가 맞지 않는 언행들이 단번에 이해가 된다. 대기 서열을 차지하기 위해서는 무슨 말이든, 무슨 일이든 할 수 있는 사람. 그리고 그 자리를 지키기 위해서는 또 무슨 말이든, 무슨 일이든 할 수 있는 사람. 문재인 대통령에게 무릎을 꿇고 충성을 맹세했던 사람도 윤석열이고, 바로 그 문재인을 무능하고 무책임한 비리의 온상, 좌파의 수구로 몰고 가는 사람도 바로 윤석열이다. 너무도 다른 두 개의 모습을 태연히 한 몸에서 구현해내는 게 바로 윤석열이라는 이야기다. 유시민 작가의 분석은 어쩌면 김건희 여사에게도 상당 부분 들어맞는 것 같다. 젊은 시절부터 부와 명성과 직위에 연연했던 김명신, 수차례 성형수술과 논문 표절과 서명 조작까지 하면서 따낸 '박사학위'와 숱한 경력들. 이 모든 것이 '최고의 자리'를 위한 정성이 아니었겠는가. 그런 점에서 대통령과 부인은 정신적으로도 한 몸인 것 같다. 또 다른 면에서 보자면, 이런 부분 때문에 윤석열 대통령을 제어할 수 있는 유일한 인물이 김건희 여사라는 이야기가 나오는 게 아닌가 싶기도 하다.

두 사람을 보면 '부부는 닮는다'는 말이 맞는 것 같다. 다만 두 사람이 살면서 닮게 된 것인지 원래 닮았기 때문에 부부의 연을 맺게 된 것인지, 그것이 알고 싶기는 하다.

검찰의 캐비닛 속에는 무엇이 들었을까

====

2023년 9월 27일, 이재명 대표에 대한 구속영장 청구가 기각된 바로 그날 검찰은 송영길 전 민주당 대표의 자택에 대한 압수수색을 진행했다. 지난 2022년 4월에 이은 두 번째 압수수색이었다. 이재명 대표에게 쏠린 국민의 시선을 조금이나마 돌려보려는 검찰의 '얕은 꾀'라는 게 전반적인 시각이었지만 검찰은 '우연히' 시기가 겹쳤을 뿐이라고 손사래를 쳤다. '속이 빤히 보이는' 참으로 투명한 검찰의 주장에 따르면, 이번 압수수색은 2022년 '돈봉투 살포 혐의'와 전혀 다른 '입법 로비' 혐의다. 돈봉투 살포사건을 수사하는 과정에서 입법 로비 정황을 확인했고, 관련자의 '진술'까지 확보했다는 것이다. 익히 보아왔던 검찰의 별건수사였다. 당연히(?) 진술(자백) 이외의 '물증'은 없었다.

이재명 대표의 경우에서 보듯 수백 차례가 넘는 압수수색에서 단 하나의 증거도 찾아내지 못해도 검찰은 언제나 '증거는 차고 넘친다'는 언론플레이를 계속한다. 인디언 기우제처럼 주변을 털고 털고 또 털다 보면 언젠가는 관련 증거가 한두 가지는 분명히 나온다는 확고한 믿음 때문이다. 이 믿음은 오랜 경험에서 우러나온 것이기도 하다.

이때 검찰이 주변인을 털 때 활용하는 것이 바로 '캐비닛'이다. '티끌 모아 태산'의 정신으로 정성껏 하나하나 수집한 각종 자료들이 그들을 압박하는 도구로 쓰이는 것이다. 이재명 대표처럼 털어도 먼지조차 안 나는 사람은 극히 드물다. 차근차근 조사하다 보면 언제 어디선가 저지른 불법 · 탈법 행위가 튀어나오기 마련이다.

어린 시절, TV에서 본 마술사의 모자에 꽂힌 때가 있었다. 모자를 벗었다 썼다 할 때마다 토끼와 비둘기, 꽃, 풍선이 나타났다 사라졌다. 마술사가 모자 속을 뒤집어서 보여주었지만 그 속에는 아무것도 없었다. 성인이 된 지금도 마술의 비밀을 다 알고 있는 것은 아니지만 적어도 그것이 '사실'이 아닌 '눈속임'이라는 것 정도는 알고 있다. 누가 가르쳐준 것은 아니다. 다만 크리스마스 이브에 몰래 다녀가는 산타 할아버지가 상상 속의 인물이라는 걸 어느 순간 알게 되듯이 그렇게 자연스럽게 알게 된 것이다.

까마득하게 잊고 살았던 마술사의 모자가 문득 떠오른 것은 최근 검찰의 '캐비닛'이 수시로 열리고 있다는 걸 문득 깨닫게 되면서였다.

송영길 전 대표의 2차 압수수색은 지난해 검찰에 구속된 이정근 전 사무부총장의 전당대회 돈봉투 살포사건이 발단이 되었다. 한동안 언론을 떠들썩하게 했던 이 사건으로 인해 여러 명의 민주당 의원과 당직자 등이 수사선상에 올랐고, 국민의힘에서는 '민주당=돈봉투당'이라는 프레임을 만들어 알뜰하게 써먹었다.

아직 수사가 끝나지 않았고, 관련자들의 진술도 엇갈리는 부분이 많아서 결론이 어떻게 날지는 아무도 모른다. '진실' 역시 아직은 안개 속에 가려져 있다. 하지만 분명한 사실 두 가지는 속칭 '이정근 돈봉투 사건'은 윤석열 정권이 위기에 처한 순간 검찰이 캐비닛을 열어 언론과 국민의 주의를 완전히 돌려버리는 데 성공했다는 사실이다.

이정근 전 사무부총장이 '특정범죄가중처벌법상의 알선수재 및 정치자금법 위반' 등의 혐의로 구속된 것은 2022년 9월 30일. 한 사업가에게 청탁 명목으로 10억 원의 돈을 받은 혐의였다. 그런데 1심에서 징역 4년 6개월을 선고받고 수감 중인 그의 이름이 2023년 4월에 또 다시 주요 언론사의 메인 타이틀로 도배되었다. 이른바 '민주당 전당대회 돈봉투 사건' 때문이었다.

처음 구속된 시점에서 보면 6개월이 훨씬 넘은 시점. 이미 수차례 압수수색과 소환조사 등으로 탈탈 털렸던 그가 전혀 새로운 혐의로 또 다시 언론에 소환된 이유는 무엇일까? 더구나 누구에게 얼마를 어떤 식으로 주었는지 구체적인 이름과 액수 정황까지 술술 불면서….

이유는 당시 윤석열 정부의 상황을 보면 금세 알 수 있다.

2023년 4월은 윤석열 정부의 지지율이 또 다시 바닥을 향하고 있을 때였다. 굴욕적인 한일 정상회담으로 그러잖아도 질타를 받는 중에 일본의 교과서 왜곡 사실이 널리 알려졌기 때문이다. 먼저 우리가 마음을 열고 다가가면 일본도 그에 화답할 것이라며 간도 쓸개도 다빼준 윤석열 대통령의 '선의'에 대한 답이 '독도는 일본 땅'이었던 셈이다. 취임 1주년을 한 달도 채 남기지 않은 시점에서 겪게 된 크나큰 위기였다. 흔히 대통령 지지율이 20% 아래로 떨어지면 지지층은 물론 여당까지 등을 돌린다고 이야기한다. 당시 윤석열 정부는 이런 정도의 위기에 빠져 있었다.

〈여론조사꽃〉에서 '일본 역사교과서 왜곡에 대한 윤 정부의 대응 방향에 대한 여론을 물어본 결과 열 명 중 아홉 명(90.3%)이 "일본과의 관계 악화를 감수하고 강력하게 항의해야 한다"고 답했다. 물론, 윤석열 정부는 그럴 의지도 생각도 없었다.(표 39 참조)

게다가 경제 상황도 최악이었다. 일주일이 지난 뒤인 〈여론조사꽃〉(자체조사, 23.4.7~8)에서 "현재 우리나라 경제가 얼마나 심각하다고 느끼십니까?"를 물어본 결과 92.8%의 응답자가 "심각하다"고 답했다.

국민 감정이 최악으로 치달을 수밖에 없는 상황이었다. 돌이킬 수 없는 상황이 되기 전에 반전 카드가 절실했다. 바로 이때 등장한 것이 '이정근 카드'였던 셈이다. 실제로 검찰은 캐비닛 속에 고이 모셔두었던 '돈봉투 사건'을 터뜨려 화살을 민주당 쪽으로 향하게 하는 데 성공했다. 당시 진보 계열 정치 평론가들 사이에서는 "본래 이정근 카드는 2024년 총선용으로 비축해둔 것인데 비상상황 때문에 어쩔

일본 역사교과서 왜곡에 대한 윤 정부의 대응방향

Q. 한·일 정상회담 이후 일본은 독도를 자신의 고유영토라고 표기한 초등학교 교과서의 검정을 통과시켰습니다. 윤 정부가 이 문제를 어떻게 대처해야 한다고 생각하십니까?

일본과의 관계 악화를 감수하고
강력하게 항의해야 한다
90.3

3.8 잘 모름

일본과의 관계 개선을 위해
항의하지 않고 넘어가야 한다 5.9

표 39. 여론조사꽃, 자체조사, 23.3.31~4.1

수 없이 미리 꺼내 들게 된 것 같다."는 추측(?)이 돌기도 했다.

한때 검찰과 이정근 전 사무부총장이 '플리바게닝'을 했다는 의혹이 제기되기도 했지만 검찰과 이정근 측은 둘 다 이를 부인했다.

그런데 '돈봉투 사건'이 터지고 5개월여가 지난 2023년 9월 8일 이정근 전 사무부총장의 항소심에서 검찰이 1심과 같은 징역 3년을 구형했다. 4년 6개월을 선고받고 복역 중인 사람의 형량을 30%나 낮춰서 구형을 한 것이다. 참으로 흥미로운 대목이 아닐 수 없다. 이정근 사무부총장의 '전당대회 돈봉투 사건'처럼 검찰의 캐비닛 속에 들어 있던 것들이 세상 밖으로 튀어나오는 일은 심심치 않게 발견된다.

이재명 당 대표를 비롯해 한명숙 전 총리, 노무현 전 대통령, 조국 전 장관과 부인 정경심 교수의 수사 과정을 한번 돌아보자. 태산명동 서일필. 마치 태산이라도 울릴 듯 시작했던 수사는 날이 갈수록 흐지 부지. 계속 새로운 혐의를 만들어내면서 별건수사를 이어가지만 증 거는 없다. 결국 남는 것은 주변인들의 진술과 자백뿐. 당연한 일이 지만 주변인들은 모두 '그런 일이 없다'고 부정하지만 검찰의 집요한 압박에 결국 몇몇 사람은 입장을 돌리고 말았다. 이때 주변인들을 압 박한 검찰의 주요 도구가 바로 '캐비닛'이었던 것이다.

예로부터 "칼은 칼집에 들어 있을 때 제일 무섭다."고 했다. 얼마 나 크고 무서운 놈이 들어 있는지 알 수 없기 때문이다.

안타까운 일이지만 야당의 일부 의원들이 대여 투쟁을 슬쩍 회피 하면서 '엄중' 모드를 끝까지 유지하고 있는 점에 대해, 특히 몇몇 의

역대 대통령 호감도

Q. 대한민국의 역대 대통령 중 가장 호감이 가는 인물은 누구입니까?

34.5 노무현 전 대통령
19.1 박정희 전 대통령
10.7 김대중 전 대통령
9.9 문재인 전 대통령
3.7 윤석열 대통령
2.5 이명박 전 대통령

표 40. 여론조사꽃, 자체조사, 23.3.31~4.1

원들의 경우 오히려 이재명 대표에 대해서만 날카로운 공격을 멈추지 않는 데 대해 어쩔 수 없이 '혹시?' 하는 생각을 가지게 된다. 설마 그럴 리는 없겠지만, 정말 그렇다면 한 가지만 조언을 하겠다. 검찰의 캐비닛을 두려워하면 두려워할수록 그것은 점점 더 무서운 존재가 된다. 오히려 야당이 한데 뭉쳐 더욱 거세게 윤석열 정권 심판에 나선다면 검찰의 캐비닛은 영원히 봉인될 것이다. 검찰이 바보가 아닌 이상 군이 나락으로 가는 정권과 운명을 같이할 이유가 없기 때문이다.

참고로 2023년 3월 〈여론조사꽃〉에서 조사한 '역대 대통령 호감도'를 늘 머릿속에 담고 있었으면 좋겠다.

노무현 34.5%, 박정희 19.1%, 김대중 10.7%, 문재인 9.9%. 현직임에도 불구하고 윤석열 대통령의 호감도는 3.7%였다. 역대 최악의 대통령 중 하나로 꼽히는 이명박의 2.5%와 도긴개긴이다.(표 40 참조)

	지지하는 대통령 없음 11.4	
		2.9 잘 모름

이승만 전 대통령 1.3	김영삼 전 대통령 1.3	박근혜 전 대통령 1.1	전두환 전 대통령 1.0	노태우 전 대통령 0.6

믿을 수 없는 국가기관 1위, (윤석열 정부의) 검찰

법은 멀고 주먹은 가깝던 조선시대 후반기. 백성들은 탐관오리의 수탈과 학정에 몹시도 시달렸다. 당시 조정이 백성들을 위해 내린 특단의 조치가 '암행어사'였다. 제도는 조선 초기에 만들어졌지만 본격적으로 시행된 것은 조선 후기였다. 백성의 삶이 갈수록 더욱 팍팍해졌기 때문이다. 교통과 통신이 거의 미비했던 시절, 지방 수령은 그 지역의 작은 왕이었다. 중앙 정부에서 이들의 학정을 찾아 처벌하는 건 거의 불가능했다. 그나마 암행어사의 출현이 백성들이 기대하는 작은 기적이었다.

그런데 안타깝게도 '포청천'처럼 백성의 억울함을 풀어주고 탐관오리를 처벌하리라 믿었던 암행어사들마저 당파에 따라 지방관의 처벌을 달리하는 경우가 적지 않았고, 때로는 고관대작이나 지방관에 매수되어 거짓 장계를 올리는 일도 심심찮았던 모양이다. 결국 백성들의 신뢰를 얻지 못한 암행어사 제도는 고종 시대에 폐지되고 말았다.

그런데 조선시대가 아닌 21세기 대한민국에서도 비슷한 상황이 벌어지고 있는 것 같다. 국민의 억울함을 풀어주고 국민을 못살게 하는 관리들을 찾아 처벌해야 할 사법기관이 소임을 다하지 못하는 바람에 국민의 신뢰가 나날이 떨어지고 있는 것이다.

2023년 3월 23일 〈노컷뉴스〉에 이와 관련, 흥미로운 기사가 게재되었다. 타이틀은 "검찰총장 출신 尹집권 첫해 검찰 신뢰도·공정성 대폭 하락" 부제는 '법원과 경찰 신뢰도·공정성도 동반 추락… 검찰, 7년 연속 형사사법기관 중 꼴찌 불명예'였다.

"검찰총장 출신 윤석열 대통령 집권 첫해 검찰은 물론 법원과 경찰

	형사사법기관 신뢰도[2]			형사사법기관 공정성 인식[3]		
	법원	검찰	경찰	법원	검찰	경찰
2015	35.0	34.3	40.1	35.1	35.3	37.4
2016	29.8	27.5	37.6	37.9	34.5	40.8
2017	34.4	31.3	40.7	43.2	40.0	44.4
2018	33.0	32.2	41.2	36.6	35.3	41.8
2019	36.8	32.2	36.5	42.8	37.3	40.5
2020	41.1	36.3	46.4	54.3	49.7	53.9
2021	51.3	50.1	55.3	58.2	54.9	58.5
2022	47.7	45.1	49.6	52.3	49.8	51.5
증감	-3.6	-5.0	-5.7	-5.9	-5.1	-7.0

자료: 한국행정연구원, 「사회통합실태조사」
주: 1) 2019년까지는 19~69세, 2020년부터 19세 이상 인구 대상으로 함
2) 각 기관이 맡은 일을 잘 수행하고 있다고 믿는지에 대해 '약간 믿는다'와 '매우 믿는다'로 응답한 사람을 합한 비중임
3) 법원이 공정한 재판을 보장하는지, 검찰과 경찰이 법을 공정하게 집행하는지에 대해 '약간 그렇다'로 응답한 사람을 합한 비중임

그림 10. 통계청, 2022, 「사회통합실태조사」, 한국행정연구원

까지 형사사법기관에 대한 국민 신뢰도 및 공정성 인식이 크게 하락한 것으로 나타났다."로 시작하는 기사에는 위와 같은 표가 실렸다.

표에 따르면 형사사법기관의 신뢰도는 법원 47.7%, 검찰 45.1%, 경찰 49.6%다. 전년인 2021년의 경우 법원(51.3%)과 검찰(50.1%), 경찰(55.3%) 모두 50%를 넘었는데 윤석열 대통령 취임 후 6개월여 만에 40%대로 내려앉은 것이다. 신뢰도 하락 폭은 경찰이 5.7%p로 가장 컸고 이어 검찰 5.0%p, 법원 3.6%p 순이었다.

특히 윤석열 정부에서는 정치적 사건에 대한 검찰과 경찰의 편파 수사 경향이 강해졌다는 것이 일반적 평가였다. 이는 〈여론조사꽃〉의 2022년 12월 여론조사에 잘 나타나 있다.

"윤석열 정부의 검찰이 정치적 사건에 대해 공정하게 수사하고 있다고 생각하십니까?"라는 질문에 58.3%의 응답자가 "불공정하게 수사하고 있다"고 답한 것이다.(표 41 참조) 특히 대통령 배우자와 장모 관

공정과 상식: 정치적 사건

Q. 윤석열 정부의 검찰이 정치적 사건에 대해 공정하게 수사하고 있다고
생각하십니까?

공정하게
수사하고 있다
33.1

8.6 잘 모르겠다

불공정하게
수사하고 있다
58.3

표 41. 여론조사꽃, 자체조사, 22.12.4~5

공정과 상식: 대통령 배우자와 장모

Q. 대통령 배우자와 장모 최모씨에 대한 검찰 수사가 제대로 이루어지고 있다고
생각하십니까?

제대로 이루어지고 있다	제대로 이루어지고 있지 않다	잘 모르겠다
17.6	**69.0**	**13.3**

표 42. 여론조사꽃, 자체조사, 22.12.4~5

련 수사에 대한 질문은 69.0%의 응답자가 "제대로 수사가 이뤄지고 있지 않다"고 답했다.(표 42 참조) 그러잖아도 정부 여당을 향해서는 무디기 짝이 없는 검찰의 칼날이 '본부장'(대통령 본인·부인·장모)의 비리에 이르러서는 전혀 힘을 쓰지 못한다고 보는 사람이 70% 가까이 된다는 이야기다.

검찰에 대한 신뢰도가 이처럼 낮은 이유는 무엇일까? 〈여론조사꽃〉의 설문 자체에 답이 있다. 즉 '정치적 사건에 대해' 공정하게 수사하지 않고 특히 '대통령 배우자와 장모'에 대해서는 더 심각하게 불공정하기 때문이라는 것이다. '정치검찰'이라는 오명이 붙은 이유다.

검찰의 불공정성은 특정한 정당이나 인물, 조직 등 정치적인 사건에 대해서만 적용되는 것이 아니다. 심지어 검찰 조직 자체의 치부는 (설사 그것이 심각한 범죄행위라 할지라도) 철저하게 감추거나 일반과는 전혀 다른 잣대를 적용한다. 조직 보호를 위해서는 사실 왜곡을 넘어 불법 행위도 서슴지 않는다.

검찰 창립 이래 가장 부끄러운 흑역사로 꼽힐 만한 '김학의 전 법무부 차관' 사건은 '과거'의 일로 치부하더라도 윤석열 정부 출범 이후 벌어진 일만 꼽아도 두 손이 모자랄 지경이다.

2023년 9월 현재 '대통령'의 자리에 있는 분은 검찰총장으로 재직하던 당시 추미애 법무부장관으로부터 "언론사 부적절 접촉, 조국 사건 등 재판부 불법 사찰, 한동훈·한명숙 사건 감찰 방해, 한동훈 감찰 관련 정보 외부 유출, 정치적 중립 의무 위반, 감찰 방해" 등의 혐의로 직무 배제 조치를 당했다. 윤석열 당시 검찰총장은 강하게 반발했지만 2021년 법원은 추미애 당시 법무부장관의 조치가 적법했다고 판결했다. 심지어 당시 법원은 "직무 배제를 넘어 처벌까지 가능한 심각한 위반행위였다.”는 판단까지 명시했다. 이뿐만이 아니다. 한동훈 법무장관은 ‘채널A 기자 강요미수 사건’의 피의자로 조사받을 당시 몸싸움까지 불사하면서 자신의 아이폰을 지켰고, 끝끝내 비번을 알려주지 않는 ‘신공’을 보여주었다. 이후 갤럭시 대신 아이폰을 구입하자는 바람을 일으키며 애플 주가를 끌어올려주었고, 일반 잡범들까지 ‘법무부 장관도 그랬는데’ 하면서 비번을 알려주지 않고 버티는 선례를 만들어주었다. 고발사주 사건으로 재판이 진행 중인 ‘피의자’ 손준성 검사를 검찰의 꽃이라 불리는 검사장으로 승진 발령한 것도 청사에 길이 남을 만한 검찰의 흑역사로 꼽힌다.

그리고 이 모든 사례를 합한 것만큼 강력한 흑역사가 또 하나 있다. 하승수 〈세금도둑잡아라〉 공동대표를 비롯한 여러 시민단체들의 노력으로 확인된 ‘검찰 특수활동비 내역’이다. 시민단체와 노조 등을 향해 눈먼 돈을 마구 가져다 쓰는 ‘기생충’처럼 맹 비난을 퍼부으면서 전방위적인 감사를 밀어붙였던 윤석열 대통령은 서울중앙지검장과 검찰총장으로 재직할 당시 그야말로 눈먼돈처럼 특수활동비를 써왔다는 사실이 확인된 것이다. 대법원의 판결에도 불구하고 영수증 제출을 차일피일 미루던 검찰은 업소 이름, 날짜 등 중요한 정보를 지우거나 가리는 등 온갖 꼼수를 부렸지만 진실 그 자체를 가릴 수는 없었다.

굳이 인터넷을 열어보지 않아도 주루룩 머릿속에 떠오르는 이런 사건들이 국민의 의식 속에 남아 있는 한, 한동훈 법무부 장관이 아무리 ‘깐족 플레이’를 남발해도, 아무리 언론이 마사지를 해주어도 검찰의 신뢰는 찾기 어려울 것이다.

앞서 언급했던 조선시대의 암행어사는 마패와 함께 두 개의 유척鍮

尺 즉, 놋쇠로 만든 자를 들고 다녔다. 유척은 조선시대 도량형의 표준이었다. 유척은 '화폐'가 발달하지 않았던 당시 화폐 대신으로 쓰였던 포목의 길이를 재는 자 혹은 곡식의 부피를 재는 됫박 등을 임의로 조작·왜곡해서 사용하지 않는지 확인하는 데 꼭 필요했다.

참고로, 필자가 유척과 관련한 기본적인 정보를 처음 알게 된 것은 2023년 현재 국민의힘 소속 국회의원이자 손준성 고발사주 의혹의 한 당사자이기도 한 김웅 의원이 야인 시절 쓴 소설『검사내전』에 제법 상세한 내용이 소개된 덕분이다. 〈검사내전〉은 같은 제목의 드라마로도 큰 인기를 끌었다.

조선시대 죄를 지은 각 고을의 일반 백성들은 지방 관아로 끌려가 심문을 받고 곤장 등의 처벌을 받았다. 지방이 아닌 수도 즉 '한성'에 사는 백성들은 한성부 관할 포도청으로 끌려갔다. 반면에 '살인' 등의 중죄를 범한 자나 벼슬아치들은 포도청이 아닌 의금부에서 관할했다. 즉 하루 먹고 살기 바쁜 백성과 벼슬아치들을 구분했다. 지방 관아의 수령이나 포도청 수준에서 고급 관리들을 심문하거나 처벌하는 게 어렵다고 보았기 때문이다. 조금 상황은 다르지만 고위공직자 범죄수사처 즉 공수처를 만든 이유도 크게 보면 바로 이와 같은 이유다. 스스로 제 머리를 깎을 생각이 없는 검찰을 비롯해 이런저런 연줄로 미꾸라지처럼 빠져 나가는 고위공직 범죄자들을 일반 국민과 다른 기준에서 더 엄격하게, 제대로 수사하고 처벌하자고 만든 곳이다. 검찰의 극렬한 저항 속에 누더기가 된 채 출범한 공수처가 역할을 제대로 하지 못하고 있는 것 같아 안타깝긴 하지만, 현 상태에서는 검찰의 폭주를 막을 수 있는 최소한의 견제장치가 그나마 공수처가 아닌가 싶다.

2023년 9월, 공수처는 전현의 전 국민위원장에 대한 '표적감사 의혹'과 관련 감사원과 권익위를 20일간 압수수색했다. 이례적인 일이다. 모처럼 정치권의 이목이 공수처에 집중되고 있다. 과연 공수처가 '살아있는 권력'을 견제할 유일한 기관이 될 수 있을까. 많은 국민이 지켜보고 있다.

황태자, 한동훈의 딜레마

'윤석열' 하면 마치 연관검색어처럼 자동적으로 함께 떠오르는 인물이 있다. 2023년 현재 '대한민국 법무부 장관'을 맡고 있는 한동훈이다. 검찰의 꽃이라 불리는 특수통 출신으로 윤석열 대통령이 검찰에 몸을 담고 있던 시절부터 그의 최측근이자 호위무사로 '생사고락'을 같이 했고, 김건희 여사를 '누나'로 부를 정도로 가까운 사이로 알려져 있다. 서울대 법대, 컬럼비아대학교 로스쿨을 졸업한 엘리트로 깔끔한 외모와 뛰어난 언변으로 윤석열 정부의 '황태자'로 불리는 인물, 한동훈. 정치에 조금이라도 관심이 있는 사람이라면 그의 행보에 시선이 갈 수밖에 없다. 특히 2024년 총선을 앞두고 그의 출마 여부는 초미의 관심사 중 하나다. 그만큼 그는 정치적으로 높은 상품성을 가진 '핫피플'이다.

2023년 7월, 〈여론조사꽃〉(자체조사, 23.7.12~13)에서 한동훈 장관과 관련해 아주 재미있는 여론조사를 실시했다. '마포을 총선 특집조사'가 바로 그것이다. '마포을'은 민주당의 대표적 강경파인 정청래 의원의 지역구로, 여권에서 한동훈 장관을 '전략 배치'할 것이라고 언론에 나왔다. 오랫동안 그 지역에서 기반을 닦은 정청래 의원을 전국구 스타인 한동훈 장관이 충분히 꺾을 수 있을 것이라는 기대 혹은 계산인 셈이다. 하지만 실제 여론조사 결과는 여권의 기대와는 상당히 동떨어진 것으로 나타났다.

"현재 더불어민주당 정청래 국회의원 지역구인 마포구[을] 선거구에서, 만약 한동훈 법무부장관이 내년 4월 총선에 출마한다면 다음 중 누구를 지지하시겠습니까?" 하는 질문에 대해 응답자의 35.3%는 더불어민주당 정청래 의원을 꼽았고, 국민의힘 한동훈 장관을 지지하겠다고 답한 응답자는 27.0%였다. (지지하는 인물 없음 29.5%, 그 외 다른 인물 3.7%, 잘 모름 4.6%)

정청래·한동훈의 지지율 격차는 8.3%p로 '정청래'가 오차범위 내에서 앞서는 것으로 나타났는데, 재미있는 것은 '지지 인물이 없다'는 응답이 '한동훈'보다 더 높은 것으로 나타난 점이다.

20·30대에서는 '없음'이 가장 높았고, 양자 비교에서는 '정청래'가 앞서는 것으로 나타났다(20대 남성에서는 '한동훈' / 20대 여성은 '정청래' 앞섬). 40·50대에서는 '정청래', 60대 이상은 '한동훈'이 우세하고, 적극 투표층에서는 오차범위 내에서 '정청래'가 앞섰다.

이와 같은 여론조사 결과에 대해 정청래 의원은 지난 14일 KBS 라디오 〈최경영의 최강시사〉에서 "지난 국민의힘 전당대회 때 안철수 의원이 '마포을 자객공천'을 언급하길래 '네가 와라, 안철수' 딱 그랬더니 안 오더라."라며 "이번에 한 장관의 이야기가 있어서 안 올까 봐 아무 말도 안 하고 있었다."라며 자신감을 내비쳤다. (〈중앙일보〉, 2023.7.17)

그동안 '한동훈 차출설'은 여권을 중심으로 끊임없이 제기되었지만 최근에는 오히려 '불출마설'이 더 큰 힘을 얻어가고 있는 모양새다. 특히 정치권에선 여권이 정치적 상품성이 뛰어난 한 장관을 전략 배치할 것이라는 말이 나돌았다. 특히 '윤석열의 멘토'로 불리는 신평 변호사가 "신뢰할 만한 인사로부터 '한 장관이 총선에 나서지 않겠다고 했고 윤석열 대통령도 이를 수용했다'라는 말을 들었다."며 한동훈 불출마설을 꺼낸 것도 적지 않은 영향을 미쳤다.

물론 정치는 살아있는 생물이다. 몇 달 뒤 어떤 일이 생길지는 아무도 모른다. 총선까지는 아직도 많은 시간이 남았다. 그의 선택이 어떤 것인지 지금도 알 수 없지만, 그때 가서 또 어떻게 바뀔지는 더욱 모를 일이다. 하지만 그가 어떤 선택을 하건, 〈여론조사꽃〉의 이번 특집조사는 여러 가지 점에서 시사하는 바가 크다. 특히 '한동훈 대세론'은 더 이상 힘을 쓰기 어렵다는 게 현실적으로 증명되었다고 보는 게 타당할 것 같다.

한때 '차기 대선 후보 지지율'에서 이재명 대표와 3%p까지 접근했던 한동훈 장관이 어쩌다 마포을이라는 일개 지역에서조차 유의미한 지지율을 보이지 못하고 있는 것일까? 여러 가지 원인을 꼽을 수 있겠지만 크게 세 가지를 꼽을 수 있을 것 같다. 첫째는 지나치게 이른 등판, 두 번째는 지지율 바닥인 윤석열 대통령과 운명 공동체라는 점, 세 번째는 가볍고 오만한 이미지이다.

우선 첫 번째 이야기부터 풀어보자. 한동훈 장관은 윤석열 대통령 취임 이전에 이미 '실세'로 확고한 자리를 굳혔다. 직위상으로는 일개 장관에 불과하지만 검찰 출신 인사들이 요직을 두루 차지한 상황에서 그의 실제 영향력은 총리를 넘어 부통령급이라는 걸 온 국민이 알

정도다. '한동훈=황태자' 등식이 결코 어색하지 않다.

　하지만 바로 이것이 그에게는 큰 독이 되었다. 여권에 즐비한 '잠룡'들의 집중 견제를 받게 되었기 때문이다. 아직은 대통령의 입김이 큰 상황에서 본격적으로 '이빨'을 드러내기 어렵지만 차기 대권을 노리는 여러 후보와 그를 지지하는 세력들의 입장에서 보면 '어대한' 즉 '어차피 후보는 한동훈'이라는 설정은 결코 반가울 리가 없다. '여권'이라는 이름으로 묶여 있지만 '그날'이 오면 각자의 이해관계에 따라 이합집산이 될 텐데, 한동훈 장관은 너무 이른 '낙점'으로 자신의 세력을 미처 꾸리기 전에 집중 견제의 대상이 되고 만 것이다.

　두 번째, 윤석열 대통령과 운명 공동체는 한동훈 장관의 딜레마이기도 하다. '현재'로 보면 대통령의 강력한 권력을 등에 지고 자신이 뜻하는 대로 어떤 일이든 밀어붙일 수 있지만 대선이나 총선은 '권력'으로 밀어붙일 수 있는 문제가 아니다. 심지어 대통령의 인기가 떨어지면 '탈당'까지 요구하는 것이 정치의 비정한 속성이다. 베드로마저 새벽닭이 울기 전에 예수님을 세 번 부정하고 목숨을 건졌지만, 한동훈 장관은 설사 윤 대통령이 탄핵을 당하는 경우에도 그를 부정할 수 없다. 윤석열이 없으면 그 자신의 존재의미가 사라지기 때문이다.

　이는 또한 그의 트레이드 마크이기도 했던 '공정과 정의'의 상실로 이어진다. 한때 한동훈 장관은 여권과 이대남을 중심으로 특수통 출신답게 사회 곳곳에 자리 잡고 있는 각종 비리를 싹 쓸어버리고 대한민국을 바로 세울 적임자라는 평이 많았다. 하지만 시간이 지날수록 그런 이미지는 점점 퇴색되고 있다. 2023년 여름, 만천하에 드러난 '검찰 특활비' 문제는 그와 윤석열 대통령이 말하는 '공정과 정의'가 무엇인지 의심을 품게 만들었다. 아울러 김건희·최은순 일가의 각종 비리와 범죄에 대해 눈을 감고 있는 검찰의 행태는 곧 한동훈 장관의 행태로 비칠 수밖에 없는 상황이다. 윤석열의 후광으로 '황태자'의 자리에 등극했지만, 바로 그 대통령과 처가의 비리와 범죄로 인해 함께 나락으로 끌려 들어가고 있는 것이다.

세 번째로는 지나치게 가볍고 오만한 이미지. 어쩌면 첫 번째 '지나치게 이른 등판'이 불러온 부작용 중 하나일 수도 있는 일이지만, 그보다는 타고난 성격 탓이 아닐까 싶기도 하다.

한동훈 장관은 윤 대통령 내각 인사 중 거의 유일하게 팬덤을 형성한 인기인이다. 이준석 전 대표 못지않은 언변으로 야당의 공격을 무력화시켰고, 자신만의 논리로 윤 대통령과 정권을 지켰다. 당연히 지지자들의 환호가 따라왔다. 하지만 대정부 질문을 하는 자리에서 꼭 필요한 정보나 정책, 철학으로 맞대응하는 것이 아니라 순간적인 기지와 말장난으로 깐족거리듯 야당 의원들을 공격하거나 조롱하며 비웃는 듯한 모습은 '가볍다', '오만하다'는 인상을 주기에 충분했다. 심지어 그는 같은 여당 의원들이나 국무위원들 사이에서도 독불장군과 같은 이미지로 '오만하다'는 평이 나올 정도다. 마치 어린아이처럼 '말싸움'에서 꼭 이겨야겠다고 달려드는 그의 모습은 많은 중도층 지지자들을 떠나게 만든 주요인 중 하나라 할 수 있다. 여전히 그에 대한 단단한 지지층이 존재하고 있지만 그 비율은 윤석열 대통령과 거의 엇비슷한 정도에 머물고 있다. 지지층보다 더 큰 비호감 세력이 어느새 단단하게 자리를 잡은 모양새다. 그것이 이번 '마포을 총선 특집조사'에서 나타난 것이다.

한동훈 장관이 어떤 선택을 할지는 지금 시점에서 누구도 예단할 수 없다. 하지만 어떤 선택을 하든 결코 순탄한 길이 되지 않을 것임은 명확하다. 강남구 등 여권 우세지역에서 공천을 받는다면 국회의원 배지를 다는 것은 큰 문제가 없겠지만, 더 이상의 정치적 자산을 획득하는 것은 힘들 것이라는 뜻이다. 특히 윤석열 대통령의 대리인으로 국민들 사이에서 매우 부정적으로 회자되고 있는 '검찰 공화국'의 실질적인 리더라는 인식은 향후 그의 행보에 커다란 걸림돌이 될 수밖에 없을 것이다. 게다가 그는 여권 내의 집중 견제도 모자라 윤석열 정권의 '뇌관'으로서 야당의 집중 공격까지 감당해야 한다. 그가 '불출마'를 고민하는 이유를 충분히 이해할 수 있을 것 같다.

안타깝지만 한동훈 장관이 정치인으로 살아남을 수 있는 유일한 길은 윤석열 정권이 성공하는 길밖에 없는 것 같다.

시일야방성대곡;
대립의 일상화, 갈등의 장기화

윤석열 대통령 취임 당시 약속했던 협치는 단 한 번도 시도되지 않았다. 오히려 1년 365일, 24시간 내내 이재명 대표 악마화에 올인하면서 야당을 적으로 돌렸다. 윤석열 정부의 세계관은 참으로 단순명료하다. 지지하는 세력은 선, 반대하는 세력은 악마다. 정권을 찬양하면 시정잡배도 중용을 하고 비판하는 사람은 오랜 친구도 적으로 만든다. '내 편' 챙기기가 본격화, 노골화하면서 대한민국 전체가 두 개의 진영으로 나뉘어지고 있다.

여와 야, 노동자와 사용자뿐 아니라 남과 여도 대립과 갈등 속에 빠져 있다. 뜻밖의 친일 커밍아웃으로 친일·반일 갈등이 불거졌고, 의사와 간호사도 동료가 아닌 대립의 당사자가 되었다. 건설현장에서는 건설사와 노동자들이 둘로 갈라졌다. 양평에서는 고속도로 건설을 둘러싸고 강상면과 양서면 주민이 대립하고, 제주에서는 신공항 건설을 둘러싼 지역 간 갈등이 이어지고 있다. 대립은 일상화되고 갈등은 장기화되고 있다. 이런 상황에서도 윤 정권은 더욱 갈등을 부추기고 있다. 정치 무관심을 넘어 혐오만이 그들의 살길이기 때문이다.

양회동 열사의 분신과 조선일보·원희룡의 패륜

몇 년 새 '묻지 마 범죄'나 '반사회적 범죄'가 급증하면서 사이코패스 범죄도 크게 늘었다.

사이코패스는 기본적으로 다른 사람의 감정을 이해하고 공감하는 능력이 부족한 반사회적인 성향의 인물들이다. 하지만 일반적인 인식과 달리 사이코패스 성향의 사람들은 범죄를 저지르지 않는 한 정상인과 마찬가지로 사회에 적응해 살아갈 수 있을 뿐 아니라 오히려 평소 행실이 바르고 단정해 주변 사람들로부터 믿음과 인정을 받는 경우도 많다고 한다. 참 아이러니한 일이지만 의외로 이런 사람들이 적지 않은 것 같다.

지난 9월 7일, 이재명 민주당 대표의 단식이 8일째 이어지면서 여러 사람이 건강을 걱정하고 있을 때였다. 안병길 국민의힘 의원이 '상상할 수 없을 정도로 놀라운' 글을 자신의 SNS에 올렸다.

민주당이 이재명 대표의 단식 출구 전략을 찾지 못해 고민이라고 합니다. 출구 전략을 하나 드리겠습니다.

국민의힘 우리바다지키기 TF가 내일 오전 국회 안에서 우리 수산물 판촉행사를 개최할 예정입니다. 장소는 이재명 대표의 단식 텐트 100m 옆쯤입니다. 이재명 대표는 내일 있을 수산물 판촉 행사에 들러서 맛도 좋고 영양도 좋은 우리 고등

어와 전복을 드시길 바랍니다. 민망해 할 것도 없습니다. 이것이 명분없는 단식을 끝내고, 그간의 괴담정치에 대해 우리 국민과 어민들에게 조금이나마 사죄하는 길입니다.

정무감각의 문제가 아니다. 인간으로서 해서는 안 될 일을 버젓이 저지르고도 왜 문제인지 전혀 알지 못하는, 반사회적인 사이코패스의 전형적인 모습이다. 이런 사람이 '국회의원'을 하고 있다는 게 믿어지지 않지만 안 의원을 보면 사이코패스도 '평소 행실이 바르고 단정해 주변 사람들로부터 인정을 받는 경우가 많다'고 하는 게 사실인 것 같아 씁쓸하다.

안 의원의 SNS 글은 문득 9년 전인 2014년 추석 무렵, 광화문 광장에서 단식 중이던 4.16 세월호 참사 유가족들 앞에서 이른바 '폭식투쟁'을 벌였던 일베 무리들을 떠올리게 한다. 인면수심, 차마 인간으로서 해서는 안 될 일을 저지른 이들에 대해서는 일베 내부에서조차 비판이 적지 않았고, 덕분에 이런 행태는 한동안 보기 어려웠다.

그런데 일베 무리들도 삼가는 행위를 국회의원의 자리에 있는 사람이 SNS를 통해 버젓이 저지르려고 했던 것이다. 이재명 대표와 민주당 그리고 그의 단식을 지지하는 수많은 국민을 윤석열 대통령의 선언대로 '1+1=100이라고 우기는' 무지한 백성이거나 나라를 뒤집으려 하는 빨갱이로 보기 때문이 아닐까 싶다.

안 의원만의 문제가 아니다. 이보다 더 심하면 심했지 결코 덜하지 않은 일들이 윤석열 정부에서는 버젓이 일어난다. 윤석열 대통령이 어떤 계기로 '필이 꽂혔는지' 알 수 없지만 '카르텔'이라는 단어를 전가의 보도처럼 휘두르고 있다. 심지어 '반 카르텔'이 국정기조로 제시되고 있다. 학원 카르텔, 건설 카르텔, 시민단체 이권 카르텔…. 참으로 '집 나온 카르텔이 개고생을 하는' 상황이다. 윤 대통령의 카르텔은 일종의 '좌표 찍기'다. 자신의 마음에 들지 않는 모든 세력에 좌표를 찍고 동조 세력에게 공격 신호를 보내는 것이다.

일부 언론의 부추김이 당연히 뒤따른다. ○○카르텔의 문제점이 조목조목 도배된다. 그렇게 '카르텔'로 찍힌 집단은 대한민국에서 영원히 분리되어야 할 '악마'가 된다.

2023년 5월 1일 노동절 날, 양회동 민주노총 강원지부 제3지대장이 윤석열 대통령의 노조 탄압에 항의하며 분신을 시도했다. 윤 대통령의 '건설 카르텔'과의 싸움, '건폭 해체' 명령에 따라 노조에 대한 거센 탄압이 전국적으로 진행되던 때였다. 양 지대장 역시 공동공갈·갈취 혐의로 경찰 조사를 받던 중이었다. 그가 남긴 유서에는 "노동자가 주인이 되는 세상을 꼭 만들어주세요."라는 당부가 담겨 있었다.

양회동 열사의 분신과 함께 노동계는 들끓었다. 윤 대통령의 '건설 카르텔' 발언과 '건폭과의 싸움'에 대한 비판이 잇따랐다. 건설노동자들은 '반정부 투쟁'으로 수위를 끌어올리기 시작했다.

이때 윤석열 정부의 지킴이 〈조선일보〉가 역공에 나섰다. 양회동 열사가 남긴 세 통의 유서 중 하나의 필체가 고인의 것과 다르다는 '의혹'을 제기했다. 이어서 양 열사가 온몸에 시너를 뿌린 채 손에 라이터를 들고 있을 때 주변에 있던 노조 관계자들이 '1분' 가까이 수수방관하고 있었던 것은 '기획분신'일 수 있다는 주장이었다. 즉 양 열사의 분신이 노조 차원에서 기획되었거나 최소한 노조 관계자들이 말리지 않고 '방조'했다는 이야기였다. 경찰은 즉각 수사에 착수했다.

양회동 열사의 분신에 대한 〈조선일보〉의 터무니없는 억측과 '기획 기사'는 1991년 노태우 정부 시절인 1991년 5월 8일의 김기설 전국민족민주연합 사회부장의 분신과 '강기훈 유서대필 사건'을 떠올리게 한다. 양회동 열사의 분신과 데칼코마니처럼 닮은 이 사건으로 유죄 판결을 받았던 '김기설의 친구' 강기훈은 23년이 지난 2014년이 되어서야 재심에서 무죄를 선고받았다. 하지만 〈조선일보〉에 "죽음의 굿판 당장 걷어치워라."(〈조선일보〉, 1991.5.5)는 글로 김기설과 강기훈 등을 비난했던 김지하나 "지금 우리 사회에는 죽음을 선동하는 어둠의 세력이 있다."(박홍 서강대 전 총장, 1991.5.8)고 주장했던 박홍 서강대 총장은 단 한 번도 사과의 뜻을 밝힌 적이 없다. 분명한 것은 김지하의 칼럼과 박홍의 인터뷰를 비롯해 '김기설 분신'을 '강기훈 유서대필 사건'으로 프레임 전환시킨 〈조선일보〉는 분신 정국으로 위기에 처한 노태우 정권을 구해낸 일등 지킴이였다는 사실이다.

2023년 양회동 열사 분신 앞에서 〈조선일보〉는 또다시 32년 전의 못된 버릇을 반복했다. 열사의 분신이 대정부투쟁으로 이어질 것처럼 보이자 즉시 "건설노조원 분신 순간, 함께 있던 간부는 막지도 불끄지도 않았다."(〈조선일보〉, 2023.5.16)는 기사를 내고 '기획자살'로 프레임 전환을 시도한 것이다. 그리고 당시의 김지하와 박홍 대신 동원된 특급 조연이 바로 원희룡 국토부장관이다. 주무부처 장관으로서 문제 해결에 앞장서야 할 원희룡 장관이 뜬금없이 〈조선일보〉의 주장에 덧붙여 인간이 해서는 안 될 막말을 내뱉었던 것이다.

자신의 동료가 시너를 몸에 뿌리고 불을 붙이던 현장에 있던 건설노조 간부가 이를 말리지 않고 한참 동안 바라만 봤다는 보도가 있었습니다.

사실이라면, 너무나 충격적인 일입니다.

한 인간의 안타까운 죽음에 놀랐던 많은 사람들에게도 큰 충격이 아닐 수 없습니다.

그렇지 않기를 바라지만, 혹시나 동료의 죽음을 투쟁의 동력으로 이용하려 했던 것은 아닌지… 의문이 들지 않을 수 없습니다.

진실이 밝혀지기 바랍니다.

— 원희룡 국토부장관 SNS, 2023.5.17

'조선일보→정치권→보수단체 고발'로 이어지는 익숙한 그림의 중간고리로 원 장관이 등장한 셈이다.

원희룡 장관은 윤 대통령이 '건설 카르텔 혁파'를 주문한 즉시 건설 노동자들을 향한 노골적이고 적대적인 정책을 계속해온 대표적인 정권의 '주구' 중 한 명이었다.

"민노총이야말로 '노동은 없고 민폐 정치 투쟁만' 한다."

"민노총식 가짜 노동 조폭 행위로 '고통은 진짜 노동자와 국민 몫!'"

"건설노조가 전국에 55개 있는데, 이름만 건설노조이고 약탈 조폭 집단으로 행세한다."

"건설 현장이 또 하나의 대표적 무법지대가 됐고, 어제오늘이 아닌, 방치된 지 상당한 시일이 지난 것 같다."

"화물연대 집단 운송 거부, 철도와 지하철 노조 파업, 모두 윤석열 정부를 흔들기 위한 정치 파업이다."

— 〈오마이뉴스〉 조신혜 기자, 23.5.18

모두 '국토부장관' 원희룡이 남긴 말이다. 산하 건설노조와 노동자들은 그에게 '적'일 뿐이다. 양회동 열사의 분신을 원 장관이 어떤 심정으로 대했을지 알 만하지 않은가.

제주도가 낳은 천재로 80년대 운동권의 핵심 중 하나였던 원희룡 장관. 검사를 거쳐 한나라당에 입당할 때만 해도 '여당 속의 야당'을 외쳤던 그가, 한때 한나라당 소장 개혁파의 중심이었던 그가 어쩌다 이렇게 시정잡배 수준의 막말을 쏟아낼 정도로 망가졌을까.

혹자는 원희룡 장관이 '포스트 윤석열'을 꿈꾼다고 하는데, 글쎄다. 양회동 열사 분신을 대하는 태도뿐 아니라 양평고속도로 건설 논란 하나만으로도 그는 이미 국민들 눈밖에 난 게 아닐까 싶다.

양회동 열사의 분신 앞에 그가 썼던 SNS 글을 조금 바꿔서 '의혹'을 하나 제기해보자면 '그렇지 않기를 바라지만, 혹시나' 원희룡 장관도 평소 행실이 바르고 단정해 주변 사람들로부터 인정을 받는 경우가 많다는 사이코패스가 아닌지… '의문이 들 수밖에 없습니다. 진실이 밝혀지기 바란다.'

원희룡 장관은 이후 수차례 국회에 출석했지만 자신이 한 말이 왜 문제가 되는지 모르겠다고 했고, 자신은 양회동 열사의 분신 그 자체를 평가한 것이 아니라 주변 상황에 대해 의문을 표했을 뿐이라고 주장했다. 필자 역시 '원희룡 장관 자체를 평가한 것이 아니라 현재 상황에 대한 의문을 표했을 뿐'이라는 걸 꼭 알아줬으면 좋겠다.

참고로 사이코패스와 많이 혼동되는 소시오패스는 '사교적인 능력이 거의 없고 충동성을 조절하지 못해서 알 수 없는 분노로 정상적인 관계를 맺지 못한다'는 특성이 있다고 한다. 문득 수시로 '격노'하는 어떤 분의 얼굴이 떠오른다. 물론 순수한 의혹일 뿐이다.

양날의 칼, 대통령의 사면권과 거부권

入法 · 司法 · 行政이 엄격하게 나뉘어져 있는 민주공화국에서는 각자의 영역을 존중하고 지켜주면서도 서로 견제할 수 있도록 여러 가지 장치들이 마련되어 있다. 사법의 영역에 있는 법관은 지위가 보장되지만 '국회 탄핵'이라는 견제 장치가 있고, 입법부의 국회의원은 면책특권과 회기 중 불체포특권이 있지만 회기가 끝나면 일반 사법절차를 피할 수 없다. 행정부 수반이자 국가원수인 대통령은 '내란 또는 외환의 죄를 범한 경우를 제외하고' 임기 중 형사상의 소추를 받지 않는다.

그런데 우리나라는 3권분립이 완벽하게 지켜지지는 않는다. '제왕적 대통령'이라는 말이 있을 정도로 사법부와 입법부에 대한 대통령의 영향력이 매우 크다. 특히 윤석열 대통령처럼 마음만 먹으면 상상 이상의 권력을 행사할 수도 있다. '시행령'으로 법률을 무력화시키고, 국회에서 청문 인준을 거치지 못한 부적절 인사를 장관(급)에 임명 강행하는 것이 주요 사례다. 법에도 어긋나고 여야 합의 정신에도 정면으로 위배되지만 딱히 제지할 방법은 없다.

'시행령 정치'나 임명권 남발은 국회 특히 민주당 등 야당이 입법권을 통해 바로 잡거나 새로운 법률을 제정해야 할 문제지만, '불법인 듯 불법 아닌 불법 같은' 대통령의 권한이 두 가지가 있다. 그중 하나는 김태우 전 강서구청장 사면에서 잘 나타난 것과 같은 '사면권 남용'이고 또 하나는 국회의 입법권에 맞서는 '거부권 남용'이다. 두 가지 다 나름의 필요에 의해 만들어졌고 시행되고 있지만, 최근 윤석열 대통령이 보여준 것처럼 정권의 필요에 따라 '남용'될 경우 심각한 부작용을 일으킬 수 있다. "같은 물이라도 소가 마시면 우유, 독사가 마시면 독이 된다."는 격언의 한 사례를 윤석열 대통령이 제대로 보여주는 것 같다.

첫째. 사면권. 본래 사면권은 행정부의 사법부 견제장치의 하나라고 볼 수 있다. 역대 대통령은 설이나 광복절 등의 특별사면을 통해 사법적으로 단죄를 받은 범죄자 가운데 일부를 사면해주는 게 관행이다. 이때 대통령의 사면은 대체로 '국민통합'을 명분으로 내세운다.

하지만 2023년 광복절에 단행된 윤석열 대통령의 세 번째 특별사면은 '사면농단'이라는 신조어가 유행할 정도로 큰 반발을 불러일으켰다. '정치공작'의 주범 원세훈 전 국정원장, 김기춘 전 대통령비서실장, 조윤선 정 정무수석, 우병우 전 민정수석 등 국정농단의 주인공들이 대거 풀려나게 되었기 때문이다. 특히 형을 선고받은 지 3개월도 채 지나지 않은 김태우 전 강서구청장이 포함된 것은 '총선용' '보궐선거용'이라는 평가가 지배적이었다. 하지만 윤 대통령의 기대와 달리 2023년 10월의 강서구청장 재보궐 선거는 여당 나아가 윤석열 대통령에 대한 '응징'의 결과로 나타났다. 다음 국회에서는 '제2의 김태우'가 나타나지 않도록 국회에서 대통령 사면권에 대한 논의가 있어야 하지 않을까 싶다. 대통령 사면권을 보다 엄밀하고 정밀하게 제한하지 않으면 이번과 같은 '사면농단'이 언제든 재현될 수 있기 때문이다.

김태우 전 장관의 보궐선거 출마에 대한 여론과 예측은 앞서 제4장 '성은이 망극하여이다'의 '하명시대'에 상세하게 기술돼 있다.

한편 대통령 거부권, 즉 재의요구권은 말 그대로 국회에서 의결한 법률안에 대해 대통령이 '재의'를 요구할 수 있는 권리다. 하지만 실제 현실에서는 대부분 '거부'에서 끝나고 만다. 국회에서 재의를 해서 다시 대통령에게 보내기 위해서는 '재적의원 과반수 출석→출석의원 3분의 2 이상 찬성'의 훨씬 더 까다로운 조건을 충족시켜야 하기 때문이다. 물론 재의를 통해 다시 대통령에게 올라온 법률안은 거부할 수 없도록 규정되어 있지만 지금처럼 국민의힘 의석이 3분의 1을 넘은 상황에서 재의를 통과할 가능성은 거의 없다고 봐야 한다.

대통령의 거부권 역시 법률로 정해진 권리인데 어째서 문제가 되는 것일까?

대통령 법률안 거부권 절차

의결된 법률안
(국회에서 의결 후 정부로 이송)

이의가 있을 시 / 15일 이내에 재의 요구가 없을 시

대통령 재의요구
(거부권 발동)

대통령
법률안 공포

15일 이내에 이의서를 첨부하여 국회로 이송

국회에서 거부된 법안의
본회의 상정 후 재의결

· 재적의원 과반수 출석과 출석의원 2/3 이상이 찬성
· 본회의 상정 시한 규정은 없음

재의결 시 / 부결, 출석 미달 시

재의결 법률안
법률로 확정

법률안 폐기

재의결 법률안, 법률로 확정
(대통령 다시 재의 요구 불가)

그림 11. 대통령 법률안 거부권 절차

그 이유는 법률 자체의 문제를 꼼꼼히 따져보지 않고 정권의 유불리 혹은 야당과의 대결을 전제로 법안을 바라보기 때문이다.

대표적인 것이 아직 법률안 상정도 되지 않은 일명 '노란봉투법'이다. 노란봉투법과 관련한 논란은 우리 사회의 극단적인 노사 대립의 상징이라 할 수 있다. '노동조합 및 노동관계조정법 개정안' 즉 노란봉투법의 주요 내용은 노사 관계와 관련한 사용자의 범위를 넓히고, 노동조합에 대한 손해배상 청구를 제한하는 내용을 담고 있다. 특히 야당과 노동자들은 '노동자를 옥죄기 위해 악용되는 반헌법적 손해배상 소송'을 제한하는 노란봉투법에 적극 찬성하고 있다. 반면에 정부 여당과 경영계는 불법 파업을 조장하는 법이라며 강력히 반대하고

노란봉투법: 대통령 거부권

Q. 노란봉투법 국회통과시 양곡법, 간호법에 이어 세 번째 대통령 거부권이
행사될 수도 있습니다. 거부권행사에 대해 어떻게 생각하십니까?

ARS

대통령 고유 권한이므로
행사해야 한다
40.2

대통령 권한의 남용으로
행사하면 안된다
51.7

잘 모름
8.0

CATI

34.1
대통령 고유 권한이므로
행사해야 한다

55.6
대통령 권한의 남용으로
행사하면 안된다

10.3
잘 모름

표 43. 여론조사꽃, 자체조사, 23.5.26~27

있다. 현 상황에 비춰보면 윤석열 대통령은 '양곡법 개정안', '간호법
개정안'에 이어서 세 번째로 거부권을 행사할 가능성이 높다.

이에 대한 국민의 여론을 잠시 살펴보자. 〈여론조사꽃〉에서 '노란봉
투법에 대한 대통령의 거부권 행사'에 대해 의견을 물은 결과 "대통령
권한의 남용으로 행사하면 안 된다"는 의견이 51.7%(ARS)와 55.6%(CATI)
로 나타났다. 절반 이상이 반대 의견을 보여준 것이다. (표 43 참조)

국민 여론은 '노란봉투법' 관련 논란에 대한 조사 직전에 실시한
'간호법 개정' 논란과 관련된 조사에서도 비슷한 응답률을 나타냈다.
즉 거부권을 남용하고 있다는 주장에 동의한다는 사람이 53.0%에 달
한 것이다. (표 44 참조)

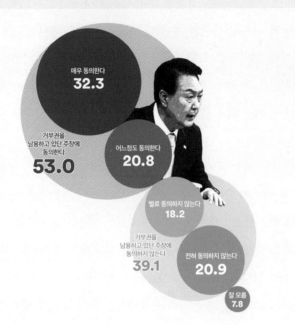

대통령의 거부권

Q. 윤석열 대통령은 양곡관리법에 이어 간호법에도 거부권을 행사했습니다.
윤 대통령이 거부권을 남용하고 있다는 주장에 대해 어떻게 생각하십니까?

매우 동의한다
32.3

거부권을
남용하고 있단 주장에
동의한다
53.0

어느정도 동의한다
20.8

별로 동의하지 않는다
18.2

거부권을
남용하고 있단 주장에
동의하지 않는다
39.1

전혀 동의하지 않는다
20.9

잘 모름
7.8

표 44. 여론조사꽃, 자체조사, 23.5.19~20

이때는 간호법 개정에 대해 윤 대통령이 실제로 거부권을 행사한
뒤였다. 특히 눈여겨볼 것은 설문 내용이다. "윤석열 대통령은 양곡
관리법에 이어 간호법에도 거부권을 행사했습니다. 윤 대통령이 거
부권을 남용하고 있다는 주장에 대해 어떻게 생각하십니까?"처럼 '거
부권 남용'이 분명하게 명시되어 있었다는 점이다.

대통령의 사면권과 법률안 거부권은 입법부나 사법부 폭주를 막기
위한 견제장치다. 특히 사면권은 법률로 여러 가지 사면 사유와 감

형, 수형 기간 등의 조건을 까다롭게 정리해뒀을 정도로 함부로 사용해서는 안 되는 권한이다. 그럼에도 역대 대통령들이 특별사면을 정기적으로 단행한 것은 억울한 수형자들을 구제해주는 한편 민생사범들이 빨리 사회로 복귀할 수 있도록 도와주기 위해서였다. 아울러 몇몇 정재계 인사들을 포함시킴으로써 대통령의 '통합' 의지를 널리 알리는 역할을 해냈다. 하지만 윤석열 대통령의 사면은 철저하게 '내 편 살리기'에 치중했고 통합의 메시지가 아닌 분열의 의지를 더욱 확실히 보여주었다.

남발하는 거부권 역시 마찬가지다. 윤석열 대통령은 국회를 견제하는 게 아니라 철저히 무시하고 있다. 특히 간호법은 자신의 대선 공약이기도 했고, 개정안 발의 당시에는 국민의힘 의원이 46명이나 포함돼 있었지만 일고의 시간도 없이 거부권을 행사했다. 이 때문에 '코로나19 시대의 영웅' 간호사들이 대거 거리로 몰려나오는 등 행동에 나서기도 했고. 결국 의료 현장에서는 의사와 간호사의 갈등이 더욱 깊어지고 있다.

칼이나 총 등 '흉기'를 아이들 손이 닿지 않는 곳에 두는 이유는 자칫 그 흉기로 남은 물론 자신도 해칠 수 있기 때문이다. 안타깝게도 윤석열 대통령의 모습은 어쩌다 흉기를 손에 쥔 어린아이처럼 위태롭다. 본인은 야당과 반대세력을 공격한다고 생각하겠지만 그 흉기는 결국 국민을 반으로 갈라치고 대한민국의 미래를 난도질하고 있다. 뿐만아니라 자기 자신과 자신이 임명한 고위 관리들, 여당까지 모두 망치고 있다.

사면권과 거부권은 양날의 칼이다. 대통령에게 주어진 '합법적인 권력'의 하나지만 국민들은 언제나 그런 대통령을 예의 주시하고 있다. 여론을 살피지 않고 마구잡이로 휘두르다가는 언젠가 그 칼에 자신이 다칠 수 있다는 걸 잊지 말아야 한다. 역대 정권이 사면을 앞두고 장고에 장고를 거듭하고, 거부권을 최소한도로 행사한 이유는 분명하다.

이미 늦었지만, 더 늦기 전에 자신과 여당을 위해서라도 '불법인 듯 불법 아닌 불법 같은' 갖가지 꼼수 신공에서 벗어났으면 좋겠다.

케케묵은 빨갱이 사냥

"공은 둥글다." 축구에서 시작된 말이지만 공으로 하는 여러 경기에 두루 쓰이고 있는 명언이다. 둥근 공이 어디로 굴러갈지 알 수 없듯, 경기 결과도 그렇다는 뜻이다. 실제로 축구나 야구 등 구기경기에서는 승부사들의 예측을 벗어나는 결과가 종종 일어난다. '2002월드컵' 당시 대한민국 축구팀이 4강까지 올라가리라고 예상한 전문가는 아무도 없었다. 하지만 아무리 공이 둥글다 해도 실력의 차이는 엄연히 존재한다. 한두 게임 졌다고 해서 강팀이 약팀으로 바뀌지 않듯이 약팀이 어쩌다 반짝 성적을 냈다고 해서 갑자기 강팀으로 변신하지는 않는다.

2002년 대한민국의 FIFA 랭킹은 2001년 42위에서 20위까지 뛰어올랐지만 4년 뒤인 2006년에는 51위까지 추락했다. 이후 30위권에 머물더니 최근 9월에는 26위까지 올랐고, 10월에는 다시 두 계단이 올라 24위에 랭크되는 등 2023년에도 좋은 성적을 유지하고 있다.

프로축구나 프로야구처럼 한 시즌에 걸쳐 많은 경기를 하다 만년

꼴찌 팀이 시즌 초반 우승권에 근접하는 성적을 내는 경우도 적지 않다. 하지만 얼마 지나지 않아 제자리를 찾는다. 레이스가 길어질수록 우연적인 요소는 점차 사라지고 실력이 모든 것을 증명하기 때문이다.

하위권 팀의 특징 중 하나는 일관된 철학이나 전술이 없다는 것이다. 특히 시즌 초반 반짝 성적을 낸 팀이 그것을 '실력'으로 착각하는 경우 말도 안 되는 무리수를 마구 둔다. 전술이 일정하지 않으니 경기장에 설 때마다 선수들은 헷갈린다. 포지션도 일정하지 않다. 승리가 멀어진 게 확실한데도 매 경기 '1승'에 눈이 먼 감독은 '죽기살기로' 밀어붙인다.

약팀의 또 다른 특징은 '남 탓'이다. 패배의 원인을 늘 '남'에게서 찾는다. 시즌이 막바지로 가면서 그 해의 성적이 윤곽을 나타내기 시작하면 남 탓은 더욱 심해진다. 감독은 자신의 전술이 아닌 선수들의 실력을 탓하고 선수들은 감독이나 다른 선수를 탓하기에 바쁘다. '콩가루 집안'이 따로 없다.

안타깝지만 지금의 윤석열 정부가 하는 모습이 딱 그렇다.

비록 0.73%p의 미세한 차이지만 대선에서 '승리'했다. 절반의 국민이 그에게 반대표를 던졌고, 취임 초기에는 이를 의식한 발언도 몇 차례 '립서비스' 했다. 하지만 승리에 도취된 윤석열 정권은 50%의 지지를 자신의 실력이라 믿었다. 문재인 정부에 대한 반대 세력이 국민의 50%가 된다고 착각했다. 자신의 뜻대로 오래전에 폐기된 구체제 인사들과 김건희 여사의 사적 라인 인물들로 내각과 대통령실을 채웠다. 하지만 3개월도 안 돼 실력이 바닥을 드러내면서 지지율은 30%대로 곤두박질쳤다.

자신의 실력을 되돌아볼 생각은 하지 않고, 1년 내내 지난 정부 탓을 했다. 검찰과 언론을 동원해서 이재명 대표를 악마로 만들고, 캐비닛 속에 감춰두었던 야당 의원들의 X파일을 하나씩 공개하며 민주당을 압박했다. 그래도 지지율 30%는 요지부동. 총선은 다가오고, 대통령의 인기는 점점 더 떨어지고, 2찍들마저 등을 돌리고 있다. 특단의 조치가 필요해졌다.

이와 관련하여 〈여론조사꽃〉의 재미있는 조사 결과가 하나 있다. 정례여론조사에서 "출범 1년을 맞이한 현 정부의 어려움이 전임 정부 책임이라는 윤 대통령 주장에 대해 어떻게 생각하십니까?"라고 물어본 결과 60% 내외의 응답자가 "자기 잘못을 남 탓으로 돌리는 변명"이라고 답한 것이다(CATI 61.8%, ARS 59.4%).(표 45 참조)

현정부의 어려움은 누구의 책임일까

Q. 출범 1년을 맞이한 현 정부의 어려움이 전임 정부 책임이라는 윤 대통령 주장에 대해 어떻게 생각하십니까?

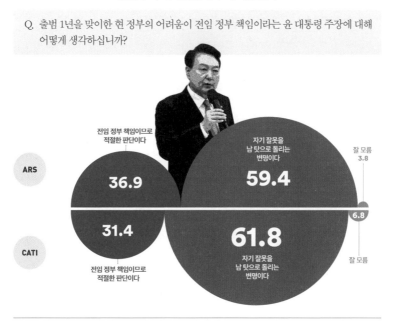

표 45. 여론조사꽃, 자체조사, 23.5.12~13

이런 때 역대 대통령은 시늉이나마 내각을 통합형으로 개각하고, 대통령실 인사들을 바꾸면서 반전을 꾀했다. 하지만 윤석열 대통령은 정반대로 가고 있다. 자신이 임명한 인물들의 자리를 지켜주는 대신 이번에는 잘못을 '국민 탓'으로 돌렸다. 그리고 이를 만회하기 위해 케케묵은 '색깔론'을 꺼내 들었다.

2023년 9월 4일 〈중앙일보〉 기사 한 토막을 살펴보자. "국정원 "북, 국내 지하망에 '일오염수 반대하라' 지령 내렸다""라는 제목의 기사가 그날 거의 모든 언론의 '메인' 타이틀을 차지했다. "북한 대남 공작조직인 '문화교류국'이 국내 간첩과 지하조직에 후쿠시마 오염수 방류에 맞춰 반일, 반윤석열 정부 시위 강도를 고조하라는 긴급 지령을 내린 걸로 파악하고 수사에 나선 걸로 알려졌다. … 구체적인 시위 장소로 서울 광화문 광장과 일본 대사관 주변 등까지 지정해준 것으로 알려졌다."는 웃지 못할 내용이 담겨 있었다.

정말 소가 웃을 소리가 아닌가. 후쿠시마 핵오염수 방류를 반대하는 국민을 '1+1도 모르는' 미개한 국민으로 몰더니, 이젠 북한의 지령에 따라 움직이는 하수인 정도로 본다는 얘기가 아닌가. 후쿠시마 핵오염수 방류를 반대하는 80%의 국민이 북한에 동조하고 있다니, 통일이 머지않은 모양이다.

참고로 국정원이 '북한지령설'을 발표한 9월 4일 이후의 반응을 간접적으로 확인할 수 있는 〈여론조사꽃〉의 조사 결과가 있다. 정부가 KTX 등에 배포한 '후쿠시마 오염수 10가지 괴담' 책자에 대한 생각을 물어본 결과 59.1%가 적절하지 않다고 답했다(전혀 적절하지 않다 38.3%, 별로 적절하지 않다 20.7%). 아울러 일본 수산물의 안전성과 관련해

'후쿠시마 오염수 10가지 괴담' 책자 비치

Q. 지난 1일부터 문화체육관광부가 '후쿠시마 오염수 10가지 괴담' 책자를 KTX와
SRT 열차 좌석에 비치했는데요, 이에 대해 어떻게 생각하십니까?

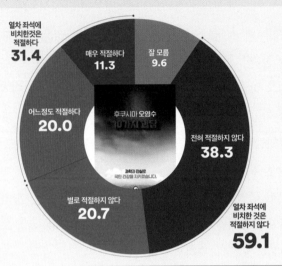

열차 좌석에
비치한것은
적절하다
31.4

매우 적절하다
11.3

잘 모름
9.6

어느정도 적절하다
20.0

전혀 적절하지 않다
38.3

별로 적절하지 않다
20.7

열차 좌석에
비치한 것은
적절하지 않다
59.1

수산물 안전성에 대한 우려

Q. 최근 일본산 수산물을 국내산으로 속여 판매한 업소 9곳이 적발됐는데요, 향후
일본산 수산물을 국내산으로 속이는 행태에 대해 얼마나 우려되십니까?

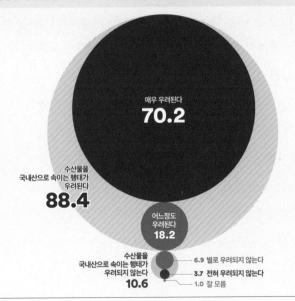

매우 우려된다
70.2

수산물을
국내산으로 속이는 행태가
우려된다
88.4

어느정도
우려된다
18.2

수산물을
국내산으로 속이는 행태가
우려되지 않는다
10.6

6.9 별로 우려되지 않는다

3.7 전혀 우려되지 않는다

1.0 잘 모름

표 46. 여론조사꽃, 자체조사, 23.9.8~9

"향후 일본산 수산물을 국내산으로 속이는 행태에 대해 얼마나 우려되십니까?"라고 물어본 결과 우려된다고 답한 응답자가 88.4%에 달했다(매우 우려된다 70.2%, 우려된다 18.2%). 정부 여당에서 아무리 빨갱이타령을 해도 국민들은 여전히 일본과 후쿠시마 핵오염수 방류에 대한 불안을 지우지 못하고 있다는 뜻이다.(표 46 참조)

홍범도 장군 흉상 철거 등 '레드 콤플렉스' 자극으로 위기를 탈출해 보고자 하는 윤석열 정부의 안타까운 노력은 '뉴라이트 계열'의 자칭 시민단체들과 일부 언론 등에 의해 계속 확대 재생산되고 있지만 국민들의 반응은 싸늘하다.

김기현 국민의힘 대표는 심지어 2023년 9월 12일, 광화문에 있는 이순신과 세종대왕 동상을 철거해야 한다고 주장하는 〈문화자유행동〉 창립대회장에 참석, 축사까지 했다.

〈문화자유행동〉 최범 대표는 이날 "대한민국은 민주공화국이고 광화문 광장은 대한민국의 중심 가로인데, 공화국과 관련한 인물을 기려야 하지 않나. 아무리 민족의 영웅이어도 그들이 있을 장소는 아니다." "대신 우리 공화국이 기릴 인물을 (광장에) 둬야 한다."는 등 문제 발언을 이어갔다. '우리 공화국이 기릴 인물'이 누가 될지는 육사 홍범도 장군 논란을 떠올려보면 금세 답이 나올 것이다. 최 대표는 이어서 "광화문 광장을 조선시대 인물이 채우고 있는 것을 보고 아무런 문제의식을 느끼지 못하는 사람을 나는 우파라고 생각하지 않는다"고 단언했다. 이순신과 세종대왕의 동상 이전까지 '좌우대립'으로 만들겠다는 노골적인 선언이다.

이날 창립대회장에는 나경원 전 자유한국당 대표, 강승규 대통령실 시민사회수석 등이 참석해 힘을 보탰다. 이 단체의 창립대회장에 국민의힘 당대표, 유력인사에 이어 대통령실까지 나선 이유는 '좌우 대립'을 국정의 한 축으로 삼겠다는 대통령의 의중이 반영된 것 아니겠는가.

본래 '빨갱이 타령'은 일부 아스팔트 우파와 극우 세력 일부가 이런저런 사건이 터질 때마다 들고나오던 것이다. 자신들끼리 SNS를 주고받으면서 비분강개하던 개그 아닌 개그가 이제는 국정원과 정부 여당을 통해 공개적으로 나오고 있는 셈이다.

윤석열 정부가 빨갱이 사냥을 위해 포착한 또 하나의 먹잇감은 윤미향 의원이다.

윤미향 의원은 2023년 9월 4일 일본에서 열린 '간토대지진 학살 조선인 추모식'에 참석했다. 간토대학살은 1923년 간토(관동)대지진 당시 비난이 폭주하자 일본 정부에서 관심을 돌리기 위해 '조선인이 폭동을 일으켰다'는 거짓 소문을 퍼뜨리면서 경찰 및 민간인에 의해 조선인들이 대량으로 학살된 비극적 사건이다. 하지만 간토대지진 100주년이 되는 해임에도 불구하고 국내에서는 윤 의원을 제외하면 정부는 물론 여야 관계자 누구도 참석하지 않았다.

윤석열 정부가 문제를 삼은 것은 이번 행사를 '총련'에서 주최했다는 것이다. 하지만 이미 일본과 국내 여러 언론을 통해서 밝혀진 대로 이번 행사는 일본 내 여러 시민단체들이 공동 주최했고 총련은 그중 하나에 불과했다. 전형적인 침소봉대였지만, 정부 발표가 나오자마자 국민의힘은 국회에 징계안을 제출했고, '엄마부대'와 '위안부사기청산연대'는 윤 의원을 서울서부지검에 고발했다.

익숙한 패턴이다. 정부에서 불을 피우면 조중동에서 이를 크게 키우고, 여당은 언론 기사를 근거로 비난에 몰두하고 시민단체는 고발장을 제출한다. 검찰은 '여론에 따라' 수사를 개시한다. 하지만 듣기 좋은 노래도 한두 번이라고, 이제 국민들은 너무도 익숙한 이런 장난에 별 관심을 보이지 않는다. '나라를 팔아먹어도 윤석열 정부를 지지하겠다'는 일부 극렬 지지층을 제외하면 윤미향 의원이 빨갱이라고 믿는 국민은 거의 없다. 게다가 윤석열 정부 스스로 생산하고 있는 각종 이슈에 덮여 관심조차 크게 두지 않는 분위기다. 국정원이 '북한 공작 지령'을 터뜨리고 조중동을 비롯한 여러 언론에서 헤드라인으로 그 내용을 전했지만, 국민들은 여전히 후쿠시마 핵오염수 방류와 수산물 안전대책, 홍범도함 명칭변경 등에 대한 정부 정책에 우려와 염려를 내놓고 있었다. '총련' 행사 관련 윤미향 의원 논란 때도 마찬가지였다. 정부의 여러 시도에도 불구하고 우리 국민은 '북한'의 '북'자에도 관심이 없었다는 뜻이다.

'5.18'은 가고 '4.3'과 '6.10'은 안 가고

제5장 '성_성은이 망극하여이다'의 '대통령과 개와 침팬지' 꼭지에서 유시민 작가는 윤석열 대통령을 '최고 권력을 향한 집념'이라는 점에서 침팬지와 닮았다고 분석했다. 유 작가의 분석에 따르면 윤 대통령은 애초 공약公約의 선별에 큰 관심이 없었을 가능성이 크다. 공약은 '권력을 쥐기 위한 여러 방편 중 하나'일 뿐 애초에 그것을 지킬 의지가 없기 때문이다. 그래서 집권 이후 윤 대통령의 공약은 대부분 공약空約으로 끝났다. 앞서 '양날의 칼, 사면권과 거부권'에서 소개했던 '간호법 개정'도 그렇게 공약空約으로 끝난 사례 중 하나다.

그런데 의외로 전혀 예상하지 못한 부분에서 공약을 지키겠다고 나선 경우가 있다. 후보 시절에 약속했던 5.18광주민주화운동 기념식에 참석한 것이다. 그것도 2022년에 이어 2023년까지 2년 연속이다. 더욱이 제창이냐, 합창이냐로 매년 시끄러웠던 〈임을 위한 행진곡〉을 팔뚝까지 흔들면서 함께 불렀다. 국민의힘도 지도부가 총출동했다. 평소 윤 대통령이나 국민의힘 언행으로 보면 도저히 이해할 수 없는 행보다. 물론 이유가 있다. '호남 민심 잡기'다. 나날이 떨어져 가는 윤석열 정부와 국민의힘에 대한 지지율을 조금이나마 올려보려는 몸부림이라고나 할까.

당연한 얘기지만, 진심이든 보여주기식 쇼든 정치인이 표를 얻기 위해 하는 행동을 무작정 폄훼할 수는 없다. 진보건 보수건 정치인의 일거수 일투족은 모두 '표'와 연결이 되기 때문이다. 그런데 윤석열의 광주행은 쇼에도 실패했다. 윤석열 대통령은 5.18기념식 참석만이 아니라 5.18정신 헌법 수록까지 공약을 했는데, 은근슬쩍 한 발을 뺀 것이다. 당연히 진정성에 대한 의심이 뒤따랐다. 게다가 당시 국민의힘 최고위원이었던 김재원이 '헌법 정신 수록 절대 불가'를 외쳤고, 보수 출신의 김광동 진실 · 화해를위한과거사정리위원회 위원장은 2023년 5월 14일 국회 행정안전위원회 전체회의에서 "5.18에 북한이 개입했을 가능성까지 제가 배제할 수는 없다."고 주장했다. 이미 대법원에서도 판결이 내려진 '5.18 북한 개입설'을 또다시 주장한 것이다.

윤석열 대통령의 빛바랜 5.18기념식 참석은 여론조사에 그대로 반영되었다. 〈여론조사꽃〉 정례여론조사에 따르면 윤석열 대통령의 국정운영에 대한 평가는 ARS 기준 63.8%의 응답자가 잘못하고 있다고

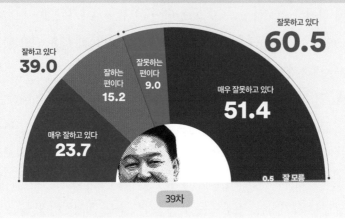

Q. 윤 대통령의 국정 운영에 대해 어떻게 평가하십니까?

잘하고 있다 **39.0**

잘못하고 있다 **60.5**

잘하는 편이다 **15.2**

잘못하는 편이다 **9.0**

매우 잘하고 있다 **23.7**

매우 잘못하고 있다 **51.4**

0.5 잘 모름

39차

Q 윤석열 대통령의 국정 운영에 대해 어떻게 평가하십니까?
(그래도 평가한다면 어떻게 생각하십니까?)

Base=전체 (단위: %)		조사 완료	매우 잘하고 있다 ⓐ	잘하는 편이다 ⓑ	잘 못하는 편이다 ⓒ	매우 잘 못하고 있다 ⓓ	잘하고 있다 ⓐ+ⓑ	잘 못하고 있다 ⓒ+ⓓ	잘 모름	가중값 적용 사례수
전체		(1002)	23.7	15.2	9.0	51.4	39.0	60.5	0.5	(1002)
7개 권역	서울	(193)	23.0	17.1	9.8	50.2	40.1	59.9	0.0	(188)
	인천·경기	(327)	21.9	15.6	6.3	55.9	37.5	62.2	0.3	(319)
	대전·세종·충청	(98)	17.6	10.8	16.0	55.6	28.4	71.6	0.0	(105)
	광주·전라	(98)	16.5	9.2	14.1	59.1	25.8	73.3	1.0	(97)
	대구·경북	(95)	35.9	17.9	5.6	38.4	53.9	44.0	2.1	(99)
	부산·울산·경남	(149)	28.4	15.6	7.1	47.9	44.0	55.0	1.0	(150)
	강원·제주	(42)	28.1	21.3	11.8	38.8	49.4	50.6	0.0	(44)

표 47. 여론조사꽃, 자체조사, 23.5.12~13, 23.5.19~20

답했다(매우 잘못하고 있다 55.1%, 잘못하는 편이다 8.7%). 이는 지난 조사 때의 60.5%(매우 잘못하고 있다 51.4%, 잘못하는 편이다 9.0%)에 비해 잘못했다는 평가가 3.3%p나 더 높아진 수치다. 특히 광주·전라 지역의 경우에는 지난 조사 때의 73.3%에 비해 81.9%로 높아져 그 차이가 8.6%p나 되었다. 여러 가지 요인이 있겠지만 광주·전라의 경우는 5.18기념

잘하고 있다
35.6

잘하는
편이다
12.4

잘못하는
편이다 **8.7**

잘못하고 있다
63.8

매우 잘못하고 있다
55.1

매우 잘하고 있다
23.2

0.7 잘 모름

40차

| Q | 윤석열 대통령의 국정 운영에 대해 어떻게 평가하십니까? (그래도 평가한다면 어떻게 생각하십니까?) |

Base=전체 (단위: %)		조사 완료	매우 잘하고 있다 ⓐ	잘하는 편이다 ⓑ	잘 못하는 편이다 ⓒ	매우 잘 못하고 있다 ⓓ	잘하고 있다 ⓐ+ⓑ	잘 못하고 있다 ⓒ+ⓓ	잘 모름	가중값 적용 사례수
전체		(1026)	23.2	12.4	8.7	55.1	35.6	63.8	0.7	(1026)
7개 권역	서울	(210)	28.8	12.0	4.8	53.8	40.8	58.6	0.6	(194)
	인천·경기	(315)	19.7	12.4	9.9	57.4	32.1	67.4	0.6	(326)
	대전·세종·충청	(104)	28.7	11.0	13.0	46.5	39.7	59.5	0.8	(108)
	광주·전라	(103)	7.7	9.6	13.5	68.4	17.3	81.9	0.8	(99)
	대구·경북	(102)	33.1	13.0	7.3	45.6	46.1	52.9	1.0	(101)
	부산·울산·경남	(146)	24.8	16.6	5.8	52.2	41.4	58.0	0.6	(153)
	강원·제주	(46)	17.1	8.0	7.9	67.0	25.1	74.9	0.0	(45)

식 참석이 오히려 지지율에 나쁜 영향을 미쳤다고 볼 수 있을 것 같
다.(표 47 참조)

그런데 윤석열 대통령은 이처럼 별다른 성과가 없었음에도 불구하
고 5.18기념식에 굳이 참석했던 것과 달리 함께 공약으로 내걸었던
제주4.3사건 추념식에는 '한·미·일 순방 등 국정 업무'를 핑계로 불

참했다. 한덕수 총리를 제외한 정부 고위 당국자들과 여당 지도부 등도 통째로 불참했다. 하지만 윤 대통령은 한덕수 총리가 대신 낭독한 기념사를 통해 "무고한 4.3 희생자들의 넋을 국민과 함께 따뜻하게 보듬겠다는 저의 약속은 지금도 변함이 없다."고 말했다. 물론 그 말을 곧이곧대로 믿는 제주도민은 거의 없었다.

윤석열 대통령의 공약은 아니었지만 광주 5.18기념식과 대비되는 또 다른 민주화운동 기념식이 하나 있다. 87년 6월항쟁의 기폭제가 된 6.10민주항쟁 기념식이다. 6.10민주항쟁 기념식은 비록 대통령이 직접 참석하진 않았지만 진보 · 보수를 막론하고 정부 기념사업으로 진행해왔다. 그런데 행사를 주관하는 민주화운동기념사업회가 '윤석열 정권 퇴진'을 구호로 내건 행사를 지원했다는 핑계로 불참을 통보한 것이다. 6.10 민주항쟁 기념식에 정부 인사가 불참하는 것은 6.10 민주항쟁일이 국가기념일로 지정된 2007년 이후 처음 있는 일이었다. 윤석열 정부는 이에 그치지 않고 민주화운동 기념사업회에 대한 특별감사까지 예고할 정도로 강경 대응에 나섰다.

제주4.3과 광주5.18 그리고 6.10민주화운동. 모두 국가에서 지정한 국가기념일로 수많은 사람의 희생이 있었다. 성격은 서로 다르지만 이 땅의 민주화를 위한 디딤돌 역할을 했다는 데 대해 이미 역사적인 평가도 내려져 있는 상태다. 하지만 윤석열 정부와 일부 뉴라이트 인사들은 이와 전혀 다른 인식을 하고 있는 것 같다. 그들에게 제주4.3과 광주5.18, 6.10민주항쟁은 어떻게 다른 것일까?

윤석열 정부 인사들의 망언과 막말 퍼레이드를 보면 세 개의 민주화운동은 사실상 그들에게 별 차이가 없다. '북한군의 개입'이 있었거나 지도를 받은 반란 세력이었다. 따라서 그들은 민주항쟁을 한 것이 아니라 국가 혹은 체제 전복을 노린 폭도일 뿐이다. 그들을 민주화영웅으로 부르면서 국가적으로 예우하는 것은 있을 수 없는 일이다. 심지어 폭도이기 때문에 이미 수여된 각종 훈포장이나 보상금 등을 당연히 회수해야 한다는 주장까지 펼친다. 국민의힘이나 윤석열 정부 관계자 상당수 혹은 대부분이 이런 인식에 암묵적 동의를 하고 있는 것으로 보인다. 하지만 이런 인식에도 불구하고 세 개의 민주화운동을 대하는 방식은 각각 다르다. 그 이유는 뭘까? 서두에서 이미 밝힌 대로 '표'와 연결된다는 것이 가장 큰 이유다.

광주는 총선은 물론 대선에서 국민의힘이 총력을 기울여 표심을 잡아야 할 핵심지역 중 하나다. 현재 판세로 보면 집토끼만 가지고 이길 확률은 거의 없다. 또 하나는 법원의 판단이다. 5.18민주화운동과 관련한 여러 논란은 이미 여러 차례 법원의 판단을 마친 상태다. 아울러 오랜 시간에 걸쳐 5.18은 민주화운동이라는 인식이 많은 국민들의 의식 속에 자리를 잡았다. 이런 상황에서 굳이 호남지역의 역린을 건드릴 필요가 없는 것이다.

반면에 4.3 관련 논란은 여전히 현재진행 중이다. 심지어 '4.3사태'부터 '4.3민주화항쟁' '4.3학살사건' 등 입장에 따라 부르는 이름도 제각각이다. 정명正名도 제대로 이뤄지지 않은 '사건' 혹은 '사태'의 기념식에 굳이 대통령이 참석해서 보수 쪽 표를 깎아먹을 이유가 없었던 것이다.

6.10민주항쟁 기념식은 또 다른 의미에서 표에 도움이 되지 않는다. 주인 없는 집이라고나 할까, 특정한 지역 혹은 세력이 관련된 것이 아니기 때문에 대통령은 물론 정부 관계자가 참석하건 말건 표에 큰 영향을 주지는 않을 것이라는 계산인 셈이다. 언뜻 보면 가장 광

범위한 민주화세력이 관련돼 있지만 오히려 그 때문에 특정한 세력이라고 할 만한 주체가 없는 것이다. 실제로 정부 관계자의 불참에 대해 야당에서 격하게 반발했지만, 국민 여론에는 별 영향을 주지 않았던 것으로 보인다.

거의 모든 공약公約을 공약空約으로 만들고 있는 윤석열 대통령. 지금까지는 나름 5.18 관련 공약을 지켜왔지만 내년에는 어찌 변할지 알 수 없다. 특히 팔뚝을 흔들며 〈임을 위한 행진곡〉까지 열심히 불렀는데도 별다른 반향이 없었다는 게 수치로 확인된 이상, 윤 대통령이나 국민의힘이 계속 광주행을 이어갈지 아닐지는 내년의 상황에 따라 달라질 것이다.

제2의 색깔론, 파렴치범 만들기

여론조사 전문가이자 정치컨설턴트의 입장에서 평가해보면 보수 정당이나 정부가 진보 정당이나 정부에 비해 확실하게 잘하는 게 세 가지가 있다. 첫째는 평소 콩가루처럼 티격태격하다가도 위기가 닥치면 언제 그랬냐는 듯 똘똘 뭉치는 단결력이다. 둘째는 네이밍이다. 귀에 쏙 들어오는 제목으로 작은 일도 크게 만들고, 별것 아닌 일도 엄청난 일처럼 만든다. 더불어봉투당, 더불어개딸당처럼 '더불어'를 최대한 활용하는 것도 그중 하나다. 박원순 전 시장을 빗대어 더듬어민주당 또는 더불어만지고당이라는 이름을 붙이면서 사건을 기정사실화 시키고 박 전 시장을 악마화시켰다.

또 하나 뛰어난 것은 프레임 전환 능력이다. 때로는 굳이 노력하지 않아도 새로운 이슈가 계속 터져 나오면서 자연스럽게 프레임이 전환되곤 한다. 그런 점에서 정말 다양한 이슈를 만들어내는 윤석열 대통령은 어떤 의미에서 행운아(?)라고 할 수 있을지도 모르겠다. 2023년 9월 현재 윤석열 대통령을 보면서 '바이든 vs 날리면'이나 '도어 스테핑 중단', '영국 엘리자베스 여왕 지각 조문' 등을 먼저 떠올리는 사람은 거의 없다. 심지어 바로 얼마 전 온 국민을 충격에 빠뜨렸던 '양평고속도로 노선 변경' 사건조차 기억 속에 가물가물하다. 의도했건 아니건 이런 프레임 전환은 언젠가 한꺼번에 '계산'을 해야 하겠지만 당장은 위기를 모면하는 데 큰 도움이 된다.

프레임 전환에 기술이 들어가는 경우는 주로 메시지가 아닌 메신저를 공격할 때다. "불리한 메시지가 이슈가 될 때는 메신저를 공격하라!" 정가의 오랜 생존법 중 하나다.

줄리와 본부장 비리, 손바닥 왕자, 무속인 파동 등으로 대선 가도에 빨간불이 켜졌을 때, 윤석열 후보 측은 이재명 대표의 형수 막말, 김부선 밀애 등으로 관심을 돌렸다. 그리고 이낙연 전 대표가 제기한 '대장동 몸통'을 물고 늘어져 이슈를 만들었고, 2년 가까이 이재명 대표를 괴롭히고 있다. 언제 끝날지 기약도 없다. 프레임 전환에 성공한 대표적인 사례다.

윤석열 정부 2년차에 접어들면서 또 다시 프레임 전환이 시도되고 있다. 아직은 특정한 인물을 향한 것이 아니라 진보권을 '북의 지령에 따라 움직이는 세력' 정도로 묶는 느슨한 올가미다. 하지만 언제 특정 인물을 빨갱이나 간첩으로 몰아갈지 모를 일이다. 윤석열 정권은 창고에 처박아둔 낡은 무기까지 몽땅 꺼내 써야 할 만큼 절박한 상황이다. 문제는 아무리 녹슨 칼이라도 맞으면 상처를 입는다는 사실이다. 늘 경계하고 조심해야 할 일이다.

윤석열 정부의 빨갱이 만들기는 현재 상태에서는 별 성과를 보지 못하고 있는 것 같다. 그 대신 이명박근혜 정부 때부터 시작된 새로운 시도는 꾸준히 성과를 내고 있다. 그것은 진보 인사의 도덕성을 공격하고 파렴치범으로 만드는 것이다.

80년대 이후 '빨갱이' 공격은 오히려 진보 인사들의 정신을 더욱 단단하게 무장시키는 역작용만 일으켰다. 사상범은 감옥에서도 죄수들 사이에서 나름 대우를 받았다. 감옥살이는 부끄러운 과거가 아니라 훈장이 되었다. 이때 이명박 정부가 빨갱이 만들기 대신 채택한 전략이 '파렴치범 만들기'였다. 첫 번째 희생자는 노무현 전 대통령이었다.

광우병 파동으로 임기 초반부터 대위기를 맞이한 이명박 대통령은 노무현 대통령 공격으로 활로를 모색했다. 그리고 국정원·검찰·언론을 총동원해 '논두렁 시계' 프레임을 만들어냈다. 절묘한 네이밍과 함께 노무현 전 대통령과 부인 권양숙 여사, 노 전 대통령의 오랜 측근들과 후원자들은 갑자기 수억 원, 수십억 원의 정치자금을 몰래 주고받는 파렴치한 집단이 되었다. 노무현 대통령의 서거로 사건은 일단락되었지만, 지금도 적잖은 국민이 노무현 대통령과 측근들을 파렴치한 정치범으로 기억하고 있다.

본래 진보 세력의 힘은 청렴함과 도덕성이다. 숫자도 적고, 경험도 적고, 자금도 부족한 진보 세력이 숱한 공격에도 살아남을 수 있었던 것은 그들의 도덕성에 대한 국민들의 신뢰였다. 보수 세력은 바로 이 지점을 공격하기 시작한 것이다. 사상 검증이나 육체적 고통은 얼마든지 견뎌낼 수 있지만 도덕성 공격은 진보 세력에게 치명적이다. 마치 머리카락 잘린 삼손이 모든 힘을 잃어버리듯 도덕성을 의심받은 진보 인사는 모든 것을 잃게 된다. 지지자들이 선의로 건넨 4,000만 원 후원금에 대한 처리를 제대로 하지 못한 잘못 때문에 스스로 목숨을 끊은 노회찬 의원을 생각해보라. 그가 국민의힘 인사였다면 대가 없이 건넨 4,000만 원의 후원금 때문에 국민적인 비난을 받거나 스스로 목숨을 끊을 만큼 자괴감을 느꼈겠는가.

레드콤플렉스 세대들이 점차 퇴조해가면서 빨갱이 사냥은 결국 힘을 잃을 수밖에 없다. 대신 그 자리를 차지만 파렴치범 만들기는 더욱 기승을 부릴 것이다.

평소 알고 지내던 한만호 전 사장의 진술 한 마디로 정치자금 수수로 징역형을 살아야 했던 한명숙 전 총리와 바로 앞에서 소개한 조국 전 장관도 파렴치범 만들기의 대표적인 희생양이다. 조국 전 장관과 부인 정겸심 교수, 딸 조민 양에 이르기까지 온 가족에게 씌워진 혐의는 어마어마했지만 실상 나온 것은 표창장 한 장이 전부였다. 실제로는 위조 여부조차 제대로 밝혀내지 못한 표창장 한 장으로 일가족을 도륙하다시피 한 이 사건이 왜 만들어졌는지 모르는 사람은 없다.

조민에 분노한 많은 대학생들이 조국의 딸 조민보다 몇 배는 더 많은 부모 찬스를 쓴 동기와 선후배들이 길바닥의 돌멩이처럼 많다는 사실을 그들은 알고 있을까? 아니면 애써 외면하고 만만한 조국과 조민에게만 칼을 들이댄 것일까?

정순신은 낙마했지만 한동훈 법무부장관 딸 관련 의혹과 이동관 방통위원장 아들의 학폭 사건은 조용히 묻혔다. 대장동에서 퇴직금으로 50억 원을 받은 곽상도 전 의원의 아들 이야기도 기억 속에서 가물가물해져 가고 있다. 언론이 공범이다.

〈여론조사꽃〉은 조민 양의 장학금 600만 원과 곽상도 아들의 퇴지

조국 전 장관과 곽상도 전 의원의 판결 형평성

Q. 사법부는 조국 전 장관 딸이 받은 장학금 총 600만 원에 대해서는 김영란법으로 유죄를, 곽상도 전 의원 아들이 받은 50억 퇴직금 퇴물혐의에 대해서는 무죄를 선고했습니다. 두 판결의 형평성에 대해 어떻게 생각하십니까?

ARS

형평성에 문제있다 **81.7**

매우 문제있다 **67.1**

어느정도 문제있다 **14.6**

별로 문제없다 **8.1**

6.2 전혀 문제없다

4.0 잘모름

형평성에 문제없다 **14.3**

CATI

6.6 잘모름

5.1 전혀 문제없다

5.9 별로 문제없다

어느정도 문제있다 **18.4**

형평성에 문제없다 **11.0**

매우 문제있다 **63.9**

형평성에 문제있다 **82.4**

표 48. 여론조사꽃, 자체조사, 23.2.10~11(CATI), 12~13(ARS)

금 50억 원에 대한 국민들의 인식을 살펴봤다. "사법부는 조국 전 장관 딸이 받은 장학금 총 600만 원에 대해서는 김영란법으로 유죄를, 곽상도 전 의원 아들이 받은 50억 퇴직금 뇌물혐의에 대해서는 무죄를 선고했습니다. 두 판결의 형평성에 대해 어떻게 생각하십니까?"라고 물은 결과 80%가 넘는 응답자가 형평성에 문제가 있다고 답했다(ARS 81.7%, CATI 82.4%). **(표 48 참조)**

윤석열 검찰총장의 기만책은 성공했다. 사모펀드로 시작했으나 수없이 많은 별건 수사와 먼지털이가 표창장 하나의 결과로 끝났지만 그 열매는 너무도 달콤했다. 조국 일가는 도륙되었고, 문재인은 허수아비가 되었으며 조국=민주당=부패세력이라는 등식이 성립되었다. 검찰총장직을 내던지고 대선에 올인한 윤석열은 결국 대통령이 되었다.

진보 인사 파렴치범 만들기는 하나의 트렌드처럼 굳어져 가고 있다. 무슨 수를 쓰든 기소만 하면 된다. 법원에서 알아서 유죄 판결을 내려주면 금상첨화고, 설사 무죄 판결이 나도 이미 소기의 목적은 달성한 뒤다. 여기에다 '언론'이라는 든든한 뒷배 덕에 뒤탈은 걱정할 필요가 없다. 오히려 무죄를 받은 그에게 계속 의혹의 꼬리를 붙여둠으로써 두고두고 활용할 수 있다. 그야말로 일타 이피, 삼피의 묘수가 아닌가.

2023년 5월 5일 "김남국 더불어민주당 의원이 대량의 위믹스 코인을 보유하고 있었으며 가상화폐 거래 실명제 직전인 2월 말에서 3월 초 사이에 이를 인출했다."라는 〈조선일보〉의 단독 보도에서 촉발된 속칭 '김남국 가상화폐' 사건도 비슷하다. 일부 언론에 따르면 국민의힘의 권영세 의원 역시 적지 않은 가상화폐를 보유하고 장관 시절에는 업무시간에도 코인 거래를 일삼았다는 의혹이 있다. 한편 김기현 당 대표의 아들은 '전문 코인 설계자'라는 의혹을 사기에 충분한 상황에 처해 있었다. 이외에도 여야 의원 상당수가 코인 관련 의혹에서 자유스럽지 못했다. 하지만 코인이나 가상화폐라는 단어 뒤에는 어느새 김남국 의원의 이름이 자연스럽게 붙게 되었다. 전도 유망했던 청년 정치가는 그렇게 파렴치범으로 대중들의 기억 속에 각인되었다.

〈여론조사꽃〉 정례여론조사 결과를 보면 80%를 훌쩍 넘는 국민이

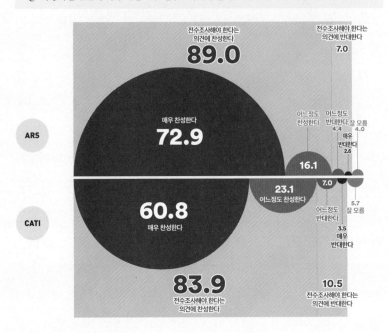

가상자산: 여야 의원, 대통령실 전수조사 필요성

Q. 가상자산 관련해 여야 의원 모두 전수조사해야 한다는 의견에 대해 어떻게 생각하십니까?

전수조사해야 한다는 의견에 찬성한다 **89.0**

전수조사해야 한다는 의견에 반대한다 **7.0**

ARS

매우 찬성한다 **72.9**

어느정도 찬성한다 **16.1**

어느정도 찬성한다 **4.4**

어느정도 반대한다 **2.6**

잘 모름 **4.0**

매우 반대한다 **2.6**

CATI

매우 찬성한다 **60.8**

23.1 어느정도 찬성한다

7.0

어느정도 반대한다 **3.5**

매우 반대한다

잘 모름 **5.7**

83.9 전수조사해야 한다는 의견에 찬성한다

10.5 전수조사해야 한다는 의견에 반대한다

표 49. 여론조사꽃, 자체조사, 23.5.19~20

국회의원 전원과 대통령실까지 모두 가상화폐 보유 현황을 조사해야 한다고 답했다. 여야 의원들을 모두 전수조사해야 한다는 의견은 전화면접조사(CATI) 83.9%, ARS 89.0%였고, 대통령실까지 포함해야 한다는 의견은 전화면접조사(CATI) 82.2%, ARS 84.0%였다.(표 49 참조) 하지만 국회의원 전수조사는 속도를 내지 못하고 있고, 대통령실 직원 조사 이야기는 어느새 묻혀졌다.

노무현 전 대통령의 논두렁 시계는 검찰에 의해 만들어진 범죄다. 한명숙 전 총리의 불법 정치자금 수수 혐의도 '만들어진 범죄' 혐의가

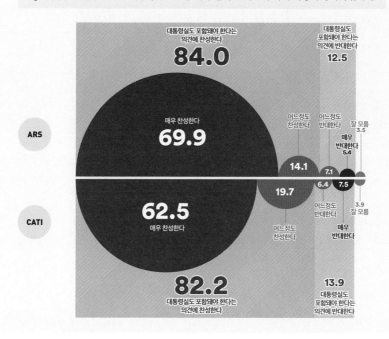

Q. 가상자산 전수조사에 대통령실도 포함돼야 한다는 의견에 대해 어떻게 생각하십니까?

대통령실도 포함돼야 한다는
의견에 찬성한다
84.0

대통령실도
포함돼야 한다는
의견에 반대한다
12.5

ARS

매우 찬성한다
69.9

어느정도
찬성한다
14.1

어느정도
반대한다
7.1

매우
반대한다
5.4

잘 모름
3.5

CATI

62.5
매우 찬성한다

6.4
어느정도
반대한다

19.7
어느정도
찬성한다

7.5
매우
반대한다

3.9
잘 모름

82.2
대통령실도 포함돼야 한다는
의견에 찬성한다

13.9
대통령실도
포함돼야 한다는
의견에 반대한다

짙다. 비슷한 사건들은 많다. 하지만 무죄로 밝혀진 사건들조차 국민들 머릿속에서는 유죄로 남아 있다.

현 국민의힘 지도부에는 이보다 더한 파렴치 혐의자들이 남아 있다. 하지만 그들은 온갖 증거에도 불구하고 요리조리 빠져나가고, 당당하게 돌아온다. 검찰의 이중잣대와 언론의 보호 덕분이다. 파렴치범은 오직 민주당에만 남아 있다. 진보 인사들 가운데 상당수가 여전히 조국 혐오, 김남국 혐오의 프레임에서 빠져나오지 못하고 있다. 참, 안타까운 일이다.

전쟁 불사, 북한 때리기

=====

윤석열 정부의 대북 정책이 날이 갈수록 강경해지고 있다.

"북한 도발 시, 단 1초도 망설이지 말고 응사하라."

2023년 10월 1일, 국군의날을 맞이하여 경기도 연천의 한 전방부대를 찾은 윤석열 대통령의 말이다. 섬뜩하다. 즉각 응사는 자칫 확전으로 이어질 수도 있기 때문이다.

전방은 후방과 달리 경계를 서는 모든 병사에게 실탄이 지급된다. 전방에 근무해본 사람은 알겠지만 '오발 사고'는 생각보다 많다. 지나치게 긴장한 신병의 실수도 있고, 까닭을 알 수 없는 오발 사고도 있다. 아무리 잘 훈련된 부대라도 실수는 있기 마련이다. 북측 부대에서도 이와 비슷한 실수가 얼마든지 있을 수 있다. 그런데 오발인지 도발인지 확인도 하기 전에 응사부터 하라고?

김영호 통일부 장관도 마찬가지다. 통일부의 홈페이지를 보면 "통일부는 통일 및 남북대화·교류·협력·인도지원에 관한 정책의 수립, 북한정세 분석, 통일교육·홍보, 그 밖에 통일에 관한 사무를 관장합니다."라고 설명되어 있다. 남북대화와 교류, 협력, 인도지원 등이 기본 임무다. 그런데 김영호 장관은 적대정책을 넘어 대북 타결, 선제 공격을 주장한다. 국방부 장관인지 통일부 장관인지 알 수가 없다.

대통령은 특정한 목적을 위해 정치적인 메시지를 낼 수는 있다. 하지만 그것이 지속적으로 반복된다면 단순한 메시지가 아니라 정책이 된다. 즉 지금 윤석열 정부의 대북 정책은 적대와 대결이다. 오래전에 폐기되었던 흡수통일론도 공공연히 거론된다. 언사는 날마다 거칠어진다. 대통령이나 장관의 입에서 나오는 이야기라고는 믿어지지 않는다. 어휘 선택이나 발언 방식이 모두 북쪽 관영통신의 아나운서들과 별다를 바가 없다. 말 그대로 하자면 내일이라도 당장 전면전이 일어날 것만 같다.

핵전쟁 운운도 단골 메뉴다.

2023년 9월 윤석열 대통령에 의해 신임 국방부 장관으로 지명된 신원식 의원은 국회 인사청문회 모두발언에서 "북 도발 시 강력 응징. 핵 공격 시도하면 정권 종말"이라고 말했다. 섬뜩하기 그지없다.

좁은 한반도 땅덩어리에서 전면전은 남북 모두의 궤멸을 뜻한다. 어느 쪽이 이기든 양쪽 모두 치명상을 피할 수 없다. 특히 우리 대한민국은 더 위험하다. 만일 단 한 발이라도 핵이 남쪽 땅에 떨어진다면⋯. 상상도 하기 싫은 일이다. 신원식 지명자의 다짐처럼 북 정권 궤멸을 보기 전에 남쪽 국민의 절반 이상이 피폭의 고통을 겪어야 한다.

그는 정말 이런 사실을 모르는 것일까? 짐짓 모르는 척하는 것일까? '부동시 미필' 대통령이 군과 핵에 대해 아무것도 모르면서 전쟁 불사를 외칠 때, 장군 출신답게 남북 전쟁이 얼마나 위험한지 알려줘야 하지 않겠는가.

최근 윤석열 정부와 내각 인사들의 거친 인사를 듣고 있다보면 문득 로마 시대의 검투사들을 보는 것 같아서 위태롭다.

한때 로마제국의 번영은 상상을 초월할 정도였다. 전 세계에서 온갖 물산이 끊이지 않고 공급되었고, 노예들 덕분에 일상생활에도 불편이 없었다. 그저 씹고 뜯고 맛보고 즐기면 되었다. 하지만 한 가지 걱정은 있었다. 엄청난 부를 모든 국민이 함께 누리지는 못하는 것이었다. 오늘날의 빈부격차가 그 시대에도 있었던 셈이다. 이 때문에 왕족과 귀족들은 늘 '반란'을 두려워했다. 평민들의 불만을 잠재우기 위해 고안된 것이 전차대회와 검투사 대결이었다. 오늘날로 말하면 일종의 '우민정책'이었다.

큰 부를 누리지는 못하지만 특별히 할 일도 없었던 대중들은 날이면 날마다 열리는 전차대회와 검투사 경기장을 찾았다. 특히 인기가 있었던 것은 검투사 경기였다. 세계적인 히트를 기록했던 〈스파르타쿠스〉나 〈글래디에이터〉 등의 영화가 바로 검투사를 주요 소재로 한 것이다.

목숨을 걸고 싸우는 검투사는 노예다. 마치 경마처럼 검투사에게는 많은 돈이 걸린다. 따라서 검투사 소유자들은 싸움 잘하는 검투사를 키우기 위해 많은 애를 쓴다. 잘 먹인다. 싸움 기술도 가르친다. 조금만 아파도 바로 치료를 해준다. 오늘날 수억 원을 호가하는 경마와 같은 대접이다.

하지만 검투사는 검투사일 뿐 일반 평민은 결코 될 수가 없다. 그들을 기다리는 건 늦든 빠르든 죽음뿐이다. 때로 좋은 주인을 만나 해방의 기쁨을 맛보는 검투사도 있고, 검투사 조련사로서 변신하는 경우도 있지만 대부분은 결투를 통해 죽음을 맞이한다. 노예의 숙명이다.

관중들은 자신이 돈을 건 검투사에게 열렬한 응원을 보내지만, 막상 그의 죽음을 애도하는 일은 없다. 다만 판돈의 상실에 안타까워하고 분노할 뿐이다.

지금 미국의 입장에서는 중국을 막기 위해 한국이 꼭 필요한 상황이다. 한국이 무엇을 요구하건 웬만한 것은 들어줘야 될 상황이다. 검투사를 키우려면 투자를 해야 하기 때문이다. 그런데 윤석열 정부는 자신이 검투사가 아닌 귀족이나 평민 관중이라도 되는 듯 착각을 하고 있는 것 같다. 미국이 필요로 하는 것이라면 무엇이든지 먼저 앞장서서 한다. 바이든의 소망에 따라 국민들의 질타에 아랑곳하지 않고 일본에 굴욕적인 관계개선을 시도하고 있고, 국민의 혈세를 국회 동의도 없이 우크라이나에 퍼부어주기로 약속했다. 이 역시 내년 대선을 앞두고 서서히 우크라이나와 손절해야 할 바이든의 요청이 아니면 이해할 수 없는 일이다.

바이든은 관중석에 앉아 그저 즐기면 되겠지만, 우리는 날마다 불안하다. 대한민국은 지금 관중석이 아니라 경기장 안에 들어와 있는 형국이기 때문이다. 오늘은 살아도 내일도 계속 살아있을지 알 수 없는 것이 검투사의 운명이다.

〈여론조사꽃〉 정례여론조사에 국민들의 불안이 잘 나타나 있다. "북한과 국지전 우려 등 최근 안보 상황에 대해 어떻게 생각하십니까?"라는 질문에 66.4%의 응답자가 "불안하다"고 답한 것이다(매우 불안하다 26.1%, 어느 정도 불안하다 40.3%).(표 50 참조) 특히 이 문제에 대해서는 60대(59.2%)와 70대(64.7%) 역시 우려가 컸다는 점이 눈에 띈다. 그리고 국민의힘 지지층을 제외한 모든 정당 지지자, 연령, 성, 권역 등을 가리지 않고 걱정된다는 응답이 50%를 넘었다.

〈스트레이트뉴스〉에서 실시한 여론조사 결과도 크게 다르지 않았다. "우리나라 안보 상황은?"이라는 질문에 "불안전"이라고 답한 사람이 61.3%로 나타났다.(표 51 참조)

한반도를 경기장 안의 검투사처럼 만들지 않기를 빌 뿐이다. 물론 그보다 더 좋은 일은 이처럼 위험천만한 인물이 계속 국군통수권을

대한민국 안보상황

Q. 북한과 국지전 우려 등 최근 안보 상황에 대해 어떻게 생각하십니까?

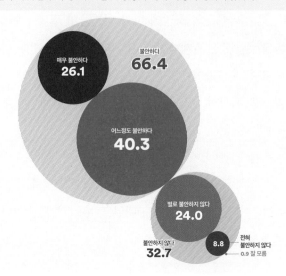

표 50. 여론조사꽃, 자체조사, 23.5.5~6

우리나라 안보 상황 인식

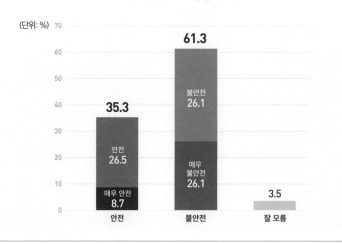

표 51. 조원씨앤아이, 스트레이트뉴스 의뢰, 22.11.5~7

가지고 있도록 하지 않는 일이다. 윤석열 퇴진에서 윤석열 탄핵으로 점차 변화하면서 더욱 커지고 있는 촛불 시민의 목소리를 윤석열 정부가 귀담아 들었으면 좋겠다.

참, 그나마 다행스러운 일도 하나 있다. 정작 우리 국군에게는 '전시작전권'이 없다는 사실이다. 노무현 대통령이 그토록 힘을 썼지만 '똥별'들의 반대로 끝내 찾아오지 못했던 전시작전권이 이처럼 일촉즉발의 상황에서 작은 위안이 된다니, 아이러니가 아닐 수 없다.

시일야방성대곡;
곡소리 나는 대한민국

"아이고, 아이고…." 20여 년 전만 해도 장례식장을 찾으면 문상객과 상주가 '곡소리'를 주고 받았다. 그것이 예의고 미풍양속이었다. 더 오래전에는 돈을 주고 곡소리 잘하는 여인네들을 고용했다. 울음소리가 크고 구성질수록 효심이 지극하다 여겼고, 망인이 더 좋은 곳으로 간다고 여겼다. 지금은 어떤 장례식장에서도 찾아보기 어려운 풍경이다.

그런데 여기저기서 숨죽인 울음소리가 들려온다. 그 어떤 미래도 눈에 잡히지 않는 N포 세대 청년들의 울음, 수입은 점점 줄어드는데 물가는 치솟는다. 청년들의 울음에 서민들의 한숨과 눈물이 포개진다. 원전 마피아와 토건족들이 다시 활개를 치면서 우리 국토도 신음하고 있다. 2023년 대한민국은 여기저기서 곡소리가 끊이지 않는다.

대통령실에 어른거리는 천공의 그림자

======

다음 중 가구가 아닌 것을 고르시오.

1. 침대   2. 장롱   3. 전화기   4. 화장대

1990년대 어느 초등학교에서 출제된 실제 시험문제다.

꽤 많은 학생이 '침대'를 정답으로 고르면서 오답이 속출했다. 당시 어린이들까지 다 알고 있을 정도로 유명했던 어느 침대 회사의 광고 카피 때문이었다.

"침대는 가구가 아닙니다. 과학입니다."

그런데 세월을 훌쩍 뛰어넘은 2023년, 매우 유사한 일이 벌어졌다. 대통령실을 비롯해 집권 여당인 국민의힘까지 나서서 새로운 광고 카피를 전 국민에게 홍보하고 나선 것이다.

"풍수는 미신이 아닙니다. 과학입니다."

첫 발단은 김종대 전 정의당 의원이다. 군사전문가이기도 한 그는 2022년 12월 5일, TBS라디오 〈김어준의 뉴스공장〉에 출연해 "국방부 고위 관계자에게 지난 3월(2022년 3월) 윤석열 정부 출범을 앞두고 육군참모총장 공관과 서울사무소에 천공이 다녀갔다는 증언을 들었다."고 주장했다. 즉, 대통령 관저 이전 예정지가 육군참모총장 공관에서 갑작스레 한남동 외교부장관 공관으로 바뀐 이유가 '천공'의 개입 때문이라는 이야기였다. 대통령실과 육군참모본부, 여당이 모두 발끈했다.

잠시 잠잠했던 '천공 개입설'은 두어 달 뒤인 2023년 2월에 다시 불거졌다. 부승찬 전 국방부 대변인이 자신의 저서 『권력과 안보』(문재인 정부 국방비사와 천공 의혹)에서 천공이 육군참모총장 공관을 다녀갔다는 주장을 펼친 것이다. 『권력과 안보』는 부 전 대변인이 재임 500일 동안 쓴 일기를 주제별로 구성한 책이다. 당연히 대통령실은 이를 부인했다.

몇 달 동안의 수사 끝에 경찰은 천공이 한남동 육군참모본부를 다녀간 적이 없다고 결론을 내렸다. 이에 따라 김종대 전 의원과 부승찬 전 대변인 등 6명을 '정보통신망법상 명예훼손' 등의 혐의로 검찰에 송치했다.

그런데 '천공 개입설'은 2023년 7월, 천공이 아닌 '풍수 전문가'가 경찰 수사망에 잡히면서 엉뚱한 방향으로 흘러가기 시작했다. 애초 "천공이 다녀간 적이 없다."고 했던 대통령실의 해명이 그야 말로 '눈 가리고 아웅'이었기 때문이다. 김종대 전 의원과 부승찬 전 대변인이 문제로 삼은 것은 분명 '천공'이었지만 중요한 것은 천공 그 자체가 아니라 국가 대사를 일개 무속인에게 맡긴 점이었다.

이제 대통령실은 자칭 타칭 '풍수전문가' 백재권 교수 옹호에 사활을 걸 수밖에 없게 되었다. 대통령실 이전을 결정할 당시 전문가위원회를 소집하거나 국민 여론을 수렴하는 등 공개적인 절차 없이 '풍수 전문가' 한 사람에게 의존했다는 의혹이 점점 커졌기 때문이다. 즉 대통령실과 여당 입장에서는 백재권 교수가 대통령실 이전을 조언할 만큼 충분한 '자격'을 갖추었다는 걸 증명하지 않으면 안 되는 상황이 된 것이다.

윤석열 대통령은 후보 시절부터 '무속'과 관련한 많은 의혹을 달고

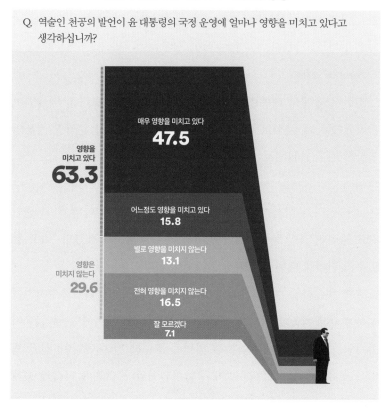

천공의 발언과 윤 대통령의 국정운영 방향

Q. 역술인 천공의 발언이 윤 대통령의 국정 운영에 얼마나 영향을 미치고 있다고 생각하십니까?

영향을
미치고 있다
63.3

매우 영향을 미치고 있다
47.5

어느정도 영향을 미치고 있다
15.8

별로 영향을 미치지 않는다
13.1

영향은
미치지 않는다
29.6

전혀 영향을 미치지 않는다
16.5

잘 모르겠다
7.1

표 52. 여론조사꽃, 자체조사, 22.12.25~26

다녔다. 강한 부인에도 불구하고 TV 토론 당시 손바닥에 왕王자를 쓰고 나오는 등 의혹은 쉽게 풀리지 않았다. 많은 국민이 대통령의 국정 운영에 천공으로 상징되는 무속인이 상당한 영향을 미친다고 의심하고 있었다.

'대통령실 이전 천공 개입설'이 한창이던 2022년 12월 〈여론조사꽃〉의 정례여론조사 결과를 보면 당시 국민 여론을 확인할 수 있다.

"역술인 천공의 발언이 윤 대통령의 국정 운영에 얼마나 영향을 미치고 있다고 생각하십니까?"라는 질문에 63.3%의 응답자가 "영향을 미치고 있다"고 답했다(매우 영향을 미치고 있다 47.5%, 어느 정도 영향을 미치고 있다 15.8%).(표 52 참조)

이런 상황에서 대통령실 이전에 (천공은 아니지만) 또 다른 역술인이 관여했다는 게 사실로 밝혀지면 취임 1년을 갓 넘긴 윤석열 정부의 입장은 매우 난처해질 수밖에 없었다.

이때 '흑기사'로 나선 국민의힘의 '쉴드'가 참 눈물겨웠다. "백 교수는 풍수지리학 석사, 미래예측학 박사로서 풍수지리학의 최고 권위자로 불리며 그간 풍수지리학에 대한 다수의 자문을 해왔다."라고 김민수 국민의힘 대변인이 말하고 나선 것이다.

요즘 젊은이들 어법을 잠시 빌리자면 '그래서 뭐?'다. '풍수지리학 석사에 미래예측학 박사'면 대통령 관저 이전에 간여해도 된다는 이야기인가? 그렇다면 김종대 전 의원과 부승찬 전 대변인이 '천공 개입설'을 주장했을 때 그건 '백재권 박사님이었다'고 왜 당당하게 공개하지 못했는가. 그러면서 김 전 의원과 부 전 대변인을 고발한 것은 무슨 의도인가.

김민수 대변인에 이어 김병민 최고위원이 "여러 전문가, 그 가운데 풍수 전문가의 조언을 받은 것에 불과하고 이분의 의견이 실제 관저에 반영되지도 않았다."는 식의 변명을 내놓았지만, 이 이야기를 믿는 사람은 거의 없었다. 어떤 전문가들이 어떤 조언을 했는지 전혀 알려지지 않았기 때문이다. 게다가 '1급 보안'을 요하는 지역에 민간인을 공공연히 출입시켰다는 사실도 큰 문제다. 박근혜 국정 농단 사건 당시 최순실의 행적을 자연스럽게 떠올리게 하는 행태가 아닐 수 없다.

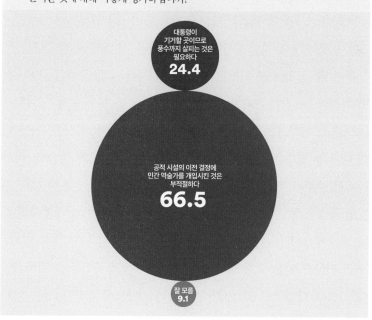

Q. 육군참모총장의 공관을 방문한 사람은 천공이 아니라 풍수지리가 백재권 씨라고 경찰이 밝혔습니다. 대통령 관저 이전을 결정하는 과정에 관상가·풍수지리가가 관여한 것에 대해 어떻게 평가하십니까?

대통령이 기거할 곳이므로 풍수까지 살피는 것은 필요하다
24.4

공적 시설의 이전 결정에 민간 역술가를 개입시킨 것은 부적절하다
66.5

잘 모름
9.1

표 53. 여론조사꽃, 자체조사, 23.7.28~29

　　그렇다면 우리 국민들은 뜬금없는 풍수전문가의 등장을 어떻게 평가했을까? 〈여론조사꽃〉의 정례여론조사에 그 결과가 잘 나와 있다. "대통령 관저 이전을 결정하는 과정에 관상가 · 풍수지리가가 관여한 것에 대해 어떻게 평가하십니까?"라는 질문에 66.5%가 "부적절하다"라고 답했다. 반면에 "대통령이 기거할 곳이므로 풍수까지 살피는 것은 필요하다"라고 답한 사람은 24.4%였다.(표 53 참조) 하지만 24.4%의 사람도 깜빡 잊고 있었던 사실은 풍수지리'까지' 살핀 게 아니라 풍수

지리'만' 살폈을 가능성이 매우 높다는 점이다.

1990년대에 '침대는 가구가 아닌 과학'이라는 광고에 많은 어린 학생들이 깜빡 넘어갔던 것처럼 2023년 윤석열 정부와 국민의힘은 '풍수는 무속이 아니라 과학'이라는 주장을 국민들이 믿어주리라 생각했을지 모르겠다. 하지만 상황은 뜻대로 흘러가지 않았던 것 같다.

풍수지리를 폄하할 의도는 전혀 없다. '침대는 과학'이라는 말이 결코 과장이 아니라는 걸 잘 알고 있는 것처럼 풍수 역시 많은 과학적 근거를 가지고 있을 것이라 생각한다. 하지만 '침대는 과학'이라는 믿음 때문에 '침대는 가구가 아니다'라고 말할 수는 없지 않은가. 마찬가지로 풍수가 과학적 데이터에 기반한 학문이라고 믿는다 해도 민간인 풍수학자가 '암암리에' 1급 보안시설을 출입하면서 대통령의 정책 결정에 영향을 줘도 된다는 뜻은 아니다. 혹시 여당의 주장대로 '여러 전문가' 가운데 한 명으로 출입하고 나름의 조언을 한 것이라면 어느 정도 타당성이 있겠지만, 몇 달이 지나도록 정부 여당은 이와 관련해 어떤 추가 해명도 내놓지 않고 있다.

무속인과 풍수가가 대통령의 정책을 좌우하는 나라. 오늘도 전국 방방곡곡에서 터져 나오는 곡소리가 구중궁궐 속 그들의 귀에는 들리지 않는 것 같다.

전세 사기, 청년만의 문제가 아니다

2023년 9월. 추석을 전후한 핫 이슈가 이재명 민주당 대표의 단식과 체포동의안 가결 그리고 구속영장 기각 등 '이재명'으로 수렴되었다면 추석 이후 기나긴 연휴를 가장 뜨겁게 달궜던 이슈는 강서구청장 보궐 선거였다. 정치컨설턴트의 한 사람으로서 당연히 관심이 컸고, 주의 깊게 여러 가지 상황을 살폈다. 결론은 '야당이 지려고 해도 지기 어려운 선거'라는 것이었다.

필자가 강서구청장 보궐선거에 관심을 가진 또 다른 이유는 2022 년과 2023년에 걸쳐 서민들을 울린 '전세사기'의 주요 무대 중 하나가 바로 강서구였기 때문이다. 게다가 선거운동이 한창이던 10월 4일 국민의힘 김태우 후보가 분당과 서울 성수동에 각각 10억짜리 아파트를 보유하고 있으면서 정작 자신이 구청장으로 재직했던 그리고 다시 구청장을 하겠다고 출마한 강서구에는 '전세 1,000만 원'짜리 빌라에 살고 있다는 사실이 밝혀졌기 때문이다. 이래저래 강서구는 '전세'와 관련된 이슈로 필자의 관심을 끈 셈이다.

인간 생활의 기본 요소로 '의식주'衣食住를 꼽는다. 단어 그대로 옷과 음식과 집이다. 세 가지 모두 기본적이고 필수적이지만 '비용'으로만 따지면 주住와 의식衣食은 차이가 매우 크다. 옷과 음식은 한 달에 몇십만 원으로도 해결할 수 있지만 집은 (계약 형태가 다양하긴 하지만) 최소한 몇백만 원 단위 이상이 필요하다. 흔히 말하는 '보증금'을 낮추면 매달 들어가는 월세 부담이 장난이 아니다. 역대 정부가 무엇보다 부동산 문제 해결에 큰 관심을 기울인 이유다.

그래서 옷을 빼앗기고 음식을 빼앗기면 그 충격이 아무리 크더라도 며칠이면 회복된다. 금전적으로도 엄청난 손해가 아니다. 하지만 집을 빼앗기면 그 충격은 '삶' 자체를 빼앗긴 것처럼 크다. 단순히 비용의 문제만이 아니라 삶의 터전을 빼앗기는 것이기 때문이다. 그런 점에서 서민들을 거리로 나앉게 만드는 전세사기는 악질 중의 악질 범죄다. 형법상 명칭은 '사기'지만 실제 충격은 '살인'에 버금간다.

차근차근 밝혀지고 있는 바에 따르면 전세사기 피해는 강서지역만이 아닌 전국 곳곳에서 일어났다. 피해구체 방안이 논의되고 있는 와중에도 여러 명의 피해자가 스스로 목숨을 끊었다. 당장의 대책도 미흡하지만 앞으로도 피해를 보상받을 희망이 거의 없다고 느꼈기 때문일 것이다. 주무부처인 국토교통부 원희룡 장관의 눈은 온통 국민이 아닌 용산에 가 있는 것 같고, 앞장서서 정부에 해결을 요구해야 할 집권 여당은 야당 탓하기에 바쁘다.

남 탓이 습관인 것 같다. 부동산 정책이라는 게 단기간에 효과를 보는 게 아니니 문재인 정권의 책임도 없다고는 할 수 없겠지만, 집권한 지 1년이나 된 정부가 모든 걸 전 정부 탓으로 돌리는 건 무책임의 극치다.

집에 불이 나면 먼저 불부터 꺼야 한다. 불이 난 원인을 살펴서 재발 방지책을 세우거나 불을 낸 사람이 있다면 그때 가서 처벌을 하면 된다. 그런데 윤석열 정부와 여당은 불을 끄고 사람 구하는 건 뒷전이고 책임 공방부터 하자고 달려든다. 그러는 동안 피해는 자꾸 늘어나고, 애꿎은 희생자의 숫자도 늘어난다.

해법은 이미 여러 군데서 제시했다. 가장 먼저 귀담아 들어야 할 것은 피해자들의 목소리다. 무엇이 필요한지 가장 잘 아는 게 바로 피해자들 본인이기 때문이다. 피해자들이 원하는 건 보상이니 배상이니, 자격이니 요건이니 하는 복잡한 셈법이 아니다. 그냥 보증금만 돌려받을 수 있으면 된다. 전액이 아니어도 좋다. 시간이 걸려도 좋다. 일단 삶의 터전을 유지할 수 있도록, 그 집에서 그냥 살 수 있도록 해주면 된다. 일부 악플러들이 댓글에 단 것처럼 '이 참에 돈 좀 만

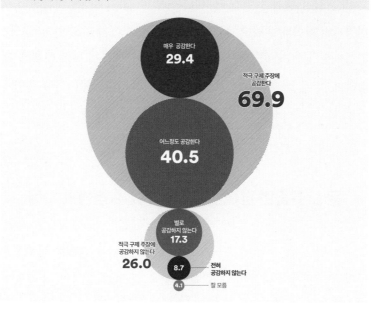

Q. 재정 투입을 통해 전세 사기 피해자를 보다 적극적으로 구제해야 한다는 주장에 대해 어떻게 생각하십니까?

매우 공감한다
29.4

적극 구제 주장에
공감한다
69.9

어느정도 공감한다
40.5

별로
공감하지 않는다
17.3

적극 구제 주장에
공감하지 않는다
26.0

8.7

전혀
공감하지 않는다

4.1 —— 잘 모름

표 54. 여론조사꽃, 자체조사, 23.4.28~29

져보자' 하는 사람은 단 한 사람도 없다. 하지만 국토부는 앞뒤 재고, 위아래 재면서 온갖 복잡한 조건을 들이대 피해자들마저 두 갈래 세 갈래로 등급을 나눴다. 피해자들을 두 번 세 번 울리는 못된 짓이다.

〈여론조사꽃〉 정례여론조사에서 전세사기 피해자들을 위해 정부에서 충분히 역할을 하고 있는지 물었다.

"정부가 공공매입, 임차인 보증금 우선 변환 등 재정 투입을 통해 전세 사기 피해자를 보다 적극적으로 구제해야 한다는 주장에 대해 어떻게 생각하십니까?" 이 질문에 69.9%의 응답자가 "공감한다"고 답했다.(표 54 참조) 연령, 이념성향, 성별, 권역별 차이는 거의 없었다. 온 국민이 정부의 적극적인 재정 대책 수립을 원한다는 뜻이다.

무슨 일이 생기면 먼저 빠져나갈 궁리만 하지 말고, 머리 짜내서 변명거리 찾아내지 말고, 애꿎은 전 정부 들먹이지 말고 한 번이라도 진심으로 사과하고, 사죄하고, 피해자 곁에 서서 그들의 아픔에 공감하고, 눈물을 닦아주는 모습을 보고 싶다. 비록 악어의 눈물일지라도.

윤 대통령의 百日之 교육대계와 수험생의 눈물

"선무당이 사람 잡는다!"는 속담이 있다. 선무당은 제대로 몸주신을 받지 못했거나 신당을 꾸려 점이나 굿을 할 만큼 실력이 되지 않는 미숙한 무당을 말한다. 한자 성어로는 생무살인生巫殺人이라고 한다. 의술에 서투른 사람이 치료해준다고 하다가 사람을 죽이기까지 한다는 뜻이다. 능력도 없으면서 함부로 나섰다가는 큰일을 치르게 된다는 걸 비유적으로 이르는 말이다.

우리는 이미 2022년 5월부터 아주 큰 선무당을 한 분 모시고 살고 있다. 바로 윤석열 대통령이다. 윤 대통령은 어떤 현장에 가든 '내가 해봐서 아는데'로 시작했던 이명박 전 대통령도 명함을 내밀기 어려울 정도로 세상에 모르는 게 없고, 모든 일에 전문가다. 검사 시절 다양한 사건 수사를 통해 알게 된 짧은 '경험'을 '전문적 지식'으로 착각하고 있는 게 아닌가 하는 의견이 많지만, 그 속내를 정확히 알기는 어려울 것 같다.

어쨌든 만사에 전문가로 감 놔라 배 놔라 하면서도 정작 책임은 지지 않는 윤 대통령이 또 한 번 대한민국을 뒤집었던 일이 있다. 이른바 '킬러문항 배제 지시'다. 입시가 5개월도 채 남지 않은 2023년 6월이었다. 뜬금없이 시작된 '교육계 이권 카르텔' 타령이 '킬러 문항 배제 지시'로 이어지면서 당장 시험을 쳐야 하는 고3 수험생과 학부모는 물론 출제 담당자도, 입시 지도자도 모두 '멘붕'에 빠졌다. 〈연합뉴스〉에 따르면 "윤 대통령이 조국 전 서울대 교수 딸의 대입 부정 사건 등을 처리하면서 부패 카르텔의 실체에 대해서도 풍부한 식견을 갖췄다."며 "검찰 시절부터 수능 문제를 매년 검토해 교육 전문가 못지않은 지식을 갖고 있다."라고 부연했다고 전하고 있다.

서당 개 삼 년이면 풍월을 읊고, 식당 개 삼 년이면 라면을 끓인다더니, 검사 생활 27년이면 '전문가 못지않은 지식'을 갖추게 되는 모양이다.

하지만 무엇이든 지나친 건 모자람만 못한 법. '근자감' 충만한 선무당이 나서서 '감 놔라 배 놔라' 간섭하기 시작하면 바다로 가야 할 배가 산으로 가고 만다. 실제로 윤 대통령의 킬러문항 배제 지시는 교육계의 커다란 혼란으로 이어졌다.

정부와 여당은 여론의 질타가 이어지자 '교육계 이권 카르텔 타파' '일타강사의 억대 수입 세무조사' 등으로 학원비 등에 부담이 큰 학부모들의 시선을 돌리려고 애썼다. 아울러 출제 경향 변경 등 입시제도에 대한 개혁은 본래 대통령 당선 시절부터 관심이 컸고, 교육부 등에 수시로 지시를 했는데 제대로 지켜지지 않아서 시기가 6월까지 미뤄지게 되었다고 해명(이라고 쓰고 변명이라고 읽는다)했다.

하지만 정부와 여당이 어떤 식으로 변명을 해도 한 명 한 명이 교육전문가인 학부모들의 눈을 속일 수는 없는 법. 60%를 훌쩍 넘는 국민이 정부 여당의 이야기를 믿지 않았다.

〈여론조사꽃〉 정례여론조사 결과를 보자. "킬러문항을 없애면 사교육비 경감에 도움이 될 것이라 생각하십니까?"라고 물었더니 63.3%가 "과도한 경쟁과 대학 서열화가 사교육 원인이므로 난이도 조절로 사교육비가 줄어들지 않을 것이다"라고 답했다. 반면에 "사교육비가 경감될 것이다"라고 답한 응답자는 27.6%에 불과했다.(표 55 참조)

킬러 문항과 사교육비

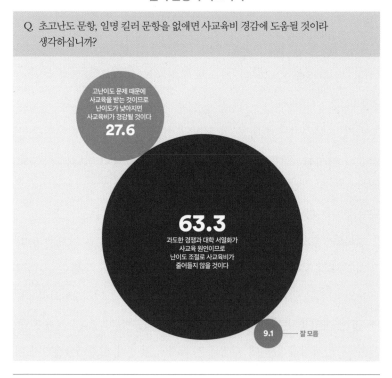

Q. 초고난도 문항, 일명 킬러 문항을 없애면 사교육비 경감에 도움될 것이라 생각하십니까?

고난이도 문제 때문에 사교육을 받는 것이므로 난이도가 낮아지면 사교육비가 경감될 것이다
27.6

63.3
과도한 경쟁과 대학 서열화가 사교육 원인이므로 난이도 조절로 사교육비가 줄어들지 않을 것이다

9.1 — 잘 모름

표 55. 여론조사꽃, 자체조사, 23.6.23~24

그림 12. 평화나무, 23.6.21, [미디어시립] 5년 전 천공 "수능 폐지"…윤석열은 받들고?

> **교육敎育. 가르칠 교敎, 기를 육育. 지식과 기술 따위를 가르치며 인격을 길러 줌.**
> ― 표준국어대사전

국어사전이 일러주는 '교육'의 정의다. 학교는 '지식'과 '기술' 따위만 가르치는 곳이 아니라 '인격'도 길러준다. 김채빈 기자의 2023년 8월 15일자 〈이투데이〉 기사에는 "윤 대통령은 대통령 후보 시절 한 TV 예능 프로그램에 출연해 부친의 엄격한 성격에 대해서 말하기도 했다. … "대학생 때 늦게까지 놀다가 아버지한테 맞기도 했다"고 말했다."는 이야기가 나온다.

자식에게 매질까지 하면서 '공부'를 시켰다는 윤 대통령의 아버지가 자식의 '인격' 교육에도 함께 신경을 썼다면 어땠을까, 아쉬운 부분이다.

그런데 윤 대통령의 '선무당' 노릇이 비유가 아니라 '실제상황'일지도 모른다는 의구심을 가진 사람들이 제법 많다. 그 발단은 자칭 윤 대통령의 멘토라고 자신을 소개했던 무속인 천공의 유튜브 방송에서 윤 대통령이 한 발언과 매우 비슷한 발언을 한 영상이 발견되었기 때문이다.

많은 사람이 '천공 → 윤석열 대통령' 라인을 의심하는 이유는 이번처럼 윤 대통령의 문제 발언이 터진 뒤에 천공의 비슷한 발언이 담긴 유튜브 화면이 발견되는 일이 몇 차례씩 반복되었기 때문이다.

논란이 될 때마다 윤 대통령과 정부, 여당은 극구 부인하지만 이들에게 딱 맞는 옛날 속담이 또 하나 있다. "아니 땐 굴뚝에 연기 나랴."

RE100이 뭔가요?

언젠가 SNS에서 '일해라 절해라'를 봤다. 맞춤법에 어두운 일부 학생들이 '이래라 저래라'를 '일해라 절해라'로 쓴다는 얘기였다. 농담인 줄 알았더니 아니었다. 이 정도는 약과라면서 후배가 보내준 글을 보니 정말 '가관'이었다.

'받아쓰기'를 '바다쓰기'로 받아쓰는 정도는 애교였다. 눈을 부랄이다(부라리다), 호위호식(호의호식), 감 나라, 배 나라(감 놔라, 배 놔라), 바람물질(발암물질), 느린느린(느릿느릿)….

맞춤법의 수준이 곧 문해력의 수준이다. 단어의 뜻을 제대로 모르는데 어찌 문장의 뜻, 나아가 글 전체의 의미를 파악할 수 있겠는가.

우리 아이들의 문해력 수준이 심각하다는 이야기가 나온 지 한두 해가 아니건만 뾰족한 답이 없다. 어릴 때부터 책만 조금씩 읽게 해도 자연스럽게 없어질 문제인데, 초등학생 때부터 먼 미래의 '입시'를 걱정하느라 오직 성적 올리기에만 열중하다 보니 책을 읽을 시간이 없다. 마치 경주마처럼 눈가리개를 한 채 오직 앞만 보고 달리는 아이들을 어찌 탓할 수 있을까. 문제는 그 부모들 그리고 이런 사회를 만든 우리 기성세대가 아니겠는가. 하지만 성인이 되어서도 문해력에 문제가 있다면, 그건 진짜 문제다. 누구를 원망할 수도 탓할 수도 없는 자신의 문제이기 때문이다.

2022년 2월 3일, 이재명 후보와 윤석열 후보의 첫 대선후보 TV 토론. KBS · MBC · SBS 등 방송3사가 합동으로 중계한 당시 토론회에서 이 후보가 "RE100에 어떻게 대응할 것이냐?"고 묻자 윤 후보는 "RE100이 뭐죠?"라고 되물었다. 또 "EU택소노미를 어떻게 생각하느냐?"는 질문에도 "들어본 적 없으니 알려달라."고 설명을 부탁했다.

모르는 걸 물어보는 건 나쁜 게 아니다. 오히려 권장해야 할 일이다. 하지만 그런 '겸손함' 하고는 상관없이 적어도 한 나라의 대통령이 되겠다고 나선 사람이 전 세계적인 화두가 되고 있는 환경 · 기후 관련 용어 정도는 알아야 하지 않겠는가. 국민들은 모두 대통령의 문해력을 걱정했다.

RE100은 기업들이 2050년까지 풍력 · 태양광 등 재생에너지로만 제품을 생산하겠다는 자발적 약속이다. 택소노미는 녹색분류체계로 기후 · 환경친화적 산업활동을 구별해 투자와 세금 지원 등의 기준으로 활용된다.

당시 국민의힘에서는 "장학퀴즈 하냐." 하면서 이재명 후보를 비난했지만, 이재명 후보는 어려운 퀴즈로 상대 후보를 당황시키려고 그런 질문을 던진 것이 아니다. 질문의 의도는 '환경과 기후 문제에 대한 윤 후보의 의견'을 확인하자는 것이었다. 논쟁을 하건 박수를 치건, 그건 다음 문제다. 그런데 윤 후보가 대뜸 "RE100이 뭐죠?"라고 되물었으니 당황한 건 오히려 이 후보와 시청자들이었다.

그때로부터 1년 8개월여가 지난 지금, 윤석열 후보는 대통령이 되어 있다.

그동안 대통령은 환경과 기후에 대해 얼마나 공부했을까? 짐작건대 대통령의 환경·기후 과외교사 혹은 조언자는 '원전 마피아' 쪽 사람들이었던 것 같다. '원전 확대'가 곧 환경보호 대책이라는 어처구니없는 주장을 펴기 시작한 것이다. 전 세계적인 탈원전 움직임에는 눈을 감은 채 일부 국가의 원전 재가동에만 초점을 맞춘 원전 지상주의자들의 주장과 한 치도 다른 게 없었다.

그리고 '문재인 지우기'가 필생의 과업인 것처럼 지난 정부에서 만들어진 태양광 등 친환경 발전방식을 철저히 무시하기 시작했다. 자칭 '친기업 정부'를 내세운 윤석열 정부가 정작 'RE100' 역행이 우리 기업들에게 얼마나 큰 부담이 될 것인지도 관심이 없었다. 문재인 정부의 친환경 사업이 성공적으로 추진된다고 해도 RE100을 제대로 이행할 수 있을지 담보할 수 없을 정도로 낙후된 상황에서 그마저 폐지, 축소, 보류로 일관하기 시작했다. 바이든의 압박이 아니어도 기업들의 해외 이전은 어쩌면 이미 예정되어 있었는지도 모르겠다.

그리고 갑자기 '전기요금 폭탄' 이슈가 떠오르기 시작했다. 발단은 어마어마하게 커진 한전의 적자를 어떻게 해소할 것인가였다. 하지만 한전이 적극적인 자구책을 내놓는 대신 '전기요금 현실화' 등의 이슈를 들고 나왔다. 여기에 부화뇌동한 '원전 마피아'들이 '한전의 부실은 문재인 정부의 탈원전 정책 때문'이라는 주장을 시작했다. 이는 곧바로 원전을 더 지어야 문제가 해결된다는 논리로 이어졌다.

당시 윤석열 대통령이 국무회의(23.5.16)에서 한 말을 한번 들어보자.

"탈원전과 방만한 지출이 초래한 한전 부실화는 한전채의 금융시장 교란을 더 이상 놔둘 수 없는 상황에 이르렀습니다."
"과학에 기반하지 않고 정치이념에 매몰된 (문재인 정부의) 국가정책이 국민에 어떤 피해를 주는지 여실히 보여주고 있습니다."

하지만 과연 국민들도 윤석열 대통령의 이야기, 즉 원전 마피아들의 주장을 곧이곧대로 받아들였을까? 아니다. 이는 대통령의 발언이 있었던 바로 그 주에 이뤄진 〈여론조사꽃〉의 정례여론조사에 그대로 드러난다.

"윤석열 대통령은 전기요금 인상이 탈원전 때문이라고 주장합니다. 얼마나 공감하십니까?"라는 물음에 "탈원전 때문이라는 주장에 공감하지 않는다"는 응답이 절반 이상인 55.3%에 달했다(전혀 공감하지 않는다 31.5%, 별로 공감하지 않는다 23.8%).(표 56 참조)

이보다 앞선 2022년 9월 〈리얼미터〉에서도 기후변화와 관련, 이와 유사한 설문조사를 진행했다. 〈리얼미터〉 설문조사 역시 원전 확대가 아닌 '재생에너지 강화'에 더 많은 사람이 공감한다는 결과를 보여주고 있다. 기후변화에 대응하기 위해 원전 비중을 확대하는 데 대해서는 51.4%의 응답자가 반대 의견을 나타냈고(매우 반대 36.9%, 반대하는 편 14.4%), 찬성하는 응답자는 40.7%(매우 찬성 26.2%, 찬성하는 편 14.6%)였다. 한편 기후변화에 대응하기 위해 재생에너지를 강화하는 데 대해서는 64.0%의 응답자가 찬성 의견을 나타냈다(매우 찬성 40.3%, 찬성하는 편 23.7%). 원전에 찬성하는 국민 가운데도 20%p 이상이 재생에너지

전기요금 인상의 원인

Q. 윤석열 대통령은 전기요금 인상이 탈원전 때문이라고 주장합니다. 얼마나 공감하십니까?

매우 공감한다
21.8

탈원전 때문이라는
주장에 공감한다
40.3

어느정도
공감한다
18.5

별로
공감하지 않는다
23.8

탈원전 때문이라는
주장에 공감하지 않는다
55.3

전혀
공감하지 않는다
31.5

잘 모름 **4.4**

표 56. 여론조사꽃, 자체조사, 23.5.19~20

기후변화 대응

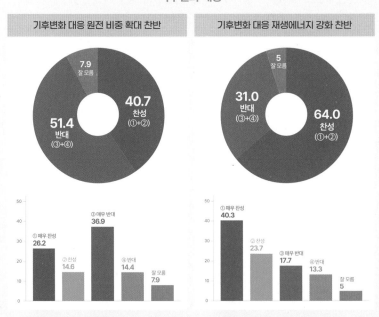

기후변화 대응 원전 비중 확대 찬반	기후변화 대응 재생에너지 강화 찬반

7.9
잘 모름

51.4
반대
(③+④)

40.7
찬성
(①+②)

5
잘 모름

31.0
반대
(③+④)

64.0
찬성
(①+②)

①매우 찬성
26.2

②찬성
14.6

③매우 반대
36.9

④반대
14.4

잘 모름
7.9

①매우 찬성
40.3

②찬성
23.7

③매우 반대
17.7

④반대
13.3

잘 모름
5

표 57. 리얼미터, 에너지경제신문, 22.9.26~27

강화를 요구한 셈이다.(표 57 참조)

어쩌면 미필 대통령도 알고 있을지 모르지만 대한민국 군대에서 유래된 오랜 '비속어'가 하나 있다. '*도 모르면서 탱자탱자 한다'는 말이다. 대통령이 알건 모르건 정확한 뜻 설명은 생략하겠다. 다만 RE100도 모르면서 환경 전문가인 척, 알 건 다 안다는 식으로 나서지 않았으면 좋겠다는 게 미래 환경을 생각하는 국민들의 간절한 바람이다.

악어의 눈물조차 보이지 않는 정부

======

#1.

2022년 8월 9일, 서울에 물폭탄이 쏟아졌던 그날, 서울 신림동 반지하주택에 살던 일가족 3명이 참변을 당했다. 40대 발달장애인과 이를 돌보던 동생 그리고 10대 초등생 딸이었다. 상황을 눈치챈 이웃들이 가족을 구하기 위해 백방으로 힘을 썼지만 맨손으로는 창문을 가로막고 있는 쇠창살을 뜯어낼 수가 없었다. 경찰은 신고를 접수받고 40분 뒤에 도착했다.

전국적으로 애도의 글이 이어졌다. 그런 한편 '재난 컨트롤타워는 어디 있었는가!' 비난의 화살이 대통령과 총리, 행정안전부 장관에게 쏟아졌다. 특히 대통령이 재난상황실을 지키지 않고 '퇴근을 했다'는 사실이 알려지면서 비난 여론은 더욱 커졌다.

이튿날인 8월 10일. 윤석열 대통령은 재난 현장을 찾았다. 하지만 마치 무슨 일이라도 있었냐는 듯 태평한 그의 발언은 성난 민심에 기름을 부은 격이 되었다.

"제가 퇴근하면서 보니까 벌써 다른 아파트들이, 아래쪽에 있는 아파트들은 벌써 침수가 시작되더라고요."

남의 일처럼 말하는 유체이탈 화법도 문제지만, 재난 상황을 자신의 눈으로 보면서도 퇴근을 했다는 이야기가 아닌가. 참사 당일 "대통령이 있는 곳이 곧 상황실"이라는 대통령실의 억지주장에 이미 국민의 분노 게이지는 오를 대로 오른 상태였다. 휴대폰으로 재난 상황을 지휘했다는 대통령실의 해명을 접한 국민들은 '컨트롤타워가 아닌 폰트롤타워'라며 대통령을 조롱했다.

게다가 그날 현장 사진 속 윤 대통령은 하얀 운동화를 신고 있었다. 수해 재난 현장을 방문하는 대통령의 모습이라고는 전혀 생각되지 않는 모습이었다. 여기에다 상황 파악도 전혀 안 된 듯한 대통령의 모습이 영상을 통해 고스란히 국민들의 안방까지 전해졌다.

윤 대통령: 몇 시예요? 사고 일어난 게?

피해 주민: 22시쯤에….

윤 대통령: 아… 주무시다 그랬구나.

피해 주민: 아닙니다. 큰딸이 장애가 있어서….

윤 대통령: 아 그분이 장애인이시구나.

#2.

2022년 10월 29일 할로윈데이, 서울 이태원. 이국적 풍광으로 유명한 이태원 거리는 여러 나라 젊은이들의 열기로 가득했다. 기나긴 코로나19 사태 이후 처음 맞이하는 젊음의 축제. 들뜬 마음으로 이 집 저 집, 이 골목 저 골목을 오가던 젊은이들이 어느 순간 언덕길을 가득 메운 채 꼼짝도 하지 못했다. 언덕 아래쪽에서는 "밀지 마! 밀지 마!" 다급한 외침이 쏟아졌지만 언덕 위에서는 인파가 계속 밀려오고 있었다. 119와 112 비상전화가 빗발치듯 쏟아졌다. 하지만 수많은 인파를 통제해야 할 경찰은 대통령 경호에 차출돼 거의 나타나지 못했다. 119구급대원들만 부족한 인원에도 불구하고 이리 뛰고 저리 뛰며 혼신의 힘을 기울였지만 역부족. 결국 159명의 생때같은 생명이 눈도 감지 못한 채 또 다른 세상으로 떠나고 말았다.

수십 만의 인파가 몰렸음에도 거의 통제를 하지 못했던 경찰에 1차 비난이 쏟아졌다. 매년 해오던 대규모 축제에 대한 대비책이 전혀 없었던 용산구청에 대한 비난과 비판이 이어졌다. 이윽고 비난의 화살은 이 모든 사태의 중심에 서 있는 대통령에게 향했다. 2022년 8월 17일, 취임 100일의 특별 기자회견에서 "국민 안전은 국가의 무한책임입니다. 국민들께서 안심하실 때까지 끝까지 챙기겠습니다."라고 했던 윤석열 대통령의 말을 똑똑히 기억하고 있었기 때문이다. 그날은 신림동 참사가 벌어진 지 열흘도 채 되지 않은 때였다.

대통령실과 정부 여당은 여론을 환기시키기 위해 또 다시 전 정부 책임론을 꺼내는 등 애를 썼지만 국민들은 사태의 책임자로 대통령을 분명하게 지목했다.

〈여론조사꽃〉의 정례여론조사를 보자.

"10.29 참사에 대한 가장 큰 책임이 누구에게 있다고 생각하십니까?" 하는 물음에 응답자의 절반에 가까운 48.8%가 윤석열 대통령을 지목했다. 용산구청장을 지목한 사람은 12.3%, 이상민 행정안전부 장관의 책임을 물어야 한다고 답한 사람은 12.0%였다. 대통령에 대한 국민의 실망과 분노가 어느 정도였는지 생생하게 느껴진다.

이와 함께 현장 지휘 책임자였던 용산구청장이나 이상민 행안부 장관, 용산경찰서장 등에 대한 처벌을 제대로 할 수 있을지에 대해서도 응답자의 60.6%가 "제대로 하지 않을 것이다"라고 답했다. 이 예상은 정확하게 맞아 떨어졌다. (표 58 참조)

2022년 10월 31일, 10.29 이태원 참사 이틀 후 윤 대통령은 부인 김건희 여사와 함께 광화문에 있는 이태원 참사 희생자 합동분향소를 찾아 분향했다. 하지만 정부의 격한 반대로 영정도 위패도 없는 분향소는 말 그대로 빈껍데기. 분향의 조건도 갖추지 못하게 해놓고 분향을 하러 왔다는 사실에 대해 유족들과 시민들은 또 한 번 분노했다. 여기에다 대통령 부부의 이마에 선명하게 드러나 있는 '숯검댕이'는 다시 '무속인 천공'의 그림자를 떠올리게 했다. 분향인 듯 분향 아닌 분향 같은 이상한 행태는 연이어 닷새나 이어졌지만 그런 쇼에 넘어갈 사람은 아무도 없었다.

영정과 위패를 제대로 갖춘, 진짜 분향소가 만들어진 것은 참사가 벌어진 지 46일이나 지난 2022년 12월 14일. 녹사평역에 정부의 눈을 피해 기습적으로 시민분향소를 설치한 유족과 분향소 지킴이 등은 "진짜 애도는 지금부터!"라는 메시지를 남겼다.

예상대로 10.29 참사가 벌어진 지 1년이 다 되어가는 지금까지 이상민 행정안전부 장관을 비롯해 용산경찰서장, 용산구청장 등 고위

Q. 10.29 참사에 대한 가장 큰 책임이 누구에게 있다고 생각하십니까?

| | | | | | | 김광호
서울경찰청장 | 한덕수
국무총리 | 기타 | 잘모름 |

48.8 윤석열 대통령　**12.3** 박희영 용산구청장　**12.0** 이상민 행정안전부 장관　**8.8** 오세훈 서울시장　**6.7** 윤희근 경찰청장　**4.0** 개인의 책임　3.1　1.9　2.1　0.4

Q. 윤 정부가 10.29 참사 책임자 처벌을 제대로 할 것이라고 생각하십니까?

제대로 할 것이다 **29.7**　제대로 하지 않을것이다 **60.6**　잘 모르겠다 **9.6**

표 58. 여론조사꽃, 자체조사, 22.11.6~7

공직자 가운데 처벌을 받은 사람은 한 명도 없다. 어떤 일이 벌어져도 책임을 질 필요가 없는 나라. 실무 책임자들은 직위를 박탈당하고 심지어 감옥에도 가지만 지위가 높을수록 처벌이 면제되는 이상한 나라. '오송 지하차도 참사'는 어쩌면 당연한 일이었을지도 모른다.

#3.

2023년 7월 15일, 충북 오송 궁평지하차도 참사로 14명의 시민이 목숨을 잃었다. 하지만 '동유럽 순방' 중이었던 윤 대통령은 여유 있게 모든 일정을 마치고, 예정에 없던 우크라이나까지 방문한 다음 7월 17일 뒤늦게 수해현장을 찾았다. 그런데 윤 대통령은 경북 예천 등을 직접 찾았지만 14명의 인명피해가 난 오송은 끝까지 찾지 않았다. 이와 관련, 10.29 참사 때처럼 '인재 논란'이 커질지 모를 상황을 피하기 위해서라는 관측이 나오기도 했다.

하지만 오송을 찾건 아니건, 윤석열 대통령은 이번에도 어김없이 유체이탈 화법으로 큰 비난을 자초했다. 경북 예천에서 만난 이재민에게도 윤석열 대통령이 '위로' 삼아 건넨 말은 다음과 같았다.

"저도 어이가 없다. 주택 뒤에 있는 그런 산들이 무너져서 민가를 덮친 모양이라고만 생각했지, 몇백 톤 바위가 산에서 굴러올 정도로 이런 것은 저도 지금까지 살면서 처음 봐서 얼마나 놀라셨나."

윤 대통령의 황당 발언은 여기에서 그치지 않았다. 2022년 7월 18일 국무회의 석상에서 느닷없이 "이권 카르텔에 대한 보조금을 전부 폐지하고, 그 재원을 수해 복구와 피해 보전에 투입해야 한다."라고 말을 꺼낸 것이다. 민간단체 보조금을 줄여서 수해 복구 지원금으로 쓰겠다고? 바로 하루 전 윤 대통령이 했던 발언을 그대로 되돌려주고 싶다. '이런 것은 저도 지금까지 살면서 처음 봐서 얼마나 놀라셨나' 국민 여러분.

수십 명의 인명 피해가 났고, 전국적으로 피해액이 얼마인지 가늠도 안 되는 총체적인 재난 상황에서도 미운 털 박힌 놈들을 핑곗김에 정리해보자는 짙은 결기가 느껴지는 발언이다. 하지만 10.29참사 때와 마찬가지로 국민들은 이번에도 참사의 책임자로 해당 지자체장에 이어 윤석열 대통령을 꼽았다.

〈여론조사꽃〉에서 전국적인 참사의 책임이 누구에게 있느냐고 물어본 결과 지자체장(36.9%)에 이어 대통령의 책임이라고 답한 사람이 22.3%에 달했다. 관계부처 장관은 9.6%에 불과했고, 경찰당국(3.5%), 소방당국(1.2%)의 책임을 꼽은 응답자는 극소수였다. 그럼에도 윤 정부는 김영환 충북지사와 이상민 행안부장관에 대해서는 입도 뻥긋하지 않은 채 현장에서 위험을 무릅쓰고 한 사람이라도 더 구하기 위해 애쓴 현장 실무자들에게 책임을 미루기 바빴다. 그러니 "재난대처의 관점에서 어떤 정부가 더 안전하다고 느끼십니까?"라는 질문에 52.4%의 응답자가 '문재인 정부'를 선택한 것이 아니겠는가.(표 59 참조)

어떤 사고가 일어나든 윤석열 정부의 대응은 거의 비슷한 패턴을 보인다.

책임 회피 → 변명 → 전 정부 탓 → 재발 방지와 시스템 정비 약속 → 실무자 처벌 → 유야무야

'사과'는 없다. 어설픈 쇼는 해도 눈물 한 방울 흘리지 않는다.

악어는 입에 문 먹잇감이 부드럽게 목으로 넘어갈 수 있게 눈물을 흘려 수분을 보충한다. 그것이 바로 악어의 눈물, 즉 거짓 눈물의 유래다.

'악어의 눈물'조차 흘릴 줄 모르는 윤석열 정부. 아직 임기는 3년도

수해 발생의 최종 책임자

Q. 올해 수해로 인한 사망자 수가 40명에 이르고 있습니다. 이렇게 많은 사망자가 발생한 최종 책임은 누구에게 있다고 보십니까?

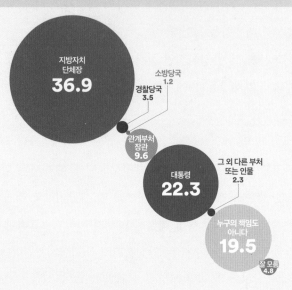

지방자치
단체장
36.9

소방당국
1.2

경찰당국
3.5

관계부처
장관
9.6

대통령
22.3

그 외 다른 부처
또는 인물
2.3

누구의 책임도
아니다
19.5

잘 모름
4.8

재난 대처 관점에서 더 안전한 정부

Q. 재난대처의 관점에서 어떤 정부가 더 안전하다고 느끼십니까?

윤석열
정부
29.7

문재인
정부
52.4

잘 모름
17.9

표 59. 여론조사꽃, 자체조사, 23.7.21~22

넘게 남았는데, 공감 제로의 이 정부를 어찌하면 좋을 것인가.

20대 대선부터 갈라진 20대 남녀

====

몇 년 전까지만 해도 여론조사에서 성별은 그다지 큰 변수가 아니었다. 대부분의 여론조사가 그냥 20대 혹은 20~30대로 통칭했다. 지금도 성별을 나누지 않고 연령으로만 분류하는 일이 간간이 있을 정도다. 하지만 윤석열 후보와 이재명 후보가 맞붙은 20대 대선 이후 많은 것이 바뀌었다. 20~30대는 사라지고 20대와 30대를 정확히 구분해서 보기 시작했고 20대의 경우에는 남과 여까지 구분해서 보기 시작했다. 남녀 평등에 대한 기본 생각이 다른 것은 물론 이념 성향이나 세상을 보는 눈, 미래에 대한 전망까지 남녀가 전혀 다른 모습을 보여주었기 때문이다.

익히 알려져 있다시피 그 시작은 '이준석 키즈'라고도 불리는 '이대남'의 등장이다. '청년세대는 진보적이다'라는 통념을 깨고 20대 대선에는 20대 남성의 상당수가 윤석열 후보를 지지하면서 대선 판도까지 바뀌었다. 이대남 현상의 심각함을 깨달은 민주당의 뒤늦은 분발과 일부 적극적인 20대 여성들이 나서면서 '개딸'이 등장했고, 이들 덕분에 통칭 '20대'의 표 쏠림 현상을 상당히 막아낼 수 있었다.

당시 이준석 국민의힘 대표의 전략은 아주 단순했다. 남성들은 의무적으로 군대를 가지만 여성들은 가지 않는다는 것, 여성 평등이 사회적으로 이미 상당히 자리를 잡았는데 '여성 쿼터제' 등 여성에게만 유리한 제도적 장치가 너무나 많다는 것. 이 때문에 과거와 달리 남성들이 역차별을 당하고 있다는 논리였다. 이대남은 열광했다. 입시에서도 취업 시험에서도 심지어 사법고시와 행정고시에서도 여성 파워에 밀려 1등 자리를 번번이 놓치곤 했던 기억이 이대남을 더욱 뭉치게 했다.

반면에 여성들은 의아해한다. 군대 때문에 2년 남짓 남성들이 손해를 보는 것은 인정하지만 군필자에 대한 사회적 우대 현상이 여전히 남아 있고 취업 시험은 물론 승진 등이 여전히 남성 중심으로 이뤄지고 있다는 걸 간과한 주장이라는 것이다. 즉 2년 남짓의 시기를 빼고 나면 그 이후의 삶에서 여성들이 겪는 불이익이 훨씬 크다는 이야기다.

물론 이러한 군대 문제 때문만은 아니겠지만, 20대 대선을 기점으로 20대 남성과 여성의 인식을 따로 구분해서 조사를 해보니, 예상보다 훨씬 더 심각한 차이가 있다는 걸 발견할 수 있었다.

실제 여론조사 결과를 보면 남녀, 특히 20대 남녀의 의식 차이가 얼마나 큰지 단번에 알 수 있을 것이다. 윤석열 정부 출범 1주년을 맞아 〈여론조사꽃〉에서 특집 여론조사를 실시했다. 우선 "윤 대통령의 업무 능력에 대해 어떻게 평가하십니까?"라는 질문에 대한 응답부터 살펴보자.

'잘한다'는 응답은 28.8%(열심히 일하고 잘한다 27.1%, 열심히 일하지 않지만 잘한다 1.7%)였던 반면 '못한다'는 응답은 67.2%에 달했다(열심히 일하지만 못한다 23.8%, 열심히 일하지 않고 못한다 43.4%). 3분의 2가 넘는 국민이 윤 대통령의 업무 능력을 좋지 않은 것으로 평가한다. 이를 점수로 환산해서 주관식으로 물어봤을 때 0점을 준 응답자가 22%에 달했을 정도로 평가는 아주 박했다.

국정 운영·업무 능력 평가

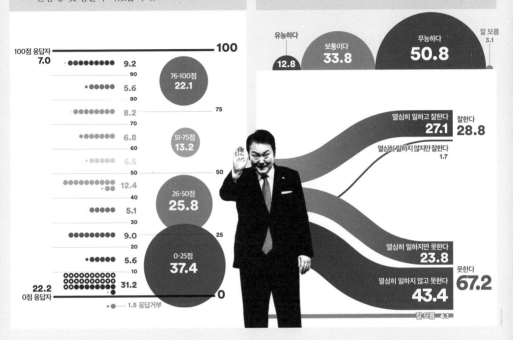

Q. 윤석열 정부 출범 1년이 지났습니다. 윤 대통령의 지난 1년간 국정 운영에 대해 100점 만점 중 몇 점을 주시겠습니까?

Q. 윤 대통령의 업무 능력에 대해 어떻게 평가하십니까?

100점 응답자 7.0 ● 9.2 / 5.6 / 8.2 / 6.8 / 5.5 / 12.4 / 5.1 / 9.0 / 5.6 / 31.2 / 22.2 0점 응답자

76-100점 22.1 / 51-75점 13.2 / 26-50점 25.8 / 0-25점 37.4

● 1.5 응답거부

유능하다 12.8 / 보통이다 33.8 / 무능하다 50.8 / 잘 모름 3.1

열심히 일하고 잘한다 27.1 — 잘한다 28.8
열심히 일하지 않지만 잘한다 1.7
열심히 일하지만 못한다 23.8
열심히 일하지 않고 못한다 43.4 — 못한다 67.2
잘모름 4.1

Q 윤 대통령의 업무 능력에 대해 어떻게 평가하십니까?

Base=전체 (단위: %)		조사 완료	열심히 일하고 잘한다	열심히 일하지만 못한다	열심히 일하진 않지만 잘한다	열심히 일하지도 않고 못한다	모름· 무응답	가중값 적용 사례수
전체		(1013)	27.1	23.8	1.7	43.4	4.1	(1013)
7개 권역	서울	(194)	25.4	20.7	1.0	48.3	4.6	(190)
	인천·경기	(328)	24.1	22.6	1.5	47.2	4.6	(322)
	대전·세종·충청	(108)	25.3	26.0	3.1	41.0	4.6	(107)
	광주·전라	(101)	10.8	25.7	0.9	62.5	0.0	(99)
	대구·경북	(95)	42.9	27.8	2.9	22.2	4.2	(99)
	부산·울산·경남	(144)	37.5	25.4	1.3	31.9	3.8	(151)
	강원·제주	(43)	25.3	21.2	3.4	43.3	6.7	(45)
연령대	18~29세	(167)	15.8	30.3	1.0	48.5	4.5	(167)
	30대	(161)	14.2	26.3	2.7	50.0	6.8	(151)
	40대	(195)	19.4	16.0	2.1	61.0	1.6	(184)
	50대	(183)	22.8	20.7	1.0	51.8	3.8	(198)
	60대	(173)	41.5	27.6	1.0	28.7	1.1	(172)
	70세 이상	(134)	52.7	23.3	2.9	13.2	7.9	(141)
성별	남성	(502)	28.7	25.2	1.6	41.0	3.5	(502)
	여성	(511)	25.4	22.3	1.9	45.7	4.7	(511)
	18~29세 남성	(79)	26.4	36.3	0.0	32.9	4.4	(87)
	18~29세 여성	(88)	4.2	23.6	2.2	65.4	4.5	(80)

표 60. 여론조사꽃, 자체조사, 1차조사: 23.5.22~23, 2차조사: 23.5.29~30

100점 7%를 포함해 50점 이상을 준 응답자는 35.3%에 불과했다. 반면 0점 22.2%를 포함해 50점 이하를 준 응답자는 63.2%였다. 시험 점수로 치자면 평균 50점에도 한참 모자라는 낙젯점이다.

그러면 똑같은 항목에 대해 20대 남녀는 각각 어떻게 평가했을까. 구체적으로 살펴보자.

우선 "열심히 일하고 잘한다"는 항목에서 18~29세 즉 20대의 응답은 15.8%였다. 그런데 이를 남녀로 나눠서 보면 남성은 26.4%가 "잘한다"라고 응답한 반면 여성은 4.2%만이 "잘한다"고 응답했다. 확연한 차이다. "열심히 일하지도 않고 못한다"는 응답도 마찬가지다. 남성 32.9% vs 여성 65.4%. 거의 두 배 가까이 차이가 난다.(표 60 참조)

혹시 20대 대선 때의 강렬한 기억 때문에 윤석열 대통령에 대한 호불호가 이렇게 갈라지는 것일까?

그렇다면 다른 항목도 한번 살펴보자.

"경제발전을 위한 환경 훼손은 감내해야 한다"는 설문 항목에 대해 20대 남성은 "그렇지 않다" 49.5% vs "그렇다" 42.0%로 비교적 팽팽했다. 반면에 20대 여성은 "그렇지 않다" 70.5% vs "그렇다" 22.1%로 70% 이상이 환경 훼손에 대해 부정적인 입장을 보였다. "경제성장이 복지와 분배보다 더 중요하다"는 항목도 비슷한 양상을 보인다. 남성은 "그렇지 않다"가 35.8%에 머문 반면 여성은 53.2%가 "그렇지 않다"고 답했다.(표 61 참조)

경제발전을 위한 환경 훼손 그리고 경제성장을 위해 복지와 분배를 뒤로 미룰 수 있다는 것은 전통적인 보수주의 경제학자들의 입장이다. 남성들은 대체로 이런 주장에 동의하는 반면 여성은 상당수가 이에 반대한다. 이대남이 왜 윤석열 대통령을 지지했는지 충분히 짐

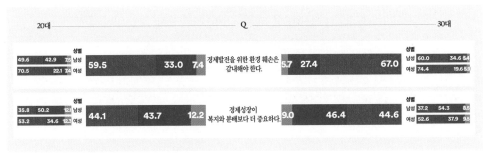

표 61. 여론조사꽃, 자체조사, 22.9.30~10.1

작할 수 있는 대목이다.

그런데 재미있는 것은 30대의 반응이다. 표에서도 나타난 바와 같이 30대의 경우는 남녀의 차이가 그리 크지 않다. 이는 곧 20대의 경우 남녀를 되도록 구분해서 살펴봐야 한다는 근거가 되기도 하고, 또 한편으로는 이제 20대와 30대를 하나의 카테고리로 묶어서 20~30대로 통칭해서는 안 된다는 근거이기도 하다.

민주주의 사회에서 의견의 다양성은 존중되어야 마땅하고, 그럴 수 있도록 '이견의 자유'를 최대한 보장해주어야 한다. 그런 점에서 20대 남녀의 견해 차이는 양쪽 모두 충분히 존중받을 가치가 있다. 하지만 이런 '대원칙'에도 불구하고 일부 정치꾼들에 의해 '이대남'과 '개딸'이라는 프레임이 만들어졌다는 사실이다. 위에서 살펴본 바와 같이 성별에 따라 다른 입장을 보여주는 건 확실하지만 평소 생활에서 이를 드러내고 대립하고 있는 것은 아니다. 그럼에도 일부 정치꾼들이 만든 프레임 때문에 일부 언론에서는 선거가 다가오면 '세대 대결'을 넘어 '성 대결'까지 부추기곤 한다.

2024총선이 6개월 남짓 앞으로 다가왔다. 부디 이번 총선에서는 쓸데없는 프레임 때문에 '성 대결' 의식에 빠지지 않았으면 좋겠다. 다른 건 틀린 게 아니라는 만고의 진리가 있지 않은가.

제**2**부

시대당위성

2024
정치 트렌드
전망

2024 정치 트렌드 전망

시대당위성

미래未來. 아닐 미未 올 래來. 아직 오지 않은 세상의 일에 대해서는 아무도 모른다. 그래서 선지자도 무당도 쉽게 입을 열지 않는다. 더구나 선지자도 무당도 아닌 일개 '범인凡人'이 어찌 미래의 일을 함부로 입에 올릴 것인가. 자칫하면 스스로의 발목을 옥죄는 족쇄가 될 수 있다. 특히 '살아있는 생물' 정치가 주제라면….

그럼에도 2024년의 일을 간단하게나마 예측해보고자 한다. 맞거나 틀리거나, 복불복이 아니다. 여러 가지 데이터를 분석하고, 그 결과를 토대로 가장 가까운 미래, 2024년을 예상해보는 것이다. 방식은 1부와 마찬가지로 '트렌드 키워드'를 중심으로 살펴보기로 한다.

1980년대 민주화운동의 대열에는 늘 종교인들이 함께했다. 때로는 앞에서 때로는 뒤에서. 침묵으로 저항을 주도하기도 했고, 20세기의 '소도'가 되어 상처받은 이들을 보듬어 안았다.

21세기다. 민주화운동의 열기도 예전 같지 않고, 종교의 위상도 예전 같지 않다. "예끼 이놈들!" 호통을 쳐주실 큰 어른도 눈에 띄지 않는다. 정권의 무식하고 무자비한 폭압 정치는 나날이 강도를 더해 가는데, 저항의 촛불마저 미미한 상태. 하지만 우리 국민은 오랜 경험을 통해 활활 타오르는 불길만이 불이 아니라는 것을 알고 있다. 학교에서 거리에서 일본제국주의에 저항했던 풀뿌리들의 낮은 목소리도 불길이었다. 그렇게 숨죽였던 불길이 서서히 번져나가 만주에서 연해주에서 불타올랐고, 마침내 8.15해방의 바탕이 되었다.

2023년 7월 25일. 한여름의 뙤약볕 아래 촛불 시민의 움직임도 잠시 소강상태를 보이던 그때 대전 대흥동 성당의 시국미사에서 윤석열 시대 민주 시민의 지향점이 제시되었다.

'윤석열 퇴진은 시대의 당위성이다.'

천주교 대전교구 정의평화위원회(위원장 김용태 마태오 신부) 주관으로 열린 이날 시국미사에는 사제 100여 명을 비롯해 수도자 70여 명, 신자와 시민 등 1,000여 명이 참석했다. 평소 엄숙하고 조용했던 성당 안에는 신자들과 시민들이 외치는 '윤석열 퇴진'과 '윤석열 탄핵'의 구호 소리가 울려 퍼졌다. 김용태 신부는 강론을 통해 "대통령 임기 5년은 공동선을 위해 보장된 시간이지 온갖 패악질로 민생을 도탄에 빠뜨리고, 나라를 위기에 빠뜨리라고 보장된 시간이 아니다. (대통령은) 국민이 세웠으니 언제든지 국민이 허물 수 있다. … 윤석열 퇴진, 윤석열 탄핵은 이 시대의 당위성."이라고 강조했다.

당위當爲란 마땅히 그렇게 하거나 되어야 하는 것이다. 앞뒤 재고,

가능성을 따질 게 아니라 무조건 하는 게 바로 당위다.

2024년의 트렌드 키워드로 '시대당위성'을 제안한다. 마땅히 해야 할 시대의 당위, 그것은 바로 윤석열 대통령의 퇴진이다. 윤석열 정부는 100여 명의 국민의힘 의원들과 2,000여 명의 검사들로 성을 쌓고 국민들의 분노를 누를 수 있다고 생각하는 것 같다. 하지만 착각이다. 지금까지 시대의 당위성을 이겨낸 대통령은 없었다.

윤석열 정권 몰락의 조짐은 이미 여러 곳에서 터져 나오고 있다. 1년 반이 넘어가고 있는 촛불집회의 불길은 꺼질 줄 모르고, 윤 정권을 향한 국민들의 분노는 강서구청장 보궐 선거로 정점을 이루었다. 심각한 내부 분열도 시작되었다. 그를 지탱해주고 있는 것은 검찰을 비롯한 몇몇 친위 부대뿐. 하지만 오래가지는 못할 것이다. 연말로 예정된 '대장동 50억 클럽 특검법'과 '김건희 여사 특검법' 이른바 쌍특검이 시작되면 그동안 꼭꼭 감춰두었던 '진실'이 수면 위로 떠오르면서 윤 정권의 민낯이 백일하에 드러날 것이다.

그리고 2024년 4월 10일 치러질 22대 총선은 윤석열 정권에게 마지막 치명타를 안겨줄 가능성이 매우 높다. 윤 정권의 온갖 노력에도 불구하고 22대 총선은 '친윤 vs 반윤' 구도 속에서 과반을 넘는 야당의 압승이 전망되기 때문이다.

'윤석열 퇴진!'이 '윤석열 탄핵'의 함성으로 바뀌면서 한 줌 모래성이 허물어지기 시작하는 '바로 그 해'가 2024년이 되지 않을까, 조심스럽게 전망해본다.

시대당위성;
시장의 역습

취임 3개월 만에 국민을 적으로 돌리고 '그들만의 리그'를 시작한 윤석열 정권. 무속에 심취한 그들에게 성경 말씀을 비틀어서 전하고 싶다.

"네 시작이 미약하였으니 그 끝도 미약하리라."

2024년은 국내 상황도, 세계 상황도 점점 악화되어 갈 것이 불을 보듯 뻔한데, 윤 대통령 일가만 태평성대를 노래하고 있는 것 같다. 어떤 상식도 통하지 않는 '괴랄'한 윤 정권의 모습을 보고 있으면 단순히 '미약한 끝'이 아니라 참담한 끝이 될지도 모른다는 불길한 예감이 스멀스멀 피어오른다.

윤석열 대통령을 비롯한 보수 우익이 늘 주장하는 것이 '자유로운 시장체제'다. 말은 그럴듯하지만 속내는 재벌과 부자들에게 딴지 걸지 말라는 거다. 그런데 윤석열 정권이 그토록 신봉하던 시장체제가 무너지고 있다. 해외에서도 국내에서도 조짐이 심상치 않다. 2024년, 윤석열 정권은 시장의 역습을 이겨낼 수 있을까?

3개월 만에 끝난 정권, 3년 차에 무너질 수도…

2024년은 집권 3년 차에 접어드는 윤석열 정권이 사실상 마지막으로 권력을 누리는 해가 될 가능성이 적지 않다. 스스로 퇴진을 하지 않으면 탄핵을 당할 가능성도 있다. 설사 대통령직을 조금 더 유지한다 해도 이빨 빠진 호랑이 신세가 되어 그동안 저질렀던 일들의 뒷감당을 걱정하며 하루하루를 보내게 될 것이다.

2024년 총선이 치러지는 때는 2024년 4월 10일. 윤석열 정권이 출범한 지 만 2년에서 딱 한 달이 모자라는 시점이다. 총선 뒤처리로 어수선한 한 달을 보내고 나면 집권 3년 차에 접어든다. 보통 정권이라면 3년 차는 이런저런 시행착오를 정리하고 이제 제대로 일을 해볼 시점이다. 하지만 윤석열 정부는 바로 그 시점부터 레임덕에 빠질 가능성이 매우 높다. 집권 3개월 만에 '취임덕'을 겪은 그가 집권 3년 차에 접어들자마자 '레임덕'을 겪게 된다는 뜻이다. 그만큼 총선 전망이 국민의힘에 불리하다.

'허니문honeymoon'은 말 그대로 '꿀같이 달콤한 달'이라는 뜻으로, 결혼 직후의 즐겁고 달콤한 시기를 말한다. 보통 신혼부부에게 쓰이는 이 말이 미국에서 신임 대통령이 취임하면 100일 정도 의회나 언론에서 '배려'를 해주는 관행을 뜻하는 말이 되었다. 어지간한 잘못이나 실수는 일단 넘어가 준다는 뜻이다. 언젠가부터 우리나라 언론과 국회에서도 미국처럼 허니문 기간을 두게 되었다.

윤석열 대통령 역시 언론의 적극적인 비호를 받았다. 하지만 상식 이하의 일들이 반복되면서 국민들이 석 달 만에 대통령에게 등을 돌렸다. 오히려 허니문 기간임에도 '취임덕'이란 조롱 속에 전 국민

대통령 국정 수행

긍정 29.6		부정 63.4		
매우 잘 한다 10.6	잘 하는 편이다 19.0	매우 잘 못한다 39.6	잘 못하는 편이다 23.8	잘 모른다 7.0

표 62. 넥스트리서치, SBS 의뢰, 22.8.15~16

의 질타를 받았다. 어느 정도였는지 간단하게 윤 대통령 취임 100일을 맞아 SBS에서 실시한 여론조사 결과를 한번 보자. "잘하고 있다"가 29.6%, "못하고 있다"가 63.4%였다. 취임덕을 바로 확인할 수 있다.(표 62 참조)

이보다 더 심각한 지표는 '지지율의 변화'다. 취임 한 달 뒤인 6월 8~9일 조사에서 49.0%였던 '긍정' 답변이 두 달 뒤인 7월 9~10일에는 36.3%로 떨어졌고, 100일이 막 지난 8월 15~16일에는 29.6%까지 떨어졌다. 보통 20%대 지지율이면 핵심 지지층이 무너지기 시작했다고 분석한다.

취임 100일 무렵 보여준 윤석열 정권의 지지율은 전혀 개선되지 않은 채 이어지고 있다. 취임 1주년의 모습도 크게 다르지 않았다. 하지만 윤 정권은 이를 개선할 의지를 애초에 접은 것 같다. 장모 구속에다 인사 참사, 2024년도 예산 참사 등이 쉬지 않고 이어지지만 아랑곳하지 않고 날마다 새로운 논란을 만들어내고 있다. 조심스럽지만 국정 기조를 바꾸지 않는 한 윤석열 정권은 3년 차를 제대로 넘기기 어려울 것이라는 전망이 점차 힘을 얻고 있다.

시골에서 직접 미꾸라지를 잡아서 추어탕을 끓여본 사람은 안다. 미꾸라지 힘이 얼마나 좋은지. 솥뚜껑을 꼭 잡고 있어도 뜨거운 열기를 이기지 못한 미꾸라지들이 뛰어오르는 힘을 감당하기가 쉽지 않다. 이럴 때 쉬운 해결책이 하나 있다. 솥 안에 차가운 두부를 두세 모 집어넣어 주는 것이다. 그러면 미꾸라지들이 두부 속으로 들어가 있다가 서서히 익어가기 때문에 솥뚜껑을 날릴 정도로 난리를 치는 일이 거의 사라진다.

지금 윤석열 정권의 모습이 시골집 마당, 가마솥 속에 넣어놓은 미꾸라지 같아서 안타깝고 안쓰럽다. 국민의 분노는 열화와 같이 타오르는데 정작 그 대상들은 '전 정권'이나 '이재명 대표'를 피난처로 삼아 당장의 열기를 피하기에만 급급하다.

하지만 이재명 대표의 구속을 놓고 벌어졌던 논란에서 확인된 바와 같이 더 이상 전 정권이나 이재명 대표 공격은 분위기를 반전시킬 수 있는 주요 정치 이벤트가 아니다. 국민들은 그보다 후쿠시마 핵오염수 방류나 물가 상승, 인사 참사, 갈피를 못 잡는 부동산 정책 등에 더 관심이 많다. '부자 감세'로 나라 곳간은 텅텅 비워둔 채 우크라이나 지원 같은 헛소리를 하는 정부를 믿을 국민은 없다.

공식적으로 확인된 2023년 세수 부족액이 59조 원이다. 2024년 예상 재정적자 규모는 92조 원이고 이는 GDP 대비 3.9%에 달하는 거액이다. 심각한 세수 부족으로 정부에서는 '건전재정'을 목표로 세웠다는데, R&D 예산마저 대폭 삭감하면서 대통령실 예산은 2023년보

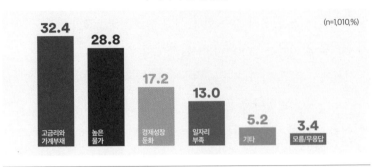

우리나라 경제 상황

(n=1,010,%)

32.4 고금리와 가계부채
28.8 높은 물가
17.2 경제성장 둔화
13.0 일자리 부족
5.2 기타
3.4 모름/무응답

표 63. 코리아리서치인터내셔널, MBC 의뢰, 23.9.25~26

다 4.8% 증액된 1,000억 원대로 편성함으로써 '건전재정'이 무엇을 뜻하는지 알 수 없게 만들었다. 세수 부족은 곧 지자체로 내려가는 지방교부금 축소로 이어지고, 재정적으로 자립하기 어려운 대부분의 지자체에 직격탄이 될 것이다. 이는 곧 시민들의 어려움으로 이어진다.

참고로 2023년 9월에 발표된 MBC여론조사 결과를 보면 우리나라 경제 상황과 관련해 가장 심각한 문제로 '고금리와 가계부채'를 꼽은 응답이 32.4%로 가장 많았고, '높은 물가'(28.8%), '경제성장 둔화'(17.2%), '일자리 부족'(13.0%)이 뒤를 이었다.(표 63 참조)

세계 경제의 흐름도 매우 좋지 못하다. 우크라이나 전쟁은 언제 끝날지 기약이 없는데, 중동에서도 새로운 전쟁이 벌어지고 있다. 비록 2023년 10월까지는 국지전에 머물고 있지만 이미 레바논 지역의 헤즈볼라가 하마스 지지를 선언하며 전투 준비를 마쳤고, 이란도 언제든 참전할 가능성이 있다. 이스라엘 역시 물러설 의향이 전혀 없다. 익히 경험했던 대로 중동에서 벌어지는 전쟁은 전 세계적인 '오일 쇼크'로 이어진다. 오일쇼크는 특히 내수 시장이 취약하고 수출에 의존하는 우리나라에게 직격탄이 될 것이다.

그나마 이런 상황에서 경제 폭망, 수출 폭망의 완충지대가 되어 주었던 중국마저 등을 돌리게 만들었으니 미래 전망은 더욱 어둡다. 엎친 데 덮친 격은 바로 이런 상황을 말하는 게 아닌가 싶다. 만약 오일쇼크까지 겹친다면 윤석열 대통령이 믿고 있는 30% 내외의 콘크리트 지지층도 바로 등을 돌릴 것이다. 먹고 사는 문제는 그만큼 중요하고 민감하다.

여기에다 이균용 대법원장 후보, 신원식 국방부 장관 후보, 김행 여가부 장관 후보, 유인촌 문체부 장관 후보까지, 국민의 탄식을 자아내는 인사들만 굳이 골라서 쓰겠다는 오만함은 결국 국민의 심판을 받을 수밖에 없다.

강서구청장 보궐선거는 성난 민심을 확인할 수 있는 바로미터와 같다. "범인은 반드시 범행 현장에 다시 나타난다."는 말도 있지만, 범죄자 김태우 후보를 형이 확정된 지 단 3개월 만에 사면시켜 주고, 그것도 모자라 복권까지 시켜주면서 강서구에 재출마할 수 있도록 길을 열어준 것을 양식 있는 구민과 국민이라면 어떻게 받아들이겠는가.

2024년 총선 결과에 따라 다르겠지만, 윤 정권 난파의 조짐은 곳곳에서 나타나고 있다. 배가 침몰하기 전 그 낌새를 가장 먼저 알아채는 것은 '쥐'라고 알려져 있다. 어떤 초능력 덕분인지는 모르겠지만 주로 식량창고 같은 곳에 자리 잡고 편안한 삶을 누리던 쥐들이 떼로 몰려나와 우왕좌왕 살길을 찾아 헤매기 시작하면, 일단 그 배는 침몰 가능성이 매우 높다고 봐야 할 것이다.

2024총선 전후, 국민의힘과 윤 정부 고위 인사들의 움직임을 예의 주시해보는 것도 흥미로운(?) 관전 포인트가 될 것이다.

부메랑으로 돌아올 부동산 심판론

=====

2024년, 윤석열 정권은 자신이 던졌던 '부동산 심판론'의 부메랑에 맞아 큰 상처를 입을 것이다. 역대 어느 정권도 해결하지 못했던 부동산 문제를 윤석열 정권이 해낼 가능성은 거의 없기 때문이다.

2022년 대선 당시 '부동산 심판론'은 윤석열 후보 승리의 일등공신 중 하나로 꼽힌다. 진보 쪽 인사들조차 문재인 정부의 부동산 문제는 '쉴드'를 쳐주기 어렵다고 할 정도였다. 실제로 2023년 10월 8일 문재인 대통령은 SNS를 통해 재임 당시 부동산 문제에서 정책적 실패가 있었던 점을 인정하고 국민에게 사과를 하기도 했다. 하지만 2024년에는 거꾸로 부동산 심판론은 부메랑이 되어 윤석열 정권에 돌아갈 가능성이 높다.

국내 시장 혼란의 원인 중 하나는 미국의 고금리 정책이다. 미국은 자국의 경제상황 때문에 2024년에도 고금리 정책을 유지할 것으로 보인다. 고용 상황이 좋아지면서 오히려 인플레이션 가능성이 더욱 커졌기 때문이다. 문제는 미국의 고금리 정책이 한국경제에 미치는 영향이다.

일반적으로 미국의 기준금리가 오르면 한국도 기준금리를 인상한다. 수출과 수입이 모두 기축 통화인 달러와 연동돼 있기 때문에 금리 차이를 크게 유지할 수가 없다. 금리 차이가 크면 원화의 약세가 두드러지고, 이에 따라 달러 유출도 늘어난다. 그런데 2023년 10월 현재 한국은 무작정 미국을 따라 금리를 올릴 수가 없다. 이미 부동산 대출 등 가계 대출로 이자 부담에 허덕이는 서민들의 허리를 더욱 휘게 할 수 있기 때문이다. 하지만 금리를 인상하지 않고 버티는 것도 한계가 있다. 뛰는 물가를 잡아야 하고 수출 기업에도 큰 부담이 되기 때문이다. 이러지도 저러지도 못한 채 2024년이 다가오고, 시장 상황은 더욱 혼란에 빠질 것이다.

문제는 금리만이 아니다. 금리와 밀접하게 관련된 부동산은 직접적으로 윤 정권에 타격이 될 것으로 보인다. 2022년 대선 당시 윤석열 정권에 승리를 안겨준 주요 요인 중 하나가 부동산 문제였다. 지금도 국민의힘은 부동산 얘기만 나오면 문재인 대통령을 소환한다. 그만큼 부동산은 여전히 일반 서민에게 가장 민감한 문제다. 부동산은 윤석열 정부가 금리를 올리지 못하도록 한국은행에 압력을 가하고 있는 매우 큰 이유 중 하나다.

그런데도 윤석열 정부는 부동산 문제를 해결할 의지를 전혀 보이지 않고 있다. 최근 잇따르고 있는 전세사기 피해 규모가 엄청남에도 불구하고 정부는 소극적 대책으로 일관하고 있다. 말은 무성했지만 제대로 된 정책을 시행한 적이 없다. 그냥 '아무것도 안 하고 있다'가 아닐까 싶다. 주무부처인 국토부 원희룡 장관의 관심 역시 부동산이 아니다. 그는 '김건희 고속도로 건설'에 명운을 걸고 차기 총선과 대선을 바라보고 있다. 국민들이 이를 모를 리 없다.

지난 2023년 1월 원희룡 장관은 신년사를 통해 부동산 경기 부양책의 하나로 "그린벨트를 풀고 부동산 규제 완화에 속도를 내겠다"고 발표했지만 국민들의 반응은 별로 호의적이지 않았다.

〈여론조사꽃〉의 정례여론조사에 따르면 원희룡 장관의 발언에 대해 46.6%의 응답자가 "건설사들을 위한 인위적 부양책으로 부적절하다"고 답했다.(표 64 참조)

부동산 정책

Q. 원희룡 국토교통부 장관은 개발제한구역 일명 그린벨트를 풀고 부동산 규제 완화에 속도를 내겠다고 밝혔습니다. 정부의 이번 부동산 정책에 대해 어떻게 평가하십니까?

부동산 경착륙을 막기 위한 것으로 불가피하다
34.7

건설사들을 위한 인위적 부양책으로 부적절하다
46.6

잘 모르겠다
18.6

표 64. 여론조사꽃, 자체조사, 23.1.6~9

우리 경제 상황

Q. 현재 우리나라의 경제가 얼마나 심각하다고 느끼십니까?

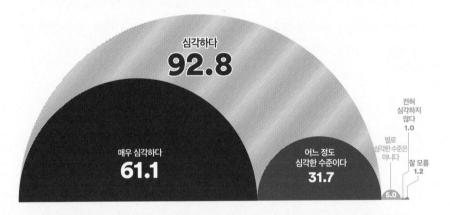

심각하다
92.8

매우 심각하다
61.1

어느 정도 심각한 수준이다
31.7

별로 심각한 수준은 아니다
5.0

전혀 심각하지 않다
1.0

잘 모름
1.2

표 65. 여론조사꽃, 자체조사, 23.4.7~8

그리고 3개월여가 지난 2023년 4월 〈여론조사꽃〉의 정례여론조사에서 "현재 우리나라의 경제가 얼마나 심각하다고 느끼십니까?"라고 물어본 결과 92.8%의 응답자가 "심각하다"고 답했다(매우 심각하다 61.1%, 어느 정도 심각하다 31.7%). (표 65 참조)

국민들이 정치를 바라보는 바로미터는 결국 먹고사는 문제다. 아무리 뛰어난 지도자가 나와도 먹고사는 문제를 해결하지 못하면 국민은 가차없이 그를 버린다. 하물며 정치적으로 외면당하고 있는 윤석열 정권이 부동산과 경제 문제까지 해결하지 못한다면 더 이상 기다릴 이유가 없다. 2022년의 '부동산 심판론'은 윤석열 후보에게 승리를 가져다주었지만 똑같은 이유로 2024년에는 패배의 원인이 될 가능성이 매우 높다.

호주의 인기 여행상품 가운데 하나가 부메랑이다. 부메랑은 호주 원주민들이 사용하던 저비용 고효율의 가성비 갑 사냥도구지만, 한 가지 치명적인 단점이 있다. 사냥감을 제대로 타격하지 못하면 오히려 자신을 향하는 무기가 될 수도 있다는 것이다. 그것이 바로 '부메랑 효과'다.

세계경제에 휘둘리는 한국

동북아시아를 얘기할 때 '한중일'은 언제나 한 묶음이다. 좋든 싫든 지정학적 위치에 따라 서로의 운명을 좌지우지할 수밖에 없다. 힘의 균형이 어느 쪽에 쏠리느냐에 따라 삼국의 운명은 갈렸다. 2024년 한국의 운명은 그 어느 때보다 위태롭다. 균형추를 잡아야 할 손을 아예 놓아버렸기 때문이다.

"중국의 베이징에서 작은 나비가 날갯짓을 하면, 그 미약한 바람이 지구 건너편 뉴욕에서는 태풍으로 바뀔 수도 있다."

이른바 나비효과butterfly effect다. 본래 공상소설에서 시작된 용어인데 1972년 미국의 한 과학자에 의해 기상용어로 널리 알려졌다.

무시해도 될 만큼 작은 차이나 미약하고 사소한 행위로 시작되었으나 연쇄적이고 점진적으로 조금씩 큰 파장을 일으키면서 결국에는 전혀 예상치 못했던 큰 변화를 초래하는 경우에 이 용어를 사용한다. 아주 사소한 것도 후에 큰 사건으로 비화될 수 있다는 것과 초기치의 미묘한 차이가 증폭되어 엉뚱한 결과를 초래하기도 하므로 장기예측은 그만큼 어렵다는 두가지 의미를 내포한다.

오늘날과 같은 세계화 시대에서는 '나비효과'가 더욱 강한 파급력을 가질 수 있다. 교통과 통신이 발달해 있고 특히 인터넷으로 연결되어 있는 지구촌 한구석의 미세한 변화가 순식간에 확산되기 때문이다.

- 위키백과

이제 나비효과는 자연과학이나 사회적 용어라기보다는 생활 속에서 누구나 쓰는 용어가 된 것 같다. 그런데 2024년 우리 경제를 전망하다 보면 자연스럽게 나비효과를 떠올리지 않을 수 없다.

지금 세계는 하루가 다르게 급변하고 있다. 우크라이나 전쟁만 문제가 아니다. 아프리카의 여러 나라가 '반제국주의 선언'을 하면서 프랑스와 영국 등 제국주의 국가들과 거리를 두거나 대결을 시도하고 있고, 중동에서도 새로운 전쟁이 발발했다. 이런 움직임은 모두 미국이 더 이상 '세계의 경찰'이 아님을 보여준다.

국제 정세의 소용돌이는 결국 우리나라에 매우 좋지 않은 바람으

그림 13. 한겨레, 15.9.3, 천안문 성루에 선 박 대통령⋯ 한국 외교, '낯선 길'로

로 불어닥치고 있다. 동시다발적이고 지속적인 분쟁과 전쟁의 여파
는 2022년보다는 2023년, 그리고 2024년에 더 혹독하게 불어올 것으
로 보인다.

익히 알려진 대로 우크라이나 전쟁은 세계 곡물 가격과 에너지 가
격 상승으로 이어졌다. 유럽도, 미국도 타격을 입었지만 '회복탄력성'
이 떨어지는 제3세계 쪽 타격은 더욱 컸다.

한국은 수출로 먹고사는 나라다. 인구 5,000만 명의 작은 나라. 내
수 시장이 턱없이 작은 나라에서 수출길이 막히면 대동맥이 막히듯
바로 생명이 위태로워진다. 수출 다변화를 위한 중립외교, 등거리 외
교는 선택이 아니라 필수다. 왼쪽이 막히면 오른쪽으로, 오른쪽마저
막히면 위로, 아래로⋯. 아슬아슬 줄타기하듯 모든 나라와 '선린우호
관계'를 유지해야 한다.

'보수의 상징'이라던 박근혜 대통령이 2015년 9월 3일, 중국 천안
문광장에서 열린 '항일 전쟁 및 세계 반파시스트 전쟁 승리 70주년 기
념행사'(전승절) 당시 시진핑 · 푸틴과 나란히 열병식에 참석한 이유가

무엇이겠는가. 당시 이 행사는 패전국인 일본은 물론 미국도 중국의 군사력 확장에 매우 불편한 심기를 내비쳤지만, 박 전 대통령은 시진핑, 푸틴에 이어 의전서열 3위로 사열대 위에 섰다. '혈맹' 미국보다, 이념보다 더 중요한 것이 '먹고사니즘'이라는 걸 잘 보여준 사례다.(그림 13 참조)

그런데 윤석열 대통령은 역대 대통령들이 애써 지켜왔던 중립 외교의 틀을 완전히 무너뜨렸다. 국어마저 영어로 가르치자고 했던 '어륀지' 대통령 이명박을 능가하는 '미국 몰빵' 외교다. 친일파 인사들을 대거 중용하고, 미군정에게 통치권마저 넘겨줬던 '거의 미국인' 이승만의 재림이다.

문제는 윤석열 대통령이 하늘같이 떠받드는 미국의 '날리면' 대통령의 힘이 예전같지 않다는 것이다. 철저한 반중 노선으로 미국의 경제위기를 극복하고 '제1국'의 지위를 지키기 위해 노력해왔지만 이미 그것은 불가능하다는 것이 드러났다. 중국은 타격을 입긴 했지만 10억이 넘은 내수시장을 바탕으로 여전히 4~5%의 경제성장을 기록하고 있고, 러시아·북한과 함께 동북아의 패권을 회복했다. 뿐만 아니라 브릭스를 중심으로 미국·유럽연합이 주도하는 세계경제시장에 맞서고 있고, 아프리카, 중동 쪽에서도 세력을 넓혀가고 있다. '날리면' 대통령의 재선 가도에는 빨간불이 켜졌다.

윤석열 정부의 대중 외교 노선은 이미 2023년 초에 국민들로부터 '레드카드'를 받았다. 다만 윤 정부만 이를 모르고 있거나 애써 무시하고 있을 뿐이다. 〈여론조사꽃〉의 정례여론조사에 이와 관련한 국민들의 반응이 잘 나타나 있다.

"최근 독일 총리, 스페인 총리, 프랑스 대통령이 연속으로 중국을

윤 정부의 외교: 대중국 노선

Q. 최근 독일 총리, 스페인 총리, 프랑스 대통령이 연속으로 중국을 방문해 중국과의
교역을 강조하고 있습니다. 우리 정부의 대중국 노선이 어때야 한다고 생각하십니까?

동맹인 미국의
탈중국 노선과
함께 해야한다 12.1

중국과 경제,
미국과 안보를
동시 추구해야한다
79.6

8.3 잘 모름

표 66. 여론조사꽃, 자체조사, 23.4.14~15

방문해 중국과의 교역을 강조하고 있습니다. 우리 정부의 대중국 노
선이 어때야 한다고 생각하십니까?"라는 물음에 79.6%의 응답자가
"중국과 경제, 미국과 안보를 동시 추구해야 한다"고 답했다. 반면
에 "동맹인 미국의 탈중국 노선과 함께해야 한다"고 답한 응답자는
12.1%에 불과했다.(표 66 참조)

바이든 이후에 들어설 어떤 정부도 지금의 미국과는 다를 것이다.
특히 대중국, 대러시아 등 외교 노선의 대폭 수정이 예상된다. 이대
로 가다가는 미국 자체가 위태롭기 때문이다. 바이든이 어렵사리 재

선에 성공한다 하더라도 예전과는 많은 것이 달라지리라는 게 일반적인 전망이다.

그렇다면 윤석열 정권의 운명도 충분히 미루어 짐작할 수 있다. 윤 대통령은 바이든의 충실한 푸들로서 우리 국민에게 등을 돌리면서까지 일본에 모든 것을 내주었고, 중국과 러시아를 적으로 돌렸다. 무너져가는 우크라이나에 '전후복구사업'을 명분으로 거액의 지원금과 포탄을 보냈다. 국회의 동의도 없이 2024년에는 더 큰 금액을 보내주기로 이미 약속했다. '미국의 적은 나의 적'이라는 신념으로 미국이 차마 나서지 못하는 모든 곳에 나타나 스스로 악역을 도맡았다. 윤석열 대통령이 국민과 맞서면서 무엇을 꿈꾸고 있는지 정확히 파악하기는 힘들다. 윤석열-김건희만의 '율도국' 건설일 수도 있고, 천공과 건진이 큰 어른으로 대접받는 무속의 나라일 수도 있다. 상상만으로도 끔찍하지만, 어쩌면 미국의 한 주로 편입되거나 다시 일본의 속국이 되는 것이 한국을 위하는 길이라는 생각을 할 수도 있다. (순전한 상상이니 오해는 없으시길.) 하지만 그것이 무엇이든 바이든의 그늘이 없으면 신기루처럼 사라져버릴 일장춘몽인 것만은 틀림없다. 2024년은 그가 '미국과 함께' 상상했던 거의 모든 것들이 눈앞에서 사라지는 걸 지켜보게 될 가능성이 매우 높다.

시대당위성;
대결의 일상화

2022년 4월, 러시아의 우크라이나 침공으로 시작된 우크라이나 전쟁은 전 세계를 '신냉전의 시대'로 개편하는 신호탄이 되었다. 우크라이나를 지원하는 미국과 유럽이 하나의 축이 되었고, 러시아와 중국이 또 다른 축이 되었다. 미국 1극 체제가 2극 체제로, 다시 다극 체제로 바뀌면서 세계는 여기저기서 충돌하기 시작했다.

한미일의 밀착에 따라 북중러의 협력이 강화되고, 북핵 위협은 상상이 아닌 현실로 바뀌어가고 있다. 국내의 대결 양상은 더욱 심각하다. 대통령은 취임 후 1년 반이 넘도록 야당 대표를 한 번도 만나지 않았고, 여당은 야당을 적으로 간주하고 있다. 대통령과 정부는 자신들과 생각이 다른 국민을 적대시하고 노동자와 교사, 간호사 등을 일방적으로 몰아붙였다. 대화와 타협은 사라지고 대결만 남았다. 2024년, 일상화된 대결은 해소될 것인가 강화될 것인가.

현실이 될지도 모를 남북 국지전

끔찍한 상상이지만 2024년 혹은 2023년 하반기는 남북 사이의 국지전이 발생할 가능성이 적지 않다. 많은 전문가들이 우려하듯 윤석열 정권이 내밀 카드가 거의 없는 상황에서 마지막 도박에 나설 수도 있기 때문이다.

남북 대결의 일상화가 불러올 가장 최악의 시나리오는 '국지전 발발'이다. 여러 전문가들이 모두 국지전 발발 가능성이 없지 않다고 지적한다.

정통성이 부족하거나 지지기반이 약한 정권이 가장 흔히 쓰는 수법이 외부 적의 위협을 과장하거나 없는 적을 만들어내는 것이다. 아무리 지지율이 바닥인 정권이라도 적의 위협이 고조되면 민심은 자연스럽게 '현 정권'에 힘을 실어주기 때문이다. 1923년, 일본 정부는 간토 지역에 대지진이 발생했을 당시 '조선인 폭동설'을 퍼뜨려 성난 민심을 잠재웠다. 곧 다가올 대선에서 패배가 거의 확실시되던 우크라이나 젤렌스키 대통령을 기사회생시킨 것은 역설적이게도 우크라이나 전쟁이었다. 젤렌스키 대통령은 '전쟁 중'임을 내세워 대선을 계속 연기하고 있다.

1997년 제15대 대통령 선거를 앞두고 이회창 후보에 대한 보수층 결집을 유도하기 위해 한나라당이 직접 북한 측에 "휴전선에서 무력 시위를 해달라" 하고 요청했던 것도 같은 맥락이다. 혐의가 정확히 밝혀지지는 않았지만 당시 청와대 행정관 등 3명이 북한 측 인사를 접촉했던 것은 사실이었다. '김일성 vs 박정희'가 오랫동안 강력한 1당 체제를 유지할 수 있었던 배경 중 하나도 체제를 위협하는 강력한 적의 존재였다. 말하자면 박정희는 김일성 덕분에, 김일성은 박정희 덕분에 권위적인 체제 유지가 가능했던 셈이다.

2023년 현재 윤석열 정부는 '폭망' 직전이다. 어떤 지표를 봐도 긍정적이지 않다. 본인의 지지율은 35%를 오르내리고 있고, 부인 김건희 여사는 주가조작과 표절, 대필 의혹 등 수많은 논란의 중심에 서 있다. 장모는 이미 구속돼 있고, 여당인 국민의힘은 그런 대통령의 입만 바라보고 있다.

그런데 놀랍게도 윤석열 대통령은 이런 상황에서도 '마이웨이'를 외치고 있다. 김태우 전 강서구청장을 사면복권시켜 다시 출마시켰고, 대다수 국민이 반대하는 신원식·유인촌을 기어코 장관으로 임명했다. 국회 청문회 도중 줄행랑을 놓아 '김행방불명' 등의 별명까지 얻은 김행 여가부 장관 지명자까지 임명을 강행하려다가 강서구청장 보궐선거 참패로 제동이 걸렸다. 이 정도면 불통을 넘어 독선과 오만이 극에 달한 양상이다. '미리보는 총선'이라 불렸던 강서구청장 보궐선거의 대패는 예정된 것이었다고 할 수 있다.

강서에서 뜨거운 맛을 본 대통령은 바뀔 수 있을까? 코앞에 다가온 총선을 생각하면 지금까지의 모습을 탈피하고 완전히 새로운 모습을 보여주어야 한다. 그렇지 않으면 강서구와 같은 결과를 내년에 또 다시 감내해야 할 것이다. 하지만 대부분의 정치 평론가들은 '바뀌지 않을 것이다'라고 본다. 집권한 지 1년 반 동안 보여준 모습도 그렇고, 검사 시절의 모습을 봐도 그렇다. 죽을지언정 꺾이지 않겠다는 결연한 의지로, 자신의 주도하에 총선을 치러나갈 것이다.

'강약약강', 강한 자 앞에서는 한없이 약해지는 침팬지형 대통령이 이런 위기에서도 끝까지 고집을 부리는 이유는 하나다. 국민을 자기 위에 있는 존재로 여기지 않기 때문이다. 야당으로서는 '땡큐'인 상황이지만 우리 국민을 생각하면 참으로 안타까운 일이다.

그렇다면 혹시 예상하지 못한 어떤 변수가 있는 것은 아닐까?

아주 자연스러운 질문이다. 야당 대표를 두들기는 것도, 야당 의원들을 하나씩 각개격파하는 것도 별다른 효과가 없다는 게 증명된 지금, 윤 대통령이 쥐고 있는 히든카드는 무엇일까?

이에 대해 잘 정리된 글을 하나 소개한다. 윤 대통령뿐 아니라 현재 벌어지고 있는 우크라이나 전쟁, 새로 발발한 중동 전쟁까지 두루 간파한 내용이다.

개인이나 국가나 관계의 본질은 별로 다르지 않다. 깡패의 세계에서도 대장끼리 서로 다투는 것은 회피한다. 한번 지면 끝장이기 때문이다. 그래서 자신은 나서지 않고 아랫것들을 내보낸다. 어설프게 나선 똘마니는 상대방 보스에게 잘못 걸리면 죽는다. … 우크라이나는 깡패 두목들 싸움에 동원된 똘마니다.

미국의 일부 인사들, 특히 한국계 미국인, 빅터 차와 같은 인사들이 한반도에서의 전쟁을 부추기고 있다. … 빅터 차는 한국의 자살을 강요하는 살인자나 진배없다.

윤석열 정권은 전쟁의 가능성을 시사하는 발언을 여러 번 했고, 새로 임명된 국방 장관 신원식은 호전적인 인물로 예측이 불가능하다. 현재의 한국 정부는 내년 총선 이전에 지지율을 높이기 위해 북한과의 군사적 충돌을 감행할 여지가 다분하다. 윤석열의 계속된 호전적 발언은 그런 가능성을 배제하고는 생각하기 어렵다. … 미국 조야와 윤석열 정권은 어떤 방식으로든 한반도에서의 군사적 충돌을 일으킬 생각을 하고 있다고 보아도 무방할 것이다. 북한이 민감하게 반응하는 것도 이런 이유일 것이다.

- 한설 예비역 육군 준장, SNS

이재명 대표와 문재인 전 대통령에게 심할 정도로 비판을 가하는 분이니 진영 논리 때문에 괜한 '가짜뉴스'를 생산하는 게 아닐까 의심할 필요는 없다. 상당히 많은 사람이, 정치평론가가 아니더라도, 이분의 이야기대로 우려를 하고 있는 게 사실이다.

비단 전문가들만이 아니다. 상당수의 국민들도 국지전 발발 가능성을 우려하고 있다. 〈여론조사꽃〉의 정례여론조사를 보면 "올해 남북 간의 국지전 발발 가능성에 대해 어떻게 생각하십니까?"라는 물음에 59.6%의 응답자가 "가능성이 있다"고 답했다. 그중에서도 특히 "국지전 발발 가능성이 매우 있다"고 답한 응답자도 21.0%나 되었다.(표 67 참조)

이때로부터 5개월여가 지나(여론조사꽃, 자체조사, 23.5.5~6) 윤 대통령의 취임 1년을 며칠 남겨둔 상황에서 또다시 "북한과 국지전 우려 등 최근 안보 상황에 대해 어떻게 생각하십니까?"를 물었다. 그 결과 "불안하다"고 답한 응답자가 66.4%에 달했다. 5개월 전에 비해 약 6%p 늘어난 수치다.

너무도 엄청나고 위험한 가정이기 때문에 어쩌면 '국지전'을 이처럼 공론화시키는 것 자체가 국민 정서에 정면으로 도전하는 것일 수도 있다. 하지만 냉정하게 사태를 분석해보아야 한다. 윤석열 정권이 취할 수 있는 다른 선택지가 거의 없기 때문이다. 그렇다고 순순히 총선을 내줄 사람들은 아니지 않은가.

Q. 올해 남북 간의 국지전 발발 가능성에 대해 어떻게 생각하십니까?

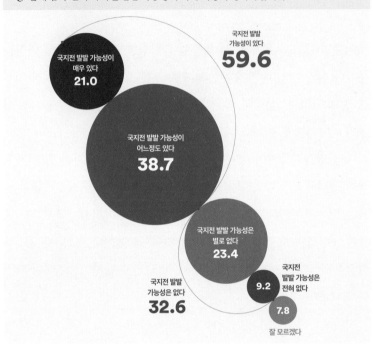

국지전 발발 가능성이 매우 있다
21.0

국지전 발발 가능성이 있다
59.6

국지전 발발 가능성이 어느정도 있다
38.7

국지전 발발 가능성은 별로 없다
23.4

국지전 발발 가능성은 없다
32.6

국지전 발발 가능성은 전혀 없다
9.2

7.8
잘 모르겠다

표 67. 여론조사꽃, 자체조사, 23.1.6~9

문제는 '국지전'의 개념이 예전과 달라졌다는 것이다. 휴전선 인근에서 총 몇 발 쏘고 마는 형태의 국지전은 이제 없다. 미사일 한 방이면 부산, 제주도까지 날아가는 시대다. 안타깝고 위험한 예측에 대한 마무리도 한설 예비역 준장의 SNS 글로 대신한다.

앞으로의 세계가 어떻게 전개될 것인지 예측하기가 매우 어려운 상황으로 진입하고 있다. 혼란의 극대화, 물론 이런 혼란을 극복하는 과정에서 새로운 질서가 만들어질 것이다. 그러나 한반도가 그런 혼란의 무대가 되지 않기를 간곡하게 기도할 뿐이다.

프랑스의 작가이자 철학자인 폴 발레리는 일찍이 '전쟁'을 다음과 같이 정의했다.

전쟁이란, 아는 사이라 서로 죽이지 못하는 사람들을 위해, 모르는 사람끼리 서로 죽이는 일이다.
- 폴 발레리

부디 애꿎은 이 땅의 젊은이들이 영문도 모른 채 전장으로 내몰리는 일은 없었으면 한다.

북핵 위협의 현실화

2024년은 국지전 발발 위험과 함께 북핵 위협이 현실적으로 느껴지는 해가 될 것이다. 지금까지 북핵 위협은 정권 유지를 위한 일종의 페이크 성격이 짙었다. 하지만 2023년의 윤석열 대통령과 김정은 위원장의 위험한 도박은 2024년에 온 국민을 현실적인 공포 속에 몰아넣게 될지도 모른다.

북핵 위협이 상상이 아닌 현실로 다가올지도 모른다는 조짐은 2023년 9월 26일과 27일에 열린 북한 최고인민회의에서 나타났다. 이날 북한은 남과 북 모두에게 중요한 그리고 매우 심각한 결정을 내렸다. "핵무기 발전을 고도화해 나라의 생존권과 발전권을 담보하고 전쟁을 억제하며 지역과 세계의 평화와 안정을 수호한다."는 내용을 북한헌법 4장 58조에 명기한 것이다. '핵무력'을 포기하지 않겠다는 의지가 아니라 영구적인 핵 보유국이라는 사실을 헌법에 담은 것이다.

같은 시기 (2023년 9월 26일) 북한의 영변 핵시설이 일시 중단된 징후가 포착된 것으로 알려졌다. 핵무기용 플루토늄을 추출하기 위한 것으로 추정되었다. 이미 적지 않은 핵탄두를 보유하고 있는 북한이 '핵보유국' 선언과 함께 대량 생산에 나선 것이라는 관측이 뒤따랐다. 2023년 1월 김정은 위원장이 남한을 '적'으로 규정하고 핵탄두를 기하급수적으로 늘리라고 지시했던 사실과 맞물려 한반도의 핵 위협이 더욱 고조되고 있다는 내외신 뉴스가 잇따랐다.

이에 대해 윤석열 대통령은 2023년 9월 26일 제75주년 국군의 날 기념식에서 "북한이 핵을 사용할 경우 한미동맹의 압도적 대응을 통해 북한 정권을 종식시킬 것이다."라고 선언했다. 인사청문회 자리에 나온 신원식 국방장관 예정자 역시 모두발언에서 윤석열 대통령과 같은 이야기를 내놨다.

보수 진영에서 들으면 일견 그럴듯해 보이겠지만, 윤 대통령과 신원식 장관의 이야기는 알맹이가 없는 전형적인 '뻥카'다.

첫째, 그 자신이 밝혔듯이 현재 우리나라는 '한미동맹'에 기대지 않고는 독자적인 군사 행동이 불가능하다. '전시작전권'이 없기 때문이다. 북한 정권을 궤멸시킬 만한 무기는 '핵'밖에 없는데, 국내에 핵이 없을뿐더러 자칫 중국의 참전을 부를 수도 있는 핵 사용을 미국이 동의해줄 리도 없다.

둘째, 북한이 핵을 단 한 발만 쏜다는 가정을 하더라도 수도 서울은 이미 궤멸 상태가 될 것이고, 만일 두세 발 정도를 쏜다면 대한민국의 전력은 심각한 상태에 처하고 말 것이다. 북한 정권 궤멸은커녕 '생존' 자체를 먼저 걱정해야 할 판이다.

그런데 '북핵 도발 시'를 가정한다고? 국민 생명은 어떻게 하려고? 윤석열 대통령과 신원식 장관은 어쩌면 안전한 벙커에서 몇 달 동안 생존을 이어갈 수 있을지도 모르겠지만, 그 시간에 대한민국 국민의 생명은 수십, 수백만이 사라지고 있을 것이다.

윤석열 대통령과 신원식 국방장관 예정자의 호언장담을 듣고 있자니 문득 6.25 당시 이승만 대통령과 신성모 국방장관이 생각난다.

"점심은 평양에서, 저녁은 신의주에서."

당시 국방장관 신성모가 입에 달고 살던 말이다. 하지만 실제로 6.25가 발발했을 때는 인민군이 "점심은 서울에서, 저녁은 대구에서" 먹을 정도로 전광석화 같은 진격을 해왔다.

보수 우익들이 '국부'로 받들어 모시는 이승만 대통령은 한 술 더 떴다. 6.25가 발발하자마자 서울을 버리고 대전으로 도망을 친 것이다. 그러면서 혹시나 인민군이 자신을 뒤쫓아올까 염려가 되어 한강 철교를 폭파시켰다. 수만 명의 피난민과 미처 남하하지 못한 국군이 적의 수중에 들어갔다. 그러면서도 그는 라디오 방송을 통해 국민과 국군을 속였다.

서울 시민 여러분, 안심하고 서울을 지키십시오. 적은 패주하고 있습니다.

정부는 여러분과 함께 서울에 머물 것입니다. 국군의 총반격으로 적은 퇴각 중입니다.

이 기회에 우리 국군은 적을 압록강까지 추격하여 민족의 숙원인 통일을 달성하고야 말 것입니다.

- 이승만 대통령 육성 라디오 방송

70여 년의 세월을 넘어 묘한 데칼코마니 혹은 데자뷔가 느껴진다.

북한이 일찌감치 핵폭탄의 개발에 나섰던 것은, 그들의 말에 따르면, 자위를 위한 불가피한 선택이었다. 북한의 입장에서 보면 체제를 위협하는 서방에 대항할 수 있는 유일한 무기가 핵이다. 하지만 북이 처음 핵 개발에 성공했을 때는 그 대상이 '남조선'이 아니었다. 실제 상황에서는 언제나 적대적이었지만, 북한은 윤석열 정부가 들어서기 전까지 남한을 노골적인 '적'으로 규정하지 않았다. 언젠가 함께할 같은 민족으로 봤기 때문이다. 북한이 사력을 다해 ICBM(대륙간탄도미사일) 사거리를 늘리고자 했던 것 역시 미국 본토를 위협할 수 있는 핵무력을 완성하기 위해서였다. 그리고 어느새 북한의 핵탄두는 하와이가 아닌 미국 본토를 충분히 타격할 수 있을 만큼 발전했다.

그런데 이제 북핵은 미국이 아닌 남쪽으로 방향타를 돌리고 있다. 윤석열 정부가 공공연하게 '9.19합의' 파기를 주장하고, 북한을 '주적'으로 명기하면서 태도가 바뀌기 시작한 것이다. 결정적인 변화는 2023년 8월, 공식적인 문서에서 '남조선' 대신 '대한민국'이라는 국호를 사용하면서부터였다. '하나의 민족'을 파기하고 '두 개의 나라'로 정체성을 규정한 것이다. 이로써 북은 아무런 거리낌없이 남한을 향해서도 핵을 쏠 수 있는 이념적 토대를 마련했다. 이제 핵 위협은 미국이 아니라 남한의 것이 되었다.

2023년 10월 7일, 이슬람 무장단체 하마스의 이스라엘 기습공격에서도 확인된 바와 같이 사드나 아이언돔 같은 미사일 방어 체계들은 실전에서는 큰 의미가 없다. 특히 90%가 넘는 요격률로 이스라엘의 자부심이기도 했던 아이언돔은 이제 전 세계의 조롱거리가 되었다. 게다가 핵탄두라니…. 설사 요격에 성공한다 해도 피해는 수십만, 수백만 이상에 이를 것이다.

미사일에는 눈이 없다. 진보나 보수를 가려서 떨어지지 않는다. 핵의 위협은 진보의 것도 보수의 것도 아니다. 생명은 모두에게 소중한 것이다. 윤석열 대통령과 신원식 국방장관 그리고 입만 열면 북한 궤멸을 외치는 (일부) 극우 호전파들에게 간절히 요청한다. 총선에서 의석 몇 개 더 얻자고 온 국민의 생명을 북의 핵탄두 앞에 내놓지 말기를.

기약 없는 여야 소통

2024년에는 '특별한 변수'가 없는 한 여야 대결이 더욱 극한으로 치닫게 될 것이다. 특별한 변수란 윤석열 대통령 퇴진 혹은 탄핵, 남북 사이의 국지전과 확전, 국민의힘의 분당 등이다. 그렇지 않을 경우 여야 대립은 총선 결과가 나올 때까지 점점 더 극대화될 것이다.

2023년 9월 27일 구속영장이 기각된 후 병원으로 돌아간 이재명 민주당 대표는 이틀이 지난 29일, 윤석열 대통령에게 '민생 영수회담'

을 제안했다.

"대통령과 야당이 머리를 맞대는 것만으로도 회복의 신호가 될 것이다."
"최소한 12월 정기국회 때까지 정쟁을 멈추고 민생 해결에 몰두하자."
"대통령과 야당 대표가 조건 없이 만나 민생과 국정을 허심탄회하게
논의하고, 할 수 있는 일을 신속하게 할 수 있기를 바란다."

하지만 대통령실의 반응은 없었다. 대신 국민의힘이 나서서 "시도
때도 없이 정부를 향해 악담을 쏟아내고, 조금만 수틀리면 국무총리
든 장관이든 해임 건의와 탄핵을 일삼으면서 느닷없이 영수회담을
하자는 저의가 궁금하다."며 이 대표를 비난하고 영수회담을 받을 수
없다고 주장했다.

이재명 대표는 이전에도 여러 차례 영수회담을 제안했지만 한 번
도 성사된 적이 없다. 심지어 윤 대통령은 "피의자와 어떻게 영수회
담을 할 수 있느냐."며 모욕적인 발언을 하기도 했다. 이로써 윤석열
대통령은 취임 1년 6개월이 다 되도록 야당 대표를 한 번도 만나지
않은 유일한 대통령이라는 기록을 남기게 되었다. 그리고 2024년까
지 주욱, 이대로 밀고 나갈 태세다.

윤석열 대통령의 '피의자' 발언 뒤에는 여러 가지 댓글이 달렸는데,
그중 압권은 '피의자와 영수회담을 못 하겠다면서 어떻게 한 집에서
잠을 잘 수는 있는지 궁금하다'는 댓글이었다. 도이치모터스 주가조
작 사건의 피의자인 김건희 여사를 겨냥한 것이다.

비록 지난 2022년의 통계이긴 하지만, 여야 영수회담에 대해 우리
국민들은 대체로 '필요하다'는 입장인 것으로 것으로 나타났다.

〈미디어토마토〉의 '선거 및 사회현안 정기 여론조사' 결과를 보면 전체 응답자의 57.6%가 윤 대통령과 이 대표의 영수회담이 "필요하다"고 답했고, 33.2%는 "필요 없거나 부적절하다"고 답했다.(표 68 참조)

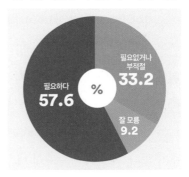

윤석열 대통령·이재명 대표 영수회담

필요없거나
부적절
33.2

필요하다
57.6

%

잘 모름
9.2

표 68. 미디어토마토, 뉴스토마토 의뢰, 22.8.30~31

지금까지 이재명 대표의 영수회담 제안은 총 8차례인 것으로 알려져 있다. 적어도 두 달에 한 번 정도는 영수회담을 제안한 셈이다. 그렇다면 윤석열 대통령은 왜 이재명 대표와의 영수회담을 거부하는 것일까? 배종찬 인사이트케이 소장은 이에 대해 "핵심 지지층이 원하지 않기 때문"이라고 진단했다.

배 소장은 윤석열 대통령이 영수회담을 거부하는 이유는 이재명 대표에게 돌아가는 정치적 이익에 반해 윤석열 대통령은 얻을 게 없다는 판단 때문으로 분석했다.

매우 의미 있는 분석이다. 다만, 윤석열 대통령이 총선을 얼마 남기지 않은 시점에서 이런 식의 계산만으로 영수회담을 거절했다고 보기는 어려울 것 같다. 오히려 '민생영수회담'을 수용하고 대승적 모습을 보이는 것이 득표에 더 도움이 될 것이다. 따라서 총선 경험이 많은 참모라면 당연히 영수회담 수용을 건의할 것이다. 안타깝게도 지금 윤 대통령 주변에서 제대로 된 조언을 할 수 있는 분위기는 아닌 것 같다. 그리고 또 하나, 영수회담 거부는 윤석열 대통령만의 어떤 특징 때문이기도 한 것으로 보인다. 유시민 작가의 분석에 따르면

'대장 침팬지'의 특징이다.

윤석열 대통령에게 이재명 대표는 언제 권좌를 노릴지 모를 강력한 라이벌이다. 아예 싹을 잘라버리지 않으면 언제 자신의 권좌를 위협할지 모른다. 대선이 끝난 지 1년 반이 넘도록 이재명 대표를 집요하게 물고 늘어지는 이유를 이외에 달리 설명할 길이 없다. 일반적으로는 대통령이 된 것으로 대결이 끝나겠지만 윤석열 대통령은 그럴 수가 없다. 저질러놓은 것이 너무나 많기 때문이다.

김대중 전 대통령의 공과를 논할 때 '과'의 하나로 가장 먼저 꼽는 것이 전두환, 노태우 사면이다. 특히 죽을 때까지 뻔뻔했던 전두환 사면은 아무리 '화합'을 위한 것이었다 해도 국민 정서에 큰 상처가 되었다. 그리고 노무현 대통령과 문재인 전 대통령의 결정적인 실수도 김대중 전 대통령과 비슷하다. 이명박 전 대통령과 윤석열 대통령을 '인간'으로 대했기 때문에 본인은 물론 수많은 측근들과 가족들이 시달리다 목숨을 잃거나 폐인이 되었다.

하지만 이재명 대표는 김대중·노무현·문재인과 다르다. 죄가 있으면 처벌을 하고 잘한 일이 있으면 상을 준다. 성남시장과 경기도지사를 거치면서 그가 해왔던 일이다. 윤석열 대통령이 가장 겁내는 일이 바로 그것이다. 어떤 타협도 통하지 않을 것이고, 어떤 정치적 술수도 먹히지 않을 것이다. 오로지 원리 원칙대로, 법대로 처리할 것이다. 만일 이런 사람이 대통령이 된다면, 윤석열 대통령과 검찰 앞에는 상상도 못할 지옥도가 펼쳐지는 것이다. 윤석열 정권이 명운을 걸고 이재명 죽이기를 계속하는 이유다.

지난 2023년 10월 6일, 서울중앙지방법원에서 열린 '대장동·위례신도시 개발 특혜 의혹' 및 '성남FC 후원금 의혹' 첫 재판에 참석한 이재명 대표는 "내가 살아있는 한 수사는 계속될 것"이라며 탄식했다. 자신에 대한 수사가 어떤 의미인지 잘 알고 있다는 뜻이다.

2024년이 아니라 2025년, 2026년이 되어도 윤석열 대통령이 자리를 지키는 한, 한동훈 검찰이 건재한 이상 이재명 대표가 이끄는 야당과의 협치는 없을 것이다. 설사 총선에서 몇 개의 의석이 날아가는 한이 있어도, 언젠가 자신의 목에 칼을 들이댈 게 뻔한 이재명 대표와 얼굴을 맞대고 민생을 논할 수는 없기 때문이다.

물론 변수가 있다.

첫째는 성난 민심에 의한 윤석열 퇴진 혹은 탄핵이다. 이 경우 여야 관계는 민주당 주도로 즉시 회복될 것이다. 박근혜 탄핵 당시에도 보았지만, 침몰해가는 윤석열호에 끝까지 남아 민주당에 저항할 가능성은 별로 없다.

두 번째 변수는 2024 총선 결과다. 그럴 가능성은 거의 없겠지만, 여당이 크게 승리한다면 사실상 이재명 대표의 정치적 생명과 사회적 생명은 거의 끝난다고 볼 수 있다. 조국 전 장관 사태에서 보듯 윤석열+한동훈 콤비는 무자비한 칼잡이다. 반면에 야당이 승리하고 지금과 비슷한 의석을 유지하게 된다면 여당은 사분오열, 새로운 체제로 접어들게 될 것이다. 아울러 윤석열 대통령의 명령에 충실했던 의원들은 '바람과 함께' 사라질 것이다. 이런 상황에서도 윤석열 대통령이 끝까지 자리를 지킬 수 있을지는 모르겠지만, 만일 그렇게 된다면 그는 역대 최장 기간의 식물 대통령이 될 가능성이 매우 높다.

윤석열 대통령이 이재명을 극구 피하는 이유는, 어쩌면 바로 이런 결과를 이미 예측하고 있기 때문일지도 모르겠다.

시대당위성;
당권 경쟁, 당원 시대

민주주의 국가의 주인은 국민이다. 대한민국 헌법 제1조 2항은 "대한민국의 주권은 국민에게 있고, 모든 권력은 국민으로부터 나온다."라는 걸 명시하고 있다. 우리나라는 1919년 상해임시정부 시절부터 국민이 주인인 민주공화국이었다. 하지만 1987년 6월 항쟁 이전까지는 국민이 나라의 주인이라는 걸 거의 의식하지 못했다. 주인이 뽑은 머슴들이 주인 행세를 하고, 주인인 국민을 머슴처럼 대했다. 직선제 개헌 이후 비로소, 조금이나마 국민이 주인 행세를 할 수 있게 되었다.

정치적으로 미숙했던 시대. 정당의 주인이 당원이라는 사실을 미처 깨닫지 못했다. 지역 유지들의 입김에 따라 이리저리 움직였다. 선거철이 되면 반짝 나타났다가 선거가 끝나면 사라지는 '의원 나리'들이 당의 주인이었다. 하지만 지난 20대 대선은 모든 것을 바꿔놓았다. 당의 주인은 의원 나리들이 아니라 당원이라는 걸 확실히 알게 되었다. 여당도 야당도 100만 명이 넘는 당원의 힘이 당을 좌우할 수 있게 되었다. 이제 당권은 당원들의 것이다. 남은 문제는 '제도적 뒷받침'뿐이다.

불붙는 당권 경쟁

2024년은 총선이 끝난 뒤 본격적인 당권 경쟁이 시작될 것이다. 민주당은 8월에 전당대회가 예정돼 있다. 이재명 대표의 뒤를 이을 인물은 총선과 함께 본격적으로 몸을 풀 것이다. 반면에 국민의힘은 총선 결과에 따라 치열한 '책임 논란'과 함께 조기 전당대회 혹은 비대위 체제가 가동될 것으로 보인다.

총선에서 패배한 정당에서는 곧바로 '새 지도부 선출' 요구가 빗발치게 될 것이다. 속사정이야 어떻든 패배의 책임을 누군가는 져야 하기 때문이다. 또한 퐁당퐁당 이어지는 지자체 선거와 대선을 '패장'에게 맡길 수는 없는 일 아니겠는가.

6개월이나 남은 총선의 결과를 미리 예단할 수는 없다. 그럼에도 여론조사 전문가는 현 시점까지 여론의 흐름을 분석해서 미래의 일을 예측한다. 따라서 예측이 얼마나 잘 맞는가를 결정하는 것은 정확한 데이터와 여론을 읽는 눈 그리고 '사심 없는' 기준이다. 때때로 자칭타칭 전문가들의 예측이 터무니없이 틀리는 경우는 주로 본인의 '희망'을 섞어서 분석하기 때문이다.

2022년 10월 16일 시점에서 예측해보자면 2024년 당권 경쟁이 격화될 곳은 바로 국민의힘이다. 즉 민주당보다는 국민의힘이 크게 패할 확률이 높다는 이야기다. 이는 2022년 윤석열 대통령이 당선된 이후 지금까지의 데이터들을 분석한 결과다. '나라를 팔아먹어도 윤 대통령을 지지하겠다'는 35% 내외의 견고한 지지층은 윤 대통령과 국민의힘에 있어 든든한 기반이 아니라 풀기 어려운 '족쇄'다.

2023년 10월 11일 강서구청장 보궐선거에서 확인했듯이 윤 대통령이나 국민의힘이 전격적인 변신을 하지 않는 한 30% 가까이 되는 중도층의 마음을 얻는 건 거의 불가능한 일이다. 그런데 국민의힘과 윤 대통령은 또 다시 '그 나물에 그 밥'을 선택했다. 가장 큰 책임을 져야 할 윤석열 대통령은 "차분한 대응"이라는 뜬금없는 메시지를 내놨고, 김기현 대표 역시 고위당직자들을 물갈이하면서 정작 자신은 자리를 지켰다. 여론이 좋을 리가 없다.

윤 대통령과 국민의힘이 빠른 시간 내에 특단의 조치를 취하지 않는다면, 내년 총선은 민주당의 무난한 승리가 예상된다. 민주당이 어떻게 하느냐에 따라 달라지겠지만, 21대 총선에 필적할 만한 결과가 나올 수도 있다. 이럴 경우 민주당은 예정대로 8월 전당대회까지 이재명 대표 체제가 유지될 것으로 보인다.

반면 2024년 4월 총선 이후 2025년 3월 전당대회까지 약 1년 가까이 남게 되는 국민의힘은 대통령의 급격한 레임덕과 함께 치열한 당권 경쟁에 돌입하게 될 것이다. 당권에 대한 개인적 욕심도 있겠지만 이대로 가다가는 '공멸'할지 모른다는 위기감 속에서 '당을 구할 수 있는 사람은 나밖에 없다'는 순수한 의지의 발현도 있을 것이다.

〈여론조사꽃〉(자체조사, 23.10.13~14)의 조사를 보면 강서구청장 선거 이후 변화된 민심이 바로 나타난다. 평소 지지하는 정당을 묻는 질문에 "민주당"이라고 응답한 사람은 CATI에서 46.7%, ARS에서는 54.2%로 나타나 CATI 31.8%와 ARS 37.1%로 나타난 국민의힘을 압도했다. 특히 눈여겨봐야 할 것은 지난 조사 대비 '중도층'의 민주당 지지율이 CATI의 경우 4.9%p, ARS에서는 5.5%p나 상승했다는 점이다. 이는 곧 강서구청장 보궐선거 이후 중도층이 움직였다는 뜻이다. 이 때문에 민주당 지지율은 전반적으로 3%p 이상 상승했고 국민의힘 지지율은 2%p 이상 하락했다.

속단하기는 이르지만 국민의힘의 당권 경쟁은 이미 시작된 것으로 보인다.

우선 강서구청장 보궐선거 당시 '○○하고 자빠졌네'로 평소와 다른 투사(?) 이미지를 선보인 안철수 의원이 남다른 존재감을 과시했다. 안 의원은 이준석 전 대표를 향해 "박근혜 정부의 은덕을 입고 어린 나이에 정치에 입문해 당 쇄신을 위해 치켜세우고 대접해주었더니 오만방자함이 극에 달했다."며 원색적으로 비난했다. 안 의원은 여기에 그치지 않고 이준석 전 대표 제명 서명운동을 벌이는 한편 1만 6,000여 명에 달하는 서명부를 가지고 이 전 대표에 대해 당 윤리위원회에 징계를 요청할 예정이라고 밝혔다.

반면에 이준석 전 대표는 '김기현 당 대표 2기 체제' 출범을 비판하며 눈물의 기자회견을 열었다. 현재 당정의 모습과 해병대 채 상병 사망사건과 박정훈 대령 기소 등 윤석열 대통령의 국정 기조를 조목조목 비판한 그는 '민심의 무서움'을 강조하면서 "대통령께서 지금의 정책, 국정 기조를 바꾸지 않고 (총선에서) 이길 방법은 아무리 생각해도 없다."고 말했다. 아울러 자신을 원색적으로 비판(비난)한 안 의원에 대해서는 "나는 아픈 사람은 상대하지 않는다."며 아예 무시했다.

언뜻 보면 총선 패배에 대한 당 내부의 여러 논란 중 하나로 보이겠지만 안 의원이나 이 전 대표 모두 차기 당권을 꿈꾸는 사람이라는 점에서 보면 둘의 충돌은 이미 예견된 것이라 할 수 있다. 이 전 대표가 지적했듯이 '윤 대통령의 국정 기조'가 바뀔 가능성이 거의 없는 상태에서 총선 패배는 거의 확실한 상황. 이후 당권을 놓고 벌어질 치열한 다툼에서 미리 몸집을 키우려는 전략일 수도 있다는 뜻이다.

(윤석열 대통령과 일부 측근만 빼고) 강서구청장 보궐선거 패배가 거의 확실시되던 시점에서 이미 국민의힘 내외부에서는 비대위 체제나 조기 전당대회 등의 여러 가지 시나리오가 제기되었다. 그때 하마평에 올랐던 여러 인물 중 하나가 바로 안철수 의원이다. 안철수 의원 다음으로 꼽을 수 있는 사람으로 나경원 전 의원이 있다.

안철수·나경원을 가장 먼저 꼽는 이유는 국민의힘 패배가 현실화될 경우 '영남 정당'의 이미지를 피하기 위해 수도권 당 대표를 택할 가능성이 매우 높기 때문이다. 2년 뒤에 다가올 지방선거와 대선을 '도로 영남당' 이미지로는 치를 수 없을 것이다. 또 한편으로는 대중의 시선을 끌 수 있는 '인기스타'가 필요해지는 시점이기도 하다. 김기현1기와 2기, 어디를 봐도 대중의 시선을 끌 만한 사람은 없었다.

같은 이유로 안철수·나경원과 함께 원희룡 국토부장관도 도전 가능성이 있다. 그리고 앞서 얘기됐던 '눈물의 기자회견' 이준석 대표도 여전히 가능성이 있는 후보군이다. 하지만 이준석 전 대표는 국민의힘을 탈당하고 신당을 추진할 가능성이 더 크다. 다만 여당에 남는다면 당권에 도전할 것이다. 그럴 경우 이준석 전 대표는 '용와대 출장소'라는 오명을 벗고 대통령에 맞서는 명실상부한 여당으로 탈바꿈시킬 수 있는 적임자로서 자신의 존재감을 부각시킬 것이다. 물론 누가 됐던 일단 '생존'이 먼저다. 총선에서 살아남아야 당권에 도전할 수 있지 않겠는가.

이와 반대쪽에서 원조 윤핵관 장제원 의원도 당권에 도전장을 던질 가능성이 있다. 만일 장 의원이 나선다면 윤석열 대통령의 전폭적인 지지와 상당한 숫자의 대의원 표를 확보할 수 있을 것이다. 하지만 '총선 패배' 이후 치러지는 조기 전당대회에서 윤석열 대통령의 후광이 강하게 남아 있는 장제원 의원이 선택될 가능성은 높지 않을 것으로 보인다.

민주당의 경우 비교적 무난하게 8월 전당대회까지 이어지겠지만 당권마저 밋밋하고 무난한 경쟁이 될 것 같지는 않다.

현재 민주당에서 가장 당권에 가깝다고 평가받는 인물은 정청래 의원이다. 이재명 대표와 호흡이 잘 맞고, 검찰 탄압에 맞서서 가장 열심히 싸운 인물 중의 하나다. 체포동의안 표결 때도 열성적으로 부결을 위해 뛰었고, 이 대표의 단식 때도 동조 단식 등으로 힘을 보탰다. 정청래 의원의 강점은 당원들의 열렬한 지지다. 반면에 당내 세력권에서는 다소 약하다는 평을 듣는다.

정청래 의원 다음으로 물망에 오르내리는 사람은 우원식 전 원내대표다. 우 전 원내대표는 홍범도 기념사업회 이사장으로서 육사 내 홍범도 장군 흉상 이전 반대 투쟁에 앞장섰고, 민주당 후쿠시마 원전 오염수 해양투기 저지 대책위원회 고문으로서 이정미 정의당 대표 등과 함께 후쿠시마 원전 오염수 해양투기 방류 반대 단식 투쟁을 벌이기도 했다. 우원식 의원은 '민평련' 출신이자 '더좋은미래'의 일원으로서 정청래 의원에 비해 상대적으로 당내 의원들의 지지가 탄탄한 편이다.

민주당의 경우 2024년 8월 전당대회까지는 아직 10개월이 남았고, 총선의 결과에 따라 많은 변수가 발생할 수 있을 것이다. 전혀 예상하지 못했던 또 다른 인물이 불쑥 등장할 수도 있고, 두 사람 중 누군가 원내 진입에 실패할 수도 있다. 하지만 지금까지 여러 활동 상황이나 당내 지지도, 여론의 흐름 등을 감안했을 때 정청래와 우원식 두 사람이 민주당 당권 경쟁에서는 가장 앞서 있는 인물임에는 틀림이 없는 것 같다.

권리당원의 역습

2024년은 권리당원들의 권리가 제대로 행사되는 첫 해가 될 것이다. 매달 당비를 꼬박꼬박 내면서도 '조직동원'의 객체에 머물렀던 권리당원들이 당규 개정 등 당 운영에 직접 영향을 줄 수 있는 방법을 모색하기 시작했다. 이제 국회의원도 지구당위원장도 권리당원의 눈치를 보지 않으면 안 되게 되었다. 권리당원의 역습이 시작된 것이다.

아는 분은 알고 모르는 분은 모르는 비화 한 가지.

2002년 대선 직전의 일이다. 노무현과 정몽준의 단일화는 워낙 정치사에 남을 만한 극적인 요소들이 많았다. 특히 당내 세력이 거의 없었던 노무현이 경선 과정에서 바람을 일으키며 이인제를 꺾고 대선 후보로 선출된 사실 자체가 드라마였다. 그리고 국민통합21 정몽준 후보와의 단일화…. 필자가 얘기하고자 하는 '비화'는 바로 이 단일화에 얽힌 사연이다.

당시 정몽준은 여러모로 노무현에 비해 유리한 고지에 서 있었다. '정몽준으로의 단일화'는 떼어놓은 당상 같았다. 남은 문제는 단일화

방식밖에 없었다. 애초에 사실상의 추대를 주장했던 정몽준은 노무현 후보와 담판을 짓고 일반 국민을 대상으로 하는 여론조사 방식을 수용했다. '월드컵 4강신화의 영웅'으로서 국민 여론조사는 당연히 정몽준이 유리한 방식으로 보였다.

그 결과는 모두가 아는 대로 노무현의 극적인 승리였다. 그런데 당시 정몽준으로 하여금 국민여론조사 방식을 수용하도록 조언한 '여론조사 전문가'가 한 명 있었다. 그가 바로 2023년 '김행방불명', '김행랑'의 주인공 김행이었다. 정몽준의 패배 이후 그의 모습은 한동안 찾아보기 어려웠다.

어쨌든, 당시 노무현·정몽준 후보 단일화 과정은 대한민국 정치사에서 '여론조사방식의 경선'이 대중의 관심 속으로 훅 들어온 결정적인 계기가 되었다. 이후 여론조사는 여와 야를 막론하고 가장 주요한 선출 방식으로 자리를 잡았다. 이에 따라 여론조사를 어떤 식으로 구성하느냐가 또 다른 관심이 되었다. 일반 국민과 당원, 권리당원의 비율과 가중치 배정에 따라 유불리가 확연하게 차이 나기 때문이다. 노무현·정몽준은 이처럼 지역 국회의원 혹은 지구당의 필요에 따라 선거철에만 반짝 동원되곤 하던 '당원'의 존재감을 처음으로 부각시킨 계기가 되었다.

'당원'의 존재감이 다시 한번 국민적인 관심을 끌게 된 계기는 2021년 6월 11일, '36세 청년' 이준석의 국민의힘 당 대표 취임이었다. 이준석 당 대표를 향한 20~30대 남성들의 열렬한 환호는 국민의힘 입당 러시로 이어졌다. 당시 국민의힘에서 밝힌 바에 따르면 이준석 대표 취임 이후 약 4개월 만에 26만 6,000명이 신규 입당했다고 한다. 이는 6.11전당대회 이전 4개월간 입당 인원의 8배 규모였다. '진보의 텃밭'쯤으로 여겨졌던 20~30대 청년층이 거꾸로 보수의 텃밭으로 돌변하는 순간이었다.

국민의힘은 몰려오는 신규 입당자들을 위해 책임당원의 요건도 크게 낮추었다. '1년 중 3개월 이상 당비 1,000원 이상 납부하고 연 1회 이상 당 교육 또는 행사 참석'이라는 기존 요건을 완화해 '최근 1년 안에 당비를 1회 이상 낸 당원' 모두에게 책임당원 지위를 준 것이다.

이렇게 급증한 청년 책임당원은 이후 국민의힘의 든든한 후원세력이 되었고, 이준석 대표가 윤 대통령에게 '팽' 당하면서 일부 탈당 움직임이 있었지만 여전히 국민의힘 정책 결정에 적지 않은 영향을 미치고 있다.

국민의힘의 책임당원제에 해당되는 것이 민주당의 권리당원이다. 민주당의 권리당원은 '1,000원 이상 당비를 6회 이상 납부한 당원'이면 된다. 권리당원은 각종 당내 선거의 선거권과 피선거권을 갖는다.

국민의힘의 입당 러시가 이준석 당 대표 취임을 계기로 일어났다면 민주당에 입당 희망자가 몰리기 시작한 계기는 2016 총선이었다. 안철수·박지원의 탈당으로 위기감을 느낀 지지자들이 '문재인 구하기'에 나서 대대적인 입당 운동을 벌였던 것이다. 그 이후 20대 대선이 또 한 번의 큰 기폭제가 됐다. 이른바 '이대남'의 활약으로 이재명 대표가 위기에 처하자 대선 전후 시기에 20~30대 여성 유권자들이 대거 민주당에 가입하기 시작한 것이다. 이들이 이른바 '개딸'이다. 그리고 속칭 수박들의 반란표로 제1차 이재명 대표 체포동의안이 자칫 가결될 뻔했을 때 또 한번 대거 입당이 이뤄졌다. 수박들의 준동을 막아야 한다는 의지가 입당으로 이어진 것이다. 이 덕분에 민주당의 권리당원 숫자는 2023년 10월 현재 140만을 헤아릴 정도가 되었다. 국민의힘의 책임당원은 약 80만 정도로 알려져 있다.

일개 당원의 힘은 미약하기 그지없다. 한 개인으로서는 아무것도 할 수 없다. 권리당원이 되어도 일상적으로 느껴지는 차이가 없다. 하지만 당의 움직임을 지켜보면서 혼자 분노하고 박수치던 권리당원들이 이제는 여러 커뮤니티를 통해 하나의 힘으로 뭉치기 시작했다. 일찌감치 이재명 지키기에 나선 개딸은 물론 일반 권리당원

더불어민주당 김은경 혁신위원회 혁신안

1 당 조직 혁신안
1. 대의원 직선제
2. 당내 온라인 투표시스템 구축

2 공천규칙 혁신안
1. 기존 평가 기준에는 없었던 '공직윤리' 항목을 신설
2. 선출직공직자 상대평가 방식 변경
3. 현직의원과 원외위원장이 유리한 경선 규칙의 변경

3 정책 역량 강화 방안
1. 정책을 중심에 두도록 더불어민주당의 운영 전반을 개편
2. '예비내각'(쉐도우캐비넷)을 구성해 운영하는 방안
3. 정책위원회를 개편
4. 중앙당과 시도당 사무처 당직자의 인원 제한 완화
5. 민주연구원 개편과 독립적 운영 보장
6. 일년에 한 차례 정책(공약) 추진경과 국민보고회를 개최

4 미래대표제
1. 미래의제와 미래세대 대표성을 가진 국회의원 후보 선발
2. 국민중심의 미래선거인단이 결정하는 공정한 경선 과정
3. 당대표 직속 미래위원회 개설

그림 14. 더불어민주당 김은경 혁신위원회 혁신안, 23.8.10

들의 목소리도 점차 힘을 얻어가고 있다.

2023년 8월 10일 활동을 종료한 '김은경 혁신위'도 권리당원에게 힘을 실어주는 방안을 제시했다. 김은경 혁신위는 '권리당원 40%, 대의원 30%, 국민여론조사 25%, 일반당원 5%'로 되어 있는 현행 전당대회 투표 반영 비율을 '권리당원 투표 70%와 국민여론조사 30%'로 변경하도록 제안한 것이다. 기존 방안에 따르면 권리당원에 비해 숫적으로 매우 적은 대의원 투표의 반영 비율이 30%에 이르기 때문에 실제로는 권리당원에 비해 60배 이상의 표 가치를 지닌 것으로 평가받아 왔다. 이 때문에 권리당원들 사이에 불만이 적지 않았는데 김은경 혁신위가 이를 바로잡기 위해 새로운 방안을 제시한 것이다. 혁신

위는 이와 함께 당 지도부 및 현역 의원, 시도당위원장 등으로 구성됐던 대의원의 70%를 권리당원이 직접 뽑도록 권고했다. 이 역시 권리당원의 권리를 대폭 높이는 방안이다.

이외에도 혁신안에는 정책 역량 강화와 미래대표제 등이 담겨 있지만, 모두가 주목하는 핵심은 역시 권리당원과 대의원의 권한에 대한 조정이다.

김은경 혁신위가 내놓은 여러 방안과 함께 권리당원의 권리 확대 방안은 2023년 10월 현재 '제안' 상태에 머물러 있다. 이재명 대표의 단식과 체포동의안 표결, 강서구청장 보궐선거 등 일련의 일들이 이어지면서 차분히 정리할 시간을 갖지 못한 탓이다.

사실 혁신안을 둘러싼 논란은 적지 않다. 당이 둘로 쪼개질지도 모른다'는 우려를 하는 일부 의원도 있다. 당연한 얘기지만, 대의원제도를 전면 폐지하거나 권리를 완전히 빼앗는 것은 어렵다. 당이 대의원에게 일반 당원보다 더 막강한 권한을 준 것은 그만한 이유가 있기 때문이다. 대의원이 없다면 지구당 운영은 사실상 어렵다. 하지만 나날이 높아져 가는 140만 권리당원의 목소리도 끝내 외면할 수는 없을 것이다. 어떤 형태로든 일반 권리당원의 권리를 지금보다 더 크게 보장하는 방향으로 제도 개선이 이뤄질 것이다. 그래서 2024년은 권리당원의 권리가 실질적으로 보장받는 첫해가 될 것이라 전망해본다.

단체장 출신이 뜬다

2024 총선에서는 지자체장을 비롯해 경험이 풍부한 단체장 출신들이 대거 출

사표를 던질 것이다. 점수도 후하게 받을 가능성이 크다. 그러잖아도 '경험'에 대한 가중치가 높은 우리 국민이지만 2024년에는 특히 '반면교사'의 효과까지 더해질 전망이기 때문이다. 27년간 오직 '검사'로만 살았던 대통령이 나라를 어떤 식으로 망치는지 똑똑히 목격한 결과다.

서산간척지 사업이 거센 물결 때문에 어려움을 겪고 있을 때 낡은 유조선으로 물길을 막아 끝내 방조제를 완성했던 정주영 회장의 평소 입버릇 중 하나는 "이봐 해봤어?"라고 한다. 책상머리에 앉아 서류만 보면서 '된다 안 된다'를 따지는 직원들에게 한번이라도 직접 해보고 나서 말을 하라는 뜻이었다. 정주영 회장의 일화를 듣다 보면 혹시 이명박 전 대통령의 '내가 해봐서 아는데'도 정주영 회장의 흉내내기가 아니었을까 싶어지기도 한다.

총선에서 국민의 선택 기준은 다양하다. 도덕성, 참신함, 능력, 출신학교, 인물, 경륜…. 심지어 같은 집안 사람이라는 것도 때로는 선택의 기준이 된다. 이처럼 다양한 기준이 있지만, '선택'도 시대의 흐름을 탄다. 예를 들어 1987년 6월 항쟁 이후 2000년대 초반까지 치러진 총선은 대체로 '학생운동' 등 운동권 출신과 참신한 인물들이 높은 점수를 받았다. 그리고 21세기에 접어들면서 유권자의 눈길은 '전문가 집단' 쪽으로 많이 선회했다. 특히 검사, 판사, 변호사 등 법조인들의 진출이 두드러졌다.

그렇다면 2024년 치러질 제22대 국회의원 총선거에서는 어떤 인물들이 유권자들의 낙점을 받게 될까? 250여 군데나 되는 지역구의 사정을 일일이 분석할 수는 없지만 2024총선은 대체로 지자체나 단체장 등 풍부한 경험을 가진 인물들이 상당히 많이 출사표를 던지고,

실제 선거에서도 유리할 것으로 전망된다. 사회경험도 없고 정치경험도 없는 대통령의 모습을 보면서 풍부한 경륜의 힘을 충분히 느꼈을 유권자들을 고려한 전망이다.

'풍부한 경륜'으로 따지면 가장 먼저 꼽을 수 있는 것은 아무래도 지자체장일 것이다. 지자체장은 국회의원의 의정활동과는 달리 실제 민생 현장을 4년 동안 직접 온몸으로 겪어낸다는 점에서 큰 점수를 받을 수 있다.

우리나라 지방자치제는 사실 정부 수립과 함께 도입되었지만 지방정부를 직접 통치하고 싶었던 이승만 대통령에 의해 시행이 유보되었다. 박정희나 전두환 시대에도 같은 이유로 지자체 시행안은 캐비닛 속에 잠들어 있었다. 그동안 지자체장은 중앙정부에서 임명하는 공무원으로, 독자적인 정책 수립 없이 중앙정부의 정책을 시행하는 국가 기관의 하나였다. 그러다 1987년 6월항쟁과 함께 만들어진 개정 헌법에 따라 잠들어 있던 지방자치법이 부활을 했고, 4년의 경과 기간을 거쳐 1991년부터 본격적으로 시행되기 시작했다.

지방자치제 부활 30년. 지자체장은 이제 과거와 같은 임명직이 아니기 때문에 지역에 대해 폭넓은 권한을 가지게 되었다. 특히 예전에는 지역의 일까지 국회의원이 다 했지만 지방자치제가 정착이 되면서 그런 역할까지 모두 지자체장에게 맡겨지게 되었다. 덕분에 지자체장들은 지역에서 일어나는 크고 작은 문제를 직접 해결하면서 민생 현장을 고루 체험하게 되고, 그 과정에서 많은 지역민들과 접촉하게 된다. 즉 지자체장은 기본적으로 '문제해결 능력'을 갖춘 데다 커뮤니케이션 능력까지 갖춘 인재인 셈이다.

윤석열 대통령의 사례에서 보듯이 큰일을 해내기 위해서는 작은

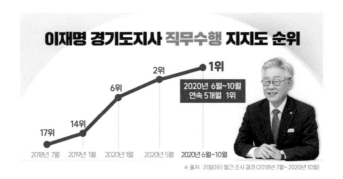

일을 해낼 수 있는 능력부터 쌓아야 한다. 그런 경험이 모여서 더 큰 일을 해낼 수 있게 된다. 규모가 크건 작건 지자체 역시 하나의 작은 정부다. 4년 동안 정부 업무를 하나씩 수행하면서 중앙정부를 경영할 능력도 키울 수 있다.

지자체장에 대한 후한 평가의 배경에 '이재명'의 존재감을 빼놓을 수 없다. 성남시장과 경기도지사를 하면서 보여준 탁월한 능력이 대선 후보로까지 밀어올린 동력이 되었고, 이는 유권자와 당원들, 무엇보다 지자체장들에게 좋은 모델이 됐을 것으로 보인다.

이재명 대표는 경기도지사 시절 온갖 루머와 당내 반대파의 지속적인 공격에도 불구하고 뛰어난 업무 능력으로 지지율을 매년 조금씩 끌어올렸고, 퇴임 직전인 2020년 중반기에는 '〈리얼미터〉 시도지사 직무수행 평가'에서 60% 후반의 지지율로 5개월 연속 1위를 차지했다.

또 민주당 내에서 의정활동을 열심히 한다고 평가받고 있는 김성환(서울 노원구병), 이해식(서울 강동구을), 민형배(광주 광산구을) 의원도 단체장을 역임했던 사람들이다. 현 민주당 최고위원인 서은숙 부산시당위원장도 부산 지역 구청장 출신이다.

사실 지난 2022년에 치러진 지방선거에서는 민주당 출신 인사들이 고배를 마신 경우가 많았다. 윤석열 대통령이 취임한 지 20여일 만에 치러진 선거라 대통령 프리미엄이 매우 크게 작용한 탓이다. 그때 낙마한 많은 인재들이 2024총선에 나설 확률이 높다.

일일이 이름을 나열하기는 좀 그렇지만 수원시장을 세 번 역임한 염태영 전 시장, 황명선 전 논산시장, 채현일 전 영등포구청장을 비롯해 상당수의 지자체장 출신들이 몸을 풀고 있는 것으로 알려져 있다. 조금 더 시선을 넓혀보면 김동연 경기도지사는 일찍부터 민주당 차기 대선주자로 꼽히고 있고, 국민의힘에서는 홍준표와 오세훈 등이 각각 경남지사 · 대구시장, 서울시장 경력을 바탕으로 대선을 꿈꾸고 있다.

수박의 몸부림

2024년은 오랫동안 민주당 내 분란의 요인이었던 비명·반명계 의원들의 목소리가 잦아드는 해가 될 것이다. 이재명 대표에 대한 검찰의 구속영장이 기각되면서 1차, 2차 체포동의안에 가결표를 던진 속칭 '수박' 의원들이 대거 정리가 되었기 때문이다. 아울러 검찰의 집요한 공격에도 불구하고 이재명 대표는 흔들림 없이 당 대표 권한을 제대로 행사할 것이다.

2023년 9월 27일 새벽 2시경. 24일간의 단식으로 초췌해진 이재명 대표가 영장실질심사 후 대기 중이던 경기 의왕시 서울구치소 정문

밖으로 걸어나왔다. 밤새 뜬눈으로 현장을 지키던 200여 명의 지지자와 당직자, 의원 등은 환호와 박수로 이재명 대표를 맞이했다. 야당 대표에 대한 최초의 구속영장 청구와 기각이라는 초유의 사태는 이렇게 마무리되었지만, 그 후폭풍은 만만치 않을 것이다.

우선 한동훈 법무부 장관으로 상징되는 검찰과 윤석열 정권의 공격이 한풀 꺾였다. "이재명 대표를 구속할 증거는 차고 넘친다."고 했던 한동훈 장관은 구속영장이 기각되자마자 "기각이 무죄는 아니다."라며 애써 기각 판결의 의미를 깎아내리느라 애썼다. 하지만 100% 이 대표의 구속을 확신하면서 내뱉었던 그간의 숱한 말들을 주워 담을 수는 없었다. 영장을 기각한 판사를 맹비난하는 그의 모습에서는 특유의 깐족과 조롱끼는 찾아볼 수 없었다. 아마도 법원 결정문의 한 구절을 고리로 삼아 불구속 기소를 하겠지만, 박근혜 전 대통령 국기문란 사건 때보다 두 배나 많은 검사를 동원해서 2년이나 탈탈 털고도 구속도 시키지 못한 데 대한 자괴감으로 속은 꽤나 아플 것이다. 물론 검찰의 입장에서 향후 수사와 재판에도 상당한 차질이 빚어지게 된 것도 큰 상처다.

다음으로는 민주당 내부 정리다. 이재명 대표의 성정으로 보아 단번에 칼을 뽑지는 않겠지만 그냥 넘어갈 수는 없는 일이다. 자당의 대표를 꼼짝 못하게 묶어서 검찰의 손아귀에 쥐어준 사람들이 아닌가. 당시 이재명 대표는 21일째 이어지는 단식으로 건강이 악화되어 병원에 입원해 있는 상태였다. 정치적인 지향점이 설사 다르다 해도 인간적으로 해서는 안 될 일을 그들은 저질렀던 것이다. 게다가 비명·반명의 체포동의안 가결표 투척은 민주당 지지자들 대다수의 입장과 정면으로 배치되는 것이었다. 압도적인 당원들의 뜻을 거스

Q. 이재명 대표 체포동의안이 국회에서 가결됐습니다. 이에 대해 어떻게 생각하십니까?

Base=전체 (단위: %)		조사 완료	매우 적절하다 ⓐ	어느 정도 적절하다 ⓑ	별로 적절하지 않다 ⓒ	전혀 적절하지 않다 ⓓ	적절하다 ⓐ+ⓑ	적절하지 않다 ⓒ+ⓓ	잘 모름	가중값 적용 사례수
전체		(1006)	37.1	7.7	8.7	42.5	44.8	51.2	4.1	(1006)
7개 권역	서울	(193)	40.6	7.8	7.5	38.4	48.4	45.9	5.7	(188)
	인천·경기	(321)	30.6	8.3	7.4	51.6	38.9	59.1	2.0	(322)
	대전·세종·충청	(107)	41.3	6.1	12.1	37.5	47.4	49.7	2.9	(106)
	광주·전라	(102)	27.0	5.6	10.5	48.0	32.6	58.5	8.9	(98)
	대구·경북	(100)	50.5	7.9	7.7	31.7	58.4	39.4	2.2	(98)
	부산·울산·경남	(142)	35.4	8.3	6.6	43.9	43.8	50.5	5.7	(151)
	강원·제주	(41)	57.3	8.6	19.5	12.1	66.0	31.6	2.4	(43)
연령대	18~29세	(136)	34.5	10.5	14.0	32.6	45.0	46.5	8.5	(163)
	30대	(139)	32.1	9.3	9.2	45.8	41.4	54.9	3.7	(151)
	40대	(194)	27.7	6.9	6.8	57.0	34.6	63.8	1.6	(181)
	50대	(214)	34.7	6.1	6.5	51.3	40.8	57.7	1.5	(196)
	60대	(186)	45.4	6.5	8.9	39.1	52.0	48.0	0.0	(173)
	70세 이상	(137)	50.4	7.3	7.2	24.1	57.7	31.3	11.0	(142)
성별	남성	(534)	40.7	8.2	8.7	39.5	48.9	48.2	2.8	(499)
	여성	(472)	33.5	7.2	8.6	45.5	40.7	54.1	5.2	(507)
연령대 by 성별	18~29세 남성	(81)	50.5	10.0	8.8	25.7	60.5	34.5	5.0	(91)
	18~29세 여성	(55)	14.3	11.2	20.5	41.3	25.5	61.7	12.8	(72)
	30대 남성	(84)	33.3	12.2	10.6	41.4	45.5	52.0	2.4	(86)
	30대 여성	(55)	30.6	5.4	7.2	51.5	36.0	58.7	5.3	(65)
	40대 남성	(98)	28.6	8.9	6.3	55.2	37.6	61.4	1.0	(84)
	40대 여성	(96)	26.8	5.2	7.2	58.6	32.0	65.8	2.2	(97)
	50대 남성	(107)	34.8	5.5	6.6	53.1	40.4	59.6	0.0	(90)
	50대 여성	(107)	34.6	6.6	6.4	49.7	41.1	56.1	2.7	(106)
	60대 남성	(91)	44.0	5.5	12.3	38.2	49.5	50.5	0.0	(78)
	60대 여성	(95)	46.6	7.4	6.1	39.9	54.0	46.0	0.0	(95)
	70세 이상 남성	(73)	55.3	6.6	8.1	20.4	61.9	28.5	9.6	(70)
	70세 이상 여성	(64)	45.5	8.0	6.4	27.8	53.5	34.1	12.4	(72)
정당 지지도	더불어민주당	(547)	4.5	7.9	11.6	72.3	12.4	83.9	3.7	(543)
	국민의힘	(358)	87.3	5.5	2.5	2.9	92.8	5.4	1.8	(355)
	정의당	(35)	27.8	14.1	20.3	23.1	41.9	43.4	14.8	(39)
	기타	(36)	39.1	11.4	11.5	31.6	50.5	43.2	6.3	(37)
	없음	(28)	44.2	17.6	10.5	9.3	61.9	19.8	18.3	(29)
	잘 모름	(2)	0.0	0.0	0.0	52.8	0.0	52.8	47.2	(2)

표 69. 여론조사꽃, 자체조사, 23.9.22~23

르면서까지 그들이 얻고자 한 것은, 앞에서 이야기한 대로 공천 권한이다. 대표야 어찌 되든 말든, 민주당이 검찰의 밥이 되든 말든 공천권만 따낼 수 있다면 그들은 아마 그보다 더한 일도 할 수 있었을 것이다.

검찰의 이재명 대표 구속영장 청구

Q. 단식 중 건강악화로 병원으로 이송된 더불어민주당 이재명 대표에게 검찰은 이송 2시간 여 만에 구속영장을 청구했습니다. 이 영장 청구에 대해 어떻게 생각하십니까?

Base=전체 (단위: %)		조사 완료	매우 올바른 결정이다 ⓐ	어느 정도 올바른 결정이다 ⓑ	어느 정도 잘못된 결정이다 ⓒ	매우 잘못된 결정이다 ⓓ	올바른 결정이다 ⓐ+ⓑ	잘못된 결정이다 ⓒ+ⓓ	모름·무응답	가중값 적용 사례수
	전체	(1017)	28.7	17.9	11.6	33.8	46.6	45.4	8.0	(1017)
7개 권역	서울	(192)	28.9	17.8	14.0	30.4	46.7	44.4	8.9	(190)
	인천·경기	(320)	25.0	17.7	13.4	37.7	42.7	51.1	6.2	(324)
	대전·세종·충청	(109)	31.4	17.2	12.0	29.1	48.6	41.1	10.3	(107)
	광주·전라	(105)	14.1	16.6	11.5	51.0	30.7	62.5	6.8	(99)
	대구·경북	(95)	44.3	14.6	11.5	18.2	58.9	29.8	11.4	(99)
	부산·울산·경남	(153)	32.4	20.6	6.9	35.2	53.0	42.1	4.9	(153)
	강원·제주	(43)	33.4	22.7	4.4	23.0	56.1	27.4	16.5	(45)
연령대	18~29세	(170)	22.9	29.4	14.9	11.1	52.3	26.0	21.7	(166)
	30대	(157)	23.0	24.9	12.5	30.2	47.9	42.7	9.4	(151)
	40대	(189)	12.1	14.3	12.8	55.9	26.4	68.6	4.9	(184)
	50대	(200)	30.1	11.1	13.1	44.2	41.2	57.4	1.4	(198)
	60대	(172)	40.8	15.2	8.2	32.9	56.0	41.1	2.9	(173)
	70세 이상	(129)	46.1	14.5	7.6	22.3	60.6	29.9	9.5	(145)
성별	남성	(517)	29.4	20.8	11.8	32.7	50.2	44.4	5.3	(505)
	여성	(500)	28.0	15.0	11.5	34.9	43.1	46.4	10.5	(512)
연령대 by 성별	18~29세 남성	(84)	36.4	35.1	9.5	3.2	71.5	12.8	15.7	(87)
	18~29세 여성	(86)	8.1	23.0	20.8	19.8	31.1	40.6	28.2	(79)
	30대 남성	(80)	24.5	26.3	14.3	27.4	50.8	41.7	7.5	(78)
	30대 여성	(77)	21.3	23.4	10.7	33.2	44.7	43.9	11.4	(73)
	40대 남성	(101)	11.0	15.7	16.8	52.7	26.8	69.4	3.8	(93)
	40대 여성	(88)	13.3	12.8	8.7	59.1	26.1	67.8	6.1	(91)
	50대 남성	(105)	28.3	10.3	13.4	46.1	38.6	59.5	1.9	(101)
	50대 여성	(95)	32.0	12.0	12.8	42.3	44.0	55.1	1.0	(97)
	60대 남성	(86)	38.5	16.3	7.1	35.8	54.8	42.8	2.3	(85)
	60대 여성	(86)	43.0	14.1	9.3	30.2	57.1	39.4	3.5	(88)
	70세 이상 남성	(61)	43.1	24.5	8.2	24.1	67.7	32.3	0.0	(61)
	70세 이상 여성	(68)	48.2	7.3	7.2	21.0	55.4	28.2	16.4	(84)
정당 지지도	더불어민주당	(456)	2.3	9.4	17.3	67.1	11.7	84.3	4.0	(447)
	국민의힘	(340)	68.8	23.0	2.0	2.0	91.8	3.9	4.3	(350)
	정의당	(32)	11.7	29.6	15.0	38.4	41.3	53.4	5.3	(32)
	그 외 다른 정당	(11)	47.5	9.5	9.5	26.5	56.9	36.0	7.1	(11)
	지지 정당 없음	(172)	18.9	26.9	16.0	12.8	45.9	28.7	25.4	(171)
	모름·무응답	(6)	0.0	50.0	16.0	0.0	50.0	16.0	34.0	(6)

〈여론조사꽃〉의 정례여론조사를 보면 민주당 지지자들의 뜻을 잘 확인할 수 있다. ARS 조사 결과 "이재명 대표의 체포동의안이 국회에서 가결됐습니다. 이에 대해 어떻게 생각하십니까?"라는 질문에 "적절하다"는 답은 44.8%, "적절하지 않다"는 답은 51.2%로 큰 차이

가 없었다. 하지만 민주당 지지층으로 좁혀보면 결과는 전혀 다르다. "적절하다"는 답이 12.4%에 머문 반면 83.9%의 응답자는 "적절하지 않다"고 답한 것이다.

이재명 대표에 대한 구속영장 청구에 대한 반응도 이와 비슷하다. 전체적으로는 "올바른 결정이다"라고 보는 응답자가 46.6%, "잘못된 결정이다"라고 보는 응답자가 45.4%로 거의 같은 비율로 나타났다. 하지만 민주당 지지자들은 84.3%가 "잘못된 결정"이라고 답했고 "올바른 결정"이라고 답한 응답자는 11.7%에 불과했다. 민주당 지지자들의 뜻이 어디에 가 있었는가에 대해서는 더 설명할 필요가 없을 것 같다.(표 69 참조)

당 일각에서는 '처벌만이 능사는 아니다'라는 이야기가 나오기도 하지만, 적어도 공공연하게 이재명 체포동의안에 가결표를 던져야 한다 혹은 던지겠다고 나선 의원들에 대해서는 그냥 넘어가서는 안 될 것이다.

주로 조중동 등의 보수 언론에서 지적하는 것처럼 '수박색출' 작업이 조금 과한 면이 있는 것은 사실이다. 과격한 댓글도 많고, 엉뚱한 피해자가 나오기도 한다. 특히 '명단' 작성은 정확한 사실이 확인되지 않는 한 지양되어야 할 것이다.

하지만 정말 이해할 수 없는 것은 여러 경로를 통해 이른바 '가결파'로 지목된 의원들의 반응이다. 자당의 대표를 향해 칼을 뽑아들었을 때는 나름의 정치적 입장이 있었을 텐데 자신의 입장을 밝히지 못하는 이유가 뭘까. 심리전문가 김태형 소장은 공개적으로 가결을 선언한 5명의 의원을 '가결파', 그들의 이름 뒤에 숨어 가결표를 던졌다가 구속영장 기각 뒤에는 모른 척 입을 닫고 있는 이들을 '덩달이들'

이라고 부른다. 명색이 국회의원이지만 자신의 소신도 뚜렷이 밝히지 못한 채 그저 남들이 하는 대로 덩달아 나섰다는 뜻이다.

민주당과 이재명 대표가 잊어서는 안 될 것이 있다.

먼저, 여배우 김부선과의 스캔들을 비롯해 이재명 대표 집안의 복잡한 가정사까지 공격의 소재로 삼았던 이가 다른 당의 인물이 아니라 당시 같은 당에서 한솥밥을 먹었던 김영환 후보였다는 사실이다. 훗날 이재명 대표의 혐의는 모두 무죄 혹은 혐의 없음 등으로 밝혀졌지만 이재명 대표에게 덧씌워진 '패륜'의 이미지는 지금도 상당수의 국민들 머릿속에 남아 있다. 0.73%의 일부가 여기에서 비롯되었다고 필자는 확신한다. 김영환 후보는 2024년 오송 참사 때 여러 가지 문제로 파문을 일으켰던 충북지사다. 참사 당시 그의 행보와 이후 변명 방식 등은 이상민 행안부 장관이나 윤석열 대통령과 판박이처럼 닮은 모습이었다.

두 번째로, 윤석열 정권의 검찰이 이재명 대표를 옭아매기 시작한 대장동 사건의 빌미를 제공한 것이 다름 아닌 대선 후보 자리를 놓고 다투던 이낙연 전 의원이었다는 사실이다. 2년 가까이 진행된 이 사건의 실체는 이미 오리무중, 안드로메다로 떠난 지 오래다. 하지만 대장동에서 시작된 이재명 죽이기는 끊임없이 변주되면서 2년 가까이 이어지고 있다. 지금까지 어떠한 증거도 나온 게 없지만 '이재명'이라는 이름 뒤에는 '대장동'이 자연스럽게 따라붙고 있다. 하지만 지금껏 이낙연 대표나 당시 이재명 공격에 가담했던 이들 가운데 진정한 사과를 건넨 이는 아무도 없다.

영화가 아닌 현실세계에서도 종종 목격하는 것이지만, 때로는 남보다 가족이 더 무섭다. 이재명 대표는 '가족의 무서움'을 누구보다 잘 아는 사람이다. 온정으로 대한다고 해서 온정으로 되돌아오지 않는다는 것도 잘 안다. 그래서 2024년의 민주당은 그 어느 때보다 탄탄한 단일대오를 이뤄 총선에 임할 것으로 전망된다. 물론 그 결과도 '맑음'일 것이다.

시대당위성;
위태로운 대한민국,
바로잡는 2024 총선

코로나19로 전 세계가 혼란에 빠져 있을 때, 대한민국은 가장 모범적인 방역과 국민의식으로 찬사를 받았다. 일상을 멈추지 않았고, 국민의 반발도 최소화시켰다. 가장 피해가 컸던 소상공인들도 정부의 가이드라인을 충실히 따랐다. 위기 상황에서 오히려 국격은 올라갔고, 해외동포들은 '한국인'이라는 사실만으로도 자부심을 가질 수 있었다.

2022년. 대통령이 바뀌었고 코로나는 종식되었다. 1번을 찍었건 2번을 찍었건, 많은 이들이 새 시대를 바랐다. 관광객이 다시 명동으로, 인사동으로, 제주도로 몰려오고, 경제가 살아나고, 드디어 마스크를 벗은 이웃이 웃으면서 악수를 나누게 되리라 기대했다. 하지만 희망과 기대는 절망과 실망으로 바뀌었다. 경제는 폭망했고, 물가는 폭등했고, 자부심은 폭락했다.

2023년 대한민국은 서서히 침몰해 가고 있다. 세계 톱10은 까마득히 멀어지고, 자칫하면 또다시 '개발도상국'의 자리로 되돌아갈지도 모를 위기다.

그래도 아직 절망은 이르다. 2024총선이 남았다. 0.73%p의 빌미가 되었던 '내부 분열'을 극복한 민주당이 단일 대오로 뭉쳐 윤석열 정권을 심판하고 쓰러져가는 대한민국을 바로잡을 수 있을 것이다. 그것이 마지막 희망이다.

뜸해진 언론사 여론조사가 알려주는 것들

2024년은 총선으로 시작해서 총선으로 끝날 것이다. 강서구청장 보궐선거는 민심이 어디 있는지 확실히 보여주었지만, 여당 특히 윤석열 정권이 민심을 그대로 따라줄지는 미지수다. 안타깝지만 윤 대통령의 '마이웨이'는 전혀 바뀌지 않을 가능성이 크다. 2023년에 이어 '언론의 협조' 역시 계속 이어질 것이다.

2023년 10월 11일, '미니총선'이라 불렸던 강서구청장 보궐선거가 끝났다. 많은 사람이 예측했던 대로 민주당 진교훈 후보의 '압승'이었다. 강서구청장 보궐선거는 진교훈 vs 김태우가 아니었다. 이재명 vs 윤석열도 아니었다. '윤석열 vs 윤석열'이었다. '나라를 팔아먹어도 지지할' 콘크리트 지지자들과 '범죄자' 김태우를 군이 사면·복권해서 강서구에 꽂아 넣은 윤석열 대통령을 심판하고자 하는 강서구민의 대결이었다. 민주당이 이긴 게 아니라 윤석열이 졌다.

필자는 강서구청장 보궐선거와 관련해서 소위 '작두'를 탔다. 보궐선거 사전투표율을 거의 정확하게 예견한 것이다. 〈박시영TV〉에서 필자가 예견한 사전투표율은 22%였고, 실제 사전투표율은 22.64%.

단 0.64%p 차이였다.

조금 어긋나기는 했지만 '진교훈 vs 김태우'의 득표율 예측도 상당히 근접했다. 당시 필자의 예측은 진교훈 후보 57%, 김태우 후보 35% 내외로 대략 20%p 이상 진교훈 후보가 압승한다는 예측이었다. 사전투표율이 발표되기 전이었다. 당시 민주당은 '10%p 내외'도 조심스럽게 얘기할 때였다. 조금 과하지 않느냐는 얘기를 많이 들었지만, 나는 20%p까지는 무난하다고 판단했다. 실제 투표 결과는 56.52% vs 39.37%로 17.15%p 차이였다. 지지율 격차가 다소 줄어든 것은 필자의 예상보다 본투표율이 높았기 때문이다. 막판 위기감을 느낀 보수층의 결집이 나타난 것이다.

그런데 두 후보의 득표율 차이와 관련해서 '작두'를 탄 사람이 또 있었다. 이준석 전 국민의힘 대표다. 그는 여러 인터뷰 등에서 18% 차이를 얘기했다. 득표율을 예측한 많은 사람·기관을 통틀어 가장 근접한 수치일 것이다.

이준석 대표가 실제 수치보다 약 1%p 더 높게 예측했다면, 반대로 1%p 정도 낮은 수치를 예측해서 작두를 탄 곳이 하나 더 있다. 〈여론조사꽃〉이다. 혹자는 이번 강서구청장 보궐선거를 〈여론조사꽃〉의 승리'라고 말한다.

〈여론조사꽃〉은 2023년 추석 직전에 실시한 '경기/서울 총선·보궐선거 특집조사'에서 진교훈 후보와 김태우 후보의 득표율 차이를 '43.4% vs 27.4%', 16%p로 예측했다.(표 70 참조)

강서구청장 보궐선거와 관련해서 필자와 〈여론조사꽃〉, 이준석 전 대표가 거의 정확한 예측을 할 수 있었던 배경은 여론조사였다.

필자의 경우, 〈여론조사꽃〉의 데이터 자체로는 사전투표율을 직접

강서구청장 후보 지지도

Q. 이번 강서구청장 보궐 선거에 출마한 다음 인물 중 누구에게 투표하시겠습니까?

진보당 권혜인 2.1
우리공화당 이명호 0.2
정의당 권수정 2.3
자유통일당 고영일 0.9
그외 다른인물 0.2

더불어민주당 진교훈 **43.4**

국민의힘 김태우 **27.4**

적합한 인물 없음 **17.2**

잘모름 **6.2**

표 70. 여론조사꽃, 자체조사, 23.9.20~21

확인할 수 없었지만 적극투표층과 2023년 이전까지 이뤄진 강서구의 대선·총선·지선 투표 관련 데이터를 꼼꼼히 분석해서 사전투표율을 예측했다. 〈여론조사꽃〉은 말할 것도 없고 이준석 전 대표 역시 '18%'의 근거로 지난 여러 선거의 투표 결과와 여론조사 결과 등을 참고했다고 밝혔다. 한마디로 이번 선거 역시 여론조사의 중요성을 다시 한 번 보여주었다고 할 수 있다.

그런데 정말 강서구청장 보궐선거를 앞두고 알 수 없는 일이 일어났다. '미니총선'이라고까지 불렸던 강서구청장 보궐선거에 대한 언론사의 여론조사가 전혀 없었다는 사실이다. 여론조사 전문기관들도 마찬가지였다. 2023년 9월 24일 〈리얼미터〉를 제외하면 여론조사를 발표한 기관이 한 곳도 없었다. '발표'를 군이 강조한 이유는 조금 있다가 설명하겠다.

2023년 9월 〈리얼미터〉가 발표한 '강서구청장 후보 지지도'에 따르면 진교훈 44.6% vs 김태우 37.0%로 7.6%p 앞서는 것으로 나타났다.

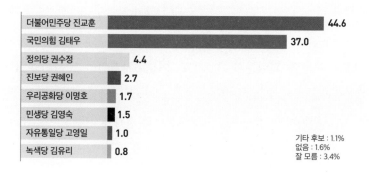

강서구청장 후보 지지도 (%)

더불어민주당 진교훈	44.6
국민의힘 김태우	37.0
정의당 권수정	4.4
진보당 권혜인	2.7
우리공화당 이명호	1.7
민생당 김영숙	1.5
자유통일당 고영일	1.0
녹색당 김유리	0.8

기타 후보 : 1.1%
없음 : 1.6%
잘 모름 : 3.4%

표 71. 리얼미터, 뉴스피릿 의뢰, 23.9.18~19

실제 결과와는 10%p 이상 예측이 틀렸지만, 진짜 문제는 예측이 크게 빗나갔다는 사실이 아니다.(표 71 참조)

일반적으로 조금만 국민적 관심이 있다 싶으면 언론사는 당연히 여론조사를 실시한다. 이번처럼 단 한 군데만 치러지는 구청장급 선거라 하더라도 최소한 한 번 정도는 여론을 확인하는 게 보통이다. 특히 강서구청장 보궐선거는 '윤석열 대통령'의 직접 개입(의혹) 덕분에 전국적인 관심사가 되었고, 여야 지도부가 총출동해서 대선을 방불케 하지 않았던가. 그럼에도 불구하고 '거의 모든' 여론조사기관과 '모든' 언론이 마치 짜기라도 한 듯 여론조사를 실시하지 않았다.

여론조사 전문가로서 필자는 국민의힘은 물론 대부분의 여론조사 기관과 상당수의 언론사가 어떤 형태로든 여론조사를 했을 것이라고 본다. 미루어 짐작건대 큰 폭으로 여당의 후보가 뒤지는 여론조사 결과가 발표될 경우, 강서구민들과 일반 시민들의 반응이 어떻게 바뀔지 그것이 두려웠던 것이리라. 윤석열 정권에 대한 심판 열기가 뜨거워 여권이 참패하리라는 것을 언론사들도 알았기 때문에 의도적으로 '조용한 선거판'을 만들려고 여론조사를 하지 않았던 게 아닌가 싶다.

언제부턴가 '언론사'들의 임무가 '사실과 진실 보도, 권력 비판'이 아니라 '생존'이 되었는지 모르겠다. 여론조사기관들은 '사기업'이니 권력자의 눈치를 보는 게 당연하다. 하지만 언론사는 그래서는 안 된다. 모든 언론사가 '강서구청장 보궐선거의 결과에 따른 여야의 득실'과 향후 '윤석열 대통령의 선택 · 이재명 대표의 운명' 등을 그토록 비중있게, 심도 깊게 분석했으면서 여론조사를 하지 않았다? 상식적으로도, 여론조사 전문가로서도 이해할 수 없는 행태다.

여기에다 더 이해할 수 없는 것은 선거 개표 방송이다. '출구조사'는 이미 여러 차례 필자 스스로 밝혔듯이 상당한 비용이 들기 때문에 단 한 개의 선거구에서 치러지는 지자체 보궐선거에서 시행하기는 쉽지 않을 것으로 본다. 하지만 2023년 10월 11일 저녁 7시경부터 개표가 완전히 끝난 새벽 1시가 넘을 때까지 〈박시영TV〉 개표 생방송'을 진행하면서 틈틈이 체크해본 결과 공중파 중에서 실시간으로 개표 상황을 보여준 곳은 MBC가 유일했다. 그나마도 어느 정도 시간이 흐른 뒤에는 정규방송으로 돌아갔고, 자막으로만 득표율 등을 알려주었다. 나머지 방송국은 '자막'마저도 매우 불친절했다. 적어도 이번처럼 화제성이 큰 선거라면 전체 생방송은 아니더라도 중간중간 현장 리포트를 하고, 시간대별 득표 상황 등은 속보 형태로 내보내는 게 정상적인 방송과 언론일 것이다.

필자가 '2024년 선거판의 키워드' 중 굳이 방송3사의 사전 여론조사와 투개표 방송 문제를 가장 먼저 짚은 이유는 이런 행태가 2024년에도 그대로 이어질 가능성이 매우 높기 때문이다.

잘 알다시피 '여론조사 결과' 발표는 단순한 사실을 알려주는 데 그치지 않는다. 여론조사는 그 자체로 여론 형성에 큰 영향을 끼친다. 극우·보수 쪽 여론조사기관들이 터무니없이 높은 수치로 윤석열 대통령이나 여당 지지율을 과장하는 이유는 패전을 눈앞에 둔 지휘관들이 실제로 전투 중인 장병들에게는 "지금 우리가 이기고 있어! 조금만 더 버텨!" 하면서 희망고문을 하는 것과 비슷하다.

불리한 수치는 줄이고, 유리한 수치는 늘리려고 하는 것이 '진영에 편향된' 기관들의 공통된 속성이다. (《여론조사꽃》은 뚜렷한 정치철학과 지향점이 있음에도 불구하고 불편부당한 입장에서 정확한 여론을 표집할 수 있도록 최대한 노력한다는 점에서 자부심을 가질 만하다.) 하지만 과장과 왜곡도 한계가 있다. 아무리 '편향된 기관'이라 할지라도 '경향성'은 거의 속일 수 없다. 절대 수치가 아닌 경향성까지 조작할 경우 자기 진영에서도 신뢰를 잃어버리기 때문이다.

강서구청장 선거를 앞둔 윤석열 정부와 국민의힘에서는 이런 정도의 '과장'이나 '왜곡' 여론조사로는 도저히 판세에 영향을 끼칠 수 없다는 사실을 이미 파악했을 것이다. 오히려 여론조사가 나올 때마다 김태우 후보가 점점 더 수렁으로 빠져들어갈 뿐이라는 것도. 그래서 각 언론사와 방송사, 여론조사기관 등에 '협조'를 요청했다고 생각된다. 이 지점에서 잊지 말아야 할 것은 언론(조작)기술자로 불리는 이동관이 실전 배치 완료되었다는 점이다. 검찰 캐비닛과 이동관의 협업. 2023년 하반기, 언론이 급격히 위축되고 있는 가장 큰 이유다.

강서구청장 보궐선거의 대패와 함께 윤석열 대통령의 레임덕은 이미 시작되었다. 국민의힘의 전열은 곧 흐트러질 것이다. 국민의힘은 이념과 사상, 철학으로 모인 '정치인'이 아니라 이해관계가 맞아떨어져서 함께하는 '이익집단'에 가깝다. '정권심판론'이 갈수록 더 거세질 것이 뻔한데, 언제까지 윤석열 대통령과 운명을 같이할 수 있겠는가.

문제는 검찰의 캐비닛과 언론이다. 야당에 비해 몇십 배는 더 많은 비리가 있을 것으로 '생각되는' 여당 의원들이 과연 윤석열 대통령에게 반기를 들 수 있겠는가. 그리고 이번 보궐선거에서 나타났듯이 완벽하게 기울어진 언론 지형이 2024년 총선에서 어떤 형태로든 걸림돌이 되지 않을까, 하는 것이 여론전문가로서의 걱정이다.

윤석열과 트럼프 그리고 이동관의 착각

2024년은 가짜뉴스와 진짜뉴스의 전쟁터가 될 것이다. 이동관 방송통신위원장이 말하는 '가짜뉴스'란 결국 윤석열 정권에 불리한 모든 뉴스다. '윤석열 탄핵'이 가시화될지도 모를 2024년, 과연 윤 대통령이 원하는 대로 가짜뉴스는 퇴출되고 진짜 뉴스만 살아남게 될까? 별로 그럴 것 같지는 않다. 조중동마저 슬슬 윤 대통령과 거리를 두는 모습을 보면 2024년에는 그들마저 윤 정권을 향한 '가짜뉴스'를 대량 생산할 것 같기 때문이다.

2023년 10월 중순 박성제 전 MBC 사장이 한 권의 책을 펴냈다. 『MBC를 날리면』. 제목이 의미심장하다. 그렇다. '바이든 vs 날리면'의 패러디다. 그는 이 논란의 가장 큰 희생양이었던 MBC의 당시 사장이었다.

과거처럼 각종 계획이 담긴 문건은 만들어지지 않으리라고 생각한다. 이동관 방송통신위원장의 머릿속에 모든 시나리오가 담겨 있기 때문이다. 윤석열 대통령이 수많은 반대에도 불구하고 이동관에게 방통위원장을 맡긴 이유가 바로 그것이다. 방송장악의 기술자이자 행동대장이었던 이동관은 이제 총사령관이 되어 돌아온 것이다.

- 『MBC를 날리면』 (박성제 저, 창비), 210쪽

이 한 줄에 그가 책을 펴낸 이유가 모두 담겨 있다. 이동관의 방송장악 음모에 대한 우려다.

이동관 방통위원장이 취임한 이후 모두가 우려했던 대로 방송장악 음모가 착착 진행되고 있다. KBS 사장이 해임되었고, 후임 사장은 '초등학교 반장선거보다 못하다'는 평가 속에 박민 전 문화일보 논설위원이 최종 낙점되는 분위기다. KBS는 이동관 방통위원장 임명 전에 이미 '수신료 분리징수'로 직격탄을 맞은 상태였다.

박성제 사장이 물러난 MBC도 위기에 처하기는 마찬가지다. '바이든 vs 날리면'으로 윤 정권의 눈엣가시가 된 MBC는 대주주인 방송문화진흥회를 윤 정권 쪽에서 장악함에 따라 그 운명이 바람 앞에 등불 신세가 되었다. YTN 역시 민영화 논란과 함께 어수선한 상태다. 특히 지난 10월 10일 국정감사에 나온 이동관 방통위원장은 "공영방송은 건드릴 수 없는 금자탑인가." (공영방송 민영화 가능성도) "필요하다면 있을 수 있는 방안 중 하나"라고 발언하는 등 민영화 의지를 굳이 숨기지 않았다.

이런 일련의 상황을 보면 이동관과 윤석열 정권이 원하는 것은 단순히 방송사를 길들이는 것이 아니라 아예 기능 자체를 못하도록 공중분해를 시키려는 게 아닌가 의심이 간다. 정규방송이 분해되고 파

편화되고 점차 사라져간 뒤에 남은 것은 4대 종편밖에 없을 것이다. 이동관의 방송장악 음모를 간단하게 볼 수 없는 이유다.

이동관과 윤석열의 방송장악 혹은 방송사 공중분해 시도는 트럼프 전 미국 대통령과 판박이처럼 닮았다. "가짜뉴스 미디어(망해가는 뉴욕 타임스·NBC·ABC·CBS·CNN)는 나의 적이 아니라 국민의 적이다!" 도널드 트럼프 전 미국 대통령이 취임 직후인 2017년 2월 트위터에 올린 말이다. 트럼프가 언론을 적대시한 이유는 뭘까. 2016년 대선 후보 시절에 이미 말했다. "언론 모두를 불신하게, 언론 모두를 저질이라 여기게 만들어서 언론이 나에 관한 부정적인 기사를 쓰더라도 믿지 않게 하기 위해서"라고 했다. 이것이 트럼프 언론관의 핵심이다.

트럼프는 언론의 약점을 파고들었다. 자신이 무엇을 말하든 철석같이 믿는 지지자들이 있고, 언론은 그 말을 어김없이 뉴스로 다뤄주기에 누가 봐도 사실이 아니고 금세 탄로날 거짓 주장을 펼쳤다. 반박이 나오면 무시하고 해당 언론을 공격하는 쪽을 택했다. 발언 진위는 개의치 않는다. 논란으로 키우면 그만이었다. 언론을 정쟁 대상으로 끌어들여 언론의 비판을 깔아뭉개는 방식이다. 이를 통해 원하는 결과를 얻는 데 유리한 발언을 마음껏 던지고 퍼뜨릴 수 있어 트럼프는 언론 적대를 정치 전략으로 삼은 것이다.

어쩐지 트럼프의 모습에 윤석열 대통령과 이동관 방통위원장의 모습이 오버랩되는 것만 같다.

모든 언론사를 불신하게 만들어 결국 아무리 진실을 보도해도 믿지 않게 만드는 것. 그리고 트럼프가 그중 〈폭스뉴스〉 하나만을 콕 찝어서 아낌없는 사랑을 베풀었듯이 윤 정권 또한 조중동에 듬뿍 사랑을 나눠주고 있다.

하지만 미국도 한국도 국민들은 이미 알고 있다. 대통령이 숨기고 있는 본질이 무엇인지, 어떤 언론사가 신뢰할 만한 곳인지.

2023년 9월 〈여론조사꽃〉에서 "KBS 이사회는 김의철 KBS 사장을 해임했습니다. 김의철 KBS 사장을 해임한 이유가 무엇 때문이라고 생각하십니까?" 하고 물어본 결과 절반이 훌쩍 넘는 국민이 "정권 유지와 방송 장악을 위해서"라고 답했다(CATI 54.0%, ARS 59.0%). 반면에 "경영 악화와 편향 방송 때문"이라고 답한 국민은 30%도 되지 않았다(CATI 29.5%, ARS 28.4%). **(표 72 참조)**

KBS 김의철 사장 해임 이유

Q. KBS 이사회는 김의철 KBS 사장을 해임했습니다. 김의철 KBS 사장을 해임한 이유가 무엇 때문이라고 생각하십니까?

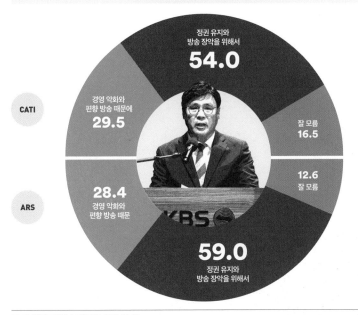

표 72. 여론조사꽃, 자체조사, 23.9.15~16

이와 함께 "현재 가장 신뢰하는 방송사는 어디입니까?"를 주관식으로 물어본 결과 MBC를 꼽은 응답자가 30.4%로 2위를 차지한 KBS(14.0%)에 비해 압도적인 지지를 받았다.(표 73 참조) MBC는 또한 제1부에서도 간단하게 소개한 바와 같이 영국 〈로이터통신〉에서 조사한 대한민국 언론사 신뢰도에서도 1위를 차지했다. 그런데 언론문화진흥재단에서 〈로이터통신〉 관련 기사를 알리면서 MBC 관련 내용을 쏙 빼놓은 것으로 밝혀져 논란이 일기도 했다. 국가기관으로서 참 치졸하고 부끄러운 행태가 아닐 수 없다.

그런데 이동관 방통위원장은 여기서 한발 더 나아가 트럼프도 시도하지 않았던 새로운 전장을 열었다. 이른바 '가짜뉴스와의 전쟁'을 선포한 것이다. 표면상으로는 모든 방송사를 대상으로 하지만, 궁극적인 지향점은 지금까지 정권 차원에서 함부로 다룰 수 없었던 유튜

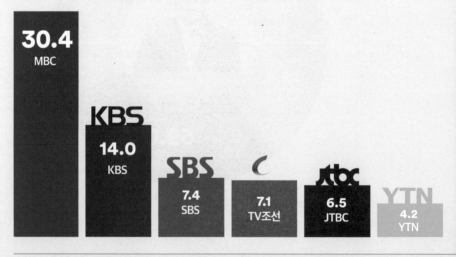

대한민국의 언론자유도

Q. 현재 가장 신뢰하는 방송사는 어디입니까?

30.4 MBC	
14.0 KBS	
7.4 SBS	
7.1 TV조선	
6.5 JTBC	
4.2 YTN	

표 73. 여론조사꽃, 자체조사, 23.9.15~16

브를 손보겠다는 의도로 읽힌다.

　일단 이동관 본인을 비롯해 방통위 관계자 누구도 '가짜뉴스'의 명확한 정의를 내리지 못한 상황에서 뜬금없이 방통위가 '가짜뉴스 감별사'를 자처하고 나선 것 자체가 난센스다. 게다가 법적으로도 문제의 소지가 크다. 이미 여러 차례 대법원에서도 일정 부분 허위 사실이 포함돼 있다 하더라도 나름의 근거가 있고 공익적 목적에 부합한다면 이를 처벌해서는 안 된다고 밝혔다. 그런데 방통위가 대법원 판례마저 무시하고 자신들이 가짜뉴스라고 판단하면 무조건 방송금지 등의 조치를 취하겠다는 것이 아닌가. 게다가 다툼의 여지마저 없는 '원스트라이크 아웃제'라니, 무법 탈법도 이 정도면 가히 탈우주급이라 해도 과언이 아닐 것 같다. 박정희·전두환 시대를 넘어 히틀러 시대를 연상시키는 언론 검열이다.

그런데 이런 무법 탈법보다 더 심각한 것은 '방송의 범주'에 들어가지 않는 유튜브 채널까지 심의의 대상으로 삼겠다는 발상이다.

본래 KBS나 MBC, SBS 등은 '방송사'로서 '방송법'의 적용을 받는다. 즉 방송통신심의위원회의 소관이 맞다. 하지만 현행법상 유튜브는 방송법이 아닌 '신문법'의 적용을 받도록 되어 있다. 형식은 '유튜브 방송'이라고 하지만 실제로는 신문사와 같이 분류되어 있는 것이다. 이 때문에 유튜브 방송은 이동관이 군림하고 있는 방송통신심의위원회가 아닌 언론중재위원회의 판단을 따르게 되어 있다. 유튜브 방송에 문제가 생길 경우에도 방통위가 아닌 언중위의 중재를 신청하는 이유다. 그런데 이동관 방통위원장은 '가짜뉴스와의 전쟁'을 선포하고 신고센터 운영을 공표하면서 그 대상에 슬쩍 유튜브 '방송'을 끼워 넣었다.

하지만 윤 정권과 이동관의 시도는 성공할 수 없다. 유튜브가 국내가 아닌 미국 업체라는 것도 난관 중 하나겠지만 무엇보다 현행법에 저촉되기 때문이다. 지금처럼 슬쩍, 편법으로 끼워넣으면서 통제를 계속 시도하겠지만 위법과 편법은 오래 갈 수 없다.

미국인 전체에게 '언론혐오'를 심어주어 자신에게 유리한 언론 환경을 조성하려고 했던 트럼프도 결국은 실패했다. 자신이 총애해 마지않던 〈폭스뉴스〉 하나의 힘으로는 미국 언론 전체를 이길 수 없었던 것이다. 윤석열 정권과 이동관 방통위원장의 시도 역시 트럼프의 뒤를 따라가게 될 것이다. 특히 2024년, 윤석열 대통령에게 지금처럼 위법, 편법, 불법을 감싸줄 힘이 남아 있을까, 생각해보면 이동관과 방통위의 앞날도 그림이 그려진다.

언제라고 확정할 수는 없지만, 2023년 현재 방통위에서 하고 있는

'윤석열 일병 구하기'의 시도들은 모두 무위로 돌아갈 것이다. 그날, 이동관 방통위원장은 국정감사(23.10.10)에서 본인이 했던 말을 꼭 기억해주기 바란다.

"방송통신위원회와 방송통신심의위원회의 가짜뉴스 심의 규제가 위헌 위법 행위에 해당된다면 모든 법적 책임을 지겠다."

트럼프도 윤석열도 이동관도, 언론을 장악해서 무능력·무지·무자비 정권을 유지할 수 있다고 생각했다면 그야말로 착각이고 오산이다. 언론은 방송과 유튜브만 있는 것이 아니다. 국민의 입이 바로 여론이고 언론이다.

육대남이 뜬다

2024년 총선 관전 포인트 중 하나는 '젊꼰'과 진성 '꼰대'의 손가락이 향하는 방향이 될 것 같다. 2022년 대선 판도를 뒤바꾼 것이 '이대남'이었다면 2024년에는 60대의 표심이 반란의 주역이 될 전망이다. 특히 60대 초반 남성을 주목하라. 2024년의 주인공은 어쩌면 육대남이 될지도 모를 일이다.

대한민국의 운명을 완전히 뒤바꾼 결정적인 숫자, 0.73%p. 작지만 큰 이 차이를 만들어낸 한 요인이 속칭 '이대남'이라는 걸 부정하는 사람은 없다. 이전까지 20~30대로 묶여서 얘기되던 20대, 그중에서도 20대 남자를 독자적인 유권자층으로 인식한 것은 국민의힘, 특히 이준석 전 대표였다. 남녀 갈라치기, 봉건제의 귀환, 쌍팔년도식 인식 등 쏟아지는 비난 속에서도 이준석 대표는 이대남을 향한 구애를 계속 이어갔고, 그의 전략은 주효했다. 이대남이 반응을 보이면서 선거판은 요동쳤고, 윤석열은 박빙의 승리라는 기쁨을 만끽했다.

뒤늦게 민주당 쪽에서도 대응에 나섰지만 이미 대세는 기운 뒤였다. 다만 점점 일베화되어 가는 '꼰' 이대남에 맞선 이대녀의 등장이 작은 위로가 되었다고나 할까.

과연 이대남은 2024년에도 여전히 국민의힘에 힘을 실어줄까? 확신할 수는 없지만 어느 정도 변화가 나타나고 있는 것으로 보인다. 2022년 대선에서 이대남이 윤석열을 지지했던 주 요소는 '남녀 성대결' 분위기. 하지만 2024 총선에서 성 대결 분위기는 민생이나 외교, 후쿠시마 오염수, 인사 문제 등에 비하면 거의 이슈조차 되지 않는다. 이런 상황에서 20대 남성이 계속 윤석열을 지지할 이유는 없다고 보인다.

그런데 20대 남성의 변화 조짐과 함께 연령별 이념성향 추세에서 유의미한 변동이 잡히는 부분이 또 있다. 60대다. 예전에 여론조사를 할 때는 일반적으로 60대를 70대와 묶어서 보는 경향이 강했다. '노령층, 보수층, 안정희구세력' 등에서 비슷한 점이 많았기 때문이다. 일베화되어가는 이대남이 젊꼰이라면 60~70대는 진성 꼰대였던 셈이다. 그런데 어느 순간 60대는 70대와는 확연히 구분되는 성향을 나타내기 시작했다. 일단 구체적인 자료를 먼저 살펴보자.

〈여론조사꽃〉은 윤석열 정부 출범 1주년을 맞아 특별 여론조사를 실시했다. 이때 "윤석열 정부가 출범한 지 1년이 지났습니다. 윤석열 대통령의 지난 1년간 국정 운영에 대해 어떻게 평가하십니까?"라

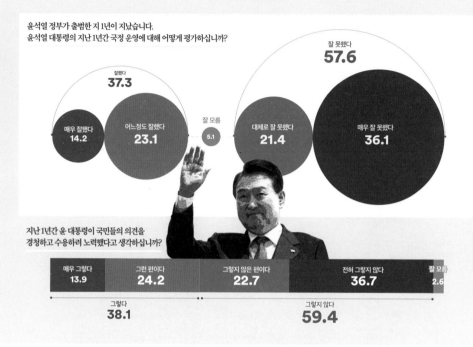

윤석열 정부가 출범한 지 1년이 지났습니다.
윤석열 대통령의 지난 1년간 국정 운영에 대해 어떻게 평가하십니까?

잘했다
37.3

잘 못했다
57.6

매우 잘했다	어느정도 잘했다	잘 모름	대체로 잘 못했다	매우 잘 못했다
14.2	**23.1**	**5.1**	**21.4**	**36.1**

지난 1년간 윤 대통령이 국민들의 의견을
경청하고 수용하려 노력했다고 생각하십니까?

매우 그렇다	그런 편이다	그렇지 않은 편이다	전혀 그렇지 않다	잘 모름
13.9	**24.2**	**22.7**	**36.7**	**2.6**

그렇다
38.1

그렇지 않다
59.4

표 74. 여론조사꽃, 자체조사, 1차조사: 23.5.22~23, 2차조사: 23.5.29~30

고 물어본 결과 57.6%가 "잘못했다"(매우 잘못했다 36.1%, 대체로 잘못했다 21.4%)고 응답했고, 반면에 "잘했다"는 응답은 37.3%(매우 잘했다 14.2%, 어느 정도 잘했다 23.1%)였다. 전반적으로 2022년부터 2023년 10월 현재까지 이어지는 35% 내외의 지지율과 큰 차이가 없다.(표 74 참조)

이 가운데 "잘못했다"고 응답한 57.6%를 연령별로 나눠서 살펴보자.

윤 대통령이 "잘못했다"고 보는 사람의 비율은 20대가 62.1%, 평균인 57.6%보다 오히려 높다. 하지만 이를 성별로 보면 20대 남성은

Q. 윤석열 정부가 출범한 1년이 지났습니다. 윤석열 대통령의 지난 1년간 국정 운영에 대해 어떻게 평가하십니까?

Base=전체 (단위: %)		조사 완료	매우 잘했다 ⓐ	대체로 잘했다 ⓑ	대체로 잘 못했다 ⓒ	매우 잘 못했다 ⓓ	잘했다 ⓐ+ⓑ	잘 못했다 ⓒ+ⓓ	모름· 무응답	가중값 적용 사례수
전체		(1012)	14.2	23.1	21.4	36.1	37.3	57.6	5.1	(1012)
7개 권역	서울	(191)	16.4	24.1	20.9	31.7	40.5	52.6	6.9	(190)
	인천·경기	(323)	11.2	22.3	19.1	42.8	33.5	61.9	4.6	(322)
	대전·세종·충청	(107)	17.9	20.1	26.9	34.2	38.0	61.1	0.9	(107)
	광주·전라	(102)	2.0	14.4	26.5	56.2	16.4	82.7	0.9	(99)
	대구·경북	(99)	18.7	29.8	20.6	22.1	48.5	42.7	8.8	(99)
	부산·울산·경남	(149)	22.8	23.7	19.5	25.6	46.5	45.1	8.4	(151)
	강원·제주	(41)	4.5	34.8	25.0	33.3	39.4	58.3	2.3	(44)
연령대	18~29세	(163)	4.2	25.1	37.8	24.3	29.3	62.1	8.6	(167)
	30대	(157)	6.9	23.2	26.8	40.5	30.0	67.3	2.7	(151)
	40대	(191)	8.2	11.1	18.6	57.8	19.3	76.4	4.3	(184)
	50대	(195)	14.1	20.4	15.3	45.4	34.5	60.7	4.8	(197)
	60대	(171)	24.8	24.9	20.6	26.2	49.7	46.8	3.5	(172)
	70세 이상	(135)	28.7	38.1	9.8	16.2	66.8	25.9	7.2	(141)
성별	남성	(505)	13.4	24.0	19.7	40.3	37.4	60.0	2.6	(501)
	여성	(507)	14.9	22.3	23.2	32.0	37.2	55.2	7.6	(511)
연령대 by 성별	18~29세 남성	(79)	5.8	32.9	34.1	20.2	38.8	54.4	6.9	(87)
	18~29세 여성	(84)	2.4	16.6	41.7	28.8	19.0	70.5	10.5	(80)
	30대 남성	(81)	7.4	31.0	17.2	43.1	38.4	60.3	1.3	(78)
	30대 여성	(76)	6.3	14.8	37.0	37.7	21.1	74.7	4.2	(73)
	40대 남성	(100)	13.1	8.5	14.8	60.5	21.6	75.3	3.0	(93)
	40대 여성	(91)	3.2	13.6	22.4	55.0	16.9	77.4	5.7	(91)
	50대 남성	(102)	12.4	17.7	16.2	52.2	30.2	68.4	1.4	(100)
	50대 여성	(93)	15.8	23.1	14.3	38.5	38.9	52.8	8.3	(97)
	60대 남성	(85)	19.4	20.5	22.0	35.7	39.9	57.7	2.4	(84)
	60대 여성	(86)	29.9	29.1	19.3	17.2	59.0	36.4	4.5	(88)
	70세 이상 남성	(58)	26.0	41.2	11.9	20.9	67.2	32.8	0.0	(59)
	70세 이상 여성	(77)	30.7	35.9	8.3	12.7	66.6	21.0	12.4	(82)
정당 지지도	더불어민주당	(418)	1.2	3.7	22.2	71.1	4.9	93.3	1.8	(415)
	국민의힘	(340)	39.0	48.6	8.4	1.7	87.6	10.1	2.3	(345)
	정의당	(25)	0.0	16.3	43.5	40.1	16.3	83.7	0.0	(25)
	그 외 다른 정당	(12)	7.4	23.4	0.0	69.2	30.8	69.2	0.0	(13)
	지지 정당 없음	(206)	1.0	19.6	40.8	22.5	20.6	63.3	16.1	(203)
	모름·무응답	(11)	8.4	38.2	17.9	0.0	46.6	17.9	35.5	(11)
이념 성향	진보	(255)	6.4	9.8	20.9	60.2	16.2	81.2	2.6	(255)
	중도	(394)	9.2	22.4	24.0	41.5	31.5	65.4	3.0	(392)
	보수	(252)	30.3	38.2	15.4	13.1	68.5	28.5	3.1	(252)
	모름·무응답	(111)	13.0	22.1	27.4	14.6	35.1	42.0	22.9	(113)

표 75. 여론조사꽃, 자체조사, 1차조사: 23.5.22~23, 2차조사: 23.5.29~30

54.4%로 평균보다 낮고, 20대 여성은 70.5%로 평균을 훨씬 상회한다. 20대 여성이 전체 평균을 꽤 올려준 셈이다.

이번에는 60대를 보자. 윤 대통령이 잘못했다고 보는 60대 응답자는 46.8%. 평균인 57.6%보다 11%p 가까이 낮다. 하지만 60대 역시 성별로 보면 전혀 다른 양상이 나타난다. 60대 남성은 57.7%가 "잘못했다"고 보는 반면 60대 여성의 36.4%만이 부정적인 의견을 나타낸 것이다. 즉, 60대의 경우에는 20대와 달리 "윤 대통령이 잘못했다"고 보는 비율이 남성이 여성보다 훨씬 높게 나타나는 것이다. (표 75 참조)

이 현상을 조금 거칠게 표현하자면 2022년의 분위기를 바꾼 것이 이대남이었다면 2024년은 육대남이 분위기 반전의 주인공이 될 수 있다는 뜻이다.

거리에 나가보면 다들 느끼겠지만, 이제 60대는 '노령층'이 아니다. 외모만 봐서는 50대인지 60대인지 구분이 안 가는 사람이 많다. 성향도 그렇다. 60대는 예전과 같이 70대로 묶을 수 없는 독자적인 세계관이 있다. 특히 61~65세까지는 전형적인 베이비부머 세대로서 고학력에 사회생활 경험이 많고, 세계적 흐름에도 비교적 밝다. 한 가지만 보고 판단하지 않는 균형적인 시각을 갖췄다. 만일 60대를 다시 60~65세와 66~70세로 나눈다면 표에 나타난 것과는 또 다른 양상을 볼 수 있을 것이다.

그리고 또 하나 잊지 말아야 할 것은 현재 50대로 잡혀 있는 '59'세들이 내년에는 60대로 잡힌다는 사실이다. 반면에 69세는 70대로 올라간다. 여론조사는 물론 선거 기획자들은 이 부분도 놓치지 말아야한다. 50대와 60대의 10%가 '구간 변동'된다는 뜻이기 때문이다.

2024년 총선은 60대를 주목해야 한다. 그중에서도 특히 60~65세까지 남자를 주목해야 한다. 변화된 이대남과 함께 육대남의 변신이 기대되는 2024년이다.

하태경이 쏘아 올린 작은 공

=====

2024년, 총선에 나서는 인물들의 얼굴이 상당히 바뀔 것으로 보인다. 여당은 하태경, 야당은 홍익표가 쏘아 올린 작은 공의 위력 덕분이다. 강서구청장 보궐선거가 끝난 뒤, 여야 중진 의원들 가운데 좌불안석인 사람들이 많다. 과연 2024년에는 어떤 변화가 기다리고 있을 것인가.

강서구청장 보궐선거가 끝나면서 여야의 총선 시계가 바쁘게 돌아가고 있다. 그리고 매번 총선 때마다 나오던 단골 레퍼토리가 또 다시 등장했다. '중진 험지 차출론'이다. '중진의원'의 기준은 여야가 모두 '3선 이상'이라는 공통점이 있다.

'중진 차출론'이 매번 나오는 레퍼토리라는 이야기는 곧 매번 제대로 이뤄지지 않았다는 뜻이기도 하다. 하지만 이번에는 분위기가 조금 다르다. 여와 야, 모두 상당한 가능성이 있다. 특히 강서구청장 보궐선거가 있기 직전이었던 2023년 10월 7일, 전격적으로 '선당후사'를 발표했다. 자신에게 3선의 영광을 안겨준 부산 해운대구를 떠나 여당에게 불리할 것으로 생각되는 서울로 올라오겠다는 선언이었다.

서울로 올라오겠다는 하태경 의원의 굳은 결심이 엿보인다.

그런데 홍준표 대구시장이 즉각 하태경 의원을 저격하고 나서서 눈길을 끌었다. 정리하자면 '부산에서 쫓겨나게 생겼으니 제 살길 찾아서 서울로 올라오려고 한다'는 이야기였다. 하태경 의원의 결심에 박수를 보내던 국민의힘 내부에서는 홍준표 시장에 대한 비난이 쏟아졌고, 홍 시장은 일단 숨을 죽였다. 하지만 홍 시장의 '저격'은 나름의 이유가 있다. 하태경 의원의 '서울 차출론'이 이미 여러 차례 입길에 올랐기 때문이다. 특히 부산에서도 국민의힘 지지세가 강한 지역, 이른바 밭이 괜찮은 곳으로 꼽히는 해운대 지역에 윤 대통령의 신임이 두터운 몇몇 인사들이 공천을 희망하는 것으로 알려져 있어 홍 시장의 발언에 무게를 실어주고 있다.

실제로 하태경 의원은 2023년 8월만 해도 '서울 차출설'에 상당한 거부감을 표했던 것으로 보인다. 그의 이런 마음은 〈아시아경제〉(23.8.13)에 실린 기사에서도 엿보인다. "제가 해운대에서 벌인 아주 큰 일이 좀 남아 있습니다. 지역구 국민들하고 약속인데 이걸 쉽게 저버리는 것도 저는 올바른 정치가 아니라고 생각합니다."라고 말했다.

이렇게 의지를 보였던 하태경 의원이 해운대를 포기할 수밖에 없었던 이유는 물론 본인만이 알 것이다. 하지만 언론 보도나 국민의힘 관계자들의 '찬사'와 상관없이 일각에서는 하태경 의원을 시작으로 소위 국민의힘 노른자위 지역구에 윤석열 대통령의 사람들이 대거 내려꽂힐 것 같다는 전망이 점점 우세해지고 있다. 특히 검사 출신들을 중심으로 2024총선에서 확실한 '친위부대'를 만들고자 한다는 것이다.

이 때문에 자의든 타의든 험지 출마를 공언한 하태경 의원의 행보는 국민의힘 중진들을 여러모로 잠못 이루게 만들고 있다.

야당인 민주당의 상황은 국민의힘과 다른 듯 닮았다. 촉발 원인은 다르지만 중진 험지 차출론이 예전과 달리 단순한 '엄포'로 끝날 것 같지 않기 때문이다.

민주당에서 중진 험지 차출의 불을 당긴 사람은 홍익표 원내대표다. 홍 대표는 당 원내대표로 선출되기 한참 전인 2023년 6월 당 지역위원장 공모 당시 자신의 텃밭이자 민주당 강세 지역인 중구성동을을 떠나 서초구을 지역위원장으로 선출됐다. 특별한 사유가 없는 한 중구성동을에서 4선이 유력하던 그가 험지 중의 험지로 꼽히는 서초를 선택한 데 대해 민주당은 물론 국민의힘 등 타 정당 사람들도 매우 놀랐다는 반응이 많았다. 당시 홍 의원은 〈이데일리〉와의 인터뷰에서 "(대선과 지방선거 참패로) 당이 굉장히 어려운 상황이었고 당내에서 중진으로 분류되는데, 뭔가 책임을 져야 하지 않나 하는 마음"으로 험지 출마를 결심했다고 밝혔다.

홍익표 의원에 앞서 2023년 4월, '소방관 출신 국회의원'으로 화제를 모았던 오영환 의원도 "소방관으로 돌아가겠다."며 불출마를 선언했다.

한동안 잠잠했던 오영환 의원 불출마 선언과 홍 의원의 험지 출마는 민주당의 새 원내대표로 홍익표 본인이 선출되고 강서구청장 보궐선거가 압승으로 마무리되면서 본격적인 당내 논의의 시발점이 되었다. 국민의힘의 중진 차출론이 '윤심'과 관련된 것인 반면 민주당의 험지 출마는 '정치 신인을 위한 배려'와 '올드보이에 식상한 국민의 눈높이' 때문이라고 볼 수 있다. 민주당의 물갈이 의지는 '김은경 혁신안'으로 대표된다.

김은경 혁신위가 2024총선에서 '물갈이 공천'을 위해 제안한 공천룰은 우선 현역 국회의원 평가에서 하위 30%를 받은 사람의 경우 경선에서 얻은 득표 가운데 각각 20%(하위 20~30%), 30%(하위 10~20%), 40%(하위 10%)를 감산하도록 했다. 이와 아울러 공천 신청자가 단 1명인 경우를 제외하고는 예외 없이 경선을 치르자고 제안했다.

현역 의원 특히 '안전한 지역구'를 가진 중진 의원들의 반발이 없지 않았지만 김은경 혁신안을 받아들여야 한다는 목소리도 적지 않다.

강서구청장 보궐선거의 뒤처리가 끝나고, 이재명 대표가 완전히 회복해서 당무에 복귀하면 이 문제도 결론이 내려질 것이다. 하지만 어떤 결론이 내려지건 2024 총선에서는 3선 이상 중진 의원들의 험지차출론은 현실화될 것으로 보인다. 민심이 요구하는 것이 바로 그것이기 때문이다.

2023년 6월 〈여론조사꽃〉에서 총선특집 여론조사를 진행해본 결과 현재 지역구 의원이 다시 출마할 경우 "지지할 것이다"라고 답한 응답자는 43.5%, "지지하지 않을 것이다"라고 답한 응답자는 43.7로 거의 비슷했다. 즉 현역 출마의 이점이 별로 높지 않다는 뜻이다.(표 76 참조)

우리지역의 의원

Q. 본인 지역구 현역 국회의원이 차기 총선에 재출마한다면 지지하시겠습니까?

표 76. 여론조사꽃, 자체조사, 23.6.28~29

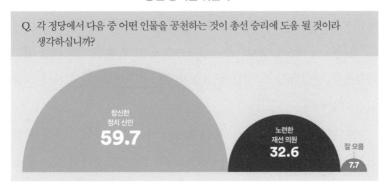

총선 승리를 위한 후보

Q. 각 정당에서 다음 중 어떤 인물을 공천하는 것이 총선 승리에 도움 될 것이라 생각하십니까?

참신한
정치 신인
59.7

노련한
재선 의원
32.6

잘 모름
7.7

표 77. 여론조사꽃, 자체조사, 23.6.28~29

또 같은 조사에서 "각 정당에서 어떤 인물을 공천하는 것이 총선 승리에 도움될 것이라 생각하십니까?"라고 물어본 결과 "참신한 정치 신인"을 택한 응답자가 59.7%에 달했다. 반면에 "노련한 재선 의원"을 택한 응답자는 32.6%에 불과했다. 민주당 지도부가 꼭 참고해야 할 자료가 아닌가 싶다.(표 77 참조)

여론조사꽃보다 3개월여 뒤에 비슷한 조사를 진행한 〈한국리서치〉의 여론조사 결과도 크게 다르지 않았다. "현역의원을 다시 뽑겠다"와 "현역 의원을 안 뽑을 것"이라고 응답한 사람이 각각 45.6%와 41.4%로 팽팽하게 맞선 것이다.(표 78 참조)

여야를 막론하고 물갈이는 대세다. 이제 막 민심이 돌아오고 있는 민주당은 더욱 공천에 신중을 기해야 한다. '올드보이'를 제대로 정리해내지 못하면 또 다시 '꼰대 정당' 이미지로 돌아가면서 국민의 선택을 받기 힘들 것이다.

현역 의원 지지

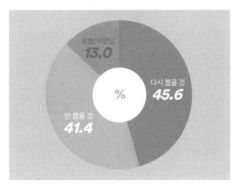

모름/무응답
13.0

다시 뽑을 것
45.6

%

안 뽑을 것
41.4

표 78. 한국리서치, KBS 의뢰, 23.9.25~27

국민의힘은 물론 더 심각한 상황이다. 공천을 통해 표를 조금 더 얻느냐 마느냐가 아니라 생존의 문제가 걸려 있기 때문이다. 하지만 '국민의힘' 입장에서 난감한 것은 윤석열 대통령의 의지나 방향이 국민의 뜻이나 국민의힘의 뜻과는 전혀 별개로 가고 있다는 점이다. 지금까지 알려진 윤 대통령의 의지대로 중진 의원들을 내보낸 자리에 검찰 출신이나 신新 윤핵관을 내려꽂는다면 총선 폭망은 불을 보듯 뻔하다.

일부 관측통에 의하면 윤석열 대통령은 국민의힘이 내년 총선에서 승리하는 데 대해 큰 관심이 없는 것으로 알려져 있다. 말 안 듣는 150명보다 말 잘 듣는 100명이 훨씬 낫다고 본다는 것이다. 이유는? 지금과 같은 '괴랄한 부부 생활'을 지켜줄 수 있는 호위무사가 더 필요하기 때문이라는 것이다.

민주당과 국민의힘의 선택. 과연 어떤 결과로 나타날 것인지 지켜볼 일이다.

시대당위성;
성공과 실패를 가르게 될
무당층과 무소속

10여 년 전만 해도 대한민국은 어디를 가나 역동적인 힘이 느껴졌다. 술집은 물론 시장에서도, 명절날 오랜만에 가족들이 만나는 자리에서도 으레 정치 이야기가 주제로 올라왔다. 때로는 언성을 높이고, 때로는 주먹다짐까지 벌어지기도 했지만, 며칠만 지나면 아무 일 없었다는 듯 만나서 차 마시고 밥 먹고 술 마시고 했다.

그런데 어느 순간 정치 얘기는 금기가 되었다. 이념 성향이 다르면 얼굴 보기도 힘들어졌다. 한번 틀어지면 돌이킬 수 없는 사이가 될까 봐 흑인지 백인지 서로 알면서도 말을 삼간다. 지지하는 정당을 감추다 못해 이제는 아예 '지지정당 없음'이 대세로 가고 있다. 그래야 어울릴 수 있다고 믿는다. 2023년의 슬픈 자화상은 2024년에도 이어질 전망이다.

무당 아닌 무당층이 대세

2024년은 무당층이 대세가 될지 모르겠다. 한국이나 미국과 같은 실질적인 '양당제' 국가에서 지지하는 정당이 없다는 건 슬픈 일이다. 극단적인 이념 대결의 장에서 어느 한쪽을 선택하라고 강요하는 것 역시 슬프고 아픈 일이다. 2024년 '지지정당 없음'은 결정장애 때문이 아니라 생존을 위한 전략의 하나다. 그것이 더 슬프다.

전통적으로 대한민국 야당과 여당은 밤과 낮이 달랐다. 낮에는 서로 죽일 듯이 싸우지만 밤이 되면 형, 아우로 돌아가 술잔을 기울인다. 밤낮이 다른 문화는 밀실야합과 짬짜미의 주범으로 꼽히기도 하지만 때때로 정국이 꽉 막혔을 때는 활로를 뚫어주는 훌륭한 길이 되기도 했다. 하지만 21세기 정치판은 어느새 살벌한 대결의 장으로 바뀌었다. 그나마 남아 있던 여와 야 사이의 '낭만'은 윤석열 시대 이후 단 하나도 남지 않게 되었다.

극단적인 진영 대결에 지친 국민들은 어느새 '무당층'으로 전환된다. 어느 한쪽을 선택하는 순간 다른 한쪽을 완전히 포기해야 하는 극한 대결 상황에서 어느 쪽도 포기할 수 없는, 포기하기 싫은 혹은 어느 쪽도 선택하기 싫은 사람들의 마지막 선택지가 무당층이다.

민주당도 국민의힘도 중도층 외연 확장을 소리 높여 외치지만 적어도 2023년 10월까지는 어느 정당도 성공하지 못한 것 같다.

여론조사를 해보면 당연히 무당층이 존재하기 마련이지만 그 수치가 점점 늘어나고 고착화되어가는 것이 문제다.

앞장에 이어 다시 한 번 〈여론조사꽃〉의 총선특집조사 자료를 살펴보자.

"차기 총선에서 어느 정당 후보에 투표하시겠습니까?"라는 물음에 '민주당'은 36.9%, '국민의힘'은 29.3%의 지지를 얻었다. 하지만 두 정당이 얻은 지지율은 합쳐서 66% 내외. 전체 응답자의 3분의 2 정도에 불과하다. 그렇다고 정의당이나 녹색당, 진보당 등의 다른 정당을 지지하는 것도 아니다. 대부분은 '지지정당 없음'이나 '잘 모름'이다. 이 가운데 '지지정당 없음'이라고 밝힌 무당층의 비율은 19.5%. 전체 응답자의 4분의 1에 달한다.

"평소 지지하거나 조금이라도 더 호감이 가는 정당은 다음 중 어디입니까?"라는 질문에 대한 '무당층'의 비율은 이보다 더 높은 21.3%였다. 민주당도 국민의힘도 2024 총선 승리를 위해서는 무당층에 공을 들일 수밖에 없다.(표 79 참조)

〈주간조선〉이 실시한 여론조사에서는 무당층에게 투표 의향을 물었는데 '반드시 투표'하겠다는 사람이 49%, '웬만하면 투표'가 29.8%로 78.9%만 투표 의향을 보였다. 정당 지지층의 투표 의향이 90%를 넘는 데 비해 낮은 수치다.(표 80 참조)

2023년 1월. 〈시사저널〉은 이와 관련 매우 흥미있는 분석 기사를 내놓았다.

<'무당층' 대선 이후 두 배 증가…2030세대는 절반에 가까워>
어느 정당도 지지하지 않는 무당無黨층이 늘어나고 있다. 국민의힘과 더불어민주당 모두가 외연 확장을 위한 민생 돌보기와 정책 경쟁을 벌이기보다 적대적 공생관계에 기대어 강성 지지층만 바라보는 정치를 한 결과라는 지적이 나온다.

지지정당 후보와 투표

Q. 평소 지지하거나 조금이라도 더 호감이
가는 정당은 다음 중 어디입니까?

더불어민주당 후보
36.9

국민의힘 후보
29.3

정의당 후보 **2.8**
새로 창당될 제3지대 정당 후보 **4.4**
기타 정당 후보 **1.8**

없음
19.5

잘 모름 **5.3**

정당지지도

Q. 평소 지지하거나 조금이라도 더 호감이
가는 정당은 다음 중 어디입니까?

더불어민주당
42.2

국민의힘
31.7

정의당 **2.9**
그 외 다른정당 **0.6**

없음
21.3

잘 모름 **1.3**

표 79. 여론조사꽃, 자체조사, 23.6.28~29

무당층의 투표 의향

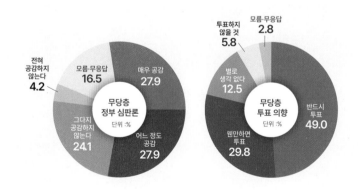

무당층
정부 심판론
단위 :%

전혀
공감하지
않는다
4.2

모름·무응답
16.5

매우 공감
27.9

그다지
공감하지
않는다
24.1

어느 정도
공감
27.9

무당층
투표 의향
단위 :%

투표하지
않을 것
5.8

모름·무응답
2.8

별로
생각 없다
12.5

반드시
투표
49.0

웬만하면
투표
29.8

표 80. 현대리서치, 주간조선 의뢰, 23.10.13~14

— 〈시사저널〉, 23.1.3

아울러 〈한국갤럽〉이 2022년 한 해 동안 실시한 여론조사를 심층 분석한 결과 특히 2023 무당층이 크게 는 것으로 나타났다고 보도했다.

대선 직후인 3월 3주 차 18~29세의 무당층 비율은 27%, 30대는 21%였다. 이 세대의 무당층 비율은 꾸준히 상승해 2022년 마지막 조사였던 12월 3주 차에는 44%와 35%로 높아졌다. 각각 17%포인트, 14%포인트 증가했다. 전체 무당층 비율이 30%를 기록했던 11월 3주에는 이들의 무당층 비율은 50%와 40%로 치솟기도 했다. 18~29세의 경우에는 두 명 중 한 명이 무당층이었다는 뜻이다. 대선 직후와 비교하면 거의 두 배 늘어난 수치다.

— 〈시사저널〉, 23.1.3

전반적으로 〈여론조사꽃〉의 총선특집 조사 결과와 크게 어긋나지 않는다.

이외에도 〈여론조사꽃〉에서 실시하는 각종 여론조사에서 '지지정당 없음'으로 답하는 무당층의 비율은 늘 20% 내외를 맴돈다.

무당층이 늘어나는 것은 여와 야 모두에게 숙제. 정밀 분석을 해보면 무당층 가운데서도 민주당 지지세가 국민의힘보다 상대적으로 높긴 하지만, '무당층'은 말 그대로 민주당 지지층이 아니다. 무당층이 이만큼 높다는 건 여전히 외연 확장에 실패하고 있다는 방증이다. 지지율로만 보면 여당의 무당층 대책이 더 시급한 것 같지만, 여당은 이 점에서 오히려 느긋해 보이기까지 한다. 여당의 입장에서는 무당층의 확대가 '정치혐오'의 확대와 같은 것으로 비춰질 수도 있기 때문이다. 국민적 정치혐오는 지지율에서 열세를 만회하기 어려운 여당의 선거 전략 중 하나다.

정치혐오에 빠지면 진보층도 보수층도 투표장에 잘 안 나온다. 이럴 때 힘을 쓰는 건 조직표다. 조직표의 중심은 집에 있는 시간이 많은 노령층이다. 이분들은 적극 투표층이다. 그렇게 교육받고 자랐다. 투표장에는 꼭 나가야 하는 걸로. 그리고 이승만–박정희–전두환–박근혜로 이어지는 대통령만 진짜 대통령이라고 믿는다. 그분들이 있는 당이 진짜 당이다. 나머지는 공산당 빨갱이 아니면 나라를 망칠 놈들이다. 정치 혐오가 여당에 유리하게 작용하는 시스템이다.

물론 '무당층'이 곧 중도층은 아니다. 중도층은 이념성향에서 중도라는 이야기지 지지하는 정당이 없다는 뜻은 아닐 수 있기 때문이다. 즉 무당층 가운데 중도층이 많을 수도 있고, 중도층 가운데 무당층이 많을 수는 있지만 중도층=무당층은 아니라는 얘기다.

2024년 총선은 앞서 분석해본 대로 기존의 둥지를 떠나 새로운 곳에서 시작하는 의원들이 생각보다 많을 것이다. 당에서는 중진이지만 지역에서는 신인이 된 이들로서는 조직표를 기대하기가 힘들다. 발로 뛰는 수밖에 없다. 그리고 이들이 놓치지 말고 잡아야 할 것은 무당층 그리고 중도층이다. 같은 듯 다른 두 개 층을 확보하지 못하면 선거는 필망이다. 하물며 중진이 이런 상황이라면 진짜 신인은 더 말해 무엇하겠는가. 2024총선의 치트키는 앞서 살펴본 육대남 그리고 무당층 · 중도층이다.

무소속 전성시대, 성적은 글쎄

취업에 목말라 있는 청년 구직자들에게는 또래 친구들이 술자리에서 건네 주는 명함 한 장이 부러움의 대상이다. 점심시간, 테이크아웃 커피잔을 들고 바삐 걸음을 옮기는 이들의 목에 걸린 ID카드도 선망의 대상이다. 이미 소속을 가진 이들은 절대로 느낄 수 없는 '무소속'만의 비애다. 2024년은 소속에 목말라하는 무소속 출마자들이 그 어느 총선 때보다 많이 늘어날 것 같다.

민주당이건 국민의힘이건 현행 당헌 당규에 의하면 정치신인이 여의도에 입성하는 건 거의 '낙타가 바늘귀를 통과하는 것'만큼 어렵다.

일단 현역은 최고위원이나 당내 역할을 맡을 경우 '자동으로' 단수공천(전략공천)이 되는 경우가 많다. 지역이 전략지역이 아니라 의원 그 자체가 전략 의원이 되는 셈이다. 비교적 정치 신인에 우호적인 권리당원에 비해 현역에 우호적인 대의원의 표 가치가 수십 배 더 높은 것도 문제로 지적된다. 게다가 '인지도'가 한참 떨어지는 정치 신인이 '공천 적합도' 심사에서 현역을 이길 가능성은 거의 없다.

현행 선거법도 정치신인에게는 매우 불리하다. 옥외광고 관련법이 개정되면서 이른바 '현수막 전성시대'가 열렸고, 덕분에 기기묘묘한 현수막들이 국민들의 시선을 끌었다. 하지만 정치 신인들에게는 그림의 떡이다. 현역 당협위원장(지역위원장)이나 지역구 의원이 아니면 현수막을 걸 수가 없기 때문이다.

이처럼 당내외에서 불리한 여건 속에 있는 민주당 소속 정치 신인들이 바라보고 있는 것은 김은경 혁신안이다. 앞에서도 잠깐 살펴본 대로 김은경 혁신안이 제대로 실행된다면 정치신인들에게는 가뭄의 단비와 같은 희소식이 될 것이다. 권리당원의 투표권 강화도 그렇지만 특히 ARS투표 대신 당원 모바일 투표가 채택된다면 신인들에게는 상당히 유리한 조건의 하나다. 늘 집에 붙어 있어야만 전화를 받을 수 있는 ARS투표는 조직 동원이 가능한 사람, 당원 명부를 확보하고 있는 사람, 인지도가 높은 사람에게 절대적으로 유리하기 때문이다.

민주당은 2023년 4월에 이미 '특별당규 개정안'과 관련 한바탕 홍역을 치렀다. 이름은 거창하게 붙였지만 실제로 '개정'된 내용은 거의 없고 현역에게 유리한 각종 조항들이 그대로 살아남았기 때문이다. 김은경 혁신안은 이에 대해 크게 반발해온 정치신인들의 입장을 상당 부분 반영한 것이다.

김은경 혁신안이 얼마나 제대로 실행될 수 있을지는 미지수다. 당내 역학관계라는 게 밖에서 바라보는 것처럼 그렇게 단순하지가 않기 때문이다. 다행히 몇 가지 조항만이라도 받아들여진다면 다행이지만, 그렇다 하더라도 정치 신인이 가야 할 길은 멀고 험하다.

지난 21대 총선의 경우 역대 어느 때보다 많은 신인들이 등장했다. '준연동형 비례대표제' 덕분이다. 기본소득당 용혜인과 시대전환 조정훈이 국회 문턱을 넘을 수 있었던 것도 바뀐 선거법 덕분이라 할 수 있다. 물론 선거법 개정이 너무 늦게 이뤄지는 바람에 제대로 인물 검증을 하지 못해 수준 이하의 국회의원들이 간혹 섞여 들기는 했지만, 나름 국회에 새로운 바람을 불어넣었다는 평가를 받았다. 하지만 극단적인 여야 대립 속에 연동형 비례대표제의 취지는 무색해지고, 그렇게 등장한 참신한 신인들마저 어느새 전장의 한가운데 서 있는 형국이 되었다.

21대 총선 당시 처음으로 여의도의 문턱을 넘은 초선 의원은 민주당(더불어민주당+더불어시민당)의 경우 전체 180명 중 86명으로 47.8%였다. 국민의힘의 전신인 미래통합당(+미래한국당)은 전체 103명 중 초선 58명(56.3%)으로 절반이 넘었다. 2023년 현재 꼰대 중의 꼰대, 정당, 윤석열의 거수기로 전락한 국민의힘 의원의 절반 이상이 초선이라는 사실이 잘 믿어지지가 않는다. 이외에 정의당은 6명 중 5명, 열린민주당은 3명 중 2명이 초선이었다.

새로운 선거법이 현재 논의 중이지만 어떻게 바뀔 것인지 확실한 것은 아무것도 없다. 결국은 여야의 힘겨루기 속에서 민주와 국민의힘 양당의 타협으로 결론이 내려질 것이다. 이 말은 곧 정치 신인에게 결코 유리하지는 않을 것이라는 이야기다. 그럼에도 2024년에는 새로운 정치 신인이 대거 등장할 것으로 보인다. 무엇보다 유튜브 등 개인방송의 발달 덕분에 신인이지만 현역 못지않은 지명도와 인지도를 가진 신인들이 어느 때보다 많아진 덕이다. 게다가 윤석열 정권 아래에서 핍박받았던 수많은 희생양들, 예컨대 조국 전 장관 같은 분들도 출마를 고심하게 될 것이다. 정치 이외에는 할 수 있는 일이 아무것도 없기 때문이다. 이런 분들의 경우 민주당 간판보다는 여러 사정을 고려해서 처음부터 무소속으로 출마할 가능성이 있다.

민주당 출신의 무소속 출마자는 이처럼 신인이 공천 자격이 주어지지 않는 경우 불가피하게 무소속을 택한 경우도 있겠지만 이외에 또 다른 변수가 있다. 이른바 수박 논란을 빚었던 여러 의원 가운데 공천에서 탈락한 일부 의원이 공천 심사에 불복하는 경우다. 이들은 공정한 심사가 아니라 '이재명의 개인적 복수심 때문에 당했다'는 프레임을 내세워 무소속 출마를 강행할 가능성이 높다. 민주당 공천관리위원회는 이런 부분에 대해서도 충분히 고려해야 할 것이다.

민주당보다 더 심각한 곳은 국민의힘이다. 예상대로 '윤석열 사단'이 대거 지역구로 내려간다면 졸지에 터전을 잃은 현역의원이나 해당 지역 출마를 준비하던 중고 신인들은 반발할 수밖에 없다. 특히 '낙하산'을 타고 내려올 지역구는 대부분 TK나 PK, 충청권 등 '안전지대'일 가능성이 높다. 당선이 보장된 곳에서 아무런 보장도 없이 쫓겨나는 이들의 심정은 충분히 짐작이 간다.

하태경 의원처럼 일찌감치 '선당후사'를 내세우며 새로운 보금자리를 찾아 떠나는 경우는 그나마 다행이다. 서울 쪽에서 그나마 붙어볼 만한 곳으로 낙점될 가능성이 제법 있기 때문이다. 하지만 총선이 임박해서 밀려나는 경우에는 험지 중에서도 험지로 가게 될 확률이 높을 것이다. 이들 중 적지 않은 수가 무소속 출마를 강행할 것으로 보인다. 지난 2022년 지자체 선거 당시 지도부에 밉보인 홍준표 대구시장이 어떻게 전국을 떠돌다 대구에 공천이 되었는지를 돌아보면 대충의 시나리오가 보일 것이다.

조심스럽긴 하지만 윤석열 대통령이 내려보낼 검사 출신 등의 '직계'는 전국적으로 대략 30명 내외가 될 것으로 보인다. 내심 전원 당선을 원하겠지만 최소한의 목표는 20명 이상일 것이다. 이유는 분명하다. '원내교섭단체'의 하한선이 20명이기 때문이다.

윤석열 대통령으로서는 내년 총선에 당의 운명이 아닌 자신의 운명이 걸렸다고 볼 가능성이 높다. 국민의 지지는 일찌감치 포기했고, 총선 전망도 밝지 않은 상태에서 당의 보호막도 기대하기 어렵다는 걸 잘 알고 있는 윤 대통령이 현재 할 수 있는 일은 최대한 친위부대를 확보하는 일이다. 그중 1차 목표가 어떤 일이 있어도 자신을 배신하지 않을 직할부대 20명으로 원내교섭단체를 꾸리는 것이다.

2차 목표는 '대통령 탄핵'이 발의될 경우 이를 막을 수 있는 최소한의 저지선인 100명을 확보하는 것이다. '박근혜 대통령 탄핵' 당시 수사팀을 지휘했던 윤 대통령은 친박, 진박으로 불렸던 상당수 의원들이 '탄핵 가결'에 표를 던졌던 걸 잊지 않고 있을 것이다. 이 때문에 윤핵관에 대한 기대도 크지 않다. '만약의 경우' 등을 돌릴 가능성이 없지 않기 때문이다. 100명의 확실한 저지선을 확보하기 위해 윤 대통령은 '공천권'을 양보할 수가 없다. 민심이 바닥인 상황에서 국민의힘마저 '제 살길을 찾기 위해' 자신을 내칠 가능성이 적지 않기 때문이다. 즉 20명의 '친윤' 핵심과 함께 검찰 캐비닛이나 각종 이권 등 검찰 출신 대통령이 할 수 있는 모든 수단을 동원해 '100명의 저지선'을 확보하는 것이 윤 대통령의 2차 목표라 할 수 있다. 확실한 원내 과반을 차지할 수 없다면 어중이떠중이 의원 120~130보다는 똘똘한 100명이 훨씬 낫기 때문이다.

이 과정에서 잡음이 적지 않게 나올 수 있다. 하지만 '여당'은 이 정도 잡음을 막을 수 있는 확실한 장치가 하나 있다. 그것은 바로 '낙하산'이다. 4년 국회의원 대신 2~3년 정도 노른자위 기관장 자리를 제안한다면 무리해서 '무소속'으로 나가는 대신 편안한 자리에 앉아 훗날을 도모할 의원(후보자)들이 적지 않을 것이다. 특히 무소속으로 나갈 경우 당선 가능성이 높지 않는 TK나 PK 도시지역, 수도권의 일부 지역 등이 대상이 될 가능성이 높다.

물론 윤 대통령의 뜻대로 돌아가지만은 않을 것이다. 캐비닛의 위협과 기관장 자리라는 달콤한 유혹에도 불구하고 국회의원 출마를 포기하지 못하는 사람이 있기 때문이다.

국회의원 선거가 임박해오면, 대부분의 출마(예정)자들은 '선거' 이외에는 보이는 것이 없다. 이 때문에 평생 후회할 선택을 하기도 한다. 일부 경험자들의 말에 의하면 '눈이 돌아갈 정도로' 아무것도 안 보인다고 한다.

민주당도, 국민의힘도 엉뚱한 피해자가 생기지 않도록 최대한 공천 과정을 투명하게, 모두가 승복할 수 있도록 진행했으면 좋겠다. 하지만 이런 바람과는 상관없이 필자의 머릿속에는 2024년 공천에 불복하고 무소속 출마를 강행할지도 모를 몇몇 의원들의 모습이 떠오르고 있다. 슬프지만, 이것이 현실 정치다. 그러나 성공보다는 실패 확률이 무척 높을 것이다. 양당 중심의 선거판이 윤석열 정권 출범 이후 더 공고화되었기 때문이다. 결국 내년 총선에서는 수많은 무소속 후보 중에 명망가나 지역 기반이 확고한 일부 출마자만 살아남을 것이다.

제3지대, 돌풍이냐 미풍이냐. 선거법에 달렸다

2024년 총선을 앞두고 어김없이 '제3지대론'이 슬금슬금 나오고 있다. 안타깝지만 상당수의 제3지대 세력은 총선까지 가기 전에 변죽만 울리다 소멸될 가능성도 있다. 독자 세력화가 어려울 경우 '빅텐트' 등의 이름으로 몇몇 세력이 '물리적 결합'을 이룰 수도 있다. 하지만 성공 확률은 그리 높지 않다. 양당의 벽이 생각보다 높고 크기 때문이다. 변수는 있다. 선거법 협상이다. 연동형 비례대표제가 유지된다면 상당히 많은 것이 달라질 수 있다. 2023년 11월 현재의 전망으로 보면 몇몇 제3지대 신당에는 작은 희망의 빛이 엿보이고 있다.

총선이 다가오면 끊임없이 제3지대론이 흘러나오고, 상당수는 실제 창당에까지 이른다.

내년 총선을 앞둔 상황에서 신당의 성격은 새로운 보수당, 중도보수신당, 새로운 진보당 등 이념에 따른 규정 못지않게 친윤 정당인지 반윤 정당인지, 윤석열 대통령에 대해 어떤 입장을 띠고 있느냐를 봐야 한다. 이것이 윤석열 검찰독재정권 하에서 정당의 정체성을 판가름하는 기준이 되기 때문이다.

2023년 11월 현재 구체적인 움직임을 보이는 제3지대는 대략 대여섯 군데. 그중 이미 창당을 마친 곳도 하나 있다. 무소속 양향자 의원이 주도하는 '한국의희망'이다. 2023년 9월 12일에 정당 등록을 마친 것으로 알려져 있다.

그 다음으로 주목받고 있는 것은 금태섭 전 의원을 중심으로 하는 '새로운선택'이다. 그 모태는 금태섭 전 의원을 중심으로 만들어진 '다른 미래를 위한 성찰과 모색 포럼'이다. 김종인 전 국민의힘 비대위원장이 힘을 실어주고 있는 것으로 알려졌다. 재미있는 사실은 국민의힘의 김재섭, 정의당의 류호정 등과도 두루 얘기를 나누고 있다는 점이다.

또 하나 주목할 만한 움직임은 현재 정의당 내의 국민참여당 출신 중심의 '사회민주당'이다. 현재 창당준비위원회를 결성하고 1차 인선까지 마친 것으로 알려져 있다. 천호선 노무현재단 이사와 한창민 전 정의당 대변인 등이 주축을 이루고 있으며 초대 사무총장은 천호선 이사가 맡았다. 제3지대 가운데 가장 진보적인 정당으로 꼽힌다. 사회민주당이 내건 핵심 가치는 '민주당보다 더 노무현답게, 정의당보다 더 노회찬답게'다.

정의당 출신의 조성주, 장혜영, 류호정을 중심으로 만들어진 '세 번째권력'과 손혜원 전 민주당 의원이 주도하고 있는 것으로 알려진 '호남신당'도 제3지대로 꼽을 수 있다. 류호정, 장혜영 의원과는 별도로 정의당 내 신당 추진 움직임도 본격화하고 있다. 정의당은 2023년 11월 6일 이정미 대표 등의 지도부가 총 사퇴하면서 녹색당과 진보당, 노동당 등 진보세력의 선거연합정당을 목표로 하는 비상대책위원회 체제로 전환을 시작했다. 한편 촛불정신을 계승하겠다는 '국민주권당'도 채비를 서두르고 있다. 국민주권당은 윤석열 퇴진을 주장하고 있는 촛불행동에 참여한 단체인 '촛불전진'이 모태가 된 정당이다. 과거 통일운동 등 진보정당에 몸 담았던 인사들이 주축이다.

이처럼 중도보수 성향의 신당과 진보 성향의 신당이 혼재된 상태에서 이미 창당을 완료한 곳도 있고, 곧 창당을 하게 될 곳도 있다. 하지만 필자의 시각에서는 어떤 당이든 성공 가능성은 크지 않다. 가장 큰 이유는 '이재명의 귀환'이다.

우선 2023년 4월 당시 화제가 되었던 금태섭 신당에 대해 국민들의 의견이 어떠했는지 한번 살펴보자. 〈여론조사꽃〉의 정례여론조사 결과다. "금태섭 전 의원이 신당 창당을 선언한 자리에서 김종인 전 위원장은 창당을 돕겠다고 말했습니다. 가칭 '금태섭·김종인 신당'에 대해 얼마나 기대되십니까?"라고 물었더니 78.4%의 응답자가 "기대되지 않는다"(전혀 기대되지 않는다 41.0%, 별로 기대되지 않는다 37.4%)고 답했다. "기대된다"고 답한 응답자는 13.5%에 불과했다.(표 81 참조) 한마디로 언론에서 그렇게 띄워주었는데도 불구하고 전혀 관심이 가지 않는다는 이야기였다. 같은 조사에서 국민들이 큰 관심을 가진 문제는 윤석열 대통령이 김건희 여사에게 '국정 파트너'가 되어달라고 했

금태섭·김종인 신당 기대감

Q. 금태섭 전 의원이 신당 창당을 선언한 자리에서 김종인 전 위원장은 창당을 돕겠다고 말했습니다. 가칭 '금태섭, 김종인 신당'에 대해 얼마나 기대되십니까?

기대된다
13.5

매우 기대된다
3.1

어느정도 기대된다
10.3

기대되지 않는다
78.4

별로 기대되지 않는다
37.4

전혀 기대되지 않는다
41.0

잘 모름
8.2

표 81. 여론조사꽃, 자체조사, 2023.4.21.~22

다는 이야기나 민주당 돈봉투 사건 등이었다.

중도보수 성향의 제3지대 신당이 기대했던 것 중의 하나는 민주당 비명계 의원들과의 결합이었던 것으로 보인다. 이재명 대표가 구속되고 당권과 공천권을 둘러싼 자중지란이 일어나면 적지 않은 민주당 탈당파가 등장하리라고 본 것이다. 국민의힘이나 검찰 등에서도 이런 시나리오를 머릿속에 그리고 있었다고 알려져 있다. 지지율에서 민주당을 이기지 못할 것이 거의 확실한 상황에서 아예 민주당을 반토막 내고자 하는 의도였던 셈이다.

하지만 이재명 대표가 무사 귀환하면서 민주당의 대오가 하나로 잡히게 되었고, 강서구청장 보궐선거마저 압승을 거두면서 검찰과 제 3지대 신당들이 기대했던 '민주당 분당'은 완전히 물건너가고 말았다.

분명한 것은 당 내부의 분열은 이재명 대표에 대한 구속영장 기각과 강서구청장 보궐선거로 인해 민주당보다는 국민의힘에서 커졌다는 점이다. 분당 가능성도 국민의힘 쪽이 더 높아졌다.

국민의힘 인사들 가운데 특히 이준석 전 대표를 주목해야 한다. 그동안 이준석 전 대표나 유승민 전 의원 등을 중심으로 하는 신당 창당 이야기가 여러 차례 나왔지만 '카더라'의 하나로 넘어가는 분위기였다. 하지만 강서구청장 보궐선거 참패 이후 현실화될 가능성도 배제할 수 없게 되었다. 유승민 의원도 이와 관련 윤석열 대통령을 비판하면서 신당 가능성을 부정하지 않았고, '이준석의 눈물' 역시 신당의 명분을 확보하기 위한 정치적 행위로 보는 시각이 많다.

선거법 개정 과정에서 연동형 비례제가 유지된다면, 이준석 신당이 만들어질 가능성은 더 높아진다. 또, 윤석열 대통령의 국정 기조가 전면적으로 변화하거나 이준석 전 대표를 총선 선대위원장급으로 중용하지 않는 한 이준석 신당은 뜨게 돼 있다. 이준석 전 대표의 경우, 공언한 대로 대구 지역구로 나가거나 여의치 않을 경우 비례 대표로 출마할 듯하다. '마삼중'(세 번이나 지역구에서 낙선의 고배를 마신 이준석 전 대표의 별명으로 '마이너스 3선 중진의원'이라는 뜻이다)이라는 달갑지 않은 별명을 떨쳐내기 위해서라도 이준석 전 대표는 2024년 총선에서 원내 진입이 절실하다. 따라서 어떤 형태로든 신당을 출범시키는 것이 최선의 선택이 될 것으로 보인다.

만약 이준석이 유승민, 이언주, 천하람 등과 결합된 신당을 띄운다면 이들은 '반윤 신당'을 명확히 선언할 것이다. 그래야 정치적 공간이 열린다. 젊은 층을 중심으로 반윤·반명 성향의 유권자들이 신당에 관심을 보일 것이다. 정권과 민주당을 모두 비판하는 양비론을 구사하며, 미래정치, 세대교체 등을 전면에 내세울 공산이 크다. 안보는 보수, 경제와 사회는 중도 스탠스를 보이며, 따뜻한 보수를 내걸 것이다.

여기서 한 가지 짚고 넘어가야 할 것은 이준석과 이언주, 유승민 등의 정치적 교집합이 원활하지만은 않을 것이라는 점이다. 이언주 전 의원과는 젠더 문제나 사회적 약자의 포용 등에서 이견을 보일 가능성이 크고, 이준석이 강한 보수 색채를 표방하는 것과 달리 유승민과 이언주 전 의원은 중도 보수 성향으로 오히려 민주당 쪽에 가깝기 때문이다. 신당에 합류하지 않을 경우 유승민과 이언주 전 의원은 새로운 신당을 준비하기보다는 수도권에 무소속으로 출마할 가능성이 높다.

제3지대 창당과 관련, 최근 여론조사 가운데 참고할 만한 것이 두 가지가 있다. 하나는 〈한국갤럽〉의 '총선 전 신당 창당 인식/긍정·부정 평가 이유' 또 하나는 〈뉴데일리〉의 '총선 지지정당' 관련 조사다.

먼저 〈한국갤럽〉의 조사 결과를 보자. "귀하는 총선을 앞두고 신당을 창당하는 것에 대해 어떻게 생각하십니까?"라고 물어본 결과 응답자의 28%가 "좋게 본다"고 답한 반면 55%는 "좋지 않게 본다"고 답했다. 신당 창당을 좋게 보는 이유는 '기존 정당에 실망/지지할 정당 없음', '새로움/변화/참신한 인물'(이상 22%), '다수 정당 경쟁 필요/다양성'(15%), '양당 독식/기득권/견제 필요'(11%), '정치 개혁/개선 필요'(7%), '양당 갈등/대립 해소'(3%) 순으로 나타났다. 반면에 신당 창당을 좋지 않게 보는 이유는 '당이 이미 많다/필요 없다'(19%), '새롭지 않음/기존 정당·인물(그 나물에 그 밥, 거기가 거기)'(17%), '제 역할 못함/성공하기 힘듦'(10%), '표 분산/분열/갈라치기'(8%), '기존 정당으로 잘해야 함'(7%), '갈등 확대', '사리사욕', '혼란 가중'(이상 5%), '총선용/속임수', '성급함/준비 부족'(이상 3%) 등이라고 답했다.(표 82 참조)

여기서 주의해야 할 것은 갤럽이 이 조사를 실시한 시기가 8월

총선 전 신당 창당 인식

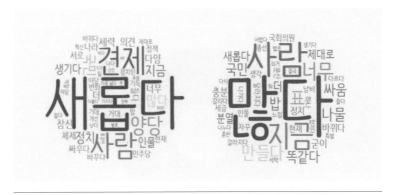

표 82. 한국갤럽, 자체조사, 23.8.1~3

1~3일로 금태섭 신당과 양향자 신당 등만 윤곽을 보였을 뿐 '이준석 신당'은 아직 수면에 떠오르지 않은 상태였다는 점이다. 즉 이준석 신당에 대한 고려는 포함되지 않은 응답 비율이라는 뜻이다. 그리고 또 하나 주의할 점은 이 조사는 신당에 대한 단순한 '호불호'를 물어본 것일 뿐 실제 신당이 창당되었을 경우 이를 지지하겠느냐의 여부와는 다르다는 점이다. 잘 알고 있다시피 신당에 대한 호감이 꽤 크다 해도 실제 투표에서는 '사표 방지 심리' 등의 표쏠림 현상이 크게 나타나면서 실제 득표로 이어지는 비율은 높지 않다. 그렇다 하더라도 28%의 응답자가 신당 창당에 호의적인 반응을 보였다는 점에서 기존 정당들은 긴장해야 할 것으로 보인다.

이런 점을 감안해서 보면 이준석 신당이 어느 정도 사람들의 입길에 오르내리기 시작한 10월 16~17일의 〈뉴데일리〉 여론조사가 조금 더 신당에 대한 명확한 입장을 확인할 수 있는 자료일 것으로 보인다. 또한 뉴데일리 조사는 직접 '신당에 표를 주시겠습니까?'를 물어

총선 지지 정당

Q. 선생님께서는 2024년 4월 총선에서 어느 정당에 투표하실 생각이십니까?

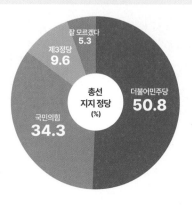

잘 모르겠다
5.3
제3정당
9.6
총선
지지 정당
(%)
더불어민주당
50.8
국민의힘
34.3

표 83. 피플네트웍스리서치, 뉴데일리 의뢰, 2023.10.16~17

보고 있다는 점에서 유권자들의 실제 심리에 좀 더 접근한 것으로 보인다.

〈뉴데일리〉의 조사 결과를 보자. 〈뉴데일리〉는 신당이 창당될 경우를 가정한 상태에서 "2024년 4월 총선에서 어느 정당에 투표하실 생각이십니까?"를 물었다. 그 결과 9.6%의 응답자가 '제3의 정당'을 택했다. 그 이유는 "양당 구도를 개혁하기 위해서"였다. 제3지대의 경우 10% 내외의 득표율이 판세를 가를 기준이 될 것이라는 필자의 분석과 거의 일치하는 조사 결과다.(표 83 참조)

물론 현 상황에서 이준석 신당이 만들어진다 해도 총선에서 두 자리 수 지역구 의석을 만들어낼 힘은 없다고 본다. 하지만 연동형 비례제가 도입된다면, 상황이 달라질 수 있다. 비례대표 의석 몇 자리에 지역구 의석을 포함하면 두 자리 수 의석까지 가능할 수도 있기 때문이다. 이처럼 '이준석 신당'이 의외의 파괴력을 보일 가능성이 있는 이유는 신당에 대한 정당 지지도가 10%를 돌파할 수도 있기 때문이다.

따라서 이준석 신당의 1차적 관심사는 창당 초기에 10%의 지지도를 기록할 수 있느냐다. 이대남의 정치성향을 보면 친윤 35%, 반윤 55% 정도다. 이들 중 반윤 성향의 절반 정도는 이준석 신당의 핵심동력이 될 것 같다. 그리고 보수성향 중 30% 정도는 반윤 정서를 보이고 있기 때문에 신당의 지지율 10% 돌파는 가능하다고 본다. 문제는 두 자리 수의 지지를 지속성 있게 담보할 수 있느냐다. 몇몇 스타급 정치인을 제외하면 대부분 젊은 정치인들이 지역구 후보로 나설텐데, 막상 선거구별로 여론조사가 발표되면 이들 후보들의 지지도가 10%를 넘어서지 못할 것이라고 본다. 그러면 신당 지지율은 추락하게 돼 있다. 그 위기를 넘어설 수 있는 힘이 있을까? 크지 않을 듯싶다.

이준석 신당이 초반 흥행에 성공한다면 친윤 정당인 국민의힘, 반윤 정당인 민주당과 이준석 신당이 경쟁하는 구도가 만들어진다. 이런 상황이 되면 국민의힘 못지않게 민주당도 위기다. 국민의힘은 보수진영이 균열되기 때문에 위기이고 민주당은 60%에 달하는 강고한 반윤 진영에게 민주당이 아닌 다른 선택지가 생긴다는 점에서 위기다. 일단 이 위기를 벗어나려면, 여야 모두 참신한 인재 영입 등 공천 혁신에 나서야 한다.

여당의 경우 국정 기조의 전반적인 쇄신이 필요하다. 즉 '국민의힘'이 국정의 중심축으로 서면서 윤석열 대통령에게 쓴소리를 할 수 있는 '정상적인' 정당으로 탈바꿈해야 한다.

야당은 일단 이재명 대표에 대한 검찰의 무리한 수사와 기소 등을 잘 막아내는 게 첫 번째 과제다. 아울러 잃어버린 야성을 회복하지 못하면 제3지대 정당과의 경쟁에서도 우위를 장담할 수 없다. 이와 함께 김은경 혁신안의 전향적인 수용 등을 통해 확실한 '혁신'의 모습을 보여주어야 한다.

이준석 신당 역시 '정체성' 그 자체가 위기가 될 수 있다. 신당의 특성상 인물난을 겪을 수밖에 없는 상황에서 국민의힘 공천에 탈락한 영남권 인사들을 흡수하는 '이삭줍기'에 적극 나서게 될 가능성이 큰데, 이는 신당의 참신성이 퇴색될 수 있어 이준석에게 있어 양날의 칼이라 할 수 있다

이준석 전 대표는 개인기가 뛰어난 영악한 인물이다. 강서구청장 보궐선거 참패 이후 '눈물의 기자회견'은 언론과 세인의 주목을 끌었다. 필자는 탈당의 명분을 대중에게 각인시키기 위해 치밀한 각본 속에 연출된 '눈물'이라고 봤다.

누가 뭐래도 이준석은 윤석열 정권의 폭정에 가장 큰 책임이 있는 정치인이다. 지난 대선 때 국민의힘 당 대표였고 선거를 진두지휘했다. 윤석열 후보의 대선 승리 일등공신이다. 이후 윤 대통령에게 팽을 당했다고 해서 그의 역사적 과오가 지워지지는 않는다.

이준석은 정무감각이 뛰어나고 언변이 좋지만 특유의 깐죽거림과 냉소적 태도 때문에 비호감 역시 높다. 열광하는 이대남도 있지만 뿌리 깊은 여성 혐오 정서 때문에 이대녀는 그를 극혐한다. 확장력의 한계가 뚜렷하다.

'반윤' 이준석은 윤석열 대통령과 공통점이 몇 가지 있다. 잘못에 대해 반성하거나 사과하는 일이 없다. 때때로 극단적인 주장을 펴고, 자신만이 옳다는 오만과 독선에 빠져 있다는 점이다. 이준석 역시 경

쟁주의와 능력주의를 숭상한다. 승자 독식구조를 당연하게 여긴다. 공동체에 대한 깊은 고민이 결여돼 있다. 이 때문에 필자는 이준석을 '젊은 꼰대'라고 평가하고 싶다.

반면에 안철수 의원은 위기에 처했다. '이준석 제명 서명부'를 들고 이준석을 공격했지만 손해만 봤다. 거칠게 싸우는 개싸움 방식에 익숙하지 않음에도 무리수를 뒀다. 이준석은 안철수의 공격에 "나는 아픈 사람을 상대하지 않는다."라고 일갈했다. 그 한마디로 게임은 끝났다.

윤석열의 호위무사를 자처하는 듯한 안철수의 엉뚱한 행보는 지역구 사정 때문이다. 김은혜 대통령실 홍보수석이 본인의 지역구인 성남시분당구갑을 호시탐탐 노리고 있다. 이곳은 김은혜 수석이 직전까지 국회의원을 한 지역이다. 이래저래 안철수의 정치적 존재감은 바닥으로 떨어진 듯하다. 윤석열 대통령과 운명공동체라고 했던 만큼 윤석열의 실패는 안철수의 실패다. 차기 대선은 언감생심이다.

한편 '조중동'을 비롯한 일부 보수신문과 여당 일각에서 꾸준히 제기되고 있는 '윤석열 신당'은 현재까지는 가능성이 거의 없는 것으로 보인다. '수도권 위기론' 등을 내세우다가 윤 대통령 측으로부터 '팽'당한 윤석열 대통령의 멘토 신평 변호사 역시 2023년 10월 18일 여러 매체와의 인터뷰를 통해 "윤석열 신당은 동력이 없다"고 선을 그었다.

연동형 비례제가 유지된다는 전제에서 보면, 야권 제3지대가 수혜를 입을 가능성도 있다. 용혜인 의원이 포진하고 있는 기본소득당과 천호선 전 정의당 대표가 이끄는 사회민주당이 그것이다. 특히 국민적 지지도와 인지도가 높은 용혜인 의원의 기본소득당이 수혜를 입을 가능성이 크다. 또 연동형 비례제가 유지된다면 기본소득당과 사회민주당은 선거연대 등의 형태로 뭉칠 가능성도 있다.

하지만 연동형 비례제에도 불구하고 진보 신당의 성공 가능성이 높지만은 않다. 용혜인 의원을 제외하면 전국구 스타가 거의 전무한데다 용 의원 역시 '대선주자급' 레벨이 아니기 때문이다. 이런 점에서 연동형 비례제는 이준석 신당에만 날개를 달아주는 게 아닐까 하는 판단도 해볼 수 있겠지만, 실제로는 지난 총선의 열린민주당처럼 민주당 성향의 비례대표를 준비했던 추미애 전 장관 등 명망가 중심의 신당이 진보 계열의 비례대표 정당으로 출현할 가능성이 매우 높다고 본다. 이 정당에 조국 전 장관이 동참할 수도 있을 것이다. '정치 이외에는 할 수 있는 일이 아무것도 없는' 현 상황의 영향 때문이다. 조국 전 장관까지 합류할 경우 진보 계열 신당은 보수 계열의 이준석 신당에 버금가는 의석수를 달성할 수도 있다.

하지만 조국 전 장관 본인이 직접 신당의 기치를 내걸 경우 역풍과 민주당 내부 분열이 가속화될 수 있기에 조국 전 장관 측도 신중할 수밖에 없을 것이다. 그런 면에서 독자 신당보다는 야당 대표 비례정당에 영입인사로 참여하는 게 여러모로 현실적인 카드라 할 수 있다. 물론 신당에 참여하지 않고 무소속으로 출마하거나 아예 불출마할 가능성도 배제할 수 없다.

하지만 앞에서도 잠깐 언급한 대로 대한민국처럼 양당 체제가 공고화된 나라에서는 제3지대가 설 자리가 크지 않다. 한때 '충천권'의 맹주로 자리 잡았던 김종필과 그 뒤를 이은 이인제 등이 있었지만, 그건 지역을 기반으로 군웅할거하던 80년대까지의 이야기다. 물론 2016년 안철수 신당인 '국민의당'이 호남에서 돌풍을 일으키며 원내

교섭단체를 구성하기도 했지만, 안철수의 대선 패배 이후 존재감이 사라졌고, 급기야 역사 속에서 사라졌다. 최근 들어 지역색이 상당히 옅어졌다고 해도 지역 기반과 뚜렷한 대선 후보 없이 정치이념이나 철학으로 제3지대를 꾸린다는 건 쉽지 않은 일이다.

설사 창당을 성공적으로 마치고 총선에 참여한다 해도 국민의 선택을 받기는 어렵다. 2024총선의 패러다임이 이미 '윤석열 심판'으로 짜여져 있기 때문이다. 국민의힘에서 끝까지 '윤석열 vs 이재명' 구도를 만들기 위해 애쓰겠지만 윤 대통령과 국민의힘에 분노한 국민들의 시선을 돌릴 수가 없다.

선거는 바람이다. 특히 신인, 신당의 경우 바람을 타지 못하면 스스로 소멸해 간다. 박근혜에 맞섰던 유승민이 그랬다. 심지어 박근혜를 팔아서 일부 여의도 입성에 성공했던 '박근혜 신당'도 결국은 유야무야, 흐지부지 한나라당에 '흡수'되고 말았다. 2024 총선처럼 '윤석열'이라는 이름 하나에 모든 이슈가 빨려 들어가는 상황이라면 특히 신당이 설 자리는 적다.

어떤 신당이든 필자와 직접 관련이 없고, 그들의 성공 여부에 어떤 이해관계도 걸려 있지 않지만 제3지대 창당을 준비하는 사람들은 일단 지금까지 제3지대 성쇠의 역사와 국민 여론의 흐름을 냉정하게 직시했으면 좋겠다. 베테랑 여론조사 전문가이자 정치 컨설턴트의 진심 어린 조언이다.

잠룡과 잡룡

요즘 '철없는 꽃'들이 많아졌다. 한겨울에 개나리가 피기도 하고, 가을에 피어야 할 코스모스가 여름에 피기도 한다. 계절에 대한 꽃들의 감각이 헷갈리는 때문이다. 철 모르고 핀 꽃은 지나는 사람들의 시선을 끌고 많은 사랑을 받지만 계절을 놓친 탓에 더불어 만개하지 못하고 홀로 피었다가 일찍 시들기도 한다. 2024년에 일찌감치 두각을 나타낼 대선 후보자들 이야기다.

무리 생활을 하는 침팬지 세계에서는 우두머리가 모든 것을 독식한다. 언뜻 보면 자유롭게 숲속을 누비고 사는 것 같지만 모든 생활이 우두머리의 통제 속에 있다. 심지어 먹는 것도 우두머리의 눈치를 봐야 한다. 암컷은 물론 수컷도 마찬가지다. 서열 2위라 해도 우두머리 앞에서는 함부로 굴 수 없다. 그런데 숨죽이고 살던 수컷들이 일제히 우두머리에게 달려들기 시작하는 때가 있다. 우두머리의 힘이 빠지는 걸 알아챘을 때다.

우두머리의 힘이 쇠약해지고 있다는 걸 알게 되는 순간 눈도 함부로 마주치지 못하던 수컷들은 언제 그랬냐는 듯 본색을 드러내고 1인자가 되기 위해 난타전을 벌인다. 평소 충성하던 서열 2위도, 늘 마음에 안 들던 서열 꼴찌도 이 순간에는 모두가 똑같은 경쟁자다.

긴 난타전이 끝나고 나면 또 언제 그랬냐는 듯 질서가 잡히고, 새로운 우두머리를 중심으로 서열이 정해진다. 그렇게 침팬지 세계는 다시 평화를 되찾는다.

2024년이면 대선을 3년이나 남겨둔 시점. '대권주자'를 논하기에는 너무 이른 시기다. 하지만 세상일이 어디 '법칙'대로만 이뤄지는가.

장래 정치 지도자 선호도

Q. 귀하는 앞으로 우리나라를 이끌어갈 정치 지도자, 즉 장래 대통령감으로 누가 좋다고 생각하십니까? (특정인을 답하지 않은 경우 재질문) 그럼, 조금이라도 마음이 가는 인물은 누구입니까?

2023년 10월 2주 (10~12일)	조사완료 사례수(명)	가중적용 사례수(명)	이재명	한동훈	오세훈	홍준표	안철수	이낙연	원희룡	김동연	이탄희	이준석	기타 인물	의견 유보	없음	모름 응답 거절
전체	1,002	1,002	22%	14%	4%	3%	2%	1%	1%	1%	1%	1%	5%	46%	33%	12%
지역별 서울	191	188	21%	13%	11%	3%	1%	2%	3%	1%	-	2%	4%	40%	31%	9%
인천/경기	323	319	26%	13%	3%	2%	1%	2%	2%	3%	2%	1%	5%	40%	29%	11%
강원	31	30	-	-	-	-	-	-	-	-	-	-	-	-	-	-
대전/세종/충청	103	107	23%	12%	1%	3%	1%	1%	1%	-	-	2%	7%	51%	40%	11%
광주/전라	97	97	29%	6%	-	1%	5%	1%	-	1%	3%	-	7%	48%	28%	20%
대구/경북	93	97	7%	21%	5%	10%	1%	1%	1%	-	-	1%	3%	50%	37%	13%
부산/울산/경남	149	150	17%	18%	1%	3%	2%	1%	0%	1%	1%	0%	3%	53%	37%	16%
제주	15	13	-	-	-	-	-	-	-	-	-	-	-	-	-	-
성별 남성	500	497	21%	15%	5%	4%	2%	2%	2%	1%	-	1%	6%	40%	31%	10%
여성	502	505	22%	13%	2%	2%	2%	1%	1%	2%	0%	1%	6%	51%	36%	15%
연령별 18~29세	145	155	11%	8%	2%	7%	2%	1%	-	-	1%	3%	1%	65%	45%	19%
30대	137	158	22%	7%	1%	6%	1%	1%	1%	2%	1%	1%	4%	54%	42%	12%
40대	187	181	34%	10%	5%	2%	2%	4%	1%	2%	2%	-	8%	31%	24%	6%
50대	204	195	28%	16%	4%	2%	1%	1%	2%	2%	-	1%	7%	35%	28%	7%
60대	192	169	19%	23%	4%	1%	1%	1%	2%	2%	-	2%	4%	41%	31%	9%
70대 이상	137	143	12%	18%	5%	1%	1%	1%	3%	1%	1%	-	3%	55%	31%	24%
주요 지지 정당별 국민의힘	347	345	1%	35%	7%	5%	3%	0%	4%	-	-	1%	3%	40%	29%	11%
더불어민주당	350	342	55%	0%	1%	2%	1%	2%	-	-	3%	-	5%	29%	21%	8%
정의당	36	37	-	-	-	-	-	-	-	-	-	-	-	-	-	-
무당(無黨)층	252	263	7%	5%	3%	2%	2%	1%	-	2%	0%	-	5%	73%	54%	19%
직업별 농/임/어업	25	24	-	-	-	-	-	-	-	-	-	-	-	-	-	-
자영업	155	154	32%	11%	6%	3%	2%	2%	0%	1%	1%	1%	6%	36%	30%	5%
기능노무/서비스	146	145	14%	26%	5%	2%	2%	1%	1%	-	-	2%	6%	42%	34%	8%
사무/관리	333	335	22%	11%	2%	6%	1%	2%	2%	2%	2%	-	5%	44%	32%	11%
전업주부	186	182	20%	18%	3%	0%	2%	1%	2%	2%	-	-	4%	48%	32%	16%
학생	63	68	6%	10%	3%	3%	6%	-	-	1%	-	3%	0%	68%	45%	22%
무직/은퇴/기타	94	94	11%	19%	3%	2%	2%	-	3%	-	1%	1%	3%	55%	35%	20%
성향별 보수	276	278	10%	31%	7%	4%	2%	1%	3%	0%	0%	2%	3%	37%	27%	10%
중도	321	311	23%	10%	2%	5%	2%	2%	1%	1%	1%	1%	5%	46%	35%	11%
진보	278	282	37%	4%	2%	1%	0%	2%	1%	3%	2%	1%	8%	39%	32%	8%
모름/응답거절	127	131	10%	6%	3%	2%	2%	-	1%	-	-	-	0%	77%	46%	31%
대통령 직무 긍정 평가자	336	334	1%	38%	6%	5%	2%	1%	4%	0%	-	-	1%	42%	26%	15%
부정 평가자	582	579	37%	2%	2%	3%	1%	2%	-	-	2%	1%	7%	42%	33%	9%
내년 총선 기대 여당 다수 당선	385	387	2%	33%	7%	4%	2%	1%	4%	0%	0%	-	2%	43%	30%	14%
야당 다수 당선	485	481	43%	1%	1%	2%	1%	2%	-	-	2%	1%	7%	38%	30%	8%
모름/응답거절	132	134	3%	5%	2%	3%	3%	-	1%	-	-	-	2%	79%	55%	24%
평소 정치에 관심 많이 있다	228	216	36%	23%	3%	2%	3%	1%	3%	1%	-	1%	4%	21%	13%	9%
약간 있다	473	474	23%	15%	5%	4%	1%	2%	1%	1%	1%	1%	7%	38%	29%	9%
별로 없다	189	190	14%	6%	2%	5%	1%	1%	0%	1%	-	1%	2%	66%	51%	15%
전혀 없다/모름	112	122	3%	4%	1%	1%	2%	-	1%	1%	-	-	1%	87%	59%	27%

- 2022년 6월부터 기존 '차기 정치 지도자'에서 '장래 정치 지도자'로 표제 변경 / 이 질문은 다음 대선 출마 전제가 아니며, 누가 장차 대통령이 될 만한 인물로 여겨지는지 가늠하는 용도 / 전국적 지명도나 대중적 인기, 조사 시점 이슈가 반영되고 자유응답 특성상 비정치인도 언급될 수 있음
- 1.0% 이상 기준 제시. 기타 인물에는 20여 명 포함. 50사례 미만은 수치 제시하지 않음. 한국갤럽 데일리 오피니언 제560호.

표 84. 한국갤럽, 자체조사, 23.10.10~12

철 모르고 피는 꽃이 드물지 않듯 때 아닌 시기에 대권을 노리는 사람도 있기 마련이다.

일반적으로 대선 주자에 대한 관심이 본격적으로 나타나기 시작하는 것은 대통령 임기 3년 차. 대선을 2년 정도 남겨둔 시점이다. 그런데 지금은 상황이 좀 다르다. 아직 윤석열 대통령의 임기가 만 2년도

채 되지 않았고, 대선은 3년 이상 남았지만 벌써 대선 주자에 대한 이야기가 조금씩 불거져 나오고 있다. 윤석열 대통령의 레임덕이 이미 시작되었다는 반증의 하나다.

민주당의 경우는 2024년에 대권과 관련해 큰 변동이 있을 것 같지는 않다. 이재명 대표에 대한 당원의 지지가 탄탄하고, 검찰의 공격도 상당히 힘이 빠진 상태기 때문이다. 속칭 '수박'들의 반란표도 2024년에는 거의 정리될 것이다. 물론 사법리스크가 완전히 해소된 것은 아니지만 기소와 재판이 '사법적 영역'이 아닌 '정치적 영역'이라는 게 명백해진 이상 대권 가도에서 내려와야 할 특별한 명분이 없다.

반면에 국민의힘은 당권 경쟁과 맞물린 상태로 대권 경쟁 역시 서서히 불타오를 가능성이 적지 않다. 일찌감치 마각을 드러내거나 본격적으로 뛰어들 인물이 많지는 않겠지만 대통령의 레임덕이 현실화될수록 차기 대권주자에 대한 관심 역시 커질 것이다. 또 민주당의 대권주자가 사실상 확정된 상태라는 것도 영향을 미칠 것으로 보인다. 이미 익숙해진 패턴이지만, 본인이 나서지 않아도 언론이 군불을 계속 때면서 여론을 이끌 것이다. 물론 이런 관심은 대통령의 레임덕을 가속화하는 경향도 있다.

이런 점에서 〈한국갤럽〉이 발표한 '장래 정치 지도자 선호도'는 눈여겨볼 만하다. 〈한국갤럽〉에서 "장래 대통령감으로 누가 좋다고 생각하는가" 물은 결과(자유응답), 이재명 더불어민주당 대표 22%, 한동훈 법무부장관 14%, 오세훈 서울시장 4%, 홍준표 대구시장 3%, 안철수 국민의힘 의원 2%, 이낙연 전 대표, 원희룡 국토부장관, 김동연 경기도지사, 이탄희 더불어민주당 의원, 이준석 전 대표가 각각 1%로 나타났다. 갤럽에 따르면 국민의힘 지지자(345명) 중에서는 35%가 한동훈을 꼽았고, 그 외 인물들은 5% 안팎에 그쳤다(의견 유보 40%). 더불어민주당 지지자(342명) 중에서는 55%가 이재명을 지지해, 그 외 인물들(3% 이하)과 큰 차이를 보였다(의견 유보 29%).(표 84 참조)

직전 조사(2023년 9월 5~7일)에 비하면 이재명 대표는 3%p, 한동훈 장관은 2%p 상승한 수치다. 이재명 대표는 강서구청장 보궐선거가 큰 영향을 끼친 것으로 보이고, 한동훈 장관 역시 강서구청장 보궐선거 당시 보수 세력의 총 결집 영향이 남은 것으로 보인다.

조사에서 이미 밝혀진 것처럼 민주당은 이낙연 전 총리(1%)와 이탄희 의원(1%)이 이재명 대표와 큰 차이를 보였다. 더욱이 이재명 대표의 지지도는 지금보다 더 올라갈 가능성이 크다. 내년 총선에서 민주당이 상당히 앞설 가능성이 높기 때문이다. 즉 민주당이 크게 승리를 거둔다면 '개인 이재명'에 대해 반신반의했던 사람들도 '윤석열 정권 심판'이라는 공동의 대의 앞에서 이재명에 대한 관심이 달라질 수 있다는 것이다.

한편 국민의힘은 한동훈 법무부장관 14%에 이어 오세훈 서울시장 4%, 홍준표 대구시장 3%, 안철수 국민의힘 의원 2% 등으로 10%p 남짓 차이로 여러 명의 대권주자가 줄 서 있다. 10% 내외는 상황에 따라 언제든지 뒤집힐 수 있는 수치. 게다가 한동훈 법무부장관의 경우에는 '국민의힘 중에서도 극보수 세력'의 열띤 지지를 받고 있다는 점에서 대선 주자로서는 상당히 불리하다고 할 수 있다. 이 때문에 다른 대선주자들 역시 '내가 바로 다음 대권주자'라는 희망을 놓지 않고 있는 것이다.

차기 대권과 관련 최근 국정감사에서는 극히 대비되는 두 개의 장면이 연출되었다. 주인공은 차기 대권주자로 자주 거론되는 김동연 경기도지사와 오세훈 서울시장이다.

2023년 10월 17일 경기도 국정감사 자리에서 국민의힘 권성동 의원이 "경기지사 한 번 하고 말 겁니까. 다음에 대통령 출마할 겁니까. 어떻게 할 겁니까?" 하고 묻자 김 지사는 "그런 생각 해본 적이 없다."고 잘라서 말했다. 반면에 같은 날 서울시 국정감사에서 민주당 강병원 의원으로부터 비슷한 질문을 받은 오세훈 시장은 "대권 도전이라는 게 원한다고 해서 되는 것도 아니고, 피한다고 해서 피해지는 것도 아니다."라고 답했다. 묘한 여운이 남는 발언이다.

정치는 생물이다. 백 전 천 번 되뇌어도 변하지 않는 정치계의 금언이다. 시간은 아직 많이 남았고 그동안 무슨 일이 일어날지 모른다. 하지만. 그럼에도 변치 않는 진리는 아무런 준비 없이 갑작스레 행운을 거머쥐는 일은 일어나지 않는다는 것이다. 2024년. 잠룡이 될 것인지 잡룡이 될 것인지는 본인이 하기 나름이다. 잠룡과 잡룡. 그 결과는 2024년 총선 결과에 따라 크게 달라질 것이다.

'막걸리'와 '고무신'의 재림, 김포시의 서울 편입 공약

급할수록 돌아가라고 했다. 특히 정치인이라면 귀담아들어야 할 금언이다. 당장 눈앞의 이익을 바라보고 나섰다가는 두고두고 후회할 일이 생긴다. 언뜻 국민이 어리석어 보이지만 하나하나 기억하고 있다가 언젠가 되갚아준다. 마음이 급하면 앞뒤 가리지 않고 일단 나서기 쉽다. 앞뒤 재볼 여유가 없기 때문이다. 곧 후회하지만 때는 늦고 결과는 참혹하다. 김포시의 서울 편입 이야기다.

김포시의 서울 편입 공약은 결국 김포와 수도권 시민들의 '욕망'을 자극해서 표를 얻어보겠다는 '막걸리와 고무신'의 현대판 선거 전략이다. 당장은 큰 도움이 되는 것 같아 국민의힘이 '올인'에 나선 모양새지만 결과는 그리 낙관적이지 않다. '이명박의 뉴타운 공약이 어떤 결과를 가져왔는지 생생하게 기억하고 있기 때문이다. 국민의힘과 윤석열 정권은 올해가 가기 전에 깨닫게 될 것이다. 도저히 빠져나오기 힘든 진퇴양난의 함정에 빠졌다는 걸.

막걸리와 고무신은 60년대와 70년대 선거판의 주요 키워드였다. 평소 바른말깨나 하던 동네 어르신도 유세 현장에서 막걸리 한 잔 얻어 잡숫고 고무신 한 켤레 받아 들면 어느새 소신이 바뀌었다. "받아먹었으니 찍어줘야지!" 물욕이 소신을 이긴 셈이다.

시대의 흐름에 따라 막걸리와 고무신은 관광버스와 '현금'으로 바뀌었고, 선거법 개정에 따라 공공연한 금권 선거의 길이 막히자 새로운 형태가 등장하기 시작했다. '개발 공약'이었다. 우물을 뚫어주고, 도로를 내주고, 회관을 지어주겠다는 공약에 유권자들은 환호했다. 당연한 일이지만, 개발은 주로 여당 의원들의 공약이었다. 개발에 들어가는 큰돈을 움직일 수 있는 힘이 바로 여당의 프리미엄이었다. 이명박 대통령 당선 직후 치러진 18대 총선에서 한나라당이 서울 지역을 석권할 수 있었던 바탕엔 바로 '뉴타운 개발 공약'이 있었다. 뉴타운 개발 공약은 '내 집 마련'을 필생의 숙원으로 생각하는 서민들의 가슴에 불을 지폈고 한나라당은 이를 바탕으로 서울은 물론 수도권까지 '싹쓰리'를 하다시피 했다.

2023년 11월. 막걸리와 고무신 그리고 뉴타운의 망령이 다시 대한민국에 드리워지고 있다. 느닷없이 들고 나온 국민의힘의 '김포시 서울 편입' 공약 때문이다. 아무런 맥락도 없고, 예고도 없고, 복선

김포시의 서울시 편입 의견 찬반

Q. 국민의힘이 김포시를 서울시에 편입하는 것을 당론으로 추진하겠다고 밝혔습니다.
김포의 서울 편입에 대해 어떻게 생각하십니까?

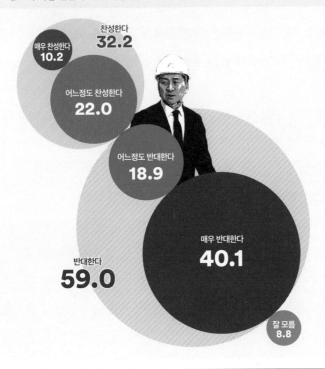

찬성한다 32.2
- 매우 찬성한다 10.2
- 어느정도 찬성한다 22.0

반대한다 59.0
- 어느정도 반대한다 18.9
- 매우 반대한다 40.1

잘 모름 8.8

표 85. 여론조사꽃, 자체조사, 23.11.3~4

도 없이 불쑥 튀어나온 돌발 공약은 일부 김포 시민들의 '욕망'에 불을 지폈고, 강서구청장 보궐선거 이후 궁지에 빠졌던 국민의힘은 마치 새로운 활로를 발견이라도 한 듯 연일 '유레카'를 외치며 희희낙락 표정을 숨기지 못하고 있다. 민주당을 향해서는 연일 'Yes or No'를 압박하며 김포 이슈를 키우기에 여념이 없다. 구리, 하남, 고양 등 서울 인접 도시들이 덩달아 들썩거리며 서울시를 더 크게, 더 크게 키우자는 '메가시티' 논란으로 이어가고 있다. '김포 서울시 편입'은 가히 사

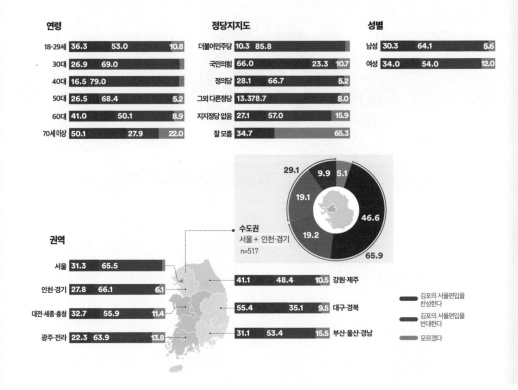

연령

	찬성	반대	모름
18-29세	36.3	53.0	10.8
30대	26.9	69.0	
40대	16.5	79.0	
50대	26.5	68.4	5.2
60대	41.0	50.1	8.9
70세 이상	50.1	27.9	22.0

정당지지도

	찬성	반대	모름
더불어민주당	10.3	85.8	
국민의힘	66.0	23.3	10.7
정의당	28.1	66.7	5.2
그외 다른정당	13.3	78.7	8.0
지지정당 없음	27.1	57.0	15.9
잘모름	34.7		65.3

성별

	찬성	반대	모름
남성	30.3	64.1	5.6
여성	34.0	54.0	12.0

수도권
서울 + 인천·경기
n=517

29.1 9.9 5.1
19.1 46.6
19.2 65.9

권역

	찬성	반대	모름
서울	31.3	65.5	
인천·경기	27.8	66.1	6.1
대전·세종·충청	32.7	55.9	11.4
광주·전라	22.3	63.9	13.8
강원·제주	41.1	48.4	10.5
대구·경북	55.4	35.1	9.5
부산·울산·경남	31.1	53.4	15.5

■ 김포의 서울편입을 찬성한다
■ 김포의 서울편입을 반대한다
▨ 모르겠다

면초가에 빠진 국민의힘과 윤석열 정권을 구할 '묘책'으로 떠오르고 있다.

하지만 이 모든 것이 '착시현상'이라는 걸 확인하는 데는 긴 시간이 필요치 않은 것 같다. 일단 국민의힘 내부의 반응이 심상치 않다.

우선 국민의힘 소속인 유정복 인천시장은 "김포 서울 편입은 실현 가능성이 없는 정치 쇼"라며 직격탄을 날렸다. 서울시의 확장을 원하지 않는 경기도 의회의 동의를 얻어야 하는 등의 행정적·법적 절차

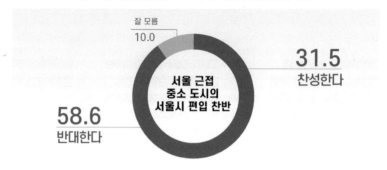

김포 등 서울 근접 중소 도시의 서울시 편입 찬반 (%)

잘 모름
10.0

31.5
찬성한다

서울 근접
중소 도시의
서울시 편입 찬반

58.6
반대한다

의뢰사: 에너지경제신문 | 조사기관 : 리얼미터 | 조사기간 : 2023년 11월 01일 | 조사 대상 및 크기: 전국 18세 이상 남녀 503명
표집틀: 무선 및 유선 RDD 프레임 | 표본오차 : ±4.4%P(95% 신뢰수준) | 조사방법 : 무선(96%) / 유선(4%) 자동응답 조사
가중값 산출 및 적용: 성·연령·지역별 가중 부여 (2023년 7월 말 행정안전부 주민등록인구 기준) | 응답률 : 2.8%

표 86. 리얼미터, 에너지경제신문 의뢰, 23.11.1

도 문제지만 수도방위 문제, 예산 문제, 교통 문제, 쓰레기 매립장 문제 등 해결해야 할 문제가 한두 가지가 아니라는 것이다. 한마디로 '그냥 던지고 보는 쇼'라는 게 유정복 인천시장의 진단이다.

민주당 소속 김동연 지사 역시 "유정복 의원이 옳은 말을 했다."며 '김포시의 서울 편입은 정치 쇼'라는 입장에 동의했다. 뿐만 아니라 "김포시의 서울 편입은 실현 가능성이 전혀 없다."면서 "윤석열 대통령은 이에 대한 입장을 밝히라."고 요구했다.

유정복 시장보다 먼저 '김포시 서울 편입'을 반대하고 나섰던 것은 부산시장을 역임한 서병수 국민의힘 의원이었다. 서 의원은 지난 11월 2일 "수도권 집중은 지역 간 격차를 심화시키고, 성장잠재력을 훼손할 위험도 크다."고 발표한 한국은행의 보고서를 인용하면서 서울시의 확장이 수도권 주민들의 삶의 개선에 전혀 도움이 되지 않는다고 주장했다. 역시 국민의힘 소속인 김태흠 충남지사도 반대의 목소리를 분명히 했다.

국민의힘 내부의 반발·반대의 목소리도 문제지만, 더 큰 문제는 국민 여론이다. '김포시민'을 제외하고 서울을 비롯한 나머지 지역 주민들의 반응이 '압도적'으로 국민의힘에 좋지 않기 때문이다.

〈여론조사꽃〉에서 '김포시의 서울시 편입'에 대한 찬반 의견을 물어본 결과 "반대한다"는 의견이 59.0%(매우 반대한다 40.1%, 어느 정도 반대한다 18.9%)로 3분의 2 가까이가 반대하는 것으로 나타났다. 반면에 찬성한다는 의견은 32.2%(어느 정도 찬성한다 22.0%, 매우 찬성한다 10.2%)로 3분의 1 정도에 불과했다. 찬성 의견을 나타낸 것은 연령별로는 70세 이상(50.1%), 권역별로는 대구·경북(55.4%), 정당지지도에서는 국민의힘(66.0%)뿐이었다. 이를 제외한 전 연령, 정당 지지, 성별, 권역을 막론하고 찬성 의견은 10~30% 내외에 머물렀다. 거의 지역과 연령, 정당 지지와 상관없이 대부분 반대한다는 뜻이다. 특히 수도권 지역은 서울 65.5%, 인천·경기 66.1%가 반대 의사를 나타냈다.(표 85 참조)

〈리얼미터〉의 여론조사 결과도 〈여론조사꽃과 큰 차이가 없었다.

〈리얼미터〉의 조사 결과에 따르면 '김포 등 서울 근접 중소 도시의 서울시 편입'에 대해 "반대한다"는 응답이 58.6%, "찬성한다"는 의견은 31.5%로 나타났다. 지역별로도 대구 경북을 제외한 모든 지역에서 반대 의견이 찬성 의견보다 많은 것으로 나타났다.(표 86 참조)

그림 16. 더불어민주당 경기도당, 23.11.6, "민주당 경기도당 임종성 위원장, "김포·서울 편입' 김기현 대표는 틀렸다" 10가지 이유 제시" 보도자료

〈알앤써치〉의 여론조사(노컷뉴스 의뢰, 23.11.1~3) 결과도 찬성 33%, 반대 55.5%로 반대가 과반을 넘는 것으로 나타났다.

한마디로 김포시를 비롯한 극히 일부 지역을 제외한 거의 모든 지역과 연령대에서 김포시의 서울 편입을 반대한다는 뜻이다. 이를 토대로 보면 국민의힘이 이른바 '치트키'로 내세운 묘책은 결국 내년 총선에서 김포와 일부 지역에서 한두 석을 얻을 수 있을지 모르겠지만 나머지 지역 전체적으로 상당한 손실을 감수해야 할 것으로 보인다. 이처럼 결과가 눈에 보이는데도 김기현 당 대표와 국민의힘 지도부는 여전히 '김포시 서울 편입'을 밀어붙이고 있으니, 국민의힘에는 선거 전략가나 여론조사 전문가가 한 명도 없는 것인지 궁금할 따름이다.

문제는 2023년 11월 현재까지는 다소 국민의힘에 힘을 실어주고 있는 김포시와 일부 서울 인근 지역 주민들도 곧 등을 돌릴 가능성이 크다는 사실을 정작 국민의힘만 모르고 있다는 사실이다.

김포시 서울 편입의 가장 큰 '메리트'는 결국 부동산 가격 상승 등 주로 '경제적 요인'인데 실제로는 얻는 것보다 잃는 것이 훨씬 크기 때문이다. 그중 가장 대표적인 것이 매년 주어지는 각종 세금들이다. 경기도 김포시로 남을 경우에는 담배소비세와 주민세 등 5가지 세금이 김포시 수입으로 잡히지만 '서울시 김포구'로 바뀌면 등록면허세와 재산세를 제외한 나머지는 전혀 받을 수 없게 된다. 게다가 재산세마저 50%는 김포구가 아닌 서울시의 것이다. 일부 추산에 의하면 '김포시 vs 김포구'의 수입 격차는 적게는 3,000억 원에서 많게는 5,000억 원을 넘을 것으로 보인다. '서울'이라는 이름을 다는 대신 매년 3,000억~5,000억 원의 재정 수입이 줄어드는 셈이다. 이 사실을 정확히 파악하게 된다면, 김포 시민들도 무조건 서울시 편입을 찬성하지는 않을 것이다.

또 하나 부동산 가격 상승 역시 '허수'에 불과할 것으로 보인다. 민주당에서 주장하는 대로 광역교통망이 제대로 확충되지 않으면 서울시 김포구든 경기도 김포시든 부동산 가격 상승은 기대하기 힘들기 때문이다. 게다가 서울시의 골칫거리인 쓰레기매립장 문제까지 자동으로 떠안게 될 확률이 큰 상황이 아닌가.

국민의힘 고위 당직자들의 얼굴 가득 피어오른 웃음이 언제까지 갈 수 있을까. 어쩌면 이 책이 발매되기도 전에 일찌감치 '없었던 일'이 되지 않을까 싶기도 하다.

민주당을 위한 몇 가지 제언

'혁신이냐 안주냐, 그것이 문제로다.'

2023년 현재 민주당이 국민의힘에 다소 앞서 있는 것은 강한 '반윤' 정서 때문이지 국민이 진심으로 민주당을 신뢰하고 사랑해서가 아니다. '반윤 비민주'의 기치를 내건 새로운 세력이 등장한다면 적지 않은 유권자들이 그쪽으로 발길을 돌릴 것이다. 국민의힘도 강서구청장 보궐선거 참패 이후 위기 극복을 위해 혁신에 몸부림칠 수밖에 없는 상황이다.

민심은 물과 같다. 민주당을 둥둥 띄워 내일로 향해 나아가게 할 수도 있지만 한순간에 돌변해 엎어버릴 수도 있다. '반윤 정서'에 기댄 불안한 리드를 끝내고 온전한 민주당으로서 민심의 흐름을 타기 위해서는 혁신하는 길밖에 없다.

어떤 것이 민주당 혁신의 길인가. 오래전부터 생각해왔던 몇 가지 제안을 여기 내놓는다.

온라인 합동연설회로 신인에게도 마이크를!

'센 언니'가 대세다. 〈스트리트 우먼 파이터〉는 무대 뒤쪽에만 서 있던 '백댄서'들을 스포트라이트 속으로 끌어들였다. 이효리·엄정화·김완선 등 센 언니들은 무대를 장악했다. 여의도에서는 기본소득당의 용혜인 의원이 주인공이 되었다. 이들의 거침없는 행보에 대중들은 열광한다. 21세기. '그 나물에 그 밥'은 설 자리가 없다. '세거나 멋지거나 새로워야' 대중의 관심을 끌 수 있다.

이준석 신당이 화제다. 소문만 무성하지 불발될 가능성도 있고 만들어진다 해도 성공 가능성은 '글쎄'지만 많은 사람의 관심을 끄는 데는 성공했다. 현역 중심 '기득권 정당'에 대한 실망감이 신당에 대한 호기심으로 이어지는 모양새다. 민주당도 국민의힘도 '앗' 하는 순간 적지 않은 내상을 입을 수 있다. 당내에 신선하고 참신한 스타가 등장한다면 기득권 정당의 이미지를 벗어나게 할 수 있다. 경선 과정에서 다윗이 골리앗을 이기는 싸움이 펼쳐질 때 대중은 열광한다.

민주당에 '계급장 떼고' 맞붙는 온라인 합동연설회를 제안한 바 있다. 다행히 22대 총선 공천 특별당규 제정안에 관련 규정이 포함됐다. 예전에는 공설운동장에서, 시장에서, 사거리 로터리에서 스타가 만들어졌다. 입이 있는 사람은 누구나 나서서 한 마디씩 할 수 있었다. 하지만 2004년 만들어진 속칭 '오세훈법'이 시장과 광장의 소통 기능을 막았다. '입은 풀고 돈은 막는다'는 본래의 취지와 달리 정치 신인들에게는 '돈도 막고 입도 막는' 결과가 되고 있다. 이런 상황에

서 '온라인 합동연설회'는 정치 신인들이 기성 정치인과 당당하게 맞
짱토론을 펼치며 유권자들에게 자신의 뜻을 알릴 기회가 될 수 있다.

비용과 시간 등의 문제로 오프라인 합동연설회가 어렵기에 '온라
인 정견발표' 형식으로 추진하자는 것이다. 온라인은 이미 대세가 되
었다. 각 지역의 출마 예정자들을 한 사람씩 시당에서 불러서 20분씩
하고 싶은 이야기를 실컷 하도록 하자. 이걸 잘 정리해서 "이번에 우
리 지역에 출마하고자 하는 예비 경선자들의 정견 발표입니다. 꼼꼼
히 들어보고 투표에 반영해주세요." 하면서 링크 주소를 당원들에게
의무적으로 문자 발송하도록 해야 한다. 현역 국회의원과 원외 지역
위원장들에겐 권리당원 정보가 있지만, 신인들은 그렇지 못하다. 기
울어진 운동장에서 싸우는 불합리한 상황이다. 이러한 불만을 해소
할 수 있는 방안 중의 하나가 온라인 합동연설회다.

지역 당원들 입장에서는 누가 누군지도 모르는 상태에서 지명도나
경력만 보고 찍어야 하는 깜깜이 투표에서 벗어날 수 있고, 출마 예
정자들은 자신이 하고 싶은 얘기를 정확하게 전달할 수 있어서 좋다.
현역 의원이나 지역위원장은 '기득권의 상실' 때문에 다소 불편하고
불만을 가질 수 있겠지만, 이런 식으로 각 지역의 정치 신인이 마음
껏 자기 목소리를 낼 수 있어야 '기득권 정당'의 이미지를 쇄신할 '신
인 스타'들이 하나씩 태어날 수 있게 된다.

지도부도 경선하라!

민주당이든 국민의힘이든 비슷한 경향이 하나 있다. 일단 주요 당직을 맡으면 다음 공천은 '떼 놓은 당상'이라는 것이다. 실제로 당 대표나 최고위원은 물론 사무총장, 대변인과 정책위의장, 민주(여의도)연구원장 등등 주요 당직자들은 단수공천이 관례처럼 되어 있다. 지도부 등 핵심 당직을 맡은 인사가 신인과 경선을 치르는 경우는 드물었다. 민주당이 혁신의 의지가 있다면 이러한 잘못된 관행을 과감히 끊어내는 것에서부터 시작해야 한다.

대부분의 여론조사에서 국민들이 요구하는 첫 번째 '혁신'은 현역의원 물갈이다. 여와 야를 가리지 않는다. 경력과 선수, 당내 위상 등으로 무조건 공천권이 주어진다면 국민의 선택을 받기 어렵다. 별 볼일 없었던 변방의 정치인 노무현이 어떻게 대통령이 될 수 있었던가를 돌아보라. 제주도부터 서울에 이르기까지 끊임없는 경선의 돌풍이 노무현을 띄웠고 국민의 시선을 민주당에 붙들었다. 정몽준과의 극적인 단일화와 경선도 한몫을 하지 않았던가.

경선 없는 단수공천은 본인을 위해서도, 당을 위해서도 지양되어야 한다. 감동도 없고 공정하지도 않은 기득권의 연장에 표를 줄 국민은 많지 않다. '대안'이 나선다면 언제든 등을 돌릴 것이다. 위기 앞에서 국민의힘조차도 혁신을 주장하고 있다.

단수공천은 무엇보다 그 지역에서 출마 준비를 해온 신인들에게 날벼락이다. 자격을 갖춘 사람이 경선에 도전할 기회조차 주어지지 않는다면 과연 민주적인 정당이라고 할 수 있겠는가. 당 대표부터 최고위원까지 모두 경선하겠다는 의지를 공개적으로 천명하는 것이 필요하다.

'올드 보이'를 무조건 컷오프 시키라는 뜻이 아니다. 주요 당직자, 얼굴이 널리 알려진 전현직 의원은 물론 정치 신인까지 모두 함께 경선의 장에 나서야 한다는 뜻이다. 경선이 이뤄져야 흥행이 보장되고, 민주당의 정체성과 정책도 알려진다. 비례대표를 한 석이라도 더 확보할 수 있는 길도 바로 '경선 흥행'에 달려 있다.

이제 단수 공천은 그만! 2인 이상이 공천을 신청한 지역구는 무조건 '경선'을 실시하라!

결선투표제를 도입하라!

대한민국 언론 지형을 얘기하면서 '기울어진 운동장'이라고 표현한다. 맞는 말이다. 그런데 "구박받던 며느리가 못된 시어머니가 된다"는 옛말처럼 민주당 안에도 일반인들이 잘 모르는 "기울어진 운동장"이 있다. 당내 경선의 룰이 대부분 '현역' 중심으로 되어 있다는 점이다. 그중 꼭 하나 고치고 싶은 것이 바로 '결선투표'다.

현재 더불어민주당 당규 '제5장 경선 7항과 8항'에 따르면 "⑦경선후보자의 수 등을 고려하여 필요한 때에는 1차 경선을 실시하고, 1차 경선에서 당선된 후보자를 대상으로 2차 경선을 실시할 수 있다. 이 경우 1차 경선은 국민참여경선 또는 시민공천배심원경선 등의 방법으로 실시할 수 있다. ⑧경선후보자의 수가 3인 이상인 경우 최고위원회의 의결로 결선투표 또는 선호투표 등의 방법을 실시할 수 있다."라고 되어 있다. 여기서 주목해야 할 것은 '실시할 수 있다'는 조항이다. 거의 모든 지역 경선에서 이 조항은 '실시할 수 있지만 실시하지 않는다'로 운용되고 있다.

민주당이 참신한 신인 정치인을 발굴해서 분위기를 쇄신하겠다는 의지를 제대로 가지고 있다면 이 조항은 '실시한다'로 즉시 수정해야 한다. 현역이 포함된 3인 이상이 경선에 참여할 경우 대체로 현역 1명에 신인 2명 이상으로 구성이 된다. 이럴 경우 현역이 이길 확률은 거의 80% 이상이다. 소위 말하는 현역 프리미엄 덕분에 기본적으로 40% 이상은 먹고 가기 때문이다. 남은 사람들은 당연히 60% 미만의 숫자를 가지고 나눠야 한다. 애초에 기울어진 운동장에서 신인이 현역 프리미엄을 이겨내고 경선에 승리하는 건 '낙타가 바늘귀를 통과하는 것만큼' 힘든 일이다.

이제라도 경선 룰을 "경선후보자가 3인 이상이고 1차 투표에서 과반 득표자가 없을 경우 결선 투표를 실시한다."는 강제조항으로 바꿔야 한다. 그래야 '올드보이' 현역에 밀려 '짱짱한 신인' 두 사람이 동시에 탈락하는 일이 줄어들 것이다. 기울어진 당내 운동장을 바로 잡을 수 있는 작은 변화의 시작이다.

지구당을 부활하라!

지난 2002년 이른바 '한나라당 차떼기 사건'으로 전국이 들썩들썩할 때 여야가 뜻을 모아 정치자금법·정당법·공직선거법 등의 개정에 나섰다. 이른바 오세훈법이다. 오세훈법의 골자는 불법 정치자금 모금의 통로로 지목된 지구당을 폐지하고, 법인·단체의 정치자금 기부 행위를 금지하는 대신 개인 후원을 통해서만 정치자금을 모을 수 있도록 하는 것 등이었다. 덕분에 정치자금과 관련 많은 부분이 좋아졌지만 폐해도 없지 않았다. 그중 하나가 '지구당 폐지'다. 문제가 있다면 고쳐서 쓸 생각을 했어야 하는데 아예 폐지를 하면서 문제가 생긴 것이다.

지구당은 전국 규모 정당이 지역에서 활동을 펼쳐 나가는 중심이다. 지구당이 없으면 손발이 없는 거나 마찬가지다. 이 때문에 지구당 폐지 이후에도 민주당과 국민의힘은 지역위원회나 당협위원회의 이름으로 '반쪽짜리 지구당'을 운영하고 있다. 사실상 편법적인 형태로 불법을 저지르고 있는 셈이다.

현역 국회의원은 사실상 크게 아쉬울 게 없다. 자신의 이름으로 지역에서 국회의원 사무실을 내고 사실상의 지구당 운영을 할 수 있기 때문이다. 반면에 '원외지구당' 위원장이나 정치 신인들은 자신의 이름으로 사무실을 낼 수도 없고 정치 활동을 제대로 할 수도 없다. 정치자금을 받는 건 언감생심, 꿈도 꿀 수 없다.

지금이라도 지구당을 부활시키고(합법화시키고) 지구당의 이름으로 정치자금도 받을 수 있도록 해야 한다. 합법적으로 정치자금을 받을 수 있게 만들면 오히려 깨끗해진다. 이렇게 받은 정치자금으로 한 명이든 두 명이든 직원을 두고, 지역 당원들이 오며 가며 들러서 쉴 수 있도록 서비스를 제공하게 하는 거다. 차도 한 잔 마시고, 지역 현안도 이야기 나누고, 좋은 아이디어가 있으면 제안도 하고…. 지구당이 살아야 정당이 산다. 지구당 부활 사안은 민주당과 국힘의힘 모두 공감하고 있다. 하루빨리 정개특위에서 여야 합의가 이뤄지길 소망해 본다.

당의 중심은 국회의원이 아니라 당원이다. 국회의원은 지역 당원과 국민이 국회에 가서 일 좀 하라고 내보낸 '대리인'이다. 그런데 현행 지역위원회는 국회의원이나 원외위원장이 주인이다. 당원이 설 자리가 별로 없다. 당원이 더 이상 동원 대상에 머물러서는 안 된다. 상향식 정당구조가 확립되어야만 그 정당의 생명력이 오래 유지되는 법이다. 시민참여형 정당, 당원참여형 정당이 구축될 때 민주당의 집권 가능성이 더 커진다.

온·오프라인 취미 동호회 활성화!

지구당의 부활과 함께 민주당이 힘을 기울여야 할 또 하나의 핵심 과제로 '온·오프라인 취미 동호회 활성화'를 제안한다. 등산, 탁구, 배드민턴 등의 스포츠 동호회도 좋고, 영화 보기나 글쓰기 등의 인문학적 동아리도 좋다. 특히 수도권에서는 필히 온·오프라인 취미 동호회를 통해 당원을 묶어야 한다. 동아리 회원이 당원이 되고, 선거 때 이들이 움직이면 국민이 움직인다.

동호회 활성화? 의아할 수도 있겠다. 하지만 이유는 아주 단순 명쾌하다.

현재 수도권에 거주하는 사람 중 전월세를 사는 사람의 비율을 보면 거의 40% 이상이다. 그리고 이들은 대부분 젊은 사람들이다. 자, 한번 생각해보라. '전월세를 사는 40% 이상의 젊은 사람'이 자신이 살고 있는 지역에 관심이 있을까? 정답은 '별로 없다'이다. 여론조사를 따로 해볼 필요도 없다. 빠르면 2년 아니면 대부분 4년이 지나면 이사를 가야 하는데 현재 살고 있는 지역에 얼마나 큰 관심이 가겠는가. '정치고관여층'이라고 해도 전반적인 정치 상황에 관심이 큰 거지 지역 일에, 지역 정치인한테 큰 관심이 있는 것은 아니라는 뜻이다. 그렇다고 이 사람들을 그대로 둘 수는 없는 일. 동호회 활성화 제안은 바로 이런 사람들을 위한 것이다.

지역에는 큰 관심이 없지만 등산이나 바둑, 게임, 라이더, 카피라이터, 여론조사 등의 동호회를 민주당이 받아서 활성화시키자. 같은 관심사로 묶인 사람들의 충성도는 생각보다 높다. 이들의 전문성을 살린 재능기부도 활성화된다. 민주당 당원들은 거리 현수막 전쟁에서 밀리는 현상을 보면서 분통을 터트리고 있다. 카피라이터 직업을 가진 민주당 당원들이 카피라이터 동호회를 만든다면 양질의 콘텐츠가 확보되는 것이다. 동호회 소통방에서 경쟁하듯 현수막 시안을 쏟아낼 것이다. 당장, 고루한 민주당 현수막부터 달라질 것이라 확신한다.

이들을 민주당 안으로 끌어안는다면 취미 동호회 그 자체가 당의 외곽 조직이 된다. 한쪽 팔만 썼던 사람이 양쪽 팔을 다 쓰게 되면 시너지가 어떻겠는가. 억지로 '우리 편'으로 끌어들이려고 애쓸 필요도 없다. 이 제안은 단순한 탁상공론이 아니다. '노사모' 시절 실제로 경험했던 소중한 노하우다. 바둑을 두면서, 배드민턴을 치면서, 자전거를 함께 타면서 자연스럽게 정치 이야기도 나누고, 선거 이야기도 나누면 된다. 동질감이 깊을수록 대화도 자연스럽게 이어진다.

선거 때만 반짝하는 직능단체에 쏟는 에너지의 절반, 아니 4분의 1만 평소에 쏟아주고, 동호회 활동을 잘할 수 있도록 지원만 해주면 된다.

'강남'을 벗어나야 당이 산다!

SNS에서 자주 보는 인사 중 하나가 '꽃길만 걸어요' 혹은 '꽃길만 걷게 해줄게'다. 좋은 말이다. 하지만 이제 꽃길만 고집하다가는 오히려 나락으로 갈지도 모른다. 2024년 총선 이야기다. 2023년 10월 대부분의 여론조사에서 '현역 물갈이'를 원하는 국민이 최소한 50%가 넘는다. 일부 조사에서는 60%를 넘나든다. 현역 물갈이론 때문에 고심하고 있을 강남 지역의 현역 의원들에게 제안한다. "내일을 꿈꾼다면 강남을 벗어나라!'"

'강남'은 상징이다. 국민의힘에 있어 '강남'은 서울의 강남 그리고 TK와 PK 등 '국민의힘' 깃발만 꽂으면 당선이 보장되는 지역이다. 민주당의 강남은 호남과 수도권 일부 지역이다.

국민의힘 하태경 의원이 바보라서 부산 '해운대갑'이라는 꽃길을 포기한 것이 아니다. 물론 권력 실세에 밀려 공천이 어려울 것이라는 현실적 판단이 작용한 측면이 크지만 말이다. 서초을에 출사표를 던진 홍익표 원내대표가 정치를 포기했다고 보는 사람은 없을 것이다. 어쩌면 일찌감치 험지 출마를 선언한 덕분에 원내대표 선거에서 비교적 여유 있게 당선된 것이 아닐까 싶기도 하다. 내년 총선에서 두 사람이 살아 돌아온다고 장담할 수는 없다. 하지만 한 가지 확실한 것은 하태경·홍익표 두 사람의 위상은 지금과는 많이 달라져 있을 것이라는 점이다. 그것이 노무현의 길이었고, 노회찬의 길이었다.

2024 총선 하나만 본다면 무리를 해서라도 '강남'을 지켜야 할 것

이다. 하지만 조금이라도 길게 갈 생각이 있다면 떠밀려 나기 전에 스스로 '험지'를 찾아 떠나라. 한 발이라도 먼저 출발해야 그나마 조금 나은 곳을 찾을 수 있다는 것도 팁 아닌 팁이다.

들이받아야 큰다!

민주당에 실망했다는 국민이 적지 않다. 실망의 원인 중 가장 큰 부분은 '거악과 싸우지 않는다'는 것이다. 윤석열의 폭정은 끝을 모르고 달려가는데 민주당은 1년 내내 '엄중 모드'를 유지했다. 탄핵을 해도 모자랄 범죄 행위가 계속 이어졌지만 결사항전의 의지는 찾기 어려웠다. 그나마 윤석열 정권에 제대로 각을 세우고 싸우던 '최강욱 의원'은 석연치 못한 판결로 의원직을 상실했다.

내년 총선을 염두에 두고 자나깨나 몸조심하고 있는 민주당 의원들이 꼭 알아두어야 할 것이 있다. 이제 '엄중한 의원님'들은 공천에서도 살아남기 힘들다. 당원들의 실망과 분노가 매우 큰데다 정치적 각성 정도가 과거와는 다르다. 내부총질에 앞장서며 해당행위를 반복적으로 했던 의원들은 경선에서 고전을 면치 못할 것이다. 설사 공천을 받는다 하더라도 실전에서 당선된다는 보장이 없다는 사실이다.

윤석열이 어떻게 대통령이 되었는지 돌아보라. '충성을 맹세했던' 문재인 대통령을 들이받으면서 인기를 끌었고 대통령까지 되었다. 오늘날 이준석 전 국민의힘 대표가 윤석열을 들이받는 이유가 무엇이겠는가. 160여 명의 의원을 거느린 민주당이 아니라 용혜인 의원단 1명밖에 없는 기본소득당에 국민이 열광하는 이유는 무엇인가. 비판마저 격조 있게 하던 국민의힘 유승민 의원의 말투가 어느 날 갑자기 투박하고 강경해지기 시작한 이유도 다르지 않다. 어떻게 해야 국민의 선택을 받을 수 있는지 본능적으로 알아챘기 때문이다.

민주당 의원들이여! 지금은 당 지도부를 흔들 게 아니라, 폭정을 일삼는 윤석열에게 과감하게 들이받는 게 시대정신이다. 무엇이 두려워 숨죽이고 있는가. 촛불 대열에 동참하라.

보수성향 유권자 가운데에도 '반윤 정서'가 뚜렷한 사람이 30%에 달한다. 무당파 중에서도 이번 총선에는 윤석열 혼내주러 투표하겠다는 분이 많다. 이들은 내년 총선에서 윤석열 정권에 제대로 들이받는 사람에게 표를 줄 확률이 높다. 이들의 표심을 얻는 방법은 분명하다. 선명하게 싸워라!

2024 대한민국 정치 트렌드

초판 1쇄 인쇄일 | 2023년 11월 15일   초판 1쇄 발행일 | 2023년 11월 27일

지은이 | 박시영
펴낸이 | 강창용
기 획 | 강동균
책임편집 | 신선숙
디자인 | 가혜순

펴낸곳 | 도서출판 **W**
출판등록 | 1998년 5월 16일 제 10-1588
주 소 | 경기도 고양시 일산동구 중앙로 1233(현대타운빌) 703호
전 화 | (代)031-932-7474
팩 스 | 031-932-5962
이메일 | feelbooks@naver.com

ISBN 979-11-6195-219-2 03300

W는 느낌이있는책의 정치사회인문 분야 브랜드입니다.